大数据+

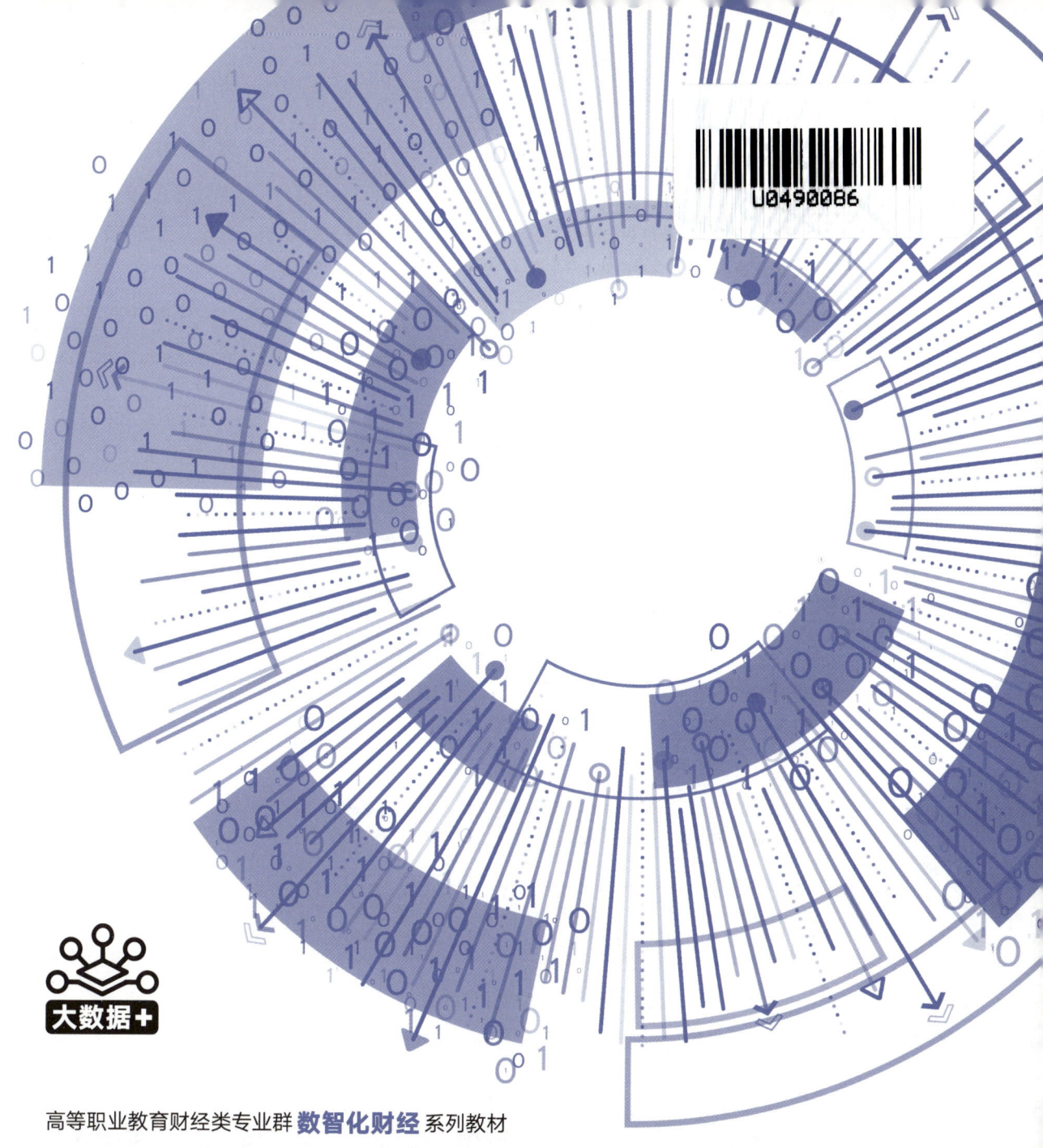

高等职业教育财经类专业群 **数智化财经** 系列教材

ICVE 智慧职教 高等职业教育在线开放课程新形态一体化教材

金融大数据分析

主　编　吴金旺　申　睿
副主编　贾大明　李方超　金玮佳

中国教育出版传媒集团
高等教育出版社·北京

内容提要

本书是高等职业教育财经类专业群数智化财经系列教材之一。

本书适应《职业教育专业目录（2021年）》中金融类专业的设置要求，采用校企"双元"合作开发方式编写。全书共分为九个项目，包括走进金融大数据，大数据采集与清洗认知，大数据存储、分析与可视化认知，大数据在商业银行信贷、商业银行风控、证券业、保险业、金融科技公司及金融监管中的应用，系统阐述了金融大数据的概念、数据处理技术，涵盖了大数据在银行、证券、保险、监管等多个主要领域的应用场景。本书贯彻落实立德树人根本任务，每个项目开篇在对学习本项目内容明确知识目标、技能目标要求的基础上，进一步加强了对素养目标的要求；书中"数字中国"栏目在提炼补充大数据在各金融领域发展的同时，强调国家在金融领域的监管作用。本书理论与工作任务相结合，以项目化为特色，各项目"实战演练"栏目让学生在操作的过程中了解、掌握金融大数据在金融各领域的运用，培养学生动手能力的同时，巩固知识点和技能点，真正体现"教学做"一体化。

本书配套开发有操作演示，可通过教材边白处二维码随扫随学，同时，还配有教学 PPT、任务资料包等教学资源，具体获取方式参见书后"郑重声明"页的资源服务提示。

本书可以作为高等职业教育专科院校、职业本科院校及应用型本科院校金融类专业及其他相关专业金融大数据分析的教学用书，也可以作为金融大数据领域相关从业人员和科研人员的参考用书。

图书在版编目（CIP）数据

金融大数据分析 / 吴金旺，申睿主编. -- 北京：高等教育出版社，2024.3
ISBN 978-7-04-061471-8

Ⅰ. ①金… Ⅱ. ①吴… ②申… Ⅲ. ①互联网-应用-金融-数据处理-高等职业教育-教材 Ⅳ. ①F830.41

中国国家版本馆CIP数据核字(2023)第243606号

金融大数据分析
JINRONG DASHUJU FENXI

策划编辑 黄 茜	责任编辑 黄 茜	封面设计 李树龙	版式设计 马 云
责任绘图 易斯翔	责任校对 张 薇	责任印制 赵 振	

出版发行	高等教育出版社	网　址	http://www.hep.edu.cn
社　址	北京市西城区德外大街4号		http://www.hep.com.cn
邮政编码	100120	网上订购	http://www.hepmall.com.cn
印　刷	北京鑫海金澳胶印有限公司		http://www.hepmall.com
开　本	889mm×1194mm　1/16		http://www.hepmall.cn
印　张	19.25		
字　数	510千字	版　次	2024年3月第1版
购书热线	010-58581118	印　次	2024年3月第1次印刷
咨询电话	400-810-0598	定　价	49.80元

本书如有缺页、倒页、脱页等质量问题，请到所购图书销售部门联系调换
版权所有　侵权必究
物　料　号　61471-00

前言

2015年,《国务院关于印发促进大数据发展行动纲要的通知》将推进大数据发展和应用上升到国家战略。2017年12月8日,习近平总书记主持中共中央政治局第二次集体学习时强调要推动实施国家大数据战略,加快完善数字基础设施,推进数据资源整合和开放共享,保障数据安全,加快数字中国建设,更好服务我国经济社会发展和人民生活改善。党的二十大报告强调:"加快发展数字经济,促进数字经济和实体经济深度融合,打造具有国际竞争力的数字产业集群。"2022年12月,《中共中央 国务院关于构建数据基础制度更好发挥数据要素作用的意见》发布,提出要充分实现数据要素价值,促进全体人民共享数字经济发展红利。大数据成为国家"基础性战略资源"和社会生产的"新要素",是"新的石油""新的资产"。

随着金融行业的发展和技术的进步,大数据在金融领域中的地位越来越重要,2022年中国人民银行发布的《金融科技发展规划(2022—2025年)》指出,要以加强金融数据要素应用为基础,以深化金融供给侧结构性改革为目标,以加快金融机构数字化转型、强化金融科技审慎监管为主线,将数字元素注入金融服务全流程,将数字思维贯穿业务运营全链条。对大数据的应用与分析能力,正在成为金融机构未来发展的核心竞争要素。在此背景下,金融机构需要大量既懂金融业务又懂大数据分析的高素质复合型技术技能人才。《金融大数据分析》教材为学生提供系统、全面的金融大数据知识,培养金融大数据分析技能,帮助他们适应金融行业不断发展的需求和变化。

全书共分为九个项目,涵盖了大数据在银行、证券、保险、监管等多个主要领域的应用场景。项目一作为导入,介绍金融大数据的概念、发展历程和趋势,包括大数据在金融领域的应用现状和内涵实质。项目二、项目三重点讲解基础的大数据处理技术,包括数据采集、清洗、存储、集成、挖掘和可视化,为学习者建立起金融大数据的系统性处理思维,掌握好使用金融大数据处理工具的技能。项目四至项目九详细阐述和解读了大数据在银行、证券、保险、金融科技、金融监管领域的应用,为学习者全方位展现金融大数据行业的应用图景,带领学习者深入领会并掌握金融大数据在信贷、风控、营销、定价和监管等金融特有业务中的应用。

本书的编写突出以下特色:

1. 坚持落实立德树人的根本任务,价值塑造、知识传授、能力培养并重

党的二十大报告指出:"全面贯彻党的教育方针,落实立德树人根本任务,培养德智体美劳全面发展的社会主义建设者和接班人。"本书每章设有素养目标、知识目标、能力目标、思维导图、实战演练和课后习题,体现素养、技能和知识并重的理念。同时,本书以金融职业道德、工匠精神和创新精神培养为重点,倡导四个自信和爱国情怀,培养学生树立正确的世界

前言

观、道德观、价值观，提升数字素养。

2. 理论与实践有机融合，职业教育特色鲜明

本书以项目化为特色，以学生为中心，以问题为导向，以业务为载体，展现对复杂、真实金融大数据分析问题的探究、规划和实施的过程，把学习置于真实的、有意义的问题情境中，通过让学生自主探究和协作交流，在解决问题的过程中学习问题背后的知识，形成解决实际问题的技能，发展综合能力。本书从高等职业教育应用型金融人才培养的实际情况出发，兼顾了高等职业教育、职业本科教育学生对理论知识的接受程度，强调实践技能的训练，培养学生发现问题、分析问题、解决问题的金融大数据分析职业技能。本书内容力求简洁明了，图表丰富，通俗易懂，具有较强的可读性、趣味性和实用性，职业教育特色鲜明。

3. 校企"双元"合作，配套资源丰富

本书采用校企"双元"合作开发方式编写而成，展现金融大数据领域的最新方法、成果与变化，内容新颖，可拓展性强。同时，本书建设了配套的微课、动画、虚拟仿真平台等类型丰富的教学资源，实现信息时代时时、处处、人人学习的需求。

本书由高等职业院校一线教师及企业资深业务专家共同编写而成，浙江金融职业学院吴金旺设计编写大纲，同花顺机构事业部总监张晓伟参与讨论。本书由浙江金融职业学院吴金旺、申睿担任主编，贾大明、李方超、金玮佳担任副主编。

本书主要编写人员均有商业银行、证券公司等金融机构以及金融科技公司、互联网公司工作或实习经历。各项目理论部分分工如下：项目一由嘉兴南洋职业技术学院许珊、刘志敏，浙江工贸职业技术学院刘思艺、郑秀编写；项目二由绍兴职业技术学院吴凯编写；项目三由北京经济职业技术学院王雅蔷、吕勇，浙江金融职业学院童飞编写；项目四由浙江金融职业学院吴金旺、申睿，台州科技职业学院李方超编写；项目五由浙江商业职业技术学院王雯静编写；项目六由浙江经济职业技术学院王庸、姚建锋编写；项目七由义乌工商职业技术学院年艳、郭倩雯编写；项目八由台州职业技术学院周宇蔚、卢晶莹编写；项目九由浙江同济科技职业学院金玮佳、严嘉浩、范洪梅编写。实战演练部分主要由新道科技股份有限公司副总裁贾大明及资深业务与技术专家程垚、杨珊和方颖捷编写。算法部分的数字化教学资源由温州职业技术学院王赛芝、戴洛特提供。各项目初稿完成后，由申睿、李方超、金玮佳进行统稿，由吴金旺总纂定稿。

世界已开启大数据时代序章，金融大数据分析领域也在快速发展中。本书在编写过程中，参考了大量的文献资料，吸收了最新的科研成果，在此对有关作者表示感谢。由于编者水平及时间有限，本书还有很多不足之处，我们会及时进行修订更新，敬请广大专家和读者批评指正。

编　者
2023 年 12 月

目 录

项目一 走进金融大数据 // 1

- 任务一 大数据认知 …………… 4
- 任务二 金融大数据认知 ………… 11
- 任务三 大数据在金融领域的应用现状 …………… 14
- 任务四 金融大数据的发展趋势 …… 16

项目二 大数据采集与清洗认知 // 21

- 任务一 大数据分析流程认知 …… 23
- 任务二 大数据分析工具——Python 基础认知 …… 27
- 任务三 数据采集 ………………… 32
- 任务四 数据清洗 ………………… 41

项目三 大数据存储、分析与可视化认知 // 59

- 任务一 数据存储 ………………… 62
- 任务二 数据集成 ………………… 65
- 任务三 数据挖掘 ………………… 70
- 任务四 数据可视化 ……………… 74

项目四 大数据在商业银行信贷的应用 // 97

- 任务一 信贷机构与信贷产品 …… 99
- 任务二 大数据赋能信贷业务 …… 104
- 任务三 大数据在信贷中的典型应用场景 …………… 109

项目五 大数据在商业银行风控的应用 // 127

- 任务一 大数据在商业银行风控的基础应用 …………… 129
- 任务二 商业银行智能风控 ……… 134
- 任务三 商业银行风险预警 ……… 138

项目六 大数据在证券业的应用 // 163

- 任务一 证券行业数字化转型 …… 165
- 任务二 量化金融 ………………… 169
- 任务三 多因子策略 ……………… 173
- 任务四 量化投资者情绪分析 …… 181

项目七 大数据在保险业的应用 // 207

- 任务一 保险业数字化转型 ……… 209
- 任务二 保险精准营销 …………… 213
- 任务三 保险精准定价 …………… 216
- 任务四 保险业大数据风控 ……… 220

项目八 大数据在金融科技公司的应用 // 235

- 任务一 金融科技公司大数据应用 … 237

目 录

任务二 第三方支付领域大数据
　　　应用……………………… 244
任务三 消费金融领域大数据应用… 248

项目九 大数据在金融监管
　　　　的应用　// 269

任务一 监管科技……………………… 272

任务二 金融风险管理……………… 274
任务三 大数据与金融信息安全…… 279
任务四 大数据与监管创新………… 283

参考文献　// 299

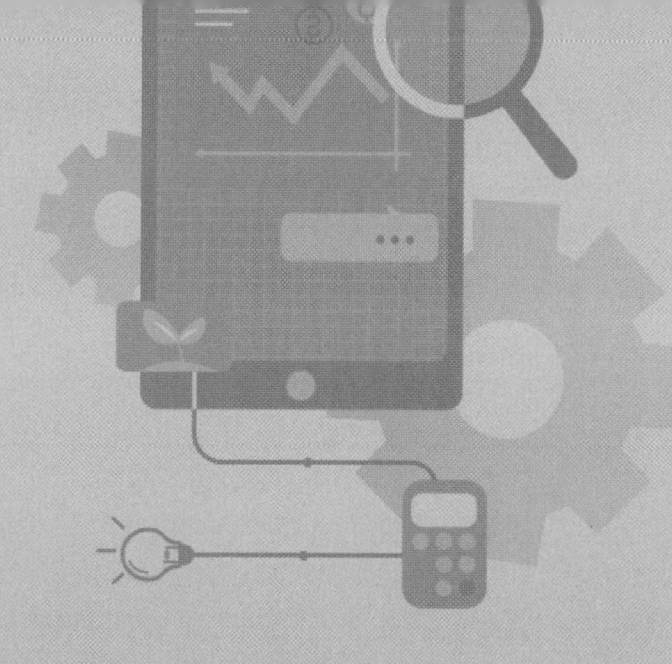

项目一
走进金融大数据

项目一　走进金融大数据

学习目标

素养目标
- 通过对大数据发展的学习了解我国大数据战略的部署与实施过程
- 通过学习大数据在金融领域的应用，培养大数据思维
- 引导了解国家金融政策和行业前景，培养作为金融行业建设者和改革者的使命感和责任感

知识目标
- 了解大数据的概念、发展历程、特征和结构类型
- 掌握金融大数据内涵、特点
- 了解金融大数据的理论基础
- 了解大数据在金融领域的应用现状
- 了解金融大数据的发展趋势

能力目标
- 能够运用大数据分析的类型开展分析
- 能够形成整合数据的能力、探索数据背后价值的能力
- 能够运用信息经济学、金融中介等理论对金融大数据展开分析
- 能够掌握大数据在金融行业未来发展的应用场景

思维导图

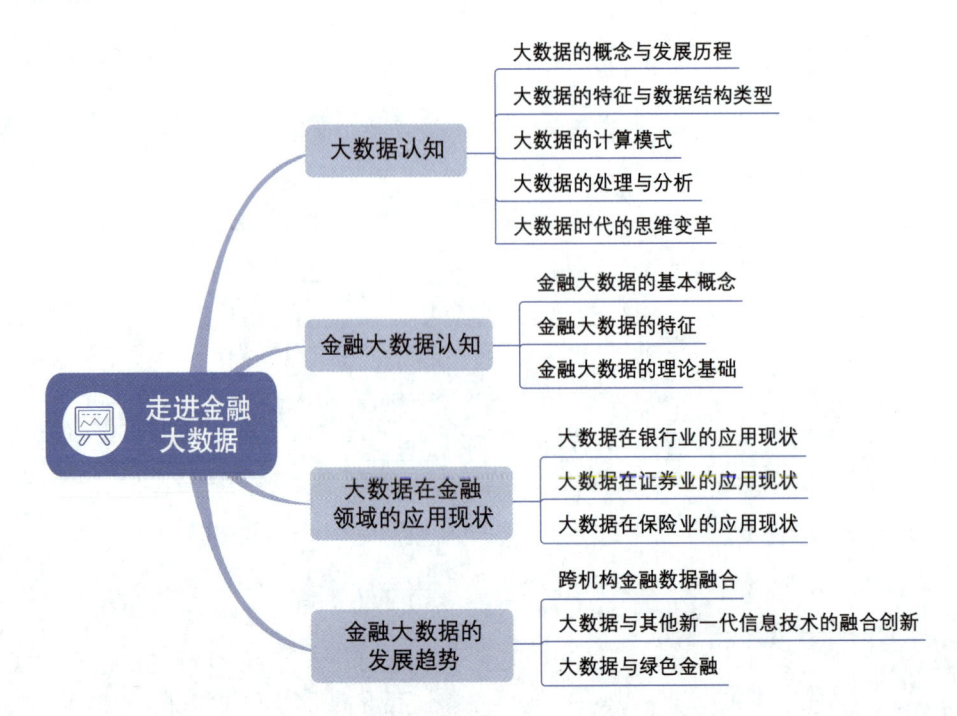

走进金融大数据
- 大数据认知
  - 大数据的概念与发展历程
  - 大数据的特征与数据结构类型
  - 大数据的计算模式
  - 大数据的处理与分析
  - 大数据时代的思维变革
- 金融大数据认知
  - 金融大数据的基本概念
  - 金融大数据的特征
  - 金融大数据的理论基础
- 大数据在金融领域的应用现状
  - 大数据在银行业的应用现状
  - 大数据在证券业的应用现状
  - 大数据在保险业的应用现状
- 金融大数据的发展趋势
  - 跨机构金融数据融合
  - 大数据与其他新一代信息技术的融合创新
  - 大数据与绿色金融

案例导入

2021年11月30日工业和信息化部正式发布《"十四五"大数据产业发展规划》(简称《规划》)，要求到2025年，大数据产业测算规模突破3万亿元，年均复合增长率保持在25%左右，创新力强、附加值高、自主可控的现代化大数据产业体系基本形成。"十四五"时期是我国工业经济向数字经济迈进的关键时期，对大数据产业发展提出了新的要求，产业将步入集成创新、快速发展、深度应用、结构优化的新阶段。

《规划》在延续"十三五"规划关于大数据产业定义和内涵的基础上，进一步强调数据要素价值，主要亮点可以归纳为"三新"。

一是顺应新形势。"十四五"时期，我国进入由工业经济向数字经济大踏步迈进的关键时期，经济社会数字化转型成为大势所趋，数据上升为新的生产要素，数据要素价值释放成为重要命题，贯穿《规划》始终。

二是明确新方向。立足推动大数据产业从培育期进入高质量发展期，在"十三五"规划提出的产业规模1万亿元目标基础上，提出"到2025年底，大数据产业测算规模突破3万亿元"的增长目标，以及数据要素价值体系、现代化大数据产业体系建设等方面的新目标。

三是提出新路径。为推动大数据产业高质量发展，《规划》提出了"以释放数据要素价值为导向，以做大做强产业本身为核心，以强化产业支撑为保障"的路径设计，增加了培育数据要素市场、发挥大数据特性优势等新内容，将"新基建"、技术创新和标准引领作为产业基础能力提升的着力点，将产品链、服务链、价值链作为产业链构建的主要构成，实现数字产业化和产业数字化的有机统一，并进一步明确和强化了数据安全保障。

根据中国电信招股说明书（艾瑞咨询研究院预测整理数据），2015—2030年中国数据量规模呈几何倍增长，2015—2030年中国数据量全球占比呈逐年上升的趋势，如图1-1所示。

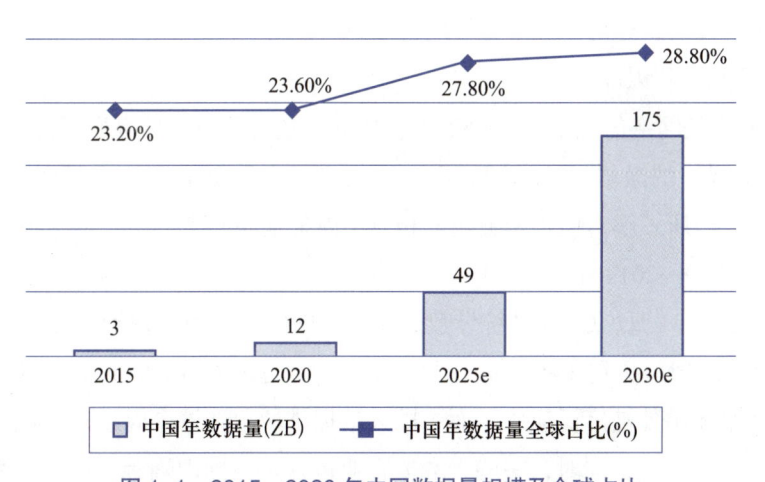

图1-1 2015—2030年中国数据量规模及全球占比

大数据已成为驱动经济发展的新引擎，大数据应用范围和应用水平将加速我国经济结构调整、深度改变我们的生产生活方式，金融大数据应用正是改变金融业态，引发金融行业经营模式创新的催化剂和助推器。

请思考：如今的互联网社会，海量数据源源不断地产生，这将带来哪些挑战与机遇？

任务一　大数据认知

一、大数据的概念与发展历程

（一）大数据的概念

大数据泛指巨量的数据集，因可从中挖掘出有价值的信息而受到重视。本书认为，大数据（big data）是指无法在一定时间范围内用常规软件工具进行捕捉、管理和处理的数据集合，是需要新处理模式才能具有更强的决策力、洞察发现力和流程优化能力的海量、高增长率和多样化的信息资产。

（二）大数据的发展历程

"大数据"概念最初起源于美国。20世纪90年代至21世纪初是大数据发展的萌芽时期。21世纪初至2010年，互联网行业迎来了飞速发展的时期，IT技术也不断地推陈出新，大数据最先在互联网行业得到重视。这一阶段是大数据的发展时期，大数据开始展现活力。2011年至今是大数据的兴盛时期。2011年IBM公司研制出了沃森超级计算机，以每秒扫描并分析4 TB的数据量打破世界纪录，大数据计算迈向了一个新的高度。紧接着，麦肯锡发布了题为《海量数据，创新、竞争和提高生成率的下一个新领域》的研究报告，详细介绍了大数据在各个领域中的应用情况，以及大数据的技术架构，提醒各国政府为应对大数据时代的到来，应尽快制定相应的战略。2012年世界经济论坛在瑞士达沃斯召开，论坛将大数据作为专题讨论的主题之一，发布了《大数据、大影响：国际发展新的可能性》等系列报告，向全球正式宣布大数据时代的到来。

大数据在中国的发展也经历了以下四个阶段：

1. 初期阶段（2008年以前）

1994年，中国互联网络信息中心（CNNIC）成立，致力于对中国互联网发展进行研究和管理。2007年伴随着社交网络的激增，技术博客和专业人士为大数据概念注入新生机。在这个背景下，大数据概念逐渐被人们所了解，但是相关技术和应用尚未发展起来。

2. 成长阶段（2009—2012年）

截至2009年12月31日，CNNIC统计数据显示，中国网民规模达到3.84亿人，互联网普及率达到28.9%。宽带网民规模达到3.46亿人，国际出口带宽达866 367 Gbps，互联网数据呈爆发式增长。大数据技术开始在国外被广泛应用，而中国大数据领域也在这个时候开始进入成长阶段。各个行业都开始尝试运用大数据，同时，一些大数据企业也开始在国内崛起，如：华为、百度、阿里巴巴等。这些企业在大数据技术方面不断攀升，也逐渐将大数据应用到自己的业务当中。

2012年10月中国计算机学会成立了大数据委员会，研究大数据中的科学与技术问题。科学技术部印发的《中国云科技发展"十二五"专项规划》和工业和信息化部印发的《物联网"十二五"发展规划》等都把大数据技术作为一项重点予以支持。

3. 爆发阶段（2013—2015年）

随着一系列标志性事件的发生和建立，人们越发感受到大数据时代的力量。"BAT"（百度、阿里、腾讯）各显身手分别推出创新大数据应用，因此2013年被许多国外媒体和专家称为"中国大数据元年"。

自2014年起，"大数据"首次被写进我国《政府工作报告》，大数据产业上升至国家战略层面。工业和信息化部电信研究院发布《大数据白皮书》，称"认识大数据，要把握资源、技术、应用"这三个层次。此后，国家大数据综合试验区逐渐建立起来，相关政策与标准体系不断被完善。

2015年8月，国务院发布《促进大数据发展行动纲要》，其中重要任务之一就是"加快政府数据开放共享，推动资源整合，提升治理能力"，并明确了时间节点。

4. 快速发展阶段（2016年至今）

2016年2月，国家发展和改革委员会、工业和信息化部、中央网信办同意贵州省建设国家大数据（贵州）综合试验区，这也是首个国家级大数据综合试验区；2017年跨部门数据资源共享共用格局基本形成；2018年建成政府主导的数据共享开放平台，打通政府部门、企事业单位间的数据壁垒，并在部分领域开展应用试点。

2019年9月，大数据产业生态联盟联合赛迪顾问发布《2019中国大数据产业发展白皮书》，指出2018年中国大数据产业规模为4 384.5亿元，预计2021年将达8 070.6亿元。

2020年实现政府数据集的普遍开放，国务院和国务院办公厅又陆续印发了系列文件，推进政务信息资源共享管理、政务信息系统整合共享、互联网+政务服务试点、政务服务一网一门一次改革等，推进跨层级、跨地域、跨系统、跨部门、跨业务的政务信息系统整合、互联、协同和数据共享，用政务大数据支撑"放管服"改革落地，建设数字政府和智慧政府。目前，我国政务领域的数据开放共享已取得了重要进展和明显效果。例如，"最多跑一次""一网通办""一网统管""一网协同"等创新实践不断涌现。

2023年4月，IDC（国际数据公司）发布了《2023年V1全球大数据支出指南》。如图1-2所示，2022年中国大数据市场总体IT投资规模约为170亿美元，并预测在2026年增至364.9亿美元，实现规模翻倍。与全球总规模相比，中国市场在五年预测期内占比持续增高，有望在2024年超越亚太（除中日）总和，并在2026年接近全球总规模的8%。

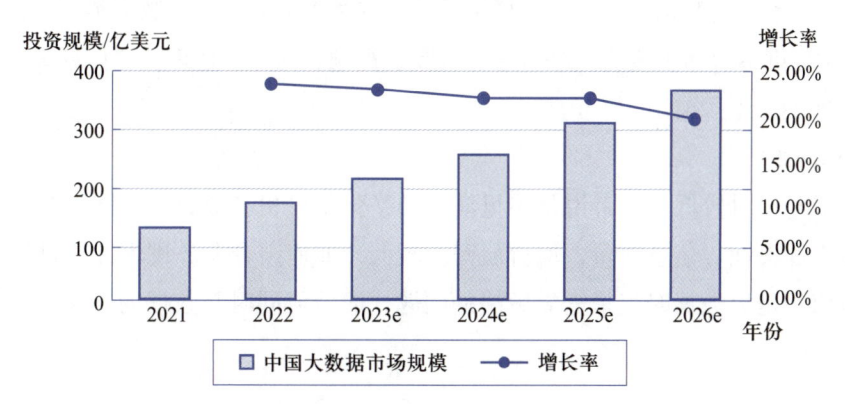

图1-2 中国大数据市场支出预测（2021—2026年）

资料来源：IDC中国

从大数据国家战略到行业发展、企业应用,中国大数据发展掀起了一股热潮,预示着巨大的发展前景。在以大数据、云计算、人工智能为核心的下一代信息技术的引领下,大数据未来也将会继续直接影响到我国的经济发展和产业升级。相信未来,中国大数据领域将会继续迎来更好地发展。

动动手

请查阅相关资料,谈谈什么是"东数西算"?为何要实施"东数西算"工程?

二、大数据的特征与数据结构类型

(一)大数据的特征

随着大数据技术的不断发展,数据的复杂程度越来越高,企业在尝试分析现有海量信息以推动业务价值增值时,必定会采用大数据技术。业界通常用 8 个 V 来概括大数据的特征(见图 1-3),具体内容如下。

1. 数量(Volume)

数量是指大规模的数据量。大数据的数据量大,包括采集、存储和计算的量都非常大。目前,大数据的一般起始计量单位至少是 P(1 000 个 T)、E(100 万个 T)或 Z(10 亿个 T)。

数据的最小基本单位是 bit。按数据的大小顺序给出所有的数据单位:bit、Byte、KB、MB、GB、TB、PB、EB、ZB、YB、BB、NB、DB,它们按照进率 1 024(2 的十次方)来计算。

图 1-3 大数据的 8V 特征

2. 种类(Variety)

大数据种类和来源多样化。大数据包括多种不同格式和不同类型的数据。数据来源包括人与系统交互时机器自动生成的数据,来源的多样性导致数据类型的多样性。数据类型包括结构化、半结构化和非结构化数据,具体表现为网络日志、音频、视频、图片、地理位置信息等。多类型的数据对数据的处理能力提出了更高的要求。

3. 价值(Value)

数据价值密度相对较低,或者说是浪里淘沙却又弥足珍贵。随着互联网以及物联网的广泛应用,信息感知无处不在。信息海量,但价值密度较低,如何结合业务逻辑并通过强大的机器算法来挖掘数据价值,是大数据时代最需要解决的问题,而价值同时与数据的真实性和数据处理时间相关。

4. 速度(Velocity)

在大数据环境中,大数据往往以数据流的形式动态、快速地产生。数据存储、采集速度加快,数据处理速度相应提高,具有很强的时效性,用户只有把握好对数据流的掌控才能有效利用这些数据。比如搜索引擎要求几分钟前的新闻能够被用户查询到，个性化推荐算法尽可能要求实时完成推荐。这是大数据区别于传统数据挖掘的显著特征。

5. 准确性（Veracity）

数据的可信赖度和准确性，即数据的质量。大数据环境下的数据最好具有较高的信噪比，信噪比越高的数据，准确性越高。

6. 可变性（Variability）

可变性指数据的变化。这意味着相同的数据在不同的上下文中可能具有不同的含义。分析算法能够理解上下文并发现该上下文中数据的确切含义和值。

7. 波动性（Volatility）

波动性指的是数据有效和存储的时间。这对于实时分析尤为重要。波动性需要确定数据的目标时间窗口，以便分析人员可以专注于特定问题并从分析中获得良好的性能。

8. 可视化（Visualization）

可视化使数据易于理解，通过普通的图形或多维视图使大量数据易于理解。可视化需要大数据分析师和业务领域专家之间的大量交互对话和共同努力，以使可视化变得有意义。

（二）大数据的数据结构类型

1. 结构化数据

结构化数据一般是指可以使用关系型数据库表示和存储，可以用二维表来逻辑表达实现的数据。对于结构化数据来讲，通常是先有结构再有数据。结构化数据的存储和排列很有规律，这有助于查询和修改等操作。

2. 非结构化数据

非结构化数据顾名思义，就是没有固定结构的数据。文本、图片、各类报表、图像、音频和视频信息等都属于非结构化数据。

如图1-4所示，根据艾瑞咨询研究院研究结果，在企业的数据中，结构化数据仅占20%，其余80%都是以文件、语音、图片等形式存在的非结构化数据，且非结构化数据的增速远远高于结构化数据，随着时间的推移，非结构化数据所占的比例将会越来越高。

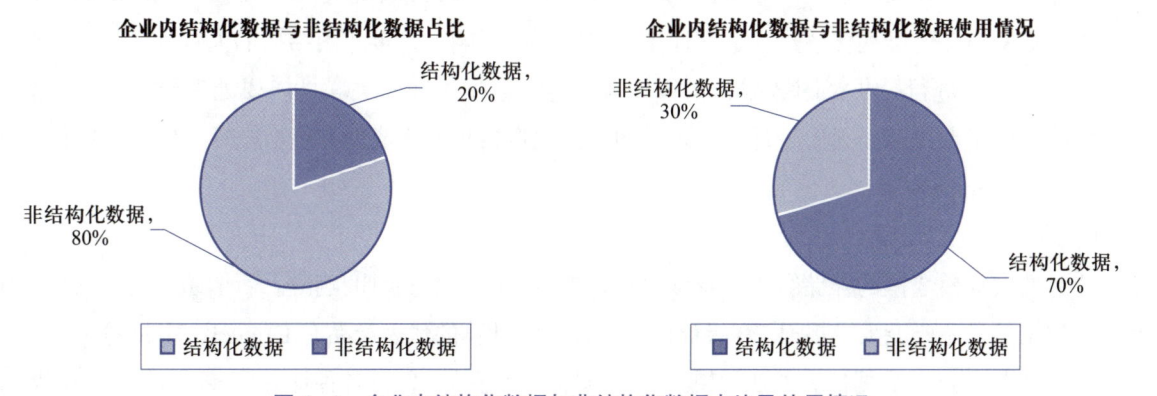

图1-4　企业内结构化数据与非结构化数据占比及使用情况

长期以来，受技术影响，企业对结构化数据的利用率均高于对非结构化数据的利用率。但实际上，非结构化数据的体量与其包含的信息量都更多，是企业未得到充分利用的宝贵资产。

3. 半结构化数据

半结构化数据是介于完全结构化数据（如关系型数据库，面向对象数据库中的数据）和完全无结构的数据（如声音、图像文件等）之间的数据。半结构化数据（如 XML、HTML 文档等）也是有结构的数据，与结构化数据不同的是，半结构化数据是先有数据，再有结构。

表 1-1 对结构化数据、半结构化数据、非结构化数据的特点做了具体对比总结。

表 1-1 大数据的数据结构类型及特点

类型	特点
结构化数据	数据结构字段含义确定、清晰，典型的如数据库中的表结构
半结构化数据	具有一定结构，但语义不够确定，典型的如 HTML 网页，有些字段是确定的，有些不确定
非结构化数据	杂乱无章的数据，很难按照一个概念去进行抽取，无规律性

三、大数据的计算模式

大数据的计算模式主要有批处理计算、流式计算、图计算、查询分析计算。

（一）批处理计算

批处理计算是对存储的静态数据进行大规模并行批量处理的计算。批处理计算是一种批量、高时延、主动发起的计算。在数据是实时的情况下，假设一种情况：当我们拥有一个非常强大的硬件系统，可以毫秒级地处理 Gb 级别的数据，那么批量计算也可以毫秒级得到统计结果。批处理计算的代表产品有 MapReduce、Spark 等。

（二）流式计算

流式数据是随时间分布和数量上无限的一系列动态数据集合体，数据价值随时间流逝而降低，必须采用实时计算方式给出响应。流式计算可以实时处理多源、连续到达的流式数据，并实时分析处理。流式计算的代表产品有 Storm、Flink 等。

（三）图计算

图计算是一类在实际应用中非常常见的计算类型。许多大数据都是以大规模图或网络的形式呈现，如社交网络、传染病传播途径、交通事故对路网的影响。许多非图结构的大数据，也常常会被转换为图模型后进行分析。图数据结构很好地表达了数据之间的关联性。要处理规模巨大的图数据，传统的单机方式已经无力处理，必须采用大规模机器集群构成的并行数据库。图计算的代表产品有 Pregel、GraphX 等。

（四）查询分析计算

针对超大规模数据的存储管理和查询分析，提供实时或准实时的响应。所谓超大规模数据，比大规模数据的量还要庞大，多以 PB 级计量。查询分析计算的代表产品有 Dremel、Hive 等。

表 1-2 对上述大数据计算的四种模式做了具体对比总结，包括各种计算模式所能解决的问题类型及代表产品。

表 1-2 大数据计算模式

大数据计算模式	解决的问题	代表产品
批处理计算	针对静态数据进行大规模并行批处理	MapReduce、Spark 等
流式计算	针对流数据的实时计算	Storm、Flink、S4、Flume、Streams、Puma、DStream、SuperMario 等
图计算	针对大规模图结构数据的处理	Pregel、GraphX、Giraph、PowerGraph、Hama、GoldenOrb 等
查询分析计算	大规模数据的存储管理和查询分析	HBase、Hive、Dremel、Cassandra、Shark、Hana、Impala 等

四、大数据的处理与分析

（一）大数据的处理流程

大数据是一项能够对数量巨大、来源分散、格式多样的数据进行采集、存储和关联性分析的新一代信息系统架构和技术。大数据处理流程主要包括：数据采集、数据预处理、数据存储、数据分析与挖掘、数据可视化、数据应用环节，如图 1-5 所示。其中数据质量贯穿于整个大数据流程，每一个数据处理环节都会对大数据质量产生影响作用。

数据源 → 数据采集 → 数据预处理 → 数据存储 → 数据分析与挖掘 → 数据可视化 → 数据应用

图 1-5 大数据的处理流程

1. 数据采集

目前行业对数据采集有两种解释：一种是将数据从无到有的过程（web 服务器打印的日志、自定义采集的日志等）叫作数据采集；另一种是将使用 Flume 等工具把数据采集到指定位置的过程叫作数据采集。

在数据采集过程中，数据源会影响大数据质量的真实性、完整性、一致性、准确性和安全性。对于 Web 数据，多采用网络爬虫方式进行收集，这需要对爬虫软件进行时间设置，以保障收集到的数据时效性质量。

2. 数据预处理

大数据的预处理环节主要包括数据清理、数据集成、数据归约与数据转换等内容，可以大大提高大数据的总体质量。

（1）数据清理：包括对数据的不一致检测、噪声数据的识别、数据过滤与修正等方面，有利于提高大数据的一致性、准确性、真实性和可用性等方面的质量。

（2）数据集成：是将多个数据源的数据进行集成，从而形成集中、统一的数据库、数据立方体等，这一过程有利于提高大数据的完整性、一致性、安全性和可用性等方面的质量。

（3）数据归约：是在不损害分析结果准确性的前提下降低数据集规模，使之简化，包括维归约、数据归约、数据抽样等技术，这一过程有利于提高大数据的价值密度，即提高大数据存储的价值性。

（4）数据转换：包括基于规则或元数据的转换、基于模型与学习的转换等技术，可通过转换实现数据统一，这一过程有利于提高大数据的一致性和可用性。

3. 数据存储

用存储器把采集到的数据存储起来，建立相应的数据库进行管理和调用，主要解决大数据可存储、可处理及有效传输等关键问题。采用高性能、高吞吐率、大容量的基础设备存放数据。

4. 数据分析与挖掘

大数据分析技术主要包括已有数据的分布式统计分析技术和未知数据的分布式挖掘技术、深度学习技术。分布式统计分析可由数据处理技术完成，分布式挖掘技术和深度学习技术则在大数据分析阶段完成，包括聚类与分类、关联分析、深度学习等，可挖掘大数据集合中的数据关联性，形成对事物的描述模式或属性规则，可通过构建机器学习模型和海量训练数据提升数据分析与预测的准确性。

5. 数据可视化

数据可视化是指将大数据分析与预测结果以计算机图形或图像的直观方式显示给用户的过程，并可与用户进行交互式处理。数据可视化技术有利于发现大量业务数据中隐含的规律性信息，以支持管理决策，故数据可视化是影响大数据可用性和易于理解性质量的关键因素。

6. 数据应用

数据应用是指将经过分析处理后挖掘得到的大数据结果应用于管理决策、战略规划等的过程，它是对大数据分析结果的检验与验证，大数据应用过程直接体现了大数据分析处理结果的价值性和可用性。大数据应用对大数据的分析处理具有引导作用。在大数据收集、处理等一系列操作之前，通过对应用情境的充分调研、对管理决策需求信息的深入分析，可明确大数据处理与分析的目标，从而为大数据收集、存储、处理、分析等过程提供明确的方向，并保障大数据分析结果的可用性、价值性和用户需求的满足。

（二）大数据分析的类型

大数据分析的类型包括：描述性分析、诊断性分析、预测性分析和决策性分析。

1. 描述性分析

描述性分析是最常见的分析方法。描述性分析是研究变量之间关系，考察数据中出现的概率分布以及变量之间关系的方法。这些方法包括绘制分布图、聚类分析、算术描述以及相关性分析等。

例如，企业收集了过去5年每一季度的产品销量数据，然后经过整理，进行可视化分析。最终，得到一个结论，最近5年来，该产品持续低迷，销量持续下滑。这就是所谓的描述性分析，它帮助我们描述了一件事具体是什么。

2. 诊断性分析

描述性分析的下一步就是诊断性分析。描述性分析是为了知道发生了什么，而诊断性分析则是为了知道现象背后的原因是什么。

继续上面的例子，当企业知道该产品最近5年持续低迷，销量不断下滑这个现象之后。企业就应该进一步去判断，是什么原因导致了这种情况出现。经常使用的方法就是细分维度以及交叉维度，经过这样的分析之后，得到了导致产品销量下滑的原因：由于该产品发生重大质量问题，导致销量在 5 年内持续低走。

3. 预测性分析

预测性分析是描述性和诊断性分析的又一个进步。预测性分析是一种通过分析历史数据来预测未来数据的分析方法。一些标准机器学习算法如分类、回归、聚类技术等可以用来生成预测模型并预测未来的结果。

例如，一些大型零售商企业根据客户的购买模式，利用预测性分析来预测客户行为、库存水平、客户可能一起购买的产品等，以此确定销售趋势，以便提供个性化的建议，预测季度或年度末的销售数量。

4. 决策性分析

决策性分析是一种利用数据分析来使决策者明智和有效决策的技术，以期得到最佳结果。它主要利用评估算法如决策树、遗传算法、灰色关联模型等来确定最优的策略，从而用数据解决决策者的问题。

例如，利用人口分布数据可以清楚地了解城市内居民的时空分布特征，在大规模线上广告投放中可以瞄准人群聚集区域进行投放，以最低的成本尽可能触达到更多的人口数量，节省大量不必要的成本支出。

五、大数据时代的思维变革

思维是一个人职业的烙印，就像新闻传媒人会有热点追踪性的思维，律师会有法律性的思维，金融业人员会有金融界的思维模式。大数据时代的到来，给我们带来了思维的改变。但这种思维的改变绝对不是抛弃已有的思维，而是应该学习新的思维并且掌握它。我们现阶段生活在一个数据爆炸的时代，掌握良好的数据思维对生活、工作以及未来发展都有很大的帮助。大数据时代的思维变革体现在以下四个方面：一切皆可量化、全样而非抽样、相关而非因果、概率而非精确。

任务二 金融大数据认知

一、金融大数据的基本概念

对于金融大数据的概念，不同领域的专家可能会有所差异。结合不同领域专家的定义，本书认为金融大数据是指运用大数据技术开展金融服务，即集合大规模结构化、半结构化、非结构化数据，通过互联网、云计算和数据挖掘等信息处理的方式进行实时分析，向客户提供全方位的信息，并通过分析和挖掘客户交易与客户的消费习惯等信息，预测客户的行为，以结合传统的金融服务开展资金融通、创新金融服务。

二、金融大数据的特征

大数据技术与金融领域相结合，将彻底改变传统金融服务模式，重构金融产业价值链。与传统金融相比，大数据下的金融行业具有明显不同于传统行业的特征，如图1-6所示。金融行业将呈现数字化、变得更加开放、富有极高的生产力、大数据技术创造的客观条件使金融行业的决策更具有科学性。

01 数字化	02 开放性	03 高生产力	04 科学决策
1. 产品的虚拟化 2. 服务的虚拟化 3. 流程的虚拟化	金融机构将改变过去自然的、被动的社会经济信息收集中心的角色，以开放的方式与客户平等交流，主动收集客户信息	1. 降低经营成本 2. 提高营销的精确度 3. 提高风险控制能力 4. 促进业务产品创新	大数据时代的全量数据分析使得分析结果更具客观性和决策支持性，金融机构的决策过程将以数据为核心进行决策判断

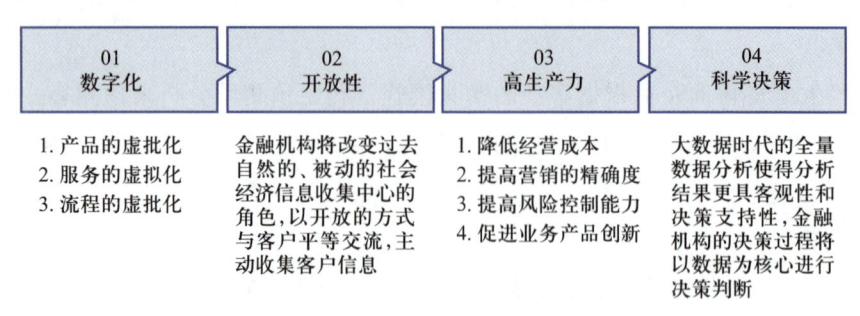

图1-6 金融大数据的特征

（一）数字化

从长远来看，数字化和网络化的深入发展将极大地改变金融行业，大数据的应用将改变传统金融机构资金中介的职能，使其表现出电子化和虚拟化的交易特征。整个金融行业未来的发展方向将是虚拟化的，全面变革当前的金融服务形态，具体体现在以下三个方面。

（1）产品的虚拟化。传统的资金流将逐渐体现为数据信号的交换，电子货币等数字化金融产品在经济生活中将成为主流。

（2）服务的虚拟化。传统的人工服务将逐渐被移动互联网、全息仿真技术等科技手段所替代，银行通过完全虚拟的渠道更广泛地向客户提供金融服务。

（3）流程的虚拟化。银行业务流程中各种单据和凭证等将逐渐由传统的纸质形式转变为数字文件的形式来处理，将极大地提高工作效率和便利性。

可以合理地预见，在大数据时代，传统金融机构将在涉及管理理念和运营方式等多个方面面临诸多挑战。未来金融机构的整体运作将是一个数据的"洪流"，"数字金融"得以全面实现。

（二）开放性

在大数据时代，金融机构将不再自然而然地拥有社会经济信息中心的地位，企业不再仅通过向金融机构提供信息来获取信用。新兴技术如社交网络、物联网、搜索引擎、移动互联网、大数据、云计算等改变了信息产生、传播、处理并运用的方式，这对传统金融机构业务发展提出了巨大挑战，金融机构将改变过去自然的、被动的社会经济信息收集中心的角色，以开放的方式与客户平等交流，主动收集客户信息。

（三）高生产力

在未来的经济活动中，大数据将与物质资本、人力资本一起，成为生产过程中的一个重要生产要素。它可以转变成现实的生产力，并创造出巨大的经济价值。随着大数据的广泛应用，开放的、数字化的金融机构可以实现更高的生产力，主要体现在以下四个方面：① 降低经营成本。信息技术发展带来金融产品交易的虚拟化，使金融供应链对外延伸，降低了全社会融资成本和财务费用，提高了整个市场的生产效率。② 提高营销的精确度。③ 提高风险控制能力。④ 促进业务产品创新。

（四）科学决策

大数据的客观性和价值性将彻底重塑传统的金融机构决策机制，大数据时代为金融机构经营管理提供了全面、及时的决策支持信息。金融机构可以从每一个经营环节中挖掘出数据的价值，通过大数据分析以便更好地了解客户的行为特征、客户群体网络行为模式，优化运营流程，并进行业务创新。

传统金融机构的决策模式依赖于样本数据分析和高层管理经验，而大数据时代的全量数据分析使得分析结果更具客观性和决策支持性，金融机构的决策过程将以数据为核心进行决策判断。金融机构通过大数据分析技术对海量结构化数据和非结构化数据进行分析、判断和提取后，能够及时准确地发现业务和管理领域可能存在的机会与风险，为业务发展和风险防范提供重要决策依据。

三、金融大数据的理论基础

（一）信息经济学

信息经济学主要研究信息不对称对于经济活动的影响。斯蒂格利茨、阿克洛夫等指出，在市场经济活动中，市场参与者对信息的了解是有差异的，掌握信息充分的市场参与者，往往处于比较有利的地位，而信息匮乏的一方，则处于不利的境地。市场中卖方比买方更了解商品的信息，信息不对称决定了竞争是不完全的，私有信息对交易有着重要作用。就像旧车市场一样，会出现"劣币驱逐良币"。

金融是经营和化解风险的行业，金融业的风险主要来自客户信息的不完全和不对称，因而，金融业的演进与信息技术的创新关系密切。众多研究表明，金融市场并不是有效市场，信息不对称在金融市场上广泛存在，比如股票发行方和认购方对企业信息掌握不同，又比如银行的借贷双方对借款者信用状况掌握不同。信息不对称导致了事前的逆向选择和事后的道德风险。以借贷为例，申请固定利率贷款的人大多是信用状况较差的一类人，而申请到贷款后这类人也有更大可能违约。金融大数据为解决金融市场的信息不对称问题提供了很好的路径，通过对大量的、跨领域、跨时期数据的分析，可以寻找其中的某些规律以作出更好的决策。比如通过对银行全部借贷数据进行分析，找到违约率最高的人的共同特征，如教育程度、父母婚姻状况、所在地区发达程度等，有针对性地减少对这类人放贷或者添加附加条款。

（二）金融中介理论

金融中介理论认为，金融中介的主要作用是生产、传递和处理信息。在过去，主要依靠银行、券商、保险等传统金融中介机构收集信息。但在大数据时代，信息的来源渠道得到极大拓展，掌握了用户大数据的企业具备了成为新的金融中介的基础条件。从信息传递和处理方面来看，大数据企业也与传统金融中介形式存在显著差别。传统的金融中介沉淀了很多的信息，但并没有有效传递到社会中，更没有有效地进行挖掘。基于大数据的新中介有可能改进这一缺陷。大数据基于互联网，互联网本身就是自由和开放的，因而数据的获取、传输变得更加容易。这些新中介相比于传统金融中介的优势就在于数据分析和运用，在数据处理上显然会有更大的动力。

大数据的出现，将改变我们对金融中介的传统认知，并丰富金融中介的内涵。大数据基础上的金融中介，可能取代传统以银行为主的金融中介而形成金融再脱媒的现象。

（三）金融功能理论

金融功能理论对应于金融机构理论而存在。金融机构理论的缺陷在于没有认识到当社会环境和技术条件发生快速变化时，金融机构组织也会发生相应的变化，跨行业的金融产品和模式接连出现，而监管却跟不上这种变化。据此，默顿和博迪1993年提出的金融功能理论认为：第一，金融功能比金融机构有更大的稳定性；第二，金融功能比金融机构更加重要。金融的六大功能总结如图1-7所示。

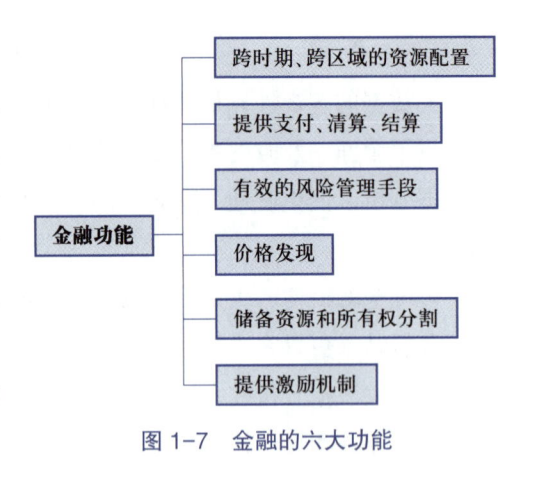

图1-7 金融的六大功能

金融功能：
- 跨时期、跨区域的资源配置
- 提供支付、清算、结算
- 有效的风险管理手段
- 价格发现
- 储备资源和所有权分割
- 提供激励机制

数字中国

零信任"保卫"金融行业网络安全

零信任代表了新一代的网络安全防护理念，它的关键在于打破默认的"信任"，用一句通俗的话来概括，就是"持续验证，永不信任"。默认不信任企业网络内外的任何人、设备和系统，基于身份认证和授权重新构建访问控制的信任基础，从而确保身份可信、设备可信、应用可信和链路可信。金融机构往往是高价值的攻击目标，金融机构面临攻击链条复杂、持续时间长的局面，仅依靠传统防御手段难以应对。

根据2022年金融信息化研究所发布的《金融业数字化转型发展白皮书》调研统计，在40多家被调研金融机构中，已开展零信任规划、计划配置产品及服务的有9家，实现零信任部分场景多地应用的有6家，开展应用研究探索的有27家，尚未开展此项工作的有6家机构。已开展此项工作的金融机构比例近90%，可见金融机构对零信任整体上是接受和认可的。

中国人民银行印发《金融科技发展规划（2022—2025）》（银发〔2021〕335号）提出，要"践行安全发展观，运用数字化手段不断增强风险识别监测、分析预警能力，切实防范算法、数据、网络安全风险"。其中，应加强金融零信任应用的政策引导，加快落实零信任技术标准规范发展，加速推进零信任应用实践的总结和推广。

资料来源：北京金融科技产业联盟

任务三 大数据在金融领域的应用现状

随着信息技术和移动互联网的发展，金融业务和服务的多样化，金融市场的整体规模扩大，金融行业的数据收集能力逐步提高，存储了大量时间连续、动态变化的数据。与其他行业相比，大数据对金融业更具潜在价值，麦肯锡的研究显示，金融业在大数据价值潜力指数排名第一。如今，传统金融机构转型已经是行业趋势。云计算、大数据、区块链、人工智能等技术正在逐步与金融业务融合，金融大数据应用于多个场景，包括但不限于图1-8所示的几个方面，有力地推动行业进行科技化升级，提升金融行业的风控能力，优化资源配置能力，带来了创新的金融业务模式。目前，银行业、证券业、保险业等金融机构在大数据方面已经有较深入的涉猎。

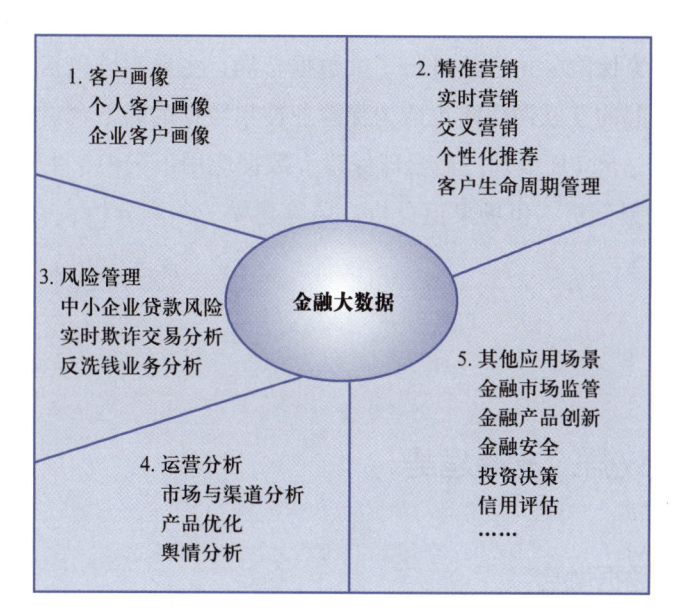

图1-8 大数据在金融领域的应用场景举例

一、大数据在银行业的应用现状

近年来，银行业的客户数据、交易数据、管理数据等均呈现爆炸式增长。公开数据显示，截至2022年年末，全国银行卡在用发卡数量约为89.54亿张；2022年，全国共发生银行卡交易约3 454.26亿笔，其中消费业务约1 776.05亿笔。如果再加上开户信息数据、银行网点和在线交易的各种数据，以及金融系统自身运营的数据，目前国内银行每年产生的数据能达到数十PB。数据海量增长为银行业带来了机遇和挑战，其服务与管理模式已逐步发生改变。

目前，大数据在银行业的商业应用主要还是挖掘银行内部的交易数据，同时引入外部机构数据，如社交网络数据、商务经营信息、征信数据、收支消费信息、社会关联信息等，进行描述性数据分析和预测性数据建模。常见的银行大数据应用场景集中在精准营销、风险管理等方面，详见项目四、项目五。

二、大数据在证券业的应用现状

证券经营对数据的实时性、准确性和安全性的要求较高，在国内证券行业政策逐日开放的大环境下，证券业对数据使用的竞争也日趋激烈。证券数据涉及金融行情、历史交易、上市公司资料、宏微观经济、交易者行为规律等方面。证券公司投资决策、业务营销、客户关系管理等都需要上述数据作为支撑。常见的证券大数据场景有智能投顾、市场预测等，详见项目六。

三、大数据在保险业的应用现状

大数据与保险业具有天然的关联性，保险经营的核心基础是"大数法则"，例如，保险生命

项目一　走进金融大数据

表就是以十万人为组来进行测算。无论是财产险的概率性事件，还是寿险的生命周期，都是由大量数据分析获得的规律。长期以来，保险业通过上门、柜面、信函、电话、短信、微信等多种方式，已经积累了大量的客户交互数据。2014年，经国务院批准，中国保险保障基金有限责任公司出资20亿元成立的中国保险信息技术管理有限公司（简称"中国保信"），催生出中国保险行业首家数据共享平台。多家保险公司已经进行了大数据布局，主要领域包括产品创新、风险控制和运营优化等。近年新兴起的互联网保险也成为保险业搜集数据的新平台。据统计，国内大型保险公司每年新增的数据量达到PB级别。在全球保险大数据应用市场中，主要领域包括客户行为分析、产品定价、联网数据分析、市场渠道分析、风险建模、预测分析、商业决策和欺诈侦测等，详见项目七。

任务四　金融大数据的发展趋势

一、跨机构金融数据融合

金融机构数据融合的意义在于解决金融数据面临的问题，包括数据分布不均衡和信息不对称。金融行业是一个数据密集和科技驱动的领域，通过数据融合，金融机构能够全面了解客户信息和需求，制定更全面和精准的智能风险控制、智能营销以及智能运营策略，最终降低风险管理成本，提高经济效益。但是，数据融合面临多方面挑战，包括数据所有权、定价标准、激励机制、隐私问题和安全隐患等。因此，建立合理的数据共享规范和解决数据确权、安全等问题，对于促进数据安全共享和金融行业的高质量发展至关重要。

在金融领域，跨机构数据融合应用场景多种多样。在管理提升方面，可以统计和分析集团客户信息，制定精准的智能营销方案。在智能风控方面，通过数据融合实时监控，维护客户和管理高风险客户，提高资源配置效率。在智能营销方面，可以通过用户和产品画像实现个性化匹配，提高推荐转化率。在产品画像方面，可以联合分析金融产品的资产配置和盈利情况，构建健全的产品画像，匹配相应的产品。

二、大数据与其他新一代信息技术的融合创新

新一代信息技术的发展，正加速推进全球产业分工深化和经济结构调整，重塑全球经济竞争格局。大数据与其他新一代信息技术的融合如图1-9所示。

（一）大数据与区块链技术的融合

大数据与区块链技术融合具有以下几点优势：保障数据隐私性、安全性和完整性，降低交易成本，推动信息互联网向价值互联网转移，可进行数据预测分析。基于区块链技术的大数据系统技术架构图如图1-10所示。

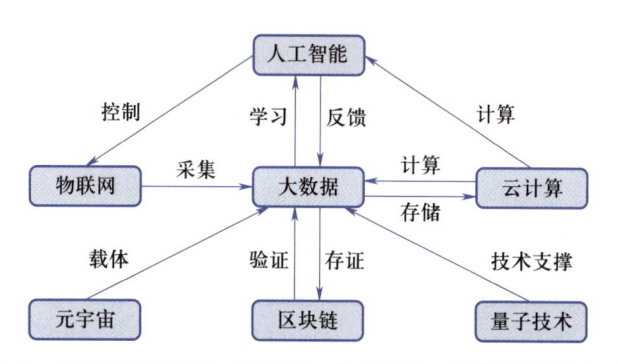

图 1-9　大数据与区块链、云计算、人工智能、物联网等融合示意图

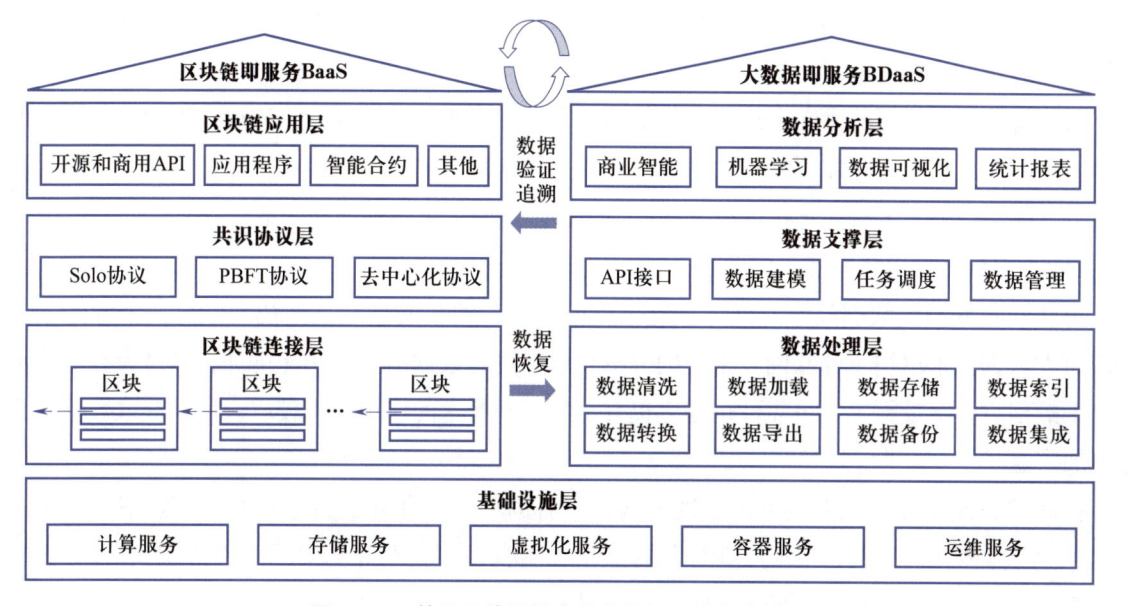

图 1-10　基于区块链技术的大数据系统技术架构

随着数字技术不断发展，金融行业需要不断创新，开发更加高效、安全的区块链和大数据应用。区块链和大数据技术可以帮助金融机构实现业务流程优化，提高运营效率。区块链和大数据技术的应用还可以加强数据安全，可以用于处理大量的敏感数据，帮助金融机构加强数据安全和隐私保护。

（二）大数据与云计算技术的融合

随着云计算的发展，大数据正成为云计算面临的一个重大考验，云计算能够为一份大数据解决方案提供三项必不可少的材料：外部数据集、可扩展性处理能力和大容量存储。借助"云"的力量，可以实现对多格式、多模式的大数据的统一管理、高效流通和实时分析，挖掘大数据的价值，发挥大数据的真正价值。

云计算和大数据作为两种独立但相互关联的技术，它们的结合在金融行业中能够发挥更大的优势。首先，云计算提供了强大的计算和存储能力，使得金融机构可以高效地处理大数据。其次，云计算和大数据的结合可以实现金融机构的业务创新和服务升级。云计算提供了高速的网络连接和广域的数据交换，使得不同分支机构之间可以实时地共享数据和信息。最后，云计算和大数据的结合还可以提高金融机构的风险管理和预测能力。云计算提供了高可用性和容灾能力，保障金融机构的

业务连续性和数据安全性，降低金融风险。

（三）大数据与人工智能技术的融合

当前的大数据研究强调使用深度学习技术，并为提高计算机操作质量做出相应贡献。人工智能、大数据与深度学习的关系如图1-11所示。

金融科技是金融领域发展的重要支撑力量，在发展的过程中涵盖了整个金融科技的生态圈，包含支付清算、融资、金融基础、大数据、交易、投资管理等。基于人工智能大数据平台的金融科技包含智能投顾、监督科技、数字银行、支付和清算等，其中，智能投顾、保险科技发展速度最为快速。

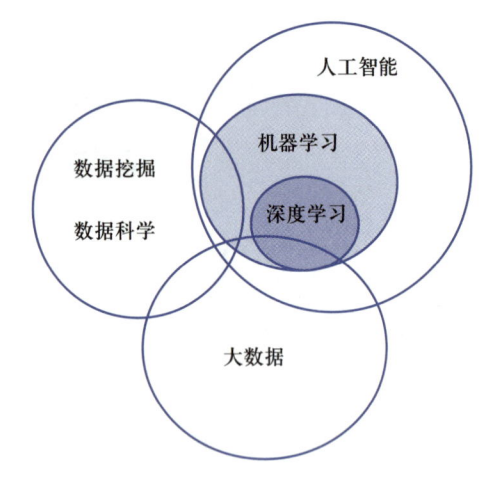

图1-11 人工智能、大数据与深度学习关系图

人工智能和大数据技术在金融领域的应用带来了许多机会和挑战。它们可以提高金融机构的效率、客户满意度，同时也需要关注数据隐私和安全等问题，确保合规性和可靠性。随着技术的不断进步，金融领域的人工智能化将继续发展，为金融行业带来更多创新和变革。

（四）大数据与物联网技术的融合

物联网技术和大数据技术之间是相互依存的关系，物联网是大数据技术中数据来源的主要途径，而大数据技术承担了物联网技术中的分析功能。随着数据信息的快速增加，通过大数据技术分析出来的信息含金量更高，可靠性也随之提升。物联网技术的应用范围较广，所以获取数据的来源也更加广泛。

物联网正改变着金融大数据的发展方向，将有助于银行和其他金融机构提高效率和减少运作成本，通过监测监管重大风险，预测市场变化和洞察新兴趋势增强业务领域的竞争力。物联网与大数据将大大加速自动化金融和移动端金融服务的发展，并对金融科技等新兴模式产生深远影响。随着技术创新和应用领域的拓展，物联网将会在金融大数据领域中扮演着越来越重要的角色。

（五）大数据与元宇宙的融合

元宇宙（Metaverse），是人类运用数字技术构建的，由现实世界映射或超越现实世界，可与现实世界交互的虚拟世界，具备新型社会体系的数字生活空间。

在元宇宙的虚拟世界，其数字化程度远高于现实世界，经由数字化技术勾勒出来的空间结构、场景、主体等，实际都是以数据方式存在的。构建元宇宙的基础技术包括大数据技术。元宇宙需要建立虚拟世界与现实世界的连接交互，为了支持大规模用户同时在线，要增强现实技术的应用，同时还需要大量传感器、智能终端等物联网设备实时收集和处理数据，因此处理大数据的能力非常重要，技术上需要计算能力升级。构建元宇宙的基础技术如图1-12所示。

金融行业是元宇宙技术发展的重点应用领域之一。现实世界的业务逐步转移至元宇宙，元宇宙金融必然会有用武之地。元宇宙中的虚拟银行可通过虚拟助理跟踪与记录虚拟金融交易数据、目标客户数据等，促进金融大数据的发展。

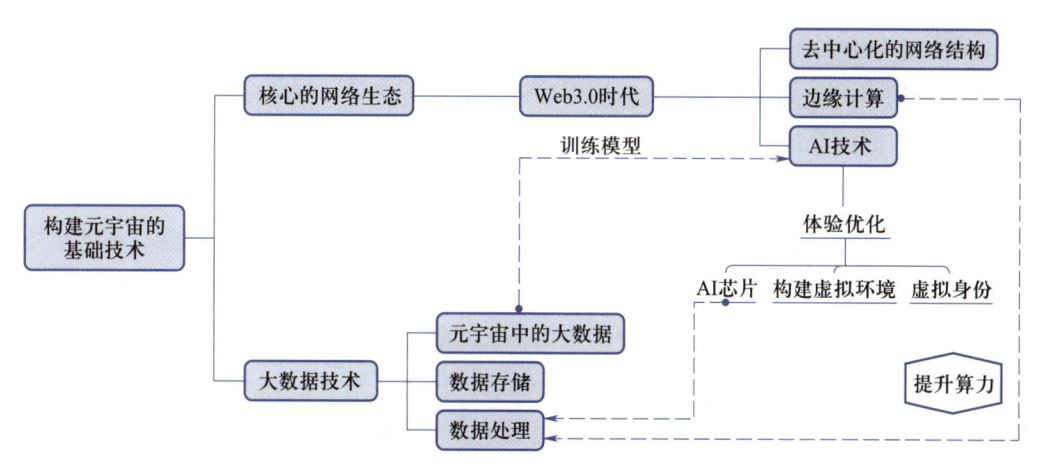

图 1-12 构建元宇宙的基础技术

(六) 大数据与量子技术的融合

大数据应用的安全性,包括数据的合法使用,数据的安全存储,信息传送过程中的安全及对隐私的保护,这对保护信息的密钥的质量提出了更高要求。而量子信息技术中的量子通信,已初步具备了保障大数据信息安全的能力。量子通信不仅可以实现原理上无条件安全的密钥分发,在密钥的快速更新、大范围分发方面同样具有优势。

金融大数据的使用依赖庞大的数据库,而量子比特的叠加特性决定了量子服务器的存储能力远超现有经典服务器。通过优化传统的机器学习算法,量子计算能大幅提高数据处理能力,节约服务器资源。在智能营销、智能风控等对计算速度和精度要求较高的领域,量子技术支持开发更智能、更灵敏的计算机学习系统,在算法能力和速度方面具有显著优势,能够彻底解决银行等金融机构的"计算能力瓶颈"问题,有助于金融大数据的发展。

三、大数据与绿色金融

(一) 绿色金融的概念和现状

绿色金融是支持环境改善、应对气候变化和资源高效利用的经济活动的金融服务。我国政府自2020年起积极推动绿色金融,旨在实现2030年碳达峰和2060年碳中和目标。绿色金融包括绿色信贷、绿色证券、绿色发展基金、绿色保险等,其特点在于关注生态环境平衡,需要政府的支持和推动。然而,绿色金融领域面临几个问题:信息共享不足导致资金匹配困难,因为存在作假问题导致监管难度大,绿色金融产品种类有限,且大数据基础设施不完善。这些挑战制约了绿色金融的发展,需要政府、金融机构和技术机构共同努力以推动行业的进一步发展。

(二) 大数据支持绿色金融发展的方式

大数据技术在绿色金融领域发挥着关键作用,推动着绿色金融的快速发展。

(1) 大数据技术能够破除"数据孤岛",将各类标准化及非标准化数据实时抓取并集结为信用或绿色行为信息,为金融机构提供科学数据支持。通过大数据的综合分析,金融机构能更准确地了解客户的信用状况和绿色行为,降低金融机构的绿色识别成本。这不仅使得绿色信贷决策更为准确,也促使金融机构更加倾向于投资符合绿色金融标准的项目,从而推动了绿色金融业务的扩展。大数据的实时数据处理和分析能力,为金融机构提供了更高效、更智能的绿色信贷决策,进一步加速了绿色金融产品的推广和应用。

（2）大数据技术为建立绿色金融的信用保障体系提供了支持。绿色金融的发展需要有稳定、完善和可持续发展的征信系统，而大数据等新科技的发展为建立大数据征信系统提供了技术支持。大数据征信系统可以将企业环境违法违规信息等企业环境信息纳入金融信用信息基础数据库，建立企业环境信息的共享机制，为金融机构的贷款和投资决策提供依据。此外，大数据技术的运用可以实现金融信息基础设施的升级，推动信息和统计数据的共享，建立健全相关分析预警机制，强化对绿色金融资金运用的监督和评估。通过大数据征信系统的建立，绿色金融将更具可持续性，为投资者提供更为安全可靠的选择，推动绿色金融市场的发展。

（3）大数据技术的广泛应用提升了绿色金融服务水平和效率。大数据、云计算、人工智能等技术的运用，使得金融机构的业务系统与绿色信息系统的底层数据平台得以对接，构建出绿色项目融资方的社会关系网络，并生成环境效益评估报告，从而大幅缩短了金融机构对绿色企业或项目的识别、认证审查时间。这有效提升了金融机构的服务效率，同时也为客户提供了更加便捷和高效的绿色金融服务。大数据技术的运用还能够简化绿色金融服务流程，加速了审批流程，为企业提供了更加便利和迅速的融资服务。同时，金融科技平台基于大数据的形成，具有较强的网络外部性，降低了金融机构为服务单个客户的成本，使得之前未被传统金融机构所覆盖的长尾客户或中小微企业也能够享受到绿色金融服务，推动了绿色金融的普惠性。

交互式测试题 >>>

请扫描下方二维码，进行本项目交互式测试。

项目一　交互式测试题

实训练习 >>>

大数据技术在金融领域的应用，绝不仅限于本项目介绍的银行业、证券业和保险业。假设你是一家商业银行的信用卡负责人，请利用大数据技术为用户提供增值性服务，来帮助提升用户黏性。

项目二
大数据采集与清洗认知

2

项目二　大数据采集与清洗认知

学习目标 >>>

素养目标
- 具备基本的 Python 程序逻辑素养，拓宽视野、更新知识储备
- 培养严谨和可靠的工作态度，能够按照标准和规范进行大数据采集和清洗，确保数据质量和结果的可靠性
- 树立隐私数据保护意识，既要保护自己公司的隐私数据，也不能破坏其他公司的隐私数据
- 培养良好的数据管理和处理习惯，能够遵守相关道德规范和法律法规，保护数据安全

知识目标
- 了解数据采集的范围和数据采集的工具
- 了解网络爬虫采集数据的基本原理
- 熟悉在仿真网站上进行数据采集的代码逻辑
- 了解数据清洗的概念、设计原则和主要内容
- 掌握数据清洗常见问题及处理顺序

能力目标
- 能够从上交所仿真网站上爬取数据
- 能够根据爬取目标修改 Python 爬虫代码
- 能够依据案例资料建立数据清洗规则，进行数据清洗流程设计与工具操作
- 能够使用 Python 进行数据清洗

思维导图 >>>

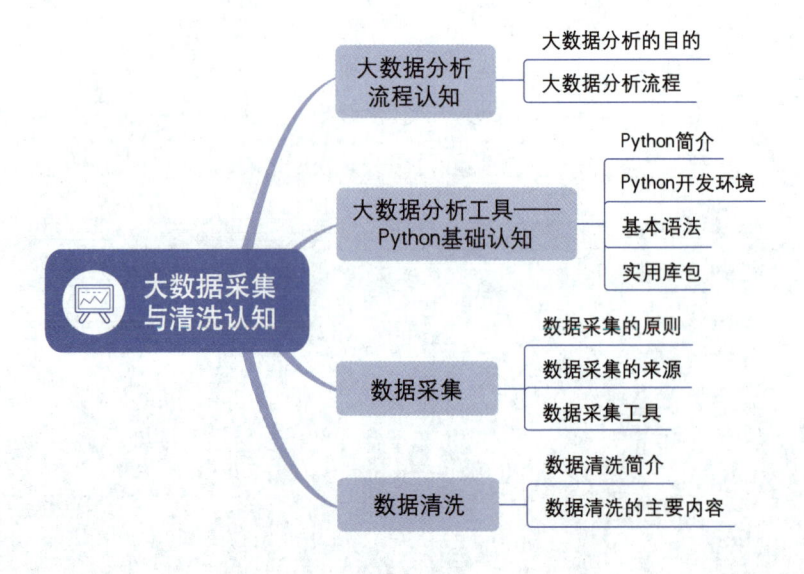

大数据采集与清洗认知
- 大数据分析流程认知
  - 大数据分析的目的
  - 大数据分析流程
- 大数据分析工具——Python基础认知
  - Python简介
  - Python开发环境
  - 基本语法
  - 实用库包
- 数据采集
  - 数据采集的原则
  - 数据采集的来源
  - 数据采集工具
- 数据清洗
  - 数据清洗简介
  - 数据清洗的主要内容

案例导入

中国工商银行自2002年开始建设数据应用体系，经历了数据集市、数据仓库、大数据平台、数据中台等多次迭代发展，实现了从以数据统计分析为主的"数据辅助决策"向以人工智能支撑的"数据驱动决策"的演进。通过20年的打磨，构建了涵盖批量计算、流式计算、联机分析、对象存储、数据交换、BI分析、安全管控、数据交付、数据安全管控等多方面技术能力的大数据技术平台，实现全流程一站式数据处理，建立了可看、可懂、可得的用数赋智体系，为业务场景注入有广度、有深度、有速度、有精度的数据服务，加速数据价值变现。

中国工商银行积极参与数据要素市场建设，大力引入外部数据，不仅实现了全业务、全集团、全类型、全来源的数据上云工作，同时也构建了全面、快速、精准、融合的数据体系。为满足准实时性的产品服务推荐和客户行为洞察等数据使用需要，研发数据库复制等高时效数据采集技术，完善标准数据接入能力，实现MySQL、Oracle、GauseDB、GoldenDB、KVA、MPPDB、Hive等主流数据库准实时接入，全行数据得以向大数据平台快速汇集。

中国工商银行形成数据采集、存储、分析和数据应用的全流程体系，在国内银行界属于领先地位。这一体系的建立为中国工商银行实行数字化战略提供了坚实的基础，也为业界其他企业提供了大数据处理的样板。

请思考：中国工商银行作为金融机构，为什么要自己建设数据应用体系？数据的采集、清理，对于机构而言的重要性在哪里？

任务一　大数据分析流程认知

一、大数据分析的目的

企业利用大数据进行经营管理和辅助预决策时，先要考虑到大数据处理的目的。目的是整个分析流程的起点，目的不明确则会导致方向性的错误。在数据分析时首先要思考，为什么要开展数据分析，通过数据分析要解决什么问题。

当明确分析目的后，就要梳理分析思路，并搭建分析框架，把分析目的分解成若干个不同的分析要点，即如何具体开展数据分析，需要从哪几个角度进行分析，采用哪些分析指标。

只有明确了分析目的，分析框架才能跟着确定下来，最后还要确保分析框架的体系化，使分析更具有说服力。要想使分析框架体系化，就需要一些营销、管理等理论为指导，结合实际的业务情况进行构建，这样才能保证分析维度的完整性、分析结果的有效性与正确性。

大数据分析主要有三个目的：总结规律、优化现状、预测未来。金融机构大数据分析的最主要目的是实现精准营销、客户价值管理和风险控制。

二、大数据分析流程

在明确分析目的和思路之后，便可以正式开展大数据分析。大数据分析包括五个步骤，如图 2-1 所示。

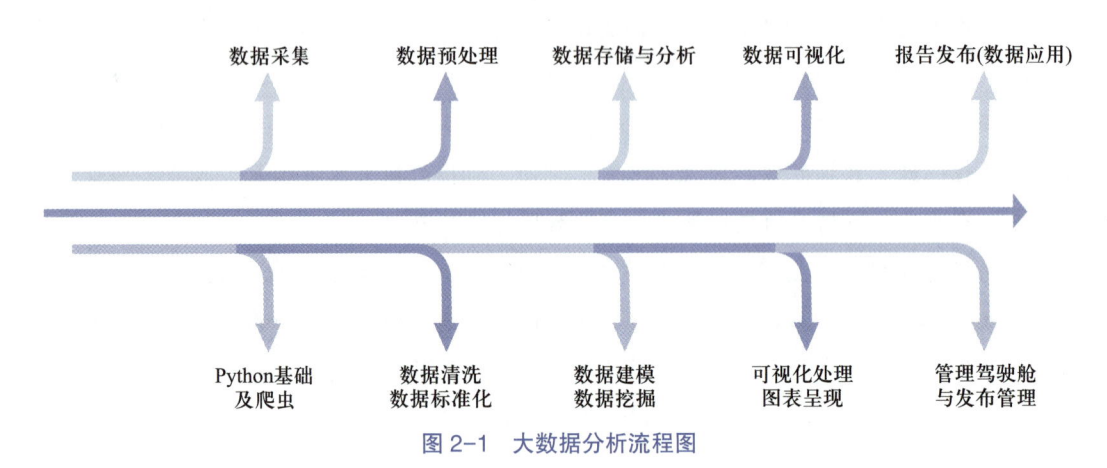

图 2-1 大数据分析流程图

流程上方：数据采集 → 数据预处理 → 数据存储与分析 → 数据可视化 → 报告发布(数据应用)

流程下方：Python基础及爬虫 / 数据清洗 数据标准化 / 数据建模 数据挖掘 / 可视化处理 图表呈现 / 管理驾驶舱与发布管理

（一）数据采集

数据采集是进行大数据分析的基础，数据分析的后续所有工作内容均围绕这一环节所采集的数据展开。

数据包括第一手数据与第二手数据，第一手数据主要指可直接获取的数据，第二手数据主要指经过加工整理后得到的数据。

数据的来源不仅包括来自企业内部的数据，也包括来自企业外部的数据。内部数据可以是企业各类信息系统中的数据，外部数据可以是爬取外部网页的数据或从数据服务商处购买的数据等。

🔧 数字中国

数据采集和使用需确保用户充分知情

党的二十大报告指出："深化金融体制改革，建设现代中央银行制度，加强和完善现代金融监管，强化金融稳定保障体系，依法将各类金融活动全部纳入监管，守住不发生系统性风险底线。"金融理财类 App 近些年因数据安全问题不断被点名整改。广东省通信管理局官网公布了 215 款因侵害用户权益和安全隐患问题被责令限期整改的 App 应用名单，其中多款金融理财类 App 因首次运行未经用户阅读并同意隐私政策，申请获取存储权限和电话权限以及隐私政策中未逐一列出获取个人姓名、出生日期和证件号信息的目的、方式、范围等违规行为被通报整改。

为全面提升金融业数据管理和应用水平，由中国人民银行印发的《金融业数据能力建设指引》（下称《指引》）已于 2021 年 2 月 9 日正式实施。

《指引》明确了金融业数据能力建设要遵循用户授权、安全合规、分类施策、最小够用、可用不可见五大基本原则。具体来看，用户授权方面，要求明确告知用户数据采集和使用的目的、方式以及范围，确保用户充分知情，获取用户自愿授权后方可采集使用，严格保障用户知情权和自主选择权。

另外,《指引》也在安全合规中明确,要遵循国家法律法规、管理制度,符合国家及金融行业标准规范,建立健全数据安全管理长效机制和防护措施,严控访问权限,严防数据泄露、篡改、损毁与不当使用,依法依规保护数据主体隐私权不受侵害。

资料来源:改编自华夏时报.

(二)数据预处理

一般拿到手的数据都需要进行一定的处理才能用于后续的数据分析工作,即使再"干净"的原始数据也需要先进行一定的处理,保证数据的一致性和有效性,否则将导致错误的分析结论或不能完成数据分析任务。这些专门的处理称为数据预处理,包括对不符合要求的数据进行数据清洗以保证数据的完备性和数据质量,对数据进行标准化处理以使数据集符合数据挖掘时的算法要求。

1. 数据清洗

数据清洗是对数据进行重新审查和校验的过程,目的在于删除重复信息、纠正存在的错误,并保证数据一致性。

一般获取到的原始数据往往存在值缺失、值异常或重复等质量问题,数据清洗,顾名思义就是把"脏"的数据"洗掉",这是发现并纠正数据文件中可识别的错误的最后一道程序。常见的数据清洗方法包括缺失值处理方法、异常值处理方法和重复数据处理方法等。

?/ 想一想

利用现在的技术怎么实现数据的清洗?是批量处理还是逐条处理?

2. 数据标准化

随着研究领域不断扩大、评价对象日趋复杂,多指标综合评价方法应运而生。多指标综合评价方法从整体角度全面地考虑问题,可避免仅依据单一指标对事物进行评价的不合理现象。多指标综合评价方法把描述评价对象不同方面的多个指标信息综合起来,得到一个综合指标,据此对评价对象做一个整体上的评判,并可进行横向或纵向比较。

在多指标评价体系中,由于各评价指标的性质不同,通常会具有不同的量纲和数量级。当各指标间的水平相差很大时,若直接用原始指标值进行分析,就会突出数值较高的指标在综合分析中的作用,相对削弱数值较低的指标在综合分析中的作用。为了保证结果的可靠性,一般需要对原始指标数据进行标准化处理。

数据标准化是用于消除不同评价指标的单位量纲和数量级带来的数据不可比性,又称数据无量纲化或数据归一化。常见的数据标准化处理方法有:Min-Max 归一化、平均归一化、非线性归一化和 Z-score 标准化等。

(三)数据存储与分析

数据存储是指用存储器把采集到的数据存储起来,方便调用和分析。数据分析是指用适当的分析方法及工具,对处理过的数据进行分析,提取有价值的信息,并形成有效结论的过程。由于数据分析多是通过软件来完成的,这就要求数据分析师不仅要掌握各种数据分析方法,还要熟悉数据分析软件的操作。

数据挖掘其实是一种高级的数据分析方法，就是从大量的数据中挖掘出有用的信息。它是根据用户的特定要求，从浩如烟海的数据中找出所需的信息，以满足用户的特定需求。数据挖掘技术是人们长期对数据库技术进行研究和开发的结果。

一般来说，数据挖掘侧重解决四类数据分析问题：分类、聚类、关联和预测，重点是寻找模式和规律。数据分析与数据挖掘的本质是一样的，都是从数据里面发现关于业务的价值。

（四）数据可视化

数据可视化是指将大型的、集中的数据以图形、图像形式表示，并利用数据分析和开发工具发现其中未知信息的处理过程。数据可视化旨在借助图形化手段，清晰有效地传达与沟通信息。在各类报表和说明性文件中，用直观的可视化图表展现数据显得简洁、可靠、客观、更有说服力，常说用图表说话就是这个意思。

许多大数据分析环境和工具都具有数据可视化功能，数据可视化功能既能给用户提供数据跟踪、抓取和多维度分析功能，还能支持多数据源、实时数据更新和交互式数据展示。

当前的数据可视化在可视化图形表现形式方面也更加多样化和丰富化，除了支持传统的饼图、柱状图和折线图等常见图形，还支持气泡图、面积图、词云、瀑布图和漏斗图等酷炫的图表。这些种类繁多的图形能满足不同用户的不同展示需求和分析需求，数据可视化展示示例图如图2-2所示。

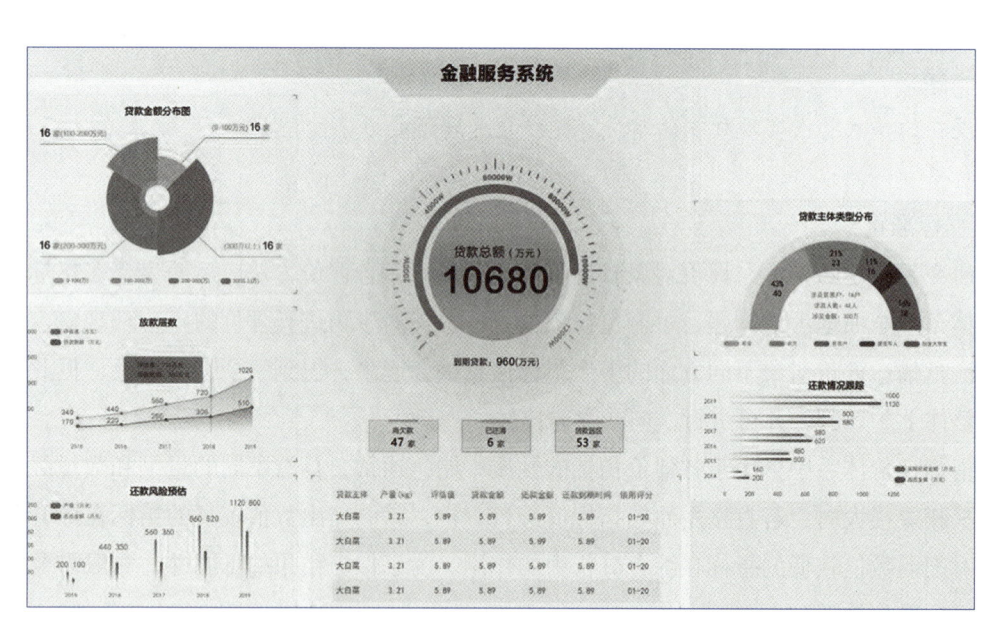

图2-2 数据可视化展示示例图

在上述大数据处理流程中，数据质量一直贯穿于处理过程的每个环节，即每个数据处理环节的数据质量都会对整体大数据分析效果产生影响。一般地，一个好的大数据产品要有大量的数据规模、快速的数据处理、精准的数据分析与预测、优秀的可视化图表展示以及简练易懂的结果解释。

（五）报告发布（数据应用）

大数据分析报告其实是对整个数据分析过程的一个总结与呈现。通过报告，把数据分析的起因、过程、结果及建议完整地呈现出来，供决策者参考。

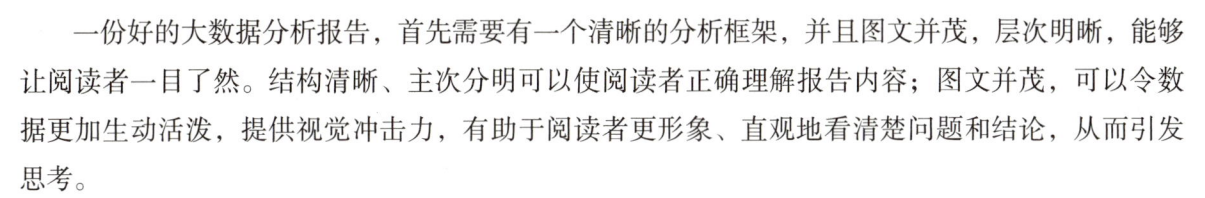

一份好的大数据分析报告，首先需要有一个清晰的分析框架，并且图文并茂，层次明晰，能够让阅读者一目了然。结构清晰、主次分明可以使阅读者正确理解报告内容；图文并茂，可以令数据更加生动活泼，提供视觉冲击力，有助于阅读者更形象、直观地看清楚问题和结论，从而引发思考。

另外，大数据分析报告需要有明确的结论，没有明确结论的分析称不上分析，同时也失去了报告的意义，因为最初就是为寻找或者求证一个结论才进行分析的，所以不能舍本求末。

最后，好的分析报告一定要有建议或解决方案。作为决策者，需要的不仅仅是找出问题，更重要的是针对问题的建议或解决方案，以便他们做决策时做参考。

任务二　大数据分析工具——Python 基础认知

Python 是由荷兰数学和计算机科学研究学会的吉多·范罗苏姆于 20 世纪 90 年代初设计的计算机编程语言。若要实现数据分析的功能，Python 是首选。对于初学者来说，Python 非常易学易用，它的语法结构简单、通俗易懂。同时，借助各种第三方库，Python 能实现非常多的数据管理和分析任务。

一、Python 简介

Python 是人工智能行业最方便的编程语言之一。其他的常用语言有 C++、Java，但都不如 Python 方便。尽管 Python 在运行效率方面比不上 C++ 和 Java，但是 Python 编写方便，符合人工智能的行业情况，Python 的第三方库对人工智能行业也最为便捷。

Python 有以下五大应用场景：人工智能、数据分析、网络爬虫、Web 开发和自动化测试。另外 Python 也可用于桌面软件开发、科学计算、游戏开发。在国内，大家比较熟悉的网站很多都是用 Python 开发的，比如百度、阿里、知乎、新浪和网易等。

在数据分析和数据挖掘领域，Python、R 语言和 SAS 等都是非常受欢迎的编程工具。Python 和 R 语言都是开源的，普遍应用于互联网行业，而 SAS 为商业付费软件，这三款工具也是金融和医疗行业的标准工具。

二、Python 开发环境

进入编程世界的第一步是先安装开发环境。不同的操作系统需要安装的 Python 开发环境的具体操作是不同的，由于 Linux 和 Mac 一般都已经预装了 Python，所以主要介绍 Windows 环境下的 Python 安装。

首先需要下载开发环境安装程序文件。Python 官网可以下载适用于 Windows 环境的所有版本的 Python 安装程序。其次要选择集成开发环境（IDE，全称是 Integrated Development Environment），即一种具有图形用户界面的，集代码的编写、编译或解释、调试、程序性能监测等功能于一体的程

序开发软件。大多数开发者首选的 Python IDE 有 PyCharm、Visual Studio Code、Anaconda，这些都是比较常用的 IDE。

一个 Python 开发环境主要包含两个部分：编辑 Python 代码的编辑器，运行 Python 代码的解释器。

（一）代码编辑器

简单来说代码编辑器就是一个文本编辑器，它和 Windows 中的"记事本"一样，是具有图形用户界面的软件。相比较于 IDE，代码编辑器功能较为简单，一般只具备打开代码文件、高亮语法显示、代码编写（自动补全）等功能，更多的功能则需要通过插件来扩展。

（二）代码解释器

运行 Python 程序时，先运行 Python 解释器，通过这个解释器，去读取 Python 程序文件，这个解释器再以机器指令语言告诉 CPU 如何去做。

三、基本语法

宏观上来讲，编写程序可分三个步骤：第一步，输入数据；第二步，处理数据；第三步，输出数据。

学习 Python 从如何输入数据开始，首先，要了解什么是 Python 变量、数据类型有哪些、运算符起什么作用等。其次，要了解如何处理数据，即各种函数和条件语句的应用效果。最后，要了解如何输出结果。

为了更好地理解，本任务内容在进行每个概念说明时会进行输出模拟，因此下面先对 Python 如何输出结果进行说明。

Python 使用 print( ) 函数进行输出。print( ) 函数将括号内用逗号分隔的零个或多个参数输出到屏幕上。无论什么类型的数据，如数值、逻辑、字符串、列表以及字典等都可以输出。print( ) 函数可以直接输出数据，也可以先将数据赋值给变量，再用 print( ) 函数输出变量的值。例如，若变量 b = 2，则 print(b) 表示输出变量 b 的值 2。而 print(' 小明 ', 18) 会输出两个值，两个值之间用英文逗号分隔。以上例子输出格式如下：

```
b = 2
print(b)
print(' 小明 ', 18)
```

运行结果为：

```
2
小明 18
```

（一）变量

数据输入到计算机中后会保存在内存里，程序中的数据存放到内存中的某个位置后，为了方便后续程序找到和操作这个数据，需要给这个位置起一个名字，编程语言中把这个名字叫变量。之所以叫变量，是因为变量中的数据可以根据需要多次发生改变。类似于每个宾馆房间都有一个房间号，用这个房间号来管理入住的宾客，房间号就是程序中的变量，入住到房间里的宾客可以更换，但房间号即变量名是不变的。

在 Python 中使用变量时，需要给变量命名，类似于给宾馆的房间标房间号。命名规则如下：① 变量名由字母、下划线和数字组成，且不能以数字开头。② Python 中的变量名是区分大小写的。例如，account 和 Account 是不同的变量名。③ Python 中的变量名不能使用关键字，即不能使用 Python 自身已使用了的词。

在 Python 中给变量赋值是通过等号（=）来实现的，此时"="也叫赋值运算符。给变量赋值时，所赋值的类型决定了变量的数据类型。

比如设定"account"为一个变量，那么给这个变量进行赋值，令其值为"123456"，就可以写成"account = 123456"。这样给变量赋值操作的优势在于能够减少编程时的工作量，如果某个数据较复杂，则可以通过将该数据赋值给某个变量，在编程时用变量代替数据的输入。举例如下：

```
account = 123456
print(account)
account = 654321
print(account)
```

运行结果为：

```
123456
654321
```

```
str1 = 'hello!'
str2 = 'world!'
print(str1, str2)
```

运行结果为：

hello! world!

（二）常用数据类型

在程序中完成运算时经常要使用值，值也称为数据，值的类型也就是数据的类型。Python 常用的数据类型有数字（number）、字符串（string）、列表（list）、字典（dictionary）等。

对数据进行类型的区分，一方面是为了确定数据在内存中占多大地方。因为不同类型数据所占内存是不同的，比如列表是比数字和字符串更复杂的数据类型，像容器一样可以存放多个数据，为编程提供了极大的便利，因此要占用的内存空间要大许多。另一方面，定义数据类型是为了告诉计算机如何处理数据。比如数值型数据可以进行加减乘除等数学运算，例如：2 + 6 = 8；两个字符串可以连接成一个更长的字符串，例如：'010' + '-87654321' = '010 - 87654321'。

1. 数字

数字类型又分整数和小数，例如 123 是整数，123.9 是小数（又称浮点数）。

2. 字符串

字符串是用引号括起来的字符序列，如 '010' 是字符串。

3. 列表

列表是 Python 的重要数据类型之一，是一组任意对象的有序集合。创建列表的语法很简单，使用方括号将用逗号分隔的不同的数据项括起来即可。如"account = [1415161718.11,

1213141516.22，1314151617.33]"，就是创建了一个名为"account"的列表，该列表包括三个元素，每个元素都是数值类型的数据。

4. 字典

字典是 Python 的重要数据类型之一。字典是一种映射的集合，可以通过形如 {key1: valuel, key2: value2, ..} 的形式来定义字典。字典元素包括在一对花括号"{}"中，花括号内是一系列的键值对（key: value），键和值之间用英文冒号":"分隔，多个键值对之间用英文逗号分隔。

给变量赋值时，所赋值的类型决定了变量的数据类型。例如"account = 123456"，则"account"是整数类型；"account = 123.456"，则"account"是浮点类型；"account ='123456'"，则"account"是字符串类型。举例如下：

```
money = 8200.6
str1 = ' 本月收入 :'
months = 2
print(str1, money)
print(' 两个月收入 :', months*money)
```

运行结果为：

```
本月收入 : 8200.6
两个月收入 : 16401.2
```

（三）运算符

1. 运算符的分类

运算符是构成程序计算功能的重要符号，例如在赋值语句 account = 12 + 25 中，12 和 25 是参与运算的数据，而"+"称为加法运算符。Python 语言支持的常用运算符有算术运算符、比较（关系）运算符、逻辑运算符、赋值运算符等。

（1）算术运算符。算术运算符用于对操作数执行算术运算。算术运算符有加（+）、减（-）、乘（*）、乘幂（**）、除（/）、取余（%）、整除（//）。取余是指取除法计算后的余数，整除是指除法计算后的商的整数部分。

（2）比较（关系）运算符。比较（关系）运算符用于对操作数执行比较运算，比较运算的结果是 True（真）或 False（假）。比较运算符有等于（==）、不等于（!=）、大于（>）、小于（<）、大于等于（>=）、小于等于（<=）。

（3）逻辑运算符。逻辑运算符用于对操作数执行逻辑运算，逻辑运算的结果是 True 或 False。逻辑运算符有逻辑与（and）、逻辑或（or）、逻辑非（not）。and 对两个操作数执行"与"操作，只有当两个操作数均为真时运算结果才为真；or 对两个操作数执行"或"操作，只有当两个操作数均为假时运算结果才为假；not 对一个操作数执行"非"操作，当这个操作数为真时运算结果为假，当这个操作数为假时运算结果为真。

（4）赋值运算符。赋值运算符用于给变量赋值，用等号（=）表示。

2. 运算符的优先级

像四则混合运算一样，多个运算符在 Python 的同一个表达式中出现时，也会涉及运算符的优先级问题。算术运算符优先于比较运算符，比较运算符优先于逻辑运算符，逻辑运算符优先于赋值运算符。可以使用圆括号来改变运算优先级。举例如下：

```
num1 = 8
num2 = 2
print(' 两数和为 : ', num1 + num2)
print(' 两数差为 : ', num1−num2)
print(' 两数积为 : ', num1*num2)
print('num1 比 num2 大 ?', num1 > num2)
print('num1 等于 num2?', num1 = num2)
print(' 两数和与差都为正 ?', (num1 + num2) > 0 and(num1−num2) > 0)
print(' 两数和为正或差为正 ?', (num1 + num2) > 0 or(num1−num2) > 0)
print(' 两数和为正且差为负 ?', (num1 + num2) > 0 and(num1−num2) < 0)
print(' 两数和为正或差为负 ?', (num1 + num2) > 0 or(num1−num2) < 0)
```

运行结果为：

```
两数和为 : 10
两数差为 : 6
两数积为 : 16
num1 比 num2 大 ? True
num1 等于 num2? False
两数和与差都为正 ? True
两数和为正或差为正 ? True
两数和为正且差为负 ? False
两数和为正或差为负 ? True
```

（四）条件语句和函数

1. 条件语句

条件语句是指满足某些条件才能做某件事情，而不满足条件时是不允许做的。条件语句在各类编程语言中均作为基本的语法使用，包括 if…，elif…，else…3 种条件语句形式，三者的意思通俗地讲就是"假如……，或者假如……，剩下的……"。举例如下：

```
currentHour = int(input(' 输入当前的小时 (0−24): '))
print(currentHour)
if currentHour <0 or currentHour> 24:
    print(' 输入的时间错误，请重新输入。')
currentHour = int(input(' 输入当前的小时 : '))
if currentHour > 0 and currentHour < 8:
    print(' 早上好！')
elif currentHour < 12:
    print(' 上午好 ')
elif currentHour <17:
```

```
    print(' 下午好！')
elif currentHour <21:
    print(' 晚上好！')
else:
    print(' 该睡觉了，晚安！')
```
　　运行结果为：
```
输入当前的小时 (0-24): 32
32
输入的时间错误，请重新输入。
输入当前的小时 : 21
该睡觉了，晚安！
```

　　在上面的示例中，由用户输入当前的时间，根据输入的时间，打印输出不同的问候语，具体来说，0-8 点输出"早上好！"，8-12 点输出"上午好！"，12-17 点输出"下午好！"，17-21 点输出"晚上好！"，其余时间即 21-0 点输出"该睡觉了，晚安！"。

　　当输入 32 时，提示"输入的时间错误，请重新输入。"再次进入输入界面，"输入当前的小时"。当输入 21 时，提示"该睡觉了，晚安！"

　　2. 函数

　　函数是一段可重复调用的代码块，它接收一些输入（参数），并可以输出一些结果（返回值）。

　　比如 print( ) 函数表示打印字符串；len( ) 函数表示计算字符长度；format( ) 函数表示实现格式化输出；type( ) 函数表示查询对象的类型；int( ) 函数、float( ) 函数、str( ) 函数等表示类型的转化函数；id( ) 函数表示获取对象的内存地址；help( ) 函数表示 Python 的帮助函数。

四、实用库包

　　Python 的库就是具有相关功能模块的集合。这也是 Python 的一大特色。

　　在 Python 语言的库中，分为 Python 标准库和 Python 的第三方库。Python 的标准库是随着 Python 安装的时候默认自带的库；Python 的第三方库，则需要下载后安装到 Python 的安装目录下，不同的第三方库安装及使用方法不同。它们的调用方式是一样的，都需要用 import 语句调用。

　　大数据分析中常用的三个 Python 的第三方库：Numpy 库——数据分析基础工具；pandas 库——数据分析专用库；Matplotlib 库——数据可视化工具。

任务三 数据采集

　　数据采集也叫数据获取，是指通过一定的工具获取资金状态变化、流量状态变化、用户行为和信息等数据内容的过程，为后续进行数据分析提供数据准备。在大数据环境下，数据是公开、共享的，但数据间的各种信息传输和分析需要经过采集与整理。通过采集与整理，可以将大量离散的数据有目的地整合在一起，从而发现隐藏在数据背后的秘密。

在进行大数据采集的过程中，只有及时、有效且准确的数据才能分析出对商务运营和决策有帮助的结果。

一、数据采集的原则

（一）及时性

进行数据采集需要尽可能地获取到数据采集来源的最新数据，只有将最新数据与往期数据进行对比，才能更好地发现当前的问题并预测变化趋势。

（二）有效性

在进行数据采集过程中，需要注意数值期限的有效性。比如，采集基金净值等信息时，由于市场行情变化，基金的净值每个交易日都有相应数值，若时间变化则净值也就可能发生变化，从而影响后续计算。

（三）准确性

在数据分析过程中，每个指标的数据可能都需要参与各种计算，有些数据的数值本身比较大，一旦出错，参与计算之后就可能出现较大偏差。在进行数据采集时，需要确保所摘录的数据准确无误，避免数据分析时出现较大偏差。

（四）合法性

数据采集还需要注意合法性。比如，在进行竞争对手数据采集的过程中，只能采集相关机构已经公布的公开数据，或是在对方同意的情况下获取数据，而不能采用商业间谍、不正当窃取等非法手段获取数据。

二、数据采集的来源

（一）企业内部数据获取

企业内部数据主要是指来自诸如企业资源计划系统、客户关系管理系统、财务系统等企业内部信息系统的数据，涵盖企业内部生产经营活动中所产生的生产数据、财务数据和销售数据等。这种数据多以结构化数据为主，是大数据中价值密度较高的一类数据。这个业务数据库就是一个庞大的数据资源，需要有效地利用起来。

（二）企业外部数据获取

企业外部数据主要包括来自政府、竞争对手和所属行业等的相关数据，这部分数据的获取主要依赖于从数据分析商处购买或从网络中爬取。

1. 公开出版物

可以用于收集数据的公开出版物包括《中国统计年鉴》《中国社会统计年鉴》《中国人口统计年鉴》《世界经济年鉴》《世界发展报告》等统计年鉴或报告，还包括各种经济信息部门、各行业协会和联合会提供的定期或不定期信息公报，以及国内外有关报纸、杂志。

2. 互联网

随着互联网的发展，网络上发布的数据越来越多，特别是搜索引擎可以帮助我们快速找到所需

要的数据，例如国家及地方统计局网站、行业组织网站、政府机构网站、传播媒体网站和大型综合门户网站等上面都可能有我们需要的数据。图 2-3 为国家统计局数据页面。

图 2-3 国家统计局数据页面

3. 行业市场调查研究报告

在进行数据分析时，需要了解用户的想法与需求，但是通过以上两种方式获得此类数据会比较困难，因此可以尝试借鉴行业市场调查研究报告来收集用户的想法和需求数据，比如艾瑞咨询网、易观数据网和 Mob 研究院等都有公开的市场调查数据可供参考。

动动手

进入中国信息统计网，查看中国统计年鉴中人均可支配收入的最新数据。

三、数据采集工具

根据数据的来源不同，数据采集的方法也有所不同，主要有以下四种：从数据库中采集；从系统日志中采集；从网络数据中采集；从感知设备数据中采集。

其中，从网络数据中采集常用的国外数据采集工具包括 Apache Flume、Fluentd、Chukwa 等，国内的数据采集工具包括火车采集器、集搜客和八爪鱼等。

以下详细介绍网络爬虫工具，其早期目的一般为编纂网络索引。之后广泛应用在数据采集和信息监控等领域。简单来说，网络爬虫就是获取网页并提取和保存信息的自动化程序。

浏览网页的本质行为是请求与响应。浏览网页请求与响应过程示意图如图 2-4 所示。

爬虫原理：爬虫是模拟用户在浏览器或者某个应用上的操作，把操作的过程结合背后的原理用程序模拟出来，并实现自动化的程序。当我们在浏览器中输入一个 URL 后回车，后台会发生什么？简单来说这段过程发生了以下四个步骤：

步骤一，查找域名对应的 IP 地址；

步骤二，向 IP 对应的服务器发送请求；

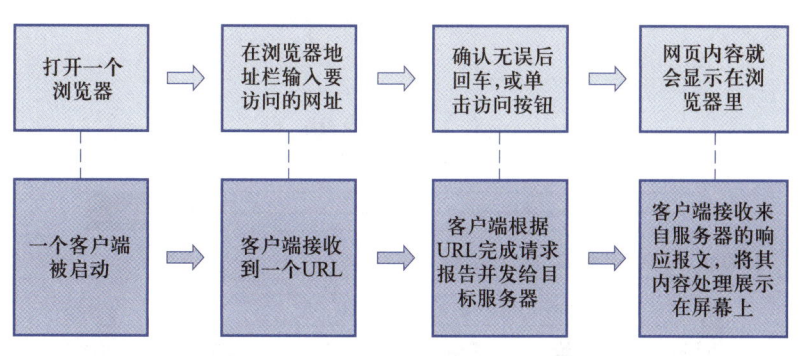

图 2-4　浏览网页请求与响应过程示意图

步骤三，服务器响应请求并发回网页内容；

步骤四，浏览器解析网页内容。

从上面的步骤中可以看出，网络爬虫的本质是浏览器的 HTTP 请求，是模拟真实环境的网络请求。

网络爬虫工作流程如图 2-5 所示。

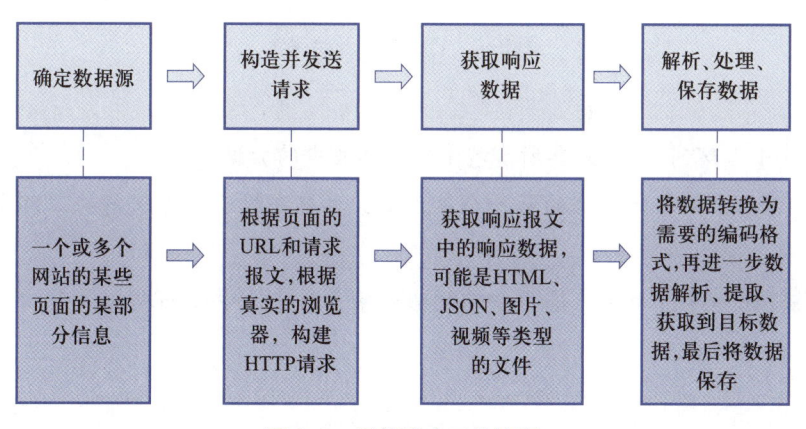

图 2-5　网络爬虫工作流程

知识拓展

八爪鱼采集是一个比较灵活、方便使用的网络信息采集工具，以下介绍使用八爪鱼采集基金数据的方法。

采集网站为同花顺爱基金行情页。

采集的内容包括：基金代码、基金名称、单位净值、累计净值、增长值、增长率、申购状态、赎回状态。

步骤 1：打开网页

在首页【输入框】中输入目标网址，单击【开始采集】，八爪鱼自动打开网页，如图 2-6 所示。

项目二　大数据采集与清洗认知

图 2-6　打开网页开始采集

步骤 2：创建【循环列表】，采集所有搜索结果列表中的数据

（1）先选中页面上第一行数据的第一个单元格，再单击提示框右下角的"TR"按钮，以选中一整行。

（2）在操作提示框中，单击【选中全部相似元素】和【选中全部相似组】。如图 2-7、图 2-8 所示。

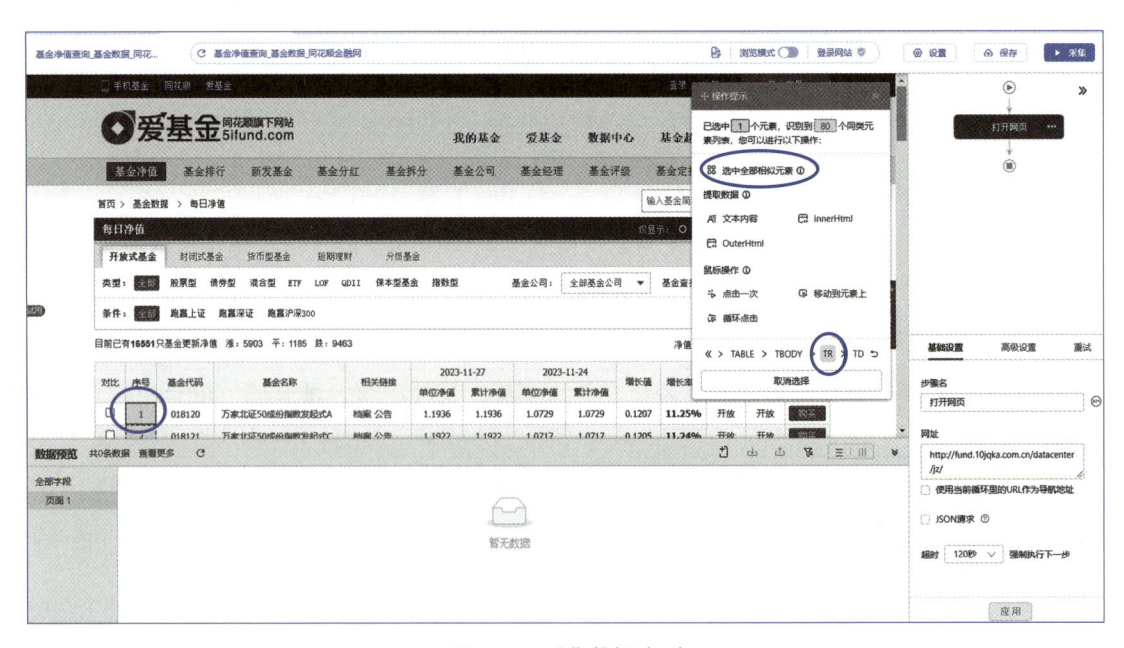

图 2-7　采集数据（1）

任务三　数据采集

图 2-8　采集数据（2）

（3）单击【滚动加载】和【向下滚动一屏】，如图 2-9、图 2-10 所示。

图 2-9　单击【滚动加载】

37

项目二　大数据采集与清洗认知

图 2-10　单击【向下滚动一屏】

步骤 3：设置滚动加载更多数据

向下滚动页面，可以加载出更多基金净值数据，在八爪鱼中也需要进行滚动设置。

（1）在【打开网页】步骤后，选中页面空白的地方，在操作提示框中选择【点击元素】，生成一个【点击元素】步骤，如图 2-11 所示。

图 2-11　生成【点击元素】步骤

（2）将【点击元素】步骤拖动到【输入文本】后进入【点击元素】设置页面，设置【Ajax 加载】超时为 7 秒，【执行前等待】10 秒，以让数据充分加载出来。如图 2-12 所示。

图 2-12　设置【点击元素】

步骤 4：启动采集

（1）单击【采集】并启动本地采集，如图 2-13、图 2-14 所示。启动后八爪鱼开始自动采集数据，如图 2-15 所示。

（2）采集完成后，选择合适的导出方式来导出数据。支持导出为 Excel、CSV、HTML、数据库等。这里导出为 Excel，共采集 1 840 条数据，如图 2-16 所示。

图 2-13　单击【采集】

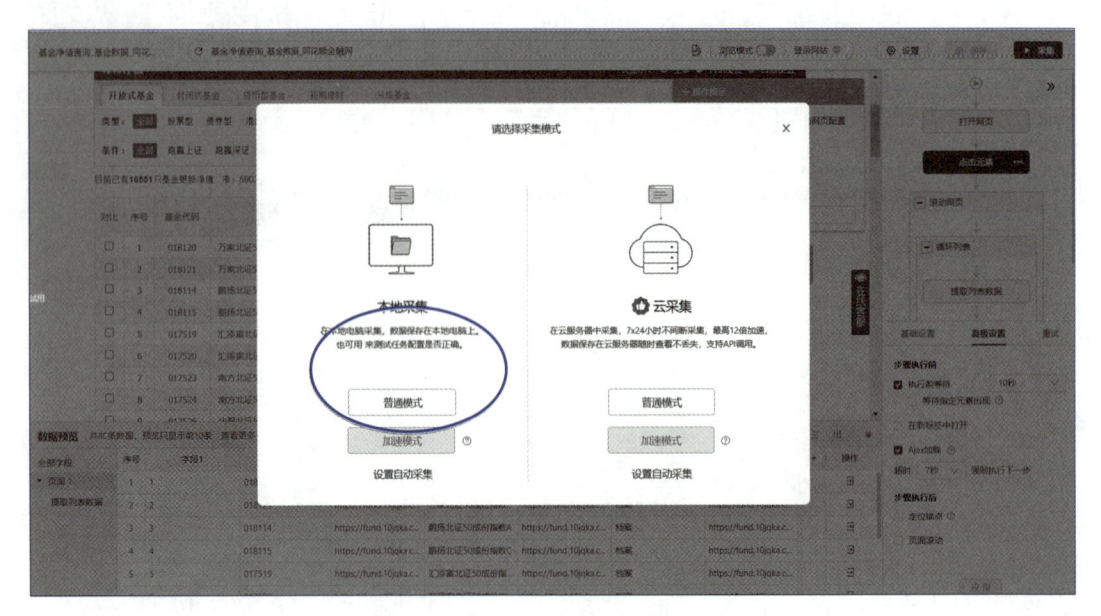

图 2-14 启动本地采集

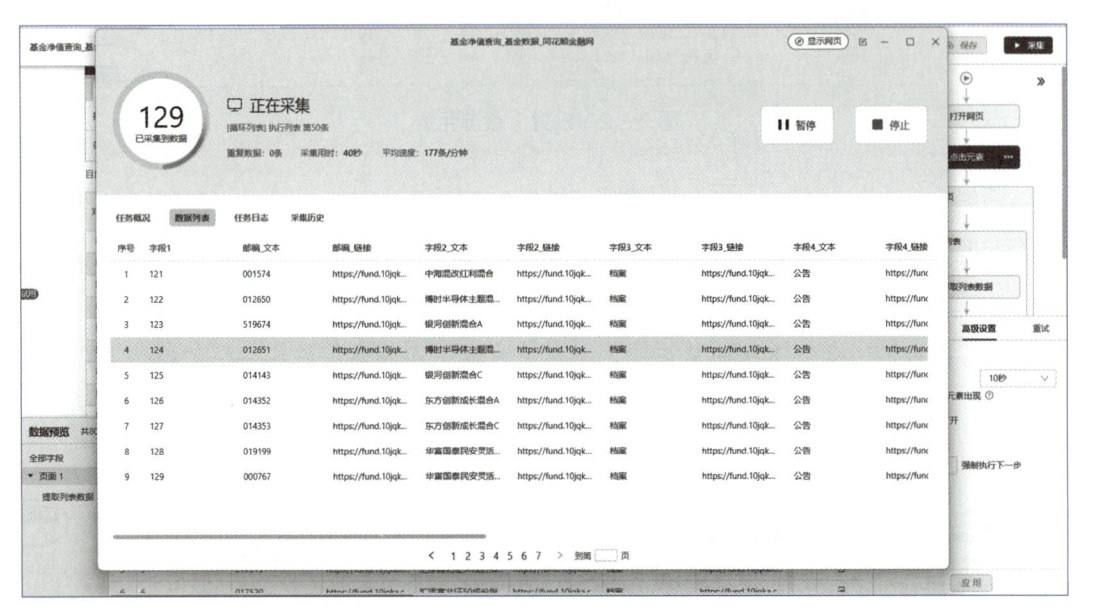

图 2-15 数据采集

图 2-16 导出数据

任务四 数据清洗

一、数据清洗简介

（一）数据清洗的概念

数据清洗是指发现并纠正数据文件中可识别的错误的最后一道程序，包括检查数据一致性处理无效值和缺失值等。数据清洗（data cleaning）是对数据进行重新审查和校验的过程，目的在于删除重复信息、纠正存在的错误，并提高数据一致性。

（二）数据清洗的必要性

对于数据挖掘来说，80%的工作都花在数据准备上，而数据准备，80%的时间又花在数据清洗上。数据清洗顾名思义就是将"脏"数据进行清洗。"脏"数据包含无效数据、缺失数据、重复数据、错误数据和冲突数据等。

"脏"数据是多种多样的，最根本的原因就是数据的来源多样，使得数据的标准、格式和统计方法不一样。其次就是录入和计算数据的代码有错误，这也都是不可避免的。

（三）数据清洗设计原则

（1）一个清洗步骤就用一条清洗规则；

（2）多拆分清洗步骤，每个步骤备份数据，方便出问题时回退；

（3）一般先做全局清洗（即对全部数据），再做个别字段的清洗；

（4）清洗的输出结果不要直接放在正式数据流或正式文件中，要先用测试环境和临时文件充分验证后再上正式环境。

（四）数据清洗法则

（1）少量数据。先合并、连接再清洗。

（2）大数据源接入。先按照统一标准清洗，再接入。

（3）每个数据计算层。先清洗再计算。

（4）分析结果发现数据问题。向前溯源，新增、修订清洗规则。

二、数据清洗的主要内容

（一）缺失值清洗

缺失值产生的原因多种多样，主要包括三种：① 有些信息无法获取，如在收集顾客婚姻状况和工作信息时，未婚人士的配偶、未成年儿童的工作单位等都是无法获取的信息；② 人为原因导致的某些信息被遗漏或删除了；③ 数据收集或者保存失败造成数据缺失，如数据存储失败、存储器损坏、机械故障等。在数据表里，缺失值常见的表现形式是空值。

（二）格式内容清洗

由于系统导出渠道或输入习惯的原因，整合而来的原始数据往往不能做到格式统一，包括时间、日期数值、全半角等显示格式不一致，这种情况下需要将所有数据处理成一致的格式。

（三）逻辑错误清洗

逻辑错误，即违反逻辑规律的要求和逻辑规则而产生的错误，一般使用逻辑推理就可以发现问题。

数据逻辑错误一般分为三种：

（1）数据不合理。如客户年龄 500 岁，或者消费金额为 -100 元，明显不符合客观事实。

（2）数据自相矛盾。如客户的出生年份是 1980 年，但年龄却显示为 18 岁。

（3）数据不符合规则。如起购金额 5 万元的银行理财产品，客户的购买金额只有 1 万元。

当出现以上逻辑错误时，就需要去除不合理值，修正矛盾内容。

（四）重复数据清洗

重复数据就是数据被重复、多次记录。重复数据会影响数据处理结果的正确性，从而导致数据分析出现偏差，因此需要将其删除。

Excel 中可以通过"数据"选项卡下的"数据工具"功能组中的"删除重复项"来实现快速删除重复数据。

（五）非需求性数据清洗

非需求性数据也可以称为无价值数据，指对本次数据统计或数据分析没有产生作用的数据，可以将不需要的字段直接删除。如果不能事先判断该字段是否有用，建议先保留。在删除字段之前做好备份，以免误删字段导致找不回数据。

（六）关联性验证

如果数据有多个来源，那么有必要进行关联性验证。如果验证发现问题，需要对数据进行调整或去除。

实战演练：数据采集、数据清洗 >>>

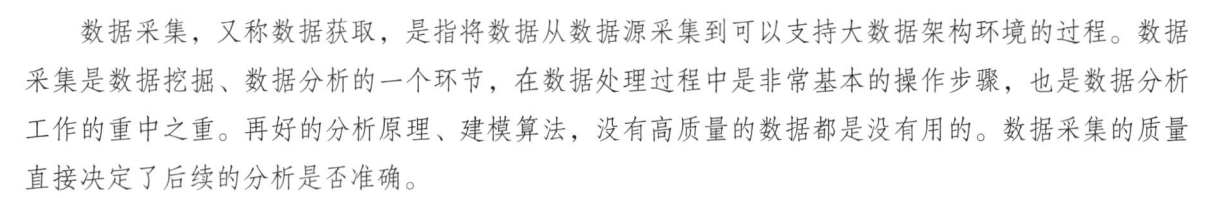

一、数据采集

数据采集，又称数据获取，是指将数据从数据源采集到可以支持大数据架构环境的过程。数据采集是数据挖掘、数据分析的一个环节，在数据处理过程中是非常基本的操作步骤，也是数据分析工作的重中之重。再好的分析原理、建模算法，没有高质量的数据都是没有用的。数据采集的质量直接决定了后续的分析是否准确。

任务目标：从上交所 XBRL 教学专用仿真网站采集上市公司的报表数据，了解数据采集的 Python 代码，理解爬虫的基本原理和步骤。

任务实现方式：Python。

任务准备：进入上交所 XBRL 实例文档查看数据。上交所 XBRL 实例文档：XBRL（可扩展商业报告语言，eXtensible Business Reporting Language）是一种基于 XML（可扩展的标记语言，Extensible Markup Lanquage），专门用于财务报告信息交换的一种应用，是目前应用于非结构化信息处理尤其是财务信息处理的有效技术。XBRL 技术在资本市场信息披露中的应用，使上市公司、监管机构、交易所、会计师事务所、投资者、研究机构证券信息服务商等信息加工者与使用者能够以更低的成

本、更高的效率实现信息交换和共享，有效提高了信息披露透明度和监管水平，促进了资本市场的健康有序发展。本任务采用教学专用上交所 XBRL 仿真网站，该网站可以支持多人同时进行报表数据采集。

任务流程：① 利用代码编辑器，使用 Python 代码进行单企业数据采集；② 利用代码编辑器，使用 Python 代码进行多企业数据采集；③ 利用代码编辑器，使用 Python 代码进行多企业多表数据采集。

任务 1：单企业数据采集

利用大数据技术，在 XBRL 教学网站采集浦发银行（股票代码：600000）2021 年 1 季度的基本信息。

操作步骤：

（1）导入 Python 库文件。打开新道代码编辑器，导入 requests、pandas 两个 Python 库文件代码如下：

```
# 一、导入 Python 库文件
import requests
import pandas as pd
```

代码功能释义：

引入 requests 库，用于处理网络数据请求；引入 pandas 库，用于数据及数据表处理，配置缩略名 pd。

requests 库和 pandas 库都是 Python 中常见的、开放向公共的工具库。requests 库，主要用于处理网络数据请求，通常通过 http/https 方式访问指定的服务端数据接口获取返回数据。pandas 库是一个相当强大的数据处理工具库，其中常见的功能就是处理 Excel 数据。

（2）输入股票代码、报表年份、报表类型、请求连接。将浦发银行对应的股票代码和股票简称输入 code 变量中，在 year 变量中输入采集的报表年份，在 report_period_id 变量中输入采集的报表类型，在 url 变量中输入请求连接，代码如下：

```
# 二、请输入股票代码、报表年份、报表类型、请求连接
code = [("600000", " 浦发银行 ")]
year = ["2021"]
report_period_id = ["4000"]
url = ["https://ssecurity.seentao.com/debug/security/security.info.get"]
```

代码功能释义：

code 包含了所需要获取的企业对象的编号和名称，code 中 600000 为浦发银行对应的编号（股票代码）。code 中可以配置更多需要获取的目标，如：

```
code = [("xxx", "NNNN"),
("xxx", "NNNN"), ...]
```

year 包含了需要获取对应数据报表的年份，year 中同样可以配置更多的年份，以获取多个对应报表年份，如：year = ["2017", "2019", ...]。

report period id 包含了数据报表的报表时长编号配置数据来源接口，report period id 对应设定的报告

43

时长编号，其中4000为"一季度"编号，同样可以配置多项，如：report period id=["4000", "5000", ...]。

url是数据的获取接口地址。

（3）使用pandas库文件打开文件。使用pandas库文件的缩写pd打开文件"中英指标对照"，将两列数据转换为字典类型，对照翻译指标名称，代码如下：

```
#三、使用pandas库文件打开文件
name_file = pd.read_excel('数据采集/中英文对照表/中英指标对照.xlsx', sheet_name='sz_info')
name_dir = dict(zip(name_file['en'], name_file['ch']))
```

代码功能释义：

通过字典文件翻译数据表原有的英文标题名通过pandas库（pd为配置的缩略对象名）的read excel()方法，读取字典文件，并保存在name file变量中，pandas的read excel提供了针对Excel进行提取的方案，如同打开一个Excel文件一样，并将其中整个表的数据都记录下来。当需要读取Excel文件中某个特定表的时候，可以通过sheet name指定对应表的名字。

通过zip()方法将中英文组成对应关系，形成组合好的对象。zip()方法在Python中是非常常见，它可以将两列如：a，b，c和10，20，30这样两组内容（编程中通常被称为数组、Python中一般会称作选代器）转换成a->10, b->20, c->30这样的对应关系，当然zip最基本的设计是将内容打包压缩保存，用于节省内存，所以它没有提供便利的内容读写方案。

通过dict()方法将该对象形成字典。dict()方法可以将上面zip()中的内容转换成方便读写的模式（字典类型变量），可以通过如data"b1这种方式，获取内容20(data=dict(zip(...))，其中包含b->20这对关系）。

把字典保存于name dir变量中，之后的操作将需要它进行对照翻译。

使用pandas库建立一个DataFrame表，便于存储采集到的数据，代码如下：

```
data = pd.DataFrame()
```

（4）使用for循环采集数据。利用"try...except..."逻辑对数据采集过程进行处理，利用for循环逻辑，对该类数据进行采集，并保存采集到的数据信息，代码如下：

```
#四、使用for循环采集数据
try:
    for S_id in code：
        stock_id = S_id[0]
        for b in report_period_id：
            try:
                postdata = {"stockId": stock_id, "reporttype": b, "callType": "collection"}
                json_data = requests.post(url[0], postdata). json()['result']
                df = pd.DataFrame(json_data)
                df = df[df['reportyear'].isin(year)]
                data = pd.concat([data, df])
            except Exception as e:
                print(e)
```

```
            continue
    data.rename(columns = name_dir, inplace = True)
    print(data)
    end_data = data[name_file['ch']]
    end_data.to_excel('浦发银行2021年1季度基本信息数据采集结果.xlsx', encoding = 'utf-8', index = False)
except Exception as e:
    print(' 采集失败 ', e)
```

代码功能释义：

代码第一行和倒数第二行的 try + except 语句，是程序逻辑为可能出现异常情况的程序代码提供了相应的处理方案。其中主要分为 try 部分和 except 部分两部分。try 部分包含需要运行的程序过程；except 部分包含当遇到异常（或指定异常）时，程序如何反应，在数据采集的代码中，当 try 段落中代码程序出现异常时，程序会进入 except 部分继续运行。

第二行至第四行利用 for 循环逻辑，通过临时的 Sid 变量，依次读取 code 中企业对象数据，并对每个企业对象进行数据采集，通过 stock_id，获取当前 s_id 两个数值中的第一个数值（位置 0 的编号 600000）作为第一个要采集的企业对象，作为接下来获取数据的检索条件值，对应当前选定的企业对象，再次利用 for 循环逻辑，通过临时的 b 变量，依次读取 report_period_id 中报告时长编号，作为接下来获取数据的另一个检索条件值。

由于下面抓取数据的过程中，可能出现未能抓取到数据的结果，导致程序异常，而后续的程序依旧需要进行处理，所以第五行至第十一行如之前一样，需要使用 try...except 进行处理，提前将之前准备的筛选条件，企业对象编号和报告时长编号，以接口请求的数据格式配置好，保存到 postdata 变量中。通过 requests 库的 post( ) 方法，向采集数据的接口，发送请求，获取要采集的数据通过 requests.post(...).json( ) 方法，将返回的结果数据，转换为 json 数据格式对象抓取返回数据中的 result 数据值，并保存到 ison data 变量中。

第八至第十行创建一个新的临时 DataFrame 数据结构变量，命名为 df，将获取的数据导入到其中；通过 DataFrame 的 isin( ) 方法筛选出报告年限符合之前配置的数据报表的年份，并返回对应的索引 df['reportyear'].isin(year)；利用获得索引结果，将全部符合条件的数据形成新的 DataFrame 数据内容，然后保存（覆盖）到 df；最后，把结果保存（合并）到提前准备好的 data 变量中。

第十一行至第十三行对于抓取数据时遇到的异常现象，程序应跳过该企业对象对应报告时长的抓取流程，并继续下一个报告时长的数据抓取请求。所以，在出现异常时，通过 continue 继续 for 循环下一项逻辑处理。同时，通过 print( ) 方法，将异常状态的信息打印出来。

第十四至第十七行将 data 中数据结构的标题行内容，利用之前配置的字典 name dir，将英文标题替换为中文。通过字典中的中文 name file[ch] 将 data 中的数据进行排序，并保存到 end data 变量中；最后通过 DataFrame 的 to excel( ) 方法，将最终的结果，保存到指定的 Excel 文件中。

Python 代码运行如图 2-17 所示，运行结果见项目二资料包—浦发银行 2021 年 1 季度基本信息数据采集结果文件。

项目二　大数据采集与清洗认知

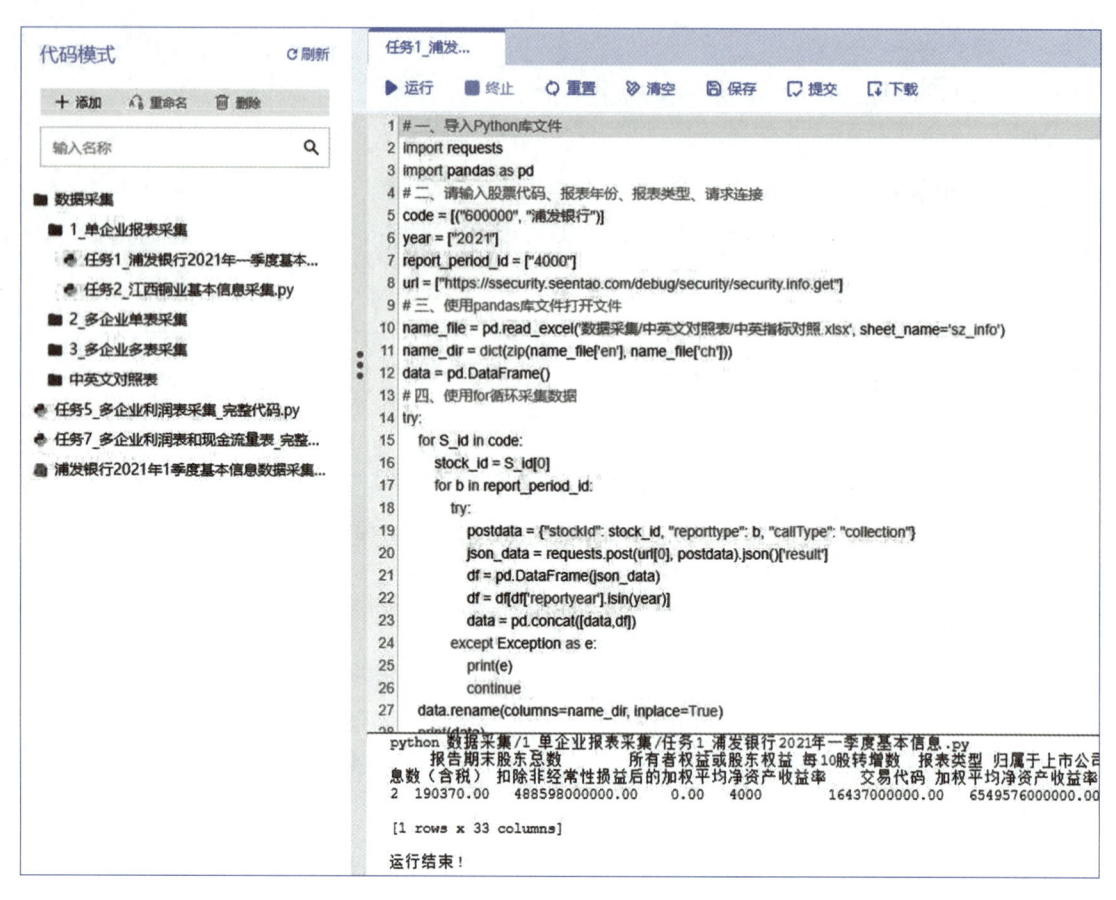

图 2-17　浦发银行基本信息采集 Python 运行

任务 2：多企业数据采集

利用大数据技术，采集浦发银行（股票代码：600000）与招商银行（股票代码：600036）2020 年、2021 年资产负债表数据。

操作步骤：

（1）导入 Python 库文件。打开新道代码编辑器，导入 requests、pandas 两个 Python 库文件，代码如下：

```
# 一、导入 Python 库文件
import requests
import pandas as pd
```

（2）输入股票代码、报表年份、报表类型、请求连接。将浦发银行和招商银行对应的股票代码和股票简称输入 code 变量中，在 year 变量中输入采集的报表年份，在 report_period_id 变量中输入采集的报表类型，在 url 变量中输入请求连接，代码如下：

```
# 二、请输入股票代码、报表年份、报表类型、请求连接
code = [("600000", " 浦发银行 "), ("600036", " 招商银行 ")]
year = ["2020", "2021"]
report_period_id = ["5000"]
url = ["https://ssecurity.seentao.com/debug/security/security.balancesheet.get"]
```

（3）使用 pandas 库文件打开文件。使用 pandas 库文件的缩写 pd 打开文件"中英指标对照"，将两列数据转换为字典类型，对照翻译指标名称，代码如下：

```python
#三、使用 pandas 库文件打开文件
name_file = pd.read_excel('数据采集/中英文对照表/中英指标对照.xlsx', sheet_name = 'sz_balancesheet')
name_dir = dict(zip(name_file['en'], name_file['ch']))
```

使用 pandas 库建立一个 DataFrame 表，便于存储采集到的数据，代码如下：

```python
data = pd.DataFrame()
```

（4）使用 for 循环采集数据。利用 try...except... 逻辑对数据采集过程进行处理，利用 for 循环逻辑，对该类数据进行采集，并保存采集到的数据信息，代码如下：

```python
#四、使用 for 循环采集数据
try:
    for S_id in code:
        stock_id = S_id[0]
        for b in report_period_id:
            try:
                postdata = {"stockId": stock_id, "reporttype": b, "callType": "collection"}
                json_data = requests.post(url[0], postdata).json()['result']
                df = pd.DataFrame(json_data)
                df = df[df['reportyear'].isin(year)]
                data = pd.concat([data, df])
            except Exception as e:
                print(e)
                continue
    data.rename(columns = name_dir, inplace = True)
    print(data)
    end_data = data[name_file['ch']]
    end_data.to_excel('浦发银行&招商银行2020-2021年资产负债表采集结果.xlsx', encoding = 'utf-8', index = False)
except Exception as e:
    print('采集失败', e)
```

Python 代码运行如图 2-18 所示，运行结果见项目二资料包—浦发银行&招商银行2020—2021年资产负债表采集结果文件。

47

项目二 大数据采集与清洗认知

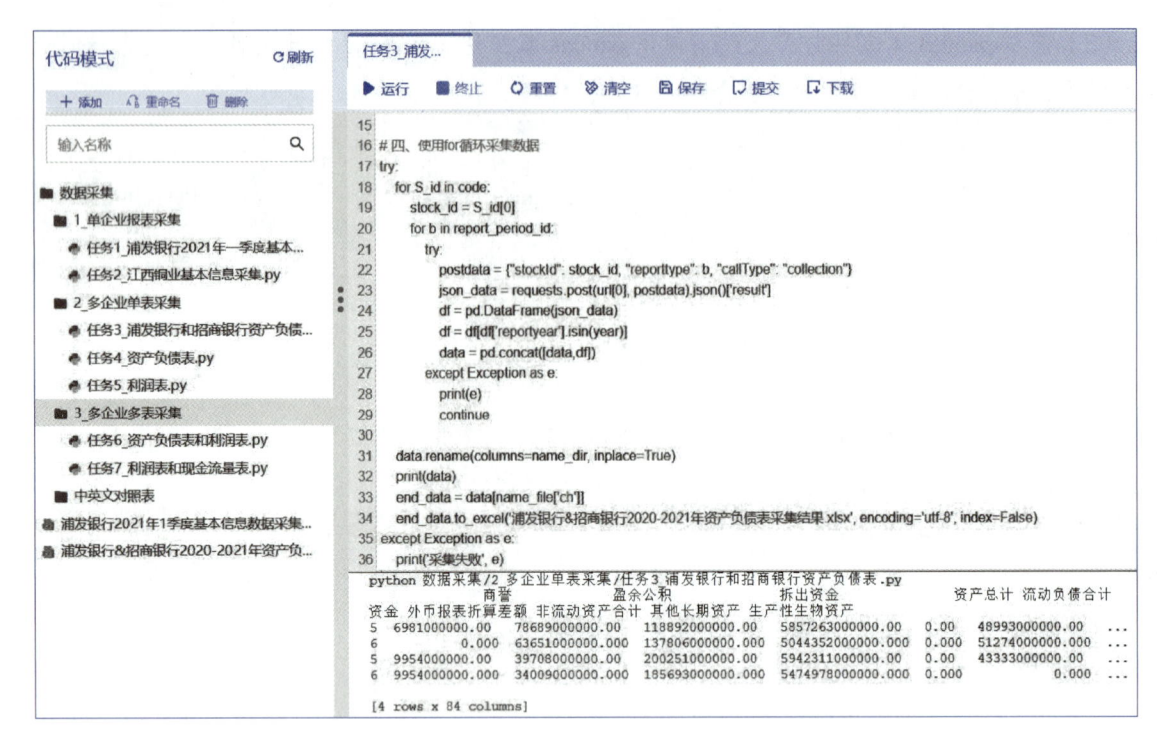

图 2-18 浦发银行与招商银行资产负债表采集代码运行

任务 3：多企业多报表数据采集

利用大数据技术，采集浦发银行（股票代码：600000）与招商银行（股票代码：600036）2020年、2021年资产负债表和利润表数据。

操作步骤：

（1）导入 Python 库文件。打开新道代码编译器，导入以下 Python 库文件：requests、pandas、re、time，代码如下：

```
#一、导入 Python 库文件
import requests
import re
import pandas as pd
import time
```

（2）输入股票代码、报表年份、报表类型、请求连接。将浦发银行和招商银行对应的股票代码和股票简称输入 code 变量中，在 year 变量中输入采集的报表年份，在 report_period_id 变量中输入采集的报表类型，在 url 变量中输入请求连接，代码如下：

```
#二、请输入股票代码、报表年份、报表类型、请求连接
code = [("600000"," 浦发银行 "),("600036"," 招商银行 ")]
year = ["2020","2021"]
report_period_id = ["5000"]
url = ["https://ssecurity.seentao.com/debug/security/security.balancesheet.get", "https://ssecurity.seentao.com/debug/security/security.incomestatement.get"]
```

（3）使用 pandas 库文件打开文件。配置输出数据文件名翻译对照字典：balancesheet 对应资产负债表；配置输出数据文件名翻译对照字典：cashflow 对应现金流量表；配置输出数据文件名翻译对照字典：incomestatement 对应利润表。代码如下：

```
# 三、配置输出数据文件名翻译对照字典
name_dict = {"incomestatement": "利润表", "cashflow": "现金流量表", "balancesheet": "资产负债表"}
```

（4）使用 for 循环采集数据。利用 try...except... 逻辑对数据采集过程进行处理，利用 for 循环逻辑，对该类数据进行采集，并保存采集到的数据信息，代码如下：

```
# 四、使用 for 循环采集数据
try:
    for one in url:
        name = re.search('\/security\.(.*)\.get', one).group(1)
        sheet_name = 'sz_' + name
        data = pd.DataFrame()
        for S_id in code:
            stock_id = S_id[0]
            for b in report_period_id:
                try:
                    postdata = {"stockId": stock_id, "reporttype": b, "callType": "collection"}
                    json_data = requests.post(one, postdata).json()['result']
                    df = pd.DataFrame(json_data)
                    df = df[df['reportyear'].isin(year)]
                    data = pd.concat([data, df])
                except Exception as e:
                    print(e)
                    continue
        name_file = pd.read_excel('数据采集/中英文对照表/中英指标对照.xlsx', sheet_name=sheet_name)
        name_dir = dict(zip(name_file['en'], name_file['ch']))
        data.rename(columns=name_dir, inplace=True)
        print(data)
        end_data = data[name_file['ch']]
        end_data.to_excel(f"'{'&'.join([i[1]for i in code])}_{name_dict.get(name)}采集结果{int(time.time())}.xlsx",
                          encoding='utf-8', index=False)
except Exception as e:
    print('采集失败', e)
```

项目二　大数据采集与清洗认知

Python 代码运行如图 2-19 所示，运行结果见项目二资料包—浦发银行＆招商银行_利润表采集结果，浦发银行＆招商银行_资产负债表采集结果文件。

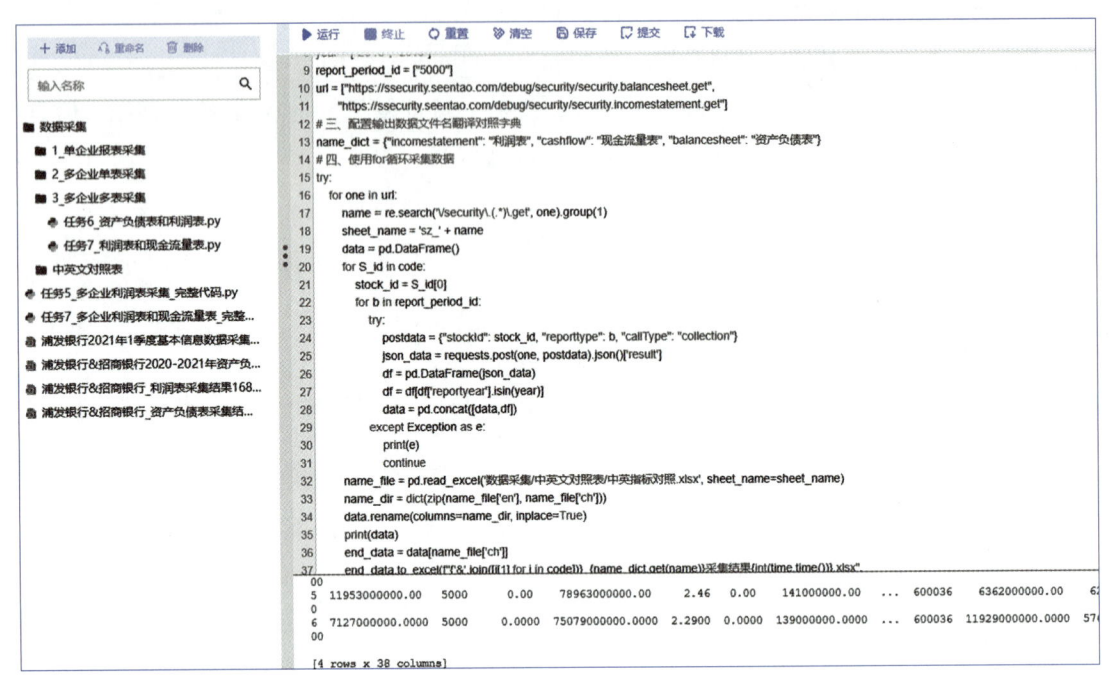

图 2-19　浦发银行与招商银行资产负债表、利润表采集代码运行

二、数据清洗

B 公司是一家销售办公用品、办公家具和办公电子设备的公司，旗下有多家直营店，每月月底，各直营店都会向财务部提供本月的订单详情表。现在公司的财务分析师手上有一份汇总多年的订单详情表。

财务分析师需要对汇总订单详情表进行分析，如客户群体分布分析、受欢迎商品分析、收入利润情况分析。在进行分析之前，财务分析师需要对原始数据表进行数据清洗。构建一张准确的数据表是数据分析最重要的环节之一，观察此表，我们可以发现，表中有一些空值和 "—"，有的单元格还有特殊字符，如图 2-20 所示。对客户 ID、产品名称等数据也需要进一步数据处理，才可以准确地进行分析。

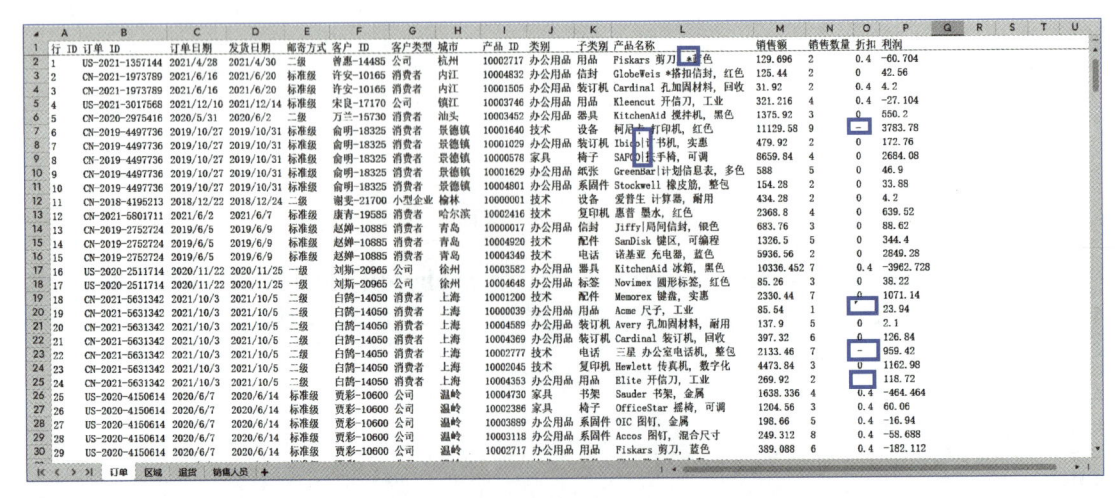

图 2-20　原始数据表数据图

任务目标： 了解数据清洗的概念、内容、方法及 Python 数据清洗方法，对资源中的表格数据进行处理，进行特殊字符清洗、格式内容清洗、Python 数据清洗。

任务实现方式： 数据清洗工具与 Python。

任务准备： 查看表格数据（见图 2-21），数据表包括以下信息：订单 ID、订单日期、发货日期、邮寄方式、客户 ID、客户类型、城市、产品 ID、类别、子类别、产品名称、销售额、销售数量、折扣、利润。

表内问题分析： ① 数据中没有客户名称列字段。客户名称与客户 ID 混在"客户 ID"字段中。② 数据表中没有产品名称列 2 字段，而是将产品品牌、产品品名、品名规格三个信息统一记录在"产品名称"字段中。③ 表内有缺失值、有不该存在的字符。请分别使用数据清洗工具和新道代码编辑器进行数据清洗。（资料见项目二资料包—销售数据_清洗前文件。）

任务流程： ① 分别使用数据清洗工具和新道代码编辑器对表中空值与"_"字符进行清洗,；② 分别使用数据清洗工具和新道代码编辑器将表中的"客户 ID"拆分为两列，分别为"客户名称"和"客户 ID"；③ 分别使用数据清洗工具和新道代码编辑器将"产品名称"中含有不该存在的字符，如""""*"替换为空；④ 将"产品名称"拆分为三列，分别为"产品品牌""产品品名""产品规格"三列。

图 2-21 清洗前表格数据图

任务 1：全局清洗

登录新道云平台，进入项目实战—数据清洗—全局清洗任务。特殊字符清洗。使用全局清洗规则对整张表的数据空格、"-"进行清洗。全局清洗工具界面及操作步骤如图 2-22 所示。

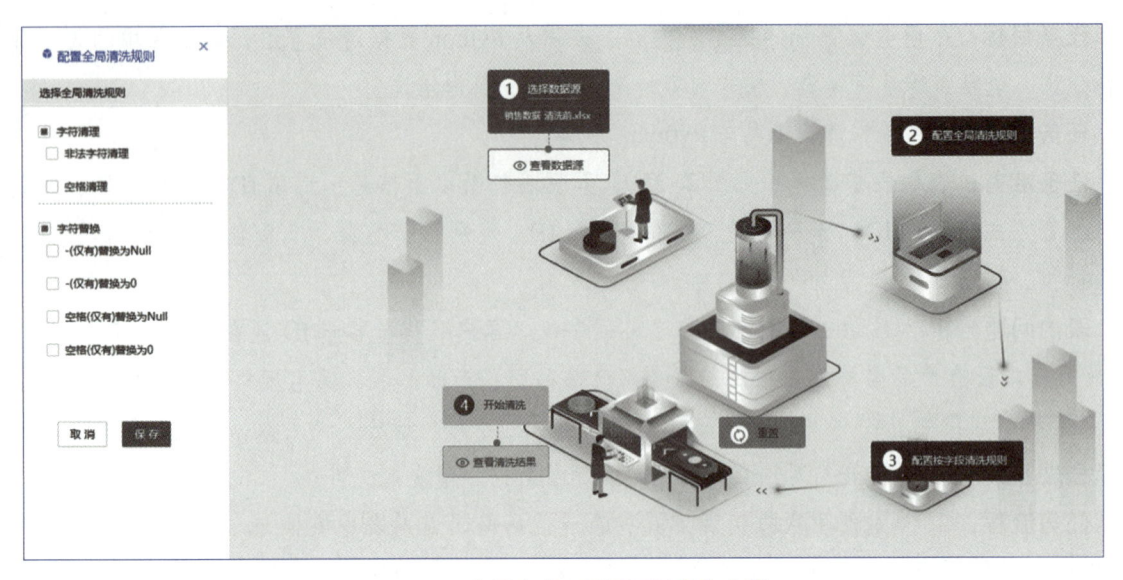

图 2-22　全局清洗工具界面及操作步骤

1. 清洗空格

操作步骤：

（1）选择数据源。单击【选择数据源】，在下拉列表中找到预置的数据，单击【保存】。如果下拉列表中没有预置数据，可以前往资源下载处，先下载本任务所需数据，单击【上传数据】，选择在资源下载处下载的数据，单击【保存】。平台提示"保存成功"。

（2）配置清洗规则。单击【配置全局清洗规则】；勾选要使用的规则，如"空格（仅有）替换为0"，单击【保存】；平台提示"配置清洗规则成功"。

（3）开始清洗。单击【开始清洗】；单击【确定】，系统开始清洗数据，会出现一个"清洗中……"的模型，清洗完毕，界面显示"清洗并上传成功"，单击【查看清洗结果】，对清洗结果进行浏览。

（4）下载数据并保存到本地计算机，运行结果见项目二资料包—清洗任务1操作结果文件。

2. 清洗"-"

操作步骤：

（1）选择数据源。将"清洗空格"的操作结果上传到数据清洗系统中，单击【保存】，平台会提示"保存成功"。

（2）配置清洗规则。单击【配置全局清洗规则】；选择勾选要使用的规则，如"-（仅有）替换为0"，单击【保存】，平台会提示"配置清洗规则成功"。

（3）数据清洗。单击【开始清洗】，平台提示"清洗中"，清洗结束后，平台会提示"清洗并上传成功"；单击【查看清洗结果】，对清洗结果进行浏览。

（4）下载数据并保存到本地计算机，运行结果见项目二资料包—清洗任务2操作结果文件。

任务2：按字段清洗

登录新道云平台，进入项目实战—数据清洗—按字段清洗任务。

① 特殊字符清洗。将数据表中的"*"清洗掉，将数据表中产品名称字段中的"/""\""|"清洗掉。

② 格式内容清洗。将数据表中客户ID字段中的客户名称与客户ID进行切分；将数据表中产

品名称字段进行清洗，切分为"产品品牌"与"品名与规格"；将数据表中品名与规格字段进行清洗，切分为"产品品名"与"品名规格"。

按字段清洗工具界面及操作步骤如图2-23所示。在开始操作之前，需要单击【重置】，将数据清洗系统重置为初始状态。

1. 产品名称清洗（"*"）

操作步骤：

（1）选择数据源。单击【上传数据】，将"清洗'-'"的操作结果上传，单击【保存】。

（2）配置清洗规则。单击【配置按字段清洗规则】，单击【添加规则】，选择"字符替换"清洗规则；单击规则下方的【+】，选择需要切分的字段，在弹出的窗口中选择"产品名称"，并单击右移（添加）按钮，单击【确定】；填写"原内容"与"替换内容"，将"产品名称"中的"*"替换为空，单击【保存】。

（3）数据清洗。单击【开始清洗】，查看清洗结果。

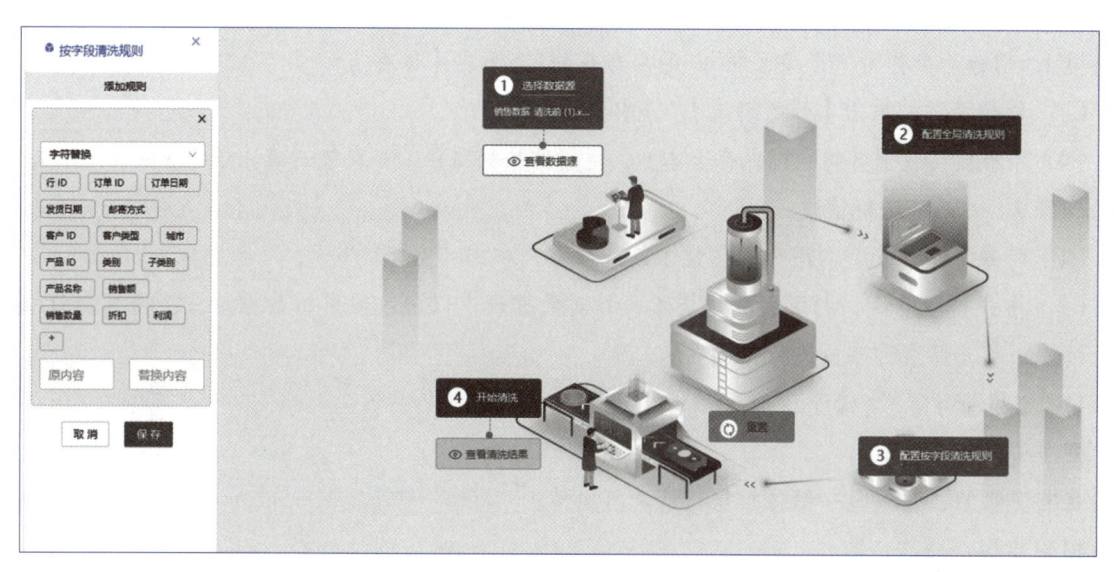

图2-23 按字段清洗工具界面及操作步骤

（4）下载清洗数据并将数据保存至本地，运行结果见项目二资料包—清洗任务3操作结果文件。

2. 产品名称清洗（"/" "\" "|"）

操作步骤：

（1）选择数据源。单击【上传数据】，将"产品名称清洗（'*'）"的操作结果上传，单击【保存】。

（2）配置清洗规则。单击【配置按字段清洗规则】，单击【添加规则】，选择"字符替换"清洗规则；单击规则下方的【+】，选择需要切分的字段，在弹出的窗口中选择"产品名称"，并单击右移（添加）按钮，单击【确定】；填写原内容与替换内容。

（3）数据清洗。单击【开始清洗】，查看清洗结果。

（4）下载清洗数据并将数据保存至本地，运行结果见项目二资料包—清洗任务4操作结果文件。

3. 客户ID清洗

操作步骤：

（1）选择数据源。单击【上传数据】，将"产品名称清洗（"/" "\" "|"）"操作结果上传，单击

【保存】。

（2）配置清洗规则。单击【配置按字段清洗规则】，单击【添加规则】，选择"字段切分"清洗规则；单击规则下方的【+】，选择需要切分的字段，在弹出的窗口中选择"客户ID"，并单击右移（添加）按钮，单击【确定】；将"客户ID"进行字段切分，切分分隔符为"-"，切分后名称为"客户名称"与"客户ID"；单击【保存】。

（3）数据清洗。单击【开始清洗】，查看清洗结果。

（4）下载清洗数据并将数据保存至本地，运行结果见项目二资料包—清洗任务5操作结果文件。

4. 产品名称清洗

操作步骤：

（1）选择数据源。单击【上传数据】，将"客户ID清洗"操作结果上传，单击【保存】。

（2）配置清洗规则。单击【配置按字段清洗规则】，单击【添加规则】，选择"字段切分"清洗规则。单击规则下方的【+】，选择需要切分的字段，在弹出的窗口中选择"产品名称"，并单击右移（添加）按钮，单击【确定】，将"产品名称"进行字段切分，切分分隔符为空格（输入一个空格键），切分后名称为"产品品牌""品名与规格"，单击【保存】。

（3）数据清洗。单击【开始清洗】，查看清洗结果。

（4）下载清洗数据并将数据保存至本地，运行结果见项目二资料包—清洗任务6操作结果文件。

任务3：Python数据清洗

（1）特殊字符清洗，利用大数据技术清洗数据表中的"空格""-"；

（2）格式内容清洗，利用大数据技术，针对数据表中以下字段进行数据清洗：将客户ID字段进行清洗；将产品名称字段进行清洗。

1. "空格"与"-"清洗

任务资源：

资料见项目二资料包—销售数据_清洗前文件。

操作步骤：

（1）打开新道代码编辑器，导入Python库文件，代码如下：

```
import pandas as pd
```

（2）定位需要清洗的文件路径，代码如下：

```
file_name = '数据清洗/Python清洗/01_任务/销售数据_清洗前.xlsx'
```

（3）用Python库文件阅读数据清洗表，代码如下：

```
df = pd.read_excel(file_name)
```

（4）编写清洗规则，代码如下：

```
df2 = df.replace("-", 0)
df2 = df2.replace(" ", 0)
```

代码功能释义：

创建变量df2，并用于保存清洗后的数据。

通过pandas库DataFrame下的replace()方法进行数据清晰，将数据中横杠符（"-"）及空格（" "）替换为0。

(5)保存清洗之后的文档,代码如下:

```
df2.to_excel(' 任务 7 清洗结果.xlsx', index = False, encoding = 'utf-8-sig')
```

清洗"空格"与"-"的代码运行如图 2-24 所示,运行结果见项目二资料包—任务 7 清洗结果文件。

图 2-24 清洗空格与"-"的代码运行

2. 客户 ID 与产品名称清洗

操作步骤:

(1)打开新道代码编辑器,导入 Python 库文件,代码如下:

```
import pandas as pd
```

(2)定位需要清洗的文件路径,代码如下:

```
file_name = ' 任务 7 清洗结果.xlsx'
df = pd.read_excel(file_name)
```

(3)读取数据,代码如下:

```
df = pd.read_excel(file_name)
```

(4)编写清洗规则:数据类型转换,代码如下:

```
df[[' 客户名称 ',' 客户 ID']] = df[' 客户 ID'].str.split('-', n = 1, expand = True)
df[[' 产品品牌 ',' 品名与规格 ']] = df[' 产品名称 '].str.split('', n = 1, expand = True)
df.drop(columns = ' 产品名称 ', inplace = True)
df[' 品名与规格 '].replace('','', regex = True, inplace = True)
df[[' 产品品名 ',' 产品规格 ']] = df[' 品名与规格 '].str.split(',', n = 1, expand = True)
df.drop(columns = ' 品名与规格 ', inplace = True)
```

代码功能释义:

第一行在获取的数据中,"客户 ID"字段的数据如右侧显示这个字段的数据实际包含了两部分，分别是"客户名称"和"客户 ID"。通过字符串的 split( ) 方法，利用分隔符"_"将该数据分成两个独立的字段，并保留到 df 数据表（DataFrame）中。

第二行和第三行通过字符串的 split( ) 方法，以空格为分隔符，将产品名称字段下的数值分割开并存入字段"产品品牌"和"品名与规格"中。删除原数据中"产品名称"这个字段及包含的内容。

（5）将清洗结果进行保存。

df.to_excel(' 任务 8 清洗结果.xlsx', index = False, encoding = 'utf-8-sig')

客户 ID 与产品名称清洗的代码运行如图 2-25 所示，运行结果见项目二资料包—任务 8 清洗结果文件。

图 2-25　客户 ID 与产品名称清洗的代码运行

交互式测试题

请扫描下方二维码，进行本项目交互式测试。

项目二　交互式测试题

实训练习

登录新道云平台，进入项目实战—数据采集、数据清洗。在项目导入和数据准备单元当中，学习了解相关数据采集和数据清洗的内容，之后在"单企业报表采集 / 基本信息采集"（见图 2-26）

和"全局清洗规则/特殊字符清洗"(见图 2-27)单元当中完成相关任务。根据输出的结果,对比数据采集原数据和采集结果、数据清洗结果并提交。

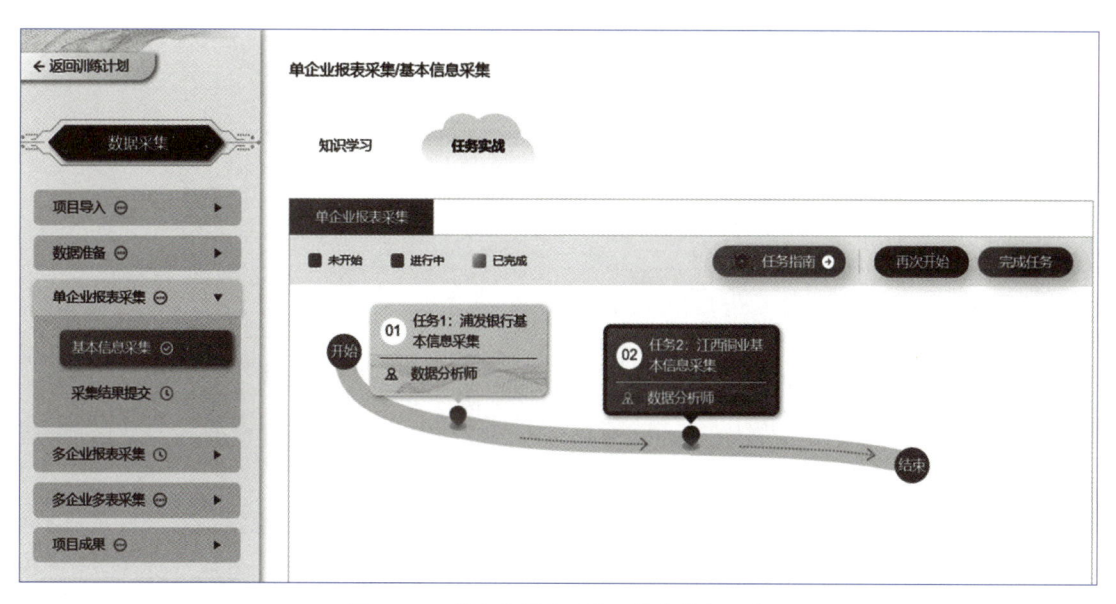

图 2-26 单企业报表采集/基本信息采集

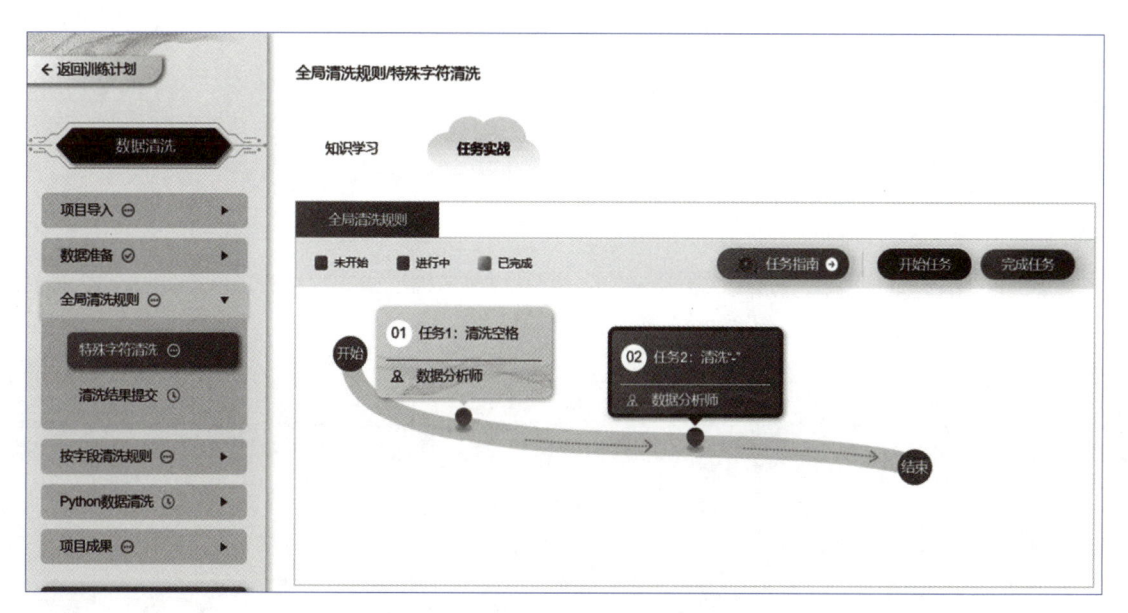

图 2-27 全局清洗规则/特殊字符清洗

项目三
大数据存储、分析与可视化认知

项目三　大数据存储、分析与可视化认知

学习目标 >>>

素养目标
- 强化对大数据存储、分析与可视化的重要性的认识,提高对数据价值和数据驱动决策的理解,培养数据思维
- 具备数据安全意识和数据隐私保护意识,能够遵守相关法规和标准,保护用户数据的安全和隐私
- 具备数据质量意识,能够理解数据集成过程中的数据清洗和去重问题
- 将所学知识与国家经济建设和金融领域的发展相结合,培养学生的爱国主义情怀和社会责任感

知识目标
- 理解数据存储、数据集成、数据挖掘、数据可视化的基本概念、原理
- 理解不同类型的数据存储方式,如关系型数据库、文件存储等
- 了解常见数据集成技术和工具,如 ETL 工具、API 集成等
- 理解数据集成、数据挖掘、数据可视化的主要实现步骤
- 掌握数据挖掘的主要方法,如决策树算法、K 均值聚类算法、逻辑回归算法等

能力目标
- 能够根据业务需求选择合适的数据存储技术和方案,并实施和维护
- 能够在数据分析前明确数据分析的目标、明确数据分析需求
- 能够评估和选择合适的数据集成技术,能够设计和实现数据集成方案,确保数据质量
- 能够设计符合目标和受众需求的金融大数据可视化图表
- 能够选择最适合不同数据类型的图表类型和配色方案,展现数据的不同特征

思维导图

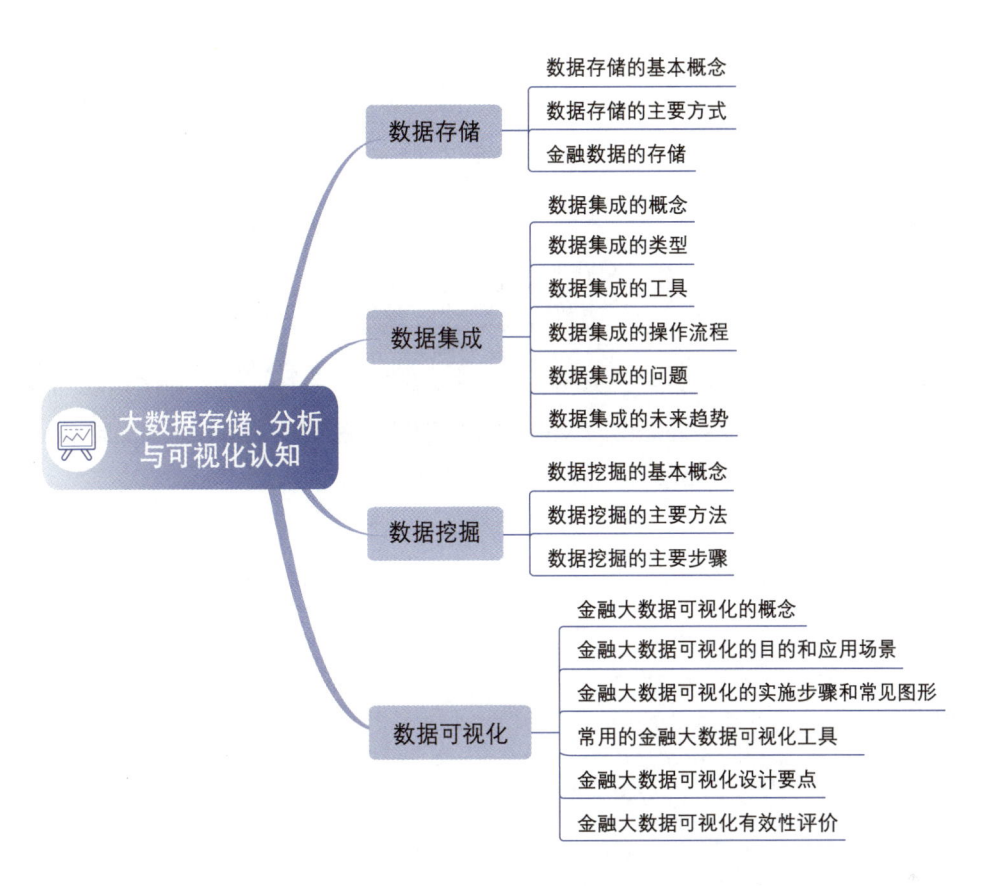

- 大数据存储、分析与可视化认知
  - 数据存储
    - 数据存储的基本概念
    - 数据存储的主要方式
    - 金融数据的存储
  - 数据集成
    - 数据集成的概念
    - 数据集成的类型
    - 数据集成的工具
    - 数据集成的操作流程
    - 数据集成的问题
    - 数据集成的未来趋势
  - 数据挖掘
    - 数据挖掘的基本概念
    - 数据挖掘的主要方法
    - 数据挖掘的主要步骤
  - 数据可视化
    - 金融大数据可视化的概念
    - 金融大数据可视化的目的和应用场景
    - 金融大数据可视化的实施步骤和常见图形
    - 常用的金融大数据可视化工具
    - 金融大数据可视化设计要点
    - 金融大数据可视化有效性评价

案例导入

东方财富是一家国内知名的综合金融服务提供商，业务涉及银行、证券、保险、信托、投资等领域。该金融机构拥有庞大的客户群体，每天处理的交易数据和客户信息数据量非常庞大，同时也需要不断地获取、分析和应用市场行情等大量外部数据。如何高效地存储、处理和分析这些数据，并将分析结果以可视化的形式呈现给管理层和客户，成为该金融机构业务发展和风险控制的重要课题。

因此，该金融机构建立了一个高效、稳定、安全的大数据存储、分析和可视化系统平台，以应对复杂的金融业务和数据处理需求。该系统的功能主要表现为：① 通过数据分析技术对市场数据进行分析，以识别市场趋势和变化；② 利用数据分析技术对客户数据进行分析，以了解客户需求和行为；③ 利用数据可视化技术构建数据分析平台，以进行数据展示。

金融数据库作为重要的经济基础设施，积累了大量的金融数据，东方财富证券的 Choice 金融数据库，存储了海量的交易记录、客户信息、市场行情等数据。对金融数据进行存储、分析和可视化，可以帮助金融机构更好地掌握市场变化、识别风险、优化业务决策，从而提高经营效益和客户满意度。东方财富证券 Choice 金融终端如图 3-1 所示。

项目三　大数据存储、分析与可视化认知

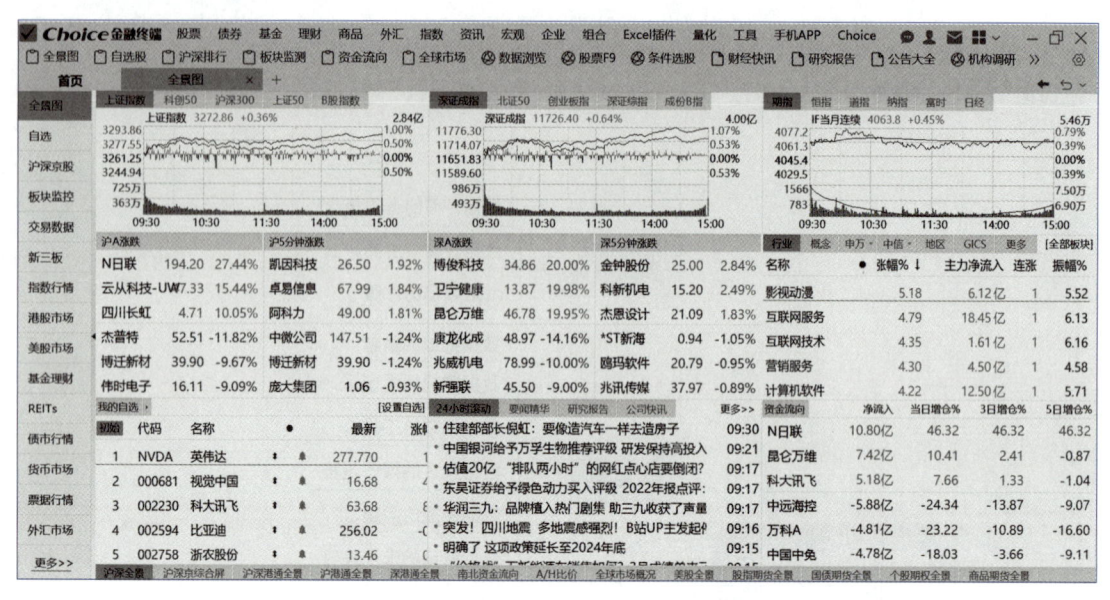

图 3-1　东方财富证券 Choice 金融终端

请思考：大数据的存储、分析和可视化，与传统数据处理有什么不同？

任务一　数据存储

一、数据存储的基本概念

数据存储是指将数据以一定的方式存储在计算机系统的硬件设备中，以便以后检索、处理和使用。数据存储是计算机系统中的基础设施之一，对于各种应用程序的正常运行和数据管理至关重要。

数据存储的主要目的是确保数据的可靠性和持久性。数据存储应遵循以下七个原则：可靠性、存储容量、可扩展性、访问速度、安全性、灵活性、成本效益。

二、数据存储的主要方式

数据存储的方式指的是将数据存储在计算机系统中的方式。以下是一些常见的数据存储方式。

（1）关系型数据库：使用表格来组织数据，每个表格由行和列组成，支持 SQL 语言进行数据查询和操作。常见的关系型数据库包括 MySQL、Oracle、SQL Server 等。

（2）非关系型数据库：将数据存储为键值对、文档、图形等格式，支持分布式存储和横向扩展，适用于海量数据的存储和访问。常见的非关系型数据库包括 MongoDB、Cassandra、Redis 等。

（3）数据仓库：用于存储企业或组织的历史数据，以支持分析和决策。数据仓库通常使用星型或雪花型模型来组织数据，并使用 ETL 工具将数据从不同的数据源中提取、转换和加载到数据仓库中。

（4）分布式文件系统：用于存储大规模数据的分布式文件系统，可以将数据分布到多个物理节点上，提高数据的可扩展性、可靠性和容错性。常见的分布式文件系统包括 Hadoop 分布式文件系统（HDFS）、Google 文件系统（GFS）和 Amazon S3 等。

（5）内存数据库：将数据存储在内存中，提高数据的访问速度和响应性能，常用于实时数据分析和处理。常见的内存数据库包括 Redis、Memcached 等。

（6）数据湖：用于存储大量结构化、半结构化和非结构化数据的数据存储系统，可以存储原始数据和衍生数据，并支持多种数据分析和处理工具。常见的数据湖包括 AWS Data Lake、Azure Data Lake 等。

（7）文件存储：将数据存储在文件中，如文本文件、XML 文件、JSON 文件等，适用于小规模数据的存储和处理。

三、金融数据的存储

金融数据的存储是指将金融机构收集的各种市场数据、交易数据、账户数据、客户数据等存储在计算机系统中，以便于数据分析、决策支持、风险控制和监管合规等方面的应用。金融数据的存储需要遵守相关法律法规和监管要求，保障用户隐私和数据安全。

（一）金融数据存储的特点

区别于其他行业，金融行业数据的特点主要包括大规模数据、高安全性、高可靠性、高效率查询、高性能计算、可扩展性和多样化数据类型。

（二）金融数据存储方案的选择

选择金融数据存储方案时，应结合实际需求和应用场景，综合考虑数据规模、数据安全、可靠性、可扩展性、查询效率、数据分析等因素，选择最优的数据存储方案。常见的金融数据存储方案有基于数据库的存储、分布式存储、云存储和内存存储。

1. 基于数据库的存储

数据库是一种结构化的数据存储方式，适用于金融数据的管理和查询。常见的金融数据库包括 Oracle、SQL Server、MySQL 等，可以根据实际需求选择合适的数据库管理系统。数据库存储具有数据结构清晰、易于管理和查询的优点，但需要考虑数据规模和查询效率等问题。

2. 分布式存储

分布式存储是一种将数据分散存储在多个节点中的存储方式，可以提高数据的可靠性和访问速度，如图 3-2 所示。常见的金融分布式存储方案包括 Hadoop、Cassandra、HBase 等，可以根据实际需求选择合适的分布式存储系统。分布式存储具有可靠性高、扩展性好的优点，但需要考虑分布式存储的数据一致性和查询效率等问题。

3. 云存储

云存储是一种将数据存储在云服务提供商的服务器上的存储方式，可以提供高可靠性、高可用性的存储服务。常见的金融云存储方案包括 Amazon S3、Microsoft Azure、Google Cloud Storage 等，可以根据实际需求选择合适的云存储服务。云存储具有弹性、可靠性高的优点，但需要考虑数据安全和访问速度等问题。

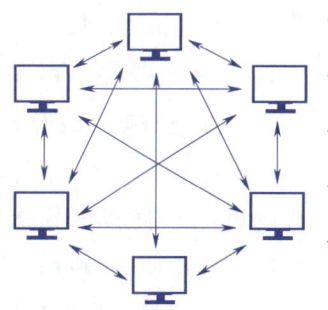

图 3-2　分布式存储架构

4. 内存存储

内存存储是一种将数据存储在计算机内存中的存储方式，可以提供高速读写和查询的数据存储服务。常见的金融内存存储方案包括 Redis、Memcached 等，可以根据实际需求选择合适的内存存储系统。内存存储具有高速读写、低延迟的优点，但需要考虑数据容灾和数据一致性等问题。

知识拓展

打造金融行业坚实数据底座

峰值每秒处理 6.7 万笔银行交易，日均处理 20 亿笔交易，实现 6.5 亿个人客户实时交易……这是华为云计算技术有限公司华为云 GaussDB 金融级分布式数据库强大处理能力的一个表现。凭借优异的表现，华为云 GaussDB 金融级分布式数据库荣获 2022 年中国国际大数据产业博览会领先科技成果优秀项目奖。

经过多年发展，以华为云 GaussDB 为代表的国内自研数据库产品，通过在分布式领域自主创新，通过分布式数据库解决了传统数据库在高性能、高可用、高扩展方面的挑战，能够满足用户当下以及未来对数据库的需求。

金融核心场景下的数据安全至关重要，GaussDB 数据库实现了数据传输、存储、运算的全流程加密，提供数据全生命周期的安全保护。同时，有较好的 SQL 兼容性和完整的开发、迁移工具，支持应用快速迁移，最大化帮助企业降本增效。目前，该数据库已经在工商银行、建设银行、邮政储蓄银行、农业银行、交通银行五家国有银行以及多家股份制银行和保险证券公司中都实现了规模商用。

资料来源：贵阳日报

（三）金融数据存储面临的挑战

随着金融业数字化转型的深入，金融数据存储面临着巨大的挑战，数字化转型带来了更多的数据来源和种类，同时也需要更高效的存储和管理方式。传统的数据存储方式已经无法应对大数据、高速数据和多种数据类型的需求，金融数据存储面临以下四种挑战：数据隐私和安全挑战、数据质量和准确性挑战、数据量增长挑战、存储成本和效率的挑战。

（四）金融数据存储未来的发展趋势

1. 金融数据存储未来将更加注重数据的开放和共享

随着金融业的数字化转型，金融机构将需要更多的数据来支持业务决策和创新。因此，数据的开放和共享将成为未来金融数据存储的重要趋势。金融机构可以通过建立数据共享平台和开放数据接口，与其他金融机构、科技公司和政府部门共享数据，提高数据的价值和利用效率。

2. 金融数据存储未来将更加注重数据的可信性和可追溯性

金融数据作为业务决策和监管的基础，其准确性和可信度非常重要。未来金融数据存储需要采用更加先进的数据质量管理技术，确保数据的完整性、一致性和精确度。同时，为了满足监管要求和客户隐私保护的需求，金融数据存储也需要具备可追溯性，确保数据来源和使用过程的可追溯性，区块链技术的出现为金融数据存储带来新的可能性，金融机构将逐渐采用区块链技术来保证数据安全性和可追溯性。

3. 金融数据存储未来将更加注重数据的价值开发和创新应用

金融机构将不仅仅是数据的生产者和存储者，也将成为数据的创新者和价值开发者。未来金融数据存储需要提供更加灵活和开放的数据管理和应用平台，支持数据的快速挖掘、分析和应用，以满足业务创新和客户需求的不断变化。同时，金融数据存储还需要与人工智能、区块链等新兴技术相结合，创造更多的数据应用场景和商业模式。

任务二 数据集成

一、数据集成的概念

数据集成是将来自不同数据源的数据整合到一个集成的数据存储中的过程。这些数据源可以是不同的应用程序、数据库或文件。数据集成通常涉及数据抽取、转换和加载（ETL）过程，将数据从源系统抽取出来，经过转换和清理后加载到目标系统中。数据集成可以是一次性的，也可以是连续的，以确保数据的及时性和准确性。

数据集成的目的是使组织可以更轻松地访问、管理和利用其数据资源。

二、数据集成的类型

数据集成的类型包括：批量数据集成、增量数据集成、实时数据集成。

（一）批量数据集成

批量数据集成是指定期从一个或多个数据源中获取数据并将其加载到目标系统中的过程。批量数据集成通常涉及将大量数据一次性移动或复制到目标系统中。这些数据源可以是不同的数据库、文件或应用程序。

批量数据集成包括三个过程，分别是：数据抽取、数据转换、数据加载。

批量数据集成具有可控、稳定、成本低、效益高，适合处理大量数据的优点。但是，批量数据集成也存在一些缺点，包括数据延迟、不适用于实时数据传输和处理的应用程序，更难以处理半结构化数据和非结构化数据。

（二）增量数据集成

增量数据集成是指从一个或多个数据源中获取新数据并将其加载到目标系统中的过程。与批量数据集成不同的是，增量数据集成只移动和复制源系统中的新增数据，而不是所有数据。这些数据源可以是不同的数据库、文件或应用程序。

增量数据集成过程包括：监控数据源、提取增量数据、数据转换、数据加载。

增量数据集成的优点包括实时传输、减少数据冗余、适用于实时应用程序等。但是，增量数据集成也存在一些缺点，包括处理速度要求高，需要更多的技术和资源来实现，成本高。

（三）实时数据集成

实时数据集成是指在源系统中发生数据变化时，立即将数据传输到目标系统的过程。这种数据集成方式可以保证数据的实时性和准确性，同时可以提高数据处理效率和决策速度。

实时数据集成过程包括：监控数据源、提取实时数据、数据转换、数据加载。

实时数据集成具有实时性、可靠性、适用于实时应用程序的优点，可以提高数据处理效率和决策速度。但是，实时数据集成也存在一些缺点，包括需要更快的处理能力和资源，并且需要更多的技术和资源来实现。

批量数据集成适合处理大量数据，但数据延迟较高，不适合需要实时数据的应用场景；增量数据集成可以减少数据延迟，但无法实现实时数据传输；实时数据集成可以保证数据实时性，但需要更高的处理速度和资源，稳定性可能会受到影响。根据应用场景的不同，需要选择适合的数据集成方式。

批量数据集成、增量数据集成和实时数据集成都是数据集成的方式，它们各有优缺点。表 3-1 从数据延迟、数据量、处理速度、稳定性和实时性五个角度，对三类数据集成技术优劣势进行对比分析。

表 3-1 三类数据集成技术优劣势对比

数据类型	数据延迟	数据量	处理速度	稳定性	实时性
批量数据集成	由于数据处理是离线的，数据延迟可能会比较高	数据量较大，可能需要更长时间来处理和传输数据	由于是离线处理，处理速度可能比较慢	稳定性相对较高，因为数据处理是离线的，不受网络延迟等因素影响	不支持实时数据集成，数据更新可能有延迟
增量数据集成	由于只传输增量数据，数据延迟相对较低	只传输增量数据，数据量相对较小	只处理增量数据，处理速度较快	稳定性也相对较高，因为只传输增量数据，网络中断等因素对数据集成的影响较小	不支持实时数据集成，数据更新可能有延迟
实时数据集成	数据传输是实时的，数据延迟最低	传输实时数据，数据量可能比较大	处理速度最快，因为数据传输是实时的	稳定性相对较低，因为数据传输是实时的，网络中断等因素可能对数据集成产生较大影响	支持实时数据集成，数据更新可以及时反映到目标系统中

三、数据集成的工具

（一）ETL 工具

数据集成是指将不同来源的数据整合到一个统一的数据存储系统中，以便于数据分析、数据挖掘、商业智能等应用。而 ETL 工具则是数据集成过程中的重要工具，它能够帮助用户自动化地完成数据提取、转换、加载的过程。

1. 数据提取

数据提取是将数据从不同的数据源中抽取出来，通常包括结构化数据、半结构化数据和非结构化数据。ETL 工具通常提供了多种数据提取方式，例如：数据库连接、文件导入、Web 服务、其他数据源等。

2. 数据转换

数据转换是指对提取的数据进行清洗、处理、转换和整合，以便于后续的分析和使用。数据转换通常包括以下四个步骤：数据清洗、数据整合、数据转换、数据合并。ETL 工具提供丰富的数据转换功能，用户可以根据自己的需要选择相应的功能进行数据转换。

3. 数据加载

数据加载是将转换后的数据加载到目标数据库或数据仓库中，以便于后续的分析和使用。ETL 工具提供多种数据加载方式，如直接加载、批量加载、增量加载。ETL 工具也提供了一些管理和监控功能，如数据质量检查、任务调度、错误处理等，以保证 ETL 过程的稳定性和准确性。

（二）数据管道

数据管道是指一种用于数据集成的软件系统，它能够自动化地将数据从一个系统中提取出来，转换为另一种格式，然后加载到另一个系统中。数据管道通常包括以下几个主要组件：数据源、数据提取、数据转换、数据加载、监控和管理。

数据管道可以帮助企业将数据从不同的系统中整合起来，以便于进行数据分析、数据挖掘、商业智能等应用。它能够提高数据集成的效率和准确性，减少人工干预的成本和错误率，提高数据集成的自动化程度。同时，数据管道还可以帮助企业快速响应市场需求，迅速处理海量数据，提高企业的竞争力。

（三）应用程序编程接口（API）

数据集成的 API 是一组接口，用于将数据从一个应用程序或系统传递到另一个应用程序或系统。这些 API 可以通过编程的方式连接到数据源和数据目标，提供了一种可编程的方式来自动化数据集成的过程。

数据集成的 API 通常由以下几个部分组成：数据源接口、数据目标接口、数据转换接口、安全接口、监控和管理接口。

数据集成的 API 可以通过编程方式实现自动化的数据集成过程，提高数据集成的效率和准确性，减少人工干预的成本和错误率，提高数据集成的自动化程度。同时，API 还可以帮助企业快速响应市场需求，迅速处理海量数据，提高企业的竞争力。

（四）数据仓库

数据集成的数据仓库是指一种中央存储和管理企业数据的数据库系统，它用于集成来自不同数据源的数据，存储历史数据和实时数据，并将其转换为可用于企业决策的数据。

数据集成的数据仓库通常由以下几个主要组成部分组成：数据源、数据提取、数据转换、数据存储、数据访问、数据维护。

通过使用数据集成的数据仓库，企业可以将来自不同数据源的数据集成在一起，并提供一致的数据视图，方便用户进行数据分析和决策。数据仓库还可以提供历史数据存储和查询功能，使得企业能够更好地了解过去的业务趋势和发展，为未来的决策提供参考。

四、数据集成的操作流程

（一）评估数据需求

在进行数据集成前，评估数据需求是非常重要的一步，需要综合考虑以下几个方面。

（1）确定数据的目标。明确集成目标可以帮助确定需要哪些数据，以及这些数据需要满足哪些条件和要求。

（2）定义数据需求。数据需求可以包括数据的类型、格式、精度、准确性和完整性等方面。

（3）识别数据来源。数据来源可以包括内部数据源、外部数据源和第三方数据源等。

（4）分析数据可用性。主要分析数据是否可以直接使用，是否需要进行转换和加工，以及是否需要进行数据清洗和去重等操作。

（5）确定数据质量标准。数据质量标准可以包括数据精度、数据完整性、数据一致性和数据可靠性等方面。

（6）定义数据集成流程。数据集成流程和步骤可以包括数据采集、数据转换、数据清洗和数据加载等方面。

（二）确定数据集成方法

确定数据集成方法需要综合考虑以下五个方面。

（1）确定数据集成目标。例如，如果需要将大量的离线数据进行集成，批量数据集成可能是最合适的方法。如果需要将实时数据进行集成，那么实时数据集成可能是更好的选择。

（2）确定数据集成来源。例如，如果数据源是结构化的数据库，那么增量数据集成可能是最合适的方法。如果数据源是非结构化的数据，如文本、图片或音频等，那么可能需要采用其他的数据集成方法。

（3）分析数据可用性。例如，如果数据源中存在大量的噪声或缺失数据，那么可能需要采用数据清洗或数据预处理等方法来处理这些数据，以确保数据的可用性和一致性。

（4）确定数据集成时效性要求。例如，如果数据需要实时更新，那么实时数据集成可能是最合适的方法。如果数据更新比较频繁，但不需要实时更新，那么增量数据集成可能是更好的选择。

（5）评估数据集成成本。不同的数据集成方法可能需要不同的成本，包括时间、人力和资源等方面。需要综合考虑成本和收益，选择最合适的数据集成方法。

（三）设计数据集成架构

设计数据集成架构需要综合考虑以下五个方面的因素，以设计出一个可靠、可扩展和高效的数据集成架构。

（1）确定数据集成需求。需要确定集成的数据源、数据目标、数据格式和数据结构等方面的要求，以确保数据集成的有效性和一致性。

（2）选择合适的数据集成技术。需要根据数据集成的需求和目标选择合适的技术，同时需要考虑技术的可扩展性、可靠性和安全性等方面的因素。

（3）考虑数据安全性。需要考虑数据加密、访问控制、数据备份和恢复等方面的安全措施，以保证数据的安全性和保密性。

（4）选择合适的数据存储方式。不同的数据存储方式具有不同的优缺点，需要根据数据的性质和需求选择合适的数据存储方式。

（5）考虑数据可用性和容错性。需要选择合适的数据冗余策略，以确保数据的可用性和容错性。同时需要进行数据备份和恢复策略的规划，以应对可能出现的故障和灾难。

（四）测试和监控数据集成

测试和监控数据集成需要综合考虑以下几个方面。

（1）设计测试计划。在进行数据集成测试之前，需要制订详细的测试计划，明确测试目标、测试范围、测试方案和测试结果的评估标准等。测试计划应该覆盖所有的数据集成方案，以确保数据集成的准确性和一致性。

（2）执行测试用例。测试用例应该涵盖各种情况和数据源，包括批量数据、增量数据、异常数据和错误数据等。测试用例应该具有可重复性和可比较性，以确保测试结果的可靠性和有效性。

（3）监控数据集成。在数据集成之后，需要对数据进行监控，及时发现和解决数据集成中的问题和错误。可以使用监控工具来监控数据集成的状态和性能，及时发现和解决数据集成中的问题和错误。

（4）分析数据集成日志。数据集成日志是了解数据集成过程中的问题和错误的重要途径。需要分析数据集成日志，及时发现和解决数据集成过程中的问题和错误。同时还可以根据数据集成日志来优化数据集成性能和效率。

（5）建立警报机制。在数据集成中，如果出现错误和异常情况，需要及时发出警报，以便及时解决问题和错误。

五、数据集成的问题

（一）数据质量问题

数据集成面临着诸多数据质量挑战，包括数据重复、数据格式、数据缺失、数据安全和隐私等问题。在进行数据集成之前，需要对数据进行清洗和预处理，以确保数据的质量和完整性。此外，在数据集成过程中还需要采取措施，如数据映射和数据转换等技术手段，以确保数据集成的准确性和可靠性。

（二）数据安全问题

数据集成面临着许多数据安全挑战，包括数据泄露风险、数据存储和传输安全问题、数据访问控制问题、数据完整性问题以及遵守法规和标准等问题。因此，在进行数据集成之前，需要采取一系列的安全措施，以确保数据的安全和保密性。

（三）数据一致性问题

数据一致性是指在不同数据源中存在相同或相关数据时，确保这些数据在数据集成过程中的准确性和一致性。数据集成面临着许多数据一致性挑战，包括数据格式和类型不一致、数据命名不一致、数据重复和冲突、数据精度和精确度不一致、数据更新和同步问题等。因此，在进行数据集成之前，需要采取一系列的数据处理和匹配策略，以确保数据的一致性和准确性。同时，需要定期对数据进行监控和检测，以确保数据集成后的一致性和可靠性。

（四）数据冲突问题

数据冲突是指不同的数据源中存在相同的记录或者不同的记录对同一数据对象进行了不同的修改，导致数据出现矛盾或者不一致。在进行数据集成之前，需要采取相应的冲突检测和解决策略，并采取相应的版本控制和回滚策略。同时，需要使用相应的数据集成平台和工具来支持冲突检测和解决。

六、数据集成的未来趋势

数据集成在未来的发展中,将会更加注重自动化、智能化、云上集成、多模式集成、开放集成等方面的发展趋势。

(1)自动化智能化数据集成。可以通过机器学习、人工智能等技术自动化完成数据清洗、转换和加载等任务,提高数据集成的效率和质量,并降低人工处理所带来的错误和风险。

(2)云上数据集成。未来人们会将数据集成过程移植到云端进行处理,通过云服务提供商的技术和资源来实现数据集成,包括数据提取、转换、加载、存储等各个环节。相比传统的本地数据集成方式,云上数据集成能够提高数据集成的效率、可靠性和安全性,降低了成本和风险,是未来数据集成的重要趋势。

(3)AI驱动的数据集成。AI驱动的数据集成是指利用人工智能技术来自动化和优化数据集成过程,从而提高数据集成的速度、准确性和效率。AI驱动的数据集成可以使数据集成过程更加高效、准确和自动化,减少人工干预和错误,提高数据集成的效率和质量,是未来数据集成的重要发展方向。

(4)多模式集成。未来数据集成需要支持多种数据集成模式,包括批量集成、实时集成和增量集成等。同时,也需要支持多种数据来源,包括结构化数据、半结构化数据和非结构化数据等。

(5)开放集成。未来数据集成需要支持开放集成,包括开放API、开放数据源和开放数据格式等,以便更好地实现数据共享和数据交换。

任务三 数据挖掘

一、数据挖掘的基本概念

在金融领域,随着金融电子化建设的稳步开展,数据资源得到了巨量增长,这些数据通常被收集、存放在大型数据存储库中,如果没有强有力的工具,分析它们已经远远超出了我们的能力。加之金融行业的随机性质,使得这些极具隐藏的数据很难被挖掘。运用传统的模式进行运算已经不能满足现实需要,所以就要运用新型技术对数据进行深层挖掘并将其结果加以利用。挖掘这些隐藏的数据并且进行合理有效的管理,是金融行业现阶段获得具有价值的信息与取得较高市场优势的关键所在。而数据挖掘技术的出现解决了这一问题。

数据挖掘(Data mining),又称为数据采矿。它是数据库知识发现(简称:KDD)中的一个步骤。数据挖掘就是对数据库中的庞大数据进行相应的处理,即提取和分类,从海量的、不完全的、模糊的以及随机的各种数据中提取出未知的、潜在的、预测能够对人们有用的信息,并且这些信息,能够为人们在金融领域的筹划、分析、决策和预测等方面提供参考依据。

二、数据挖掘的主要方法

数据挖掘技术综合性强，并跨越多个学科和行业，不仅在信息技术行业有应用，在医学、数学、信息管理、金融、会计等多个行业领域都有较为广泛的前景。数据挖掘的应用方法主要有以下六种，运用这些方法可以从不同的角度对海量数据进行挖掘。

（一）决策树算法

决策树算法是一种典型的分类方法，它首先对数据进行处理，利用归纳算法生成可读的规则和决策树，然后使用决策对新数据进行分析。本质上决策树算法是通过一系列规则对数据进行分类的过程。

该算法可用于银行客户信息分类工作，将关键信息分为不同类别；也可以用于人脸识别，对人的面部特征分类，获取特征数据后，与数据库内数据匹配，进而识别。

（二）K均值聚类算法

K均值聚类算法，又称为K-Means聚类算法。该算法解决的问题是，在事先不知道如何分类的情况下（即无监督），让程序根据距离的远近，把N个对象（局部）最优的划分为k个类。它是无监督算法中比较常见的一种算法，原理比较简单易懂。本质是通过循环，不断迭代类中心点，计算各个对象到新的类中心点的距离并根据距离最近的原则重新归类，当类内距离最小、类间距离最大时，即可停止迭代（使用中，常常会限定迭代次数，防止陷入死循环。当达到预先设定的循环次数或类中心点不再发生变化时，最后一次迭代得到的结果，即为最终聚类结果）。

图3-3将在象限当中的散点分为三类，根据距离每一个类中心点的远近，自动划分为三类，实现了无监督聚类结果。

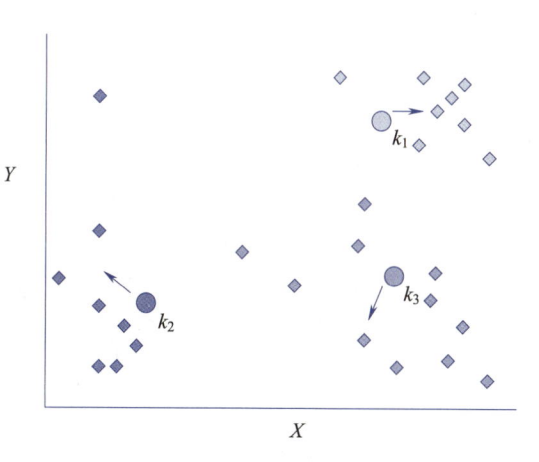

图 3-3　K 均值聚类算法分析图

（三）逻辑回归算法

银行在进行信用评估时常使用逻辑回归算法，例如客户填写信息表后，银行借助信息表和第三方信息源处获得客户的信用信息，将相关信息数据作为输入，信用值作为输出，经过逻辑回归计算，确认该客户的信用等级，具体如图3-4所示。

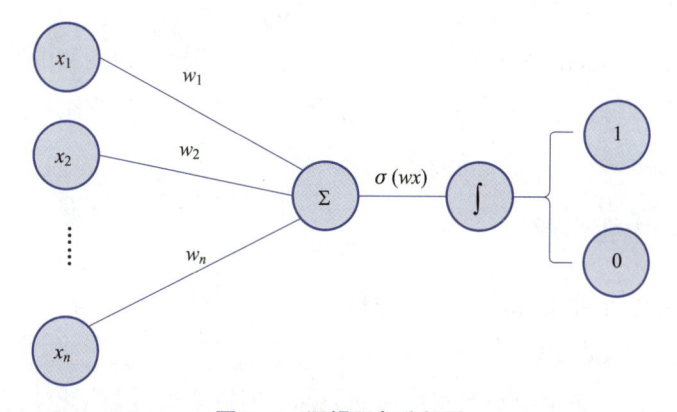

图 3-4　逻辑回归分析图

（四）孤立森林

在银行进行贷款欺诈风控过程中，异常检测是非常有效且普遍的应用。异常检测是找出数据中离群值（和大多数数据点显著不同的数据点）的过程。以银行为例，通常来说每个银行账户持有人都有固定的存款模式，当银行工作人员通过数据分析发现了不正常的高额存款。如果这个模式出现了异常值，那么银行就要检测并分析这种异常（比如洗钱）。而孤立森林是用于异常检测的数据挖掘算法。这是一种无监督学习算法，通过隔离数据中的离群值识别异常。

孤立森林的原理是：异常值是少量且不同的观测值，因此更易于识别。用孤立森林，不仅可以更快地检测异常，而且需要的内存也更小。

（五）人工神经网络

人工神经网络是20世纪80年代以来人工智能领域兴起的研究热点。它从信息处理角度对人脑神经元网络进行抽象，建立某种简单模型，按不同的连接方式组成不同的网络。在工程与学术界也常直接简称为神经网络或类神经网络。神经网络是一种运算模型，由大量的节点（或称神经元）之间相互连接构成，具体如图3-5所示。最近十多年来，人工神经网络的研究工作不断深入，已经取得了很大的进展，其在模式识别、智能机器人、自动控制、预测估计、生物、医学、经济等领域已成功地解决了许多现代计算机难以解决的实际问题，表现出了良好的智能特性。

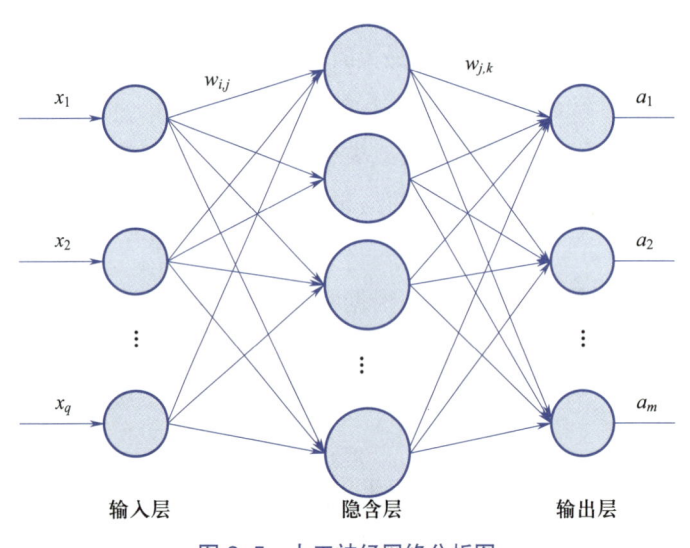

图3-5 人工神经网络分析图

（六）支持向量机

支持向量机（Support Vector Machine，SVM）是一种监督模式识别和机器学习方法，采用最大分类间隔准则实现有限训练样本情况下推广能力的优化。该方法通过核函数间接实现非线性分类或函数回归。

三、数据挖掘的主要步骤

一般数据挖掘的流程可通过以下四个步骤进行。

（一）明确目标

在实施数据挖掘之前，必须明确数据挖掘的目标，即需要通过数据挖掘去解决什么样的问题。

比如在金融行业，可能都会存在这方面的问题，即如何进行精准营销，如果解决了这个问题，将有效降低成本。

（二）构建模型

据不完全统计，建模前的数据准备将占整个数据挖掘流程80%左右的时间。接下来，在数据保证"干净"的前提下，需要考虑以什么样的模型进行建模。

模型构建是数据挖掘流程中的重要步骤之一，它涉及选择合适的模型和算法，并根据数据集对模型进行训练，以便对新数据进行准确预测。构建模型的步骤如下：

（1）选择合适的模型和算法：根据业务问题以及数据的性质和需求，选择适合的模型和算法。常见的模型包括决策树、支持向量机、逻辑回归、人工神经网络、聚类分析等。

（2）划分数据集：将数据集划分为训练集、验证集和测试集。训练集用于训练模型，验证集用于调整模型参数，测试集用于测试模型的性能和泛化能力。

（3）特征选择和提取：从原始数据中选择和提取最具代表性和判别性的特征，以提高模型的性能和精度。特征选择的方法包括过滤、包裹、嵌入等，特征提取的方法包括主成分分析、因子分析、独立成分分析等。

（4）模型训练：利用训练集对模型进行训练。模型训练需要选择合适的优化算法和正则化技术，以避免过拟合或欠拟合的情况发生。训练的过程中需要进行交叉验证和调整模型参数等操作。

（三）模型评估

到此阶段，已经完成了数据挖掘流程中的绝大部分工作，并且通过数据得到解决问题的多个方案（模型），接下来要做的就是从这些模型中挑选出最佳的模型，主要目的是让这个最佳的模型能够更好地反映数据的真实性。

（四）应用部署

模型的构建和评估工作的完成，并不代表整个数据挖掘流程的结束，往往还需要最后的应用部署。尽管模型的构建和评估是数据挖掘工程师所擅长的，但是这些挖掘出来的模式或规律是给真正的业务方或客户服务的，故需要将这些模式重新部署到系统中。

数字中国

京东科技助力智能城市建设

京东集团副总裁带领团队深耕城市计算、时空数据领域多年，其两项研究成果历经行业十年的验证，于2019年、2020年、2022年三次获得时空数据领域最高奖项SIGSPATIAL 10 Year Impact Award（十年影响力大奖），开创了一人连续两年获此殊荣的先河。

京东科技数字城市群团队丰富的科研成果正在逐步运用到智能城市的建设当中。依托"城市计算理论体系"，京东科技通过时空大数据技术打破数据孤岛，打造一网通办、一网统管（市域治理现代化）、协同办公和社区基层治理等数字政府创新应用。截至目前，"智能城市操作系统"已经在北京、上海、雄安新区、苏州、无锡、南通、芜湖、大同、新余、鹤壁等数十座城市落地应用，为各地政府带去了建设模式、关键技术、管理机制的实践经验，并通过创新应用，服务本地城市治理能力升级。

党的十九大以来，我国走出了一条从人才强、科技强，到产业强、经济强、国家强的发展道路。党的二十大报告提出："教育、科技，人才是全面建设社会主义现代化国家的基础性、战略性支撑。必须坚持科技是第一生产力、人才是第一资源、创新是第一动力，深入实施科教兴国战略、人才强国战略、创新驱动发展战略，开辟发展新领域新赛道，不断塑造发展新动能新优势。"今日中国，拥有日益完备的科研成果转化体系，正在成为各种创新要素发挥集聚效应的广阔平台，迸发出建设科技强国的澎湃动能。

资料来源：改编自中国科技新闻网

任务四 数据可视化

一、金融大数据可视化的概念

金融大数据可视化是指利用大数据技术和数据可视化技术，用图形、图像和交互式界面等方式，将金融领域的大数据进行处理和呈现，以便用户能够更直观、更清晰地理解和分析金融市场的动态，并从中获取有价值的信息。

金融大数据可视化不仅可以提高数据的可读性和可理解性，还可以帮助用户更加深入地挖掘数据的内在规律和价值，从而提高金融决策的准确性和效率。例如，通过可视化分析银行客户的财务数据，可以更清楚地了解客户的资产配置和收支情况，从而为客户提供更加精准的财富管理服务；通过可视化展现证券市场的历史行情，可以更加准确地预测未来市场走势，从而指导投资决策。

金融大数据可视化具有直观性、交互性、多样性、实时性、个性化、可重用性和高效性等特征。

二、金融大数据可视化的目的和应用场景

（一）金融大数据可视化的目的

金融大数据可视化的主要目的是帮助金融从业者更好地理解和分析金融市场的动态，辅助他们做出更明智、更准确的投资决策，提高决策效率和沟通效果，具体包括以下四个方面：发现市场趋势、辅助决策、提高决策效率、改善沟通效果。

（二）金融大数据可视化的应用场景

金融大数据可视化技术可以应用于金融行业的多个领域，主要包括以下五个场景。

（1）投资决策。投资者可以通过金融大数据可视化技术了解股市、基金、外汇、期货等各种投资品种的走势和关联，从而做出更明智的投资决策。

（2）风险管理。金融从业者可以通过金融大数据可视化技术实时监控市场风险，及时发现并控制风险，降低风险损失。

（3）经济研究。政府部门和研究机构可以利用金融大数据可视化技术分析经济趋势和市场走向，预测未来的发展趋势，提供决策支持。

(4)营销策略。金融机构可以通过金融大数据可视化技术分析客户的行为和偏好,制定更加精准的营销策略,提高市场份额和竞争力。

(5)监管监察。金融监管部门可以利用金融大数据可视化技术监控金融市场的运行情况,及时发现违规行为和风险,保障市场的稳定和健康发展。

三、金融大数据可视化的实施步骤和常见图形

(一)金融大数据可视化的实施步骤

金融大数据可视化的实施步骤包括:确定目标和受众、选择合适的数据源和工具、保持数据的准确性和完整性、确定合适的图表类型、保持可视化的简洁性和易读性、提供交互功能、不断优化和更新。

动动手

请查阅相关资料,有哪些图表可以用于数据展示?它们分别有什么特点和优势?

(二)金融大数据大规模可视化图形

金融大数据大规模可视化是指使用数据可视化技术来呈现大规模的金融数据的方法。在金融领域,数据量通常非常大,通过使用这些技术,金融从业者可以更好地理解和分析大规模的金融数据,从而做出更明智的决策。以下是金融大数据大规模可视化的一些常见技术。

(1)散点图矩阵。这种可视化方法使用多个散点图来呈现多个变量之间的关系。在金融领域中,可以使用散点图矩阵来显示各种金融指标之间的相关性,如图3-6所示。

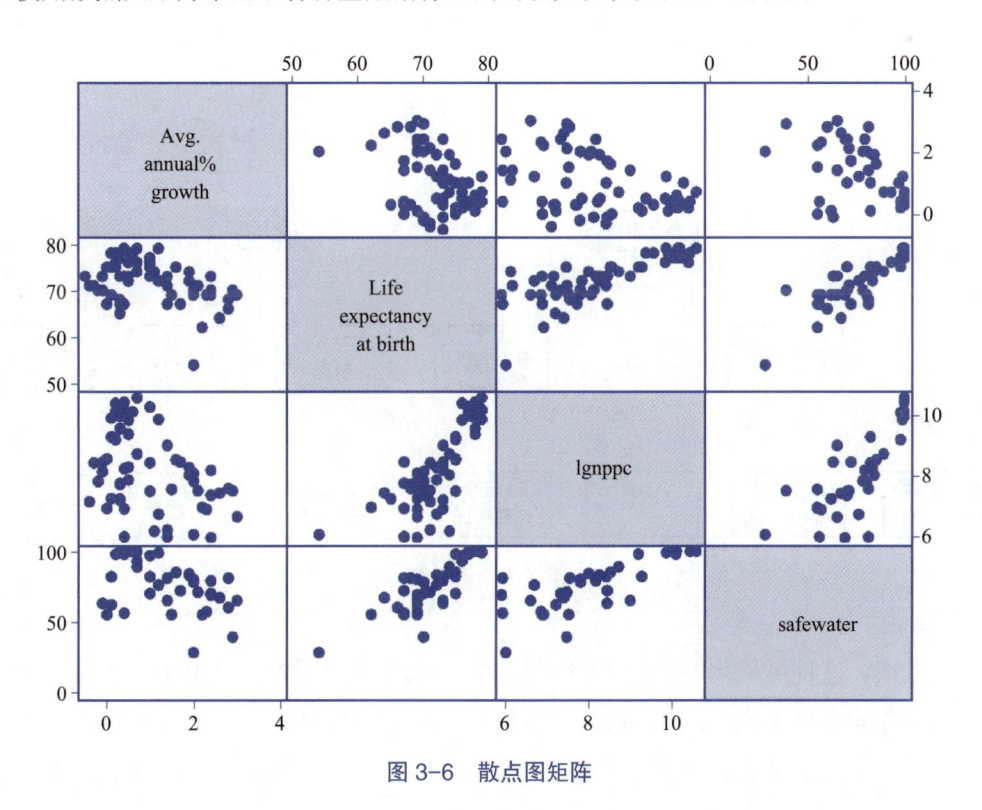

图3-6 散点图矩阵

（2）平行坐标图。这种可视化方法使用多个平行的坐标轴来显示多个变量之间的关系。在金融领域中，可以使用平行坐标图来显示不同金融指标之间的关系，如股票价格、市盈率等，如图3-7所示。

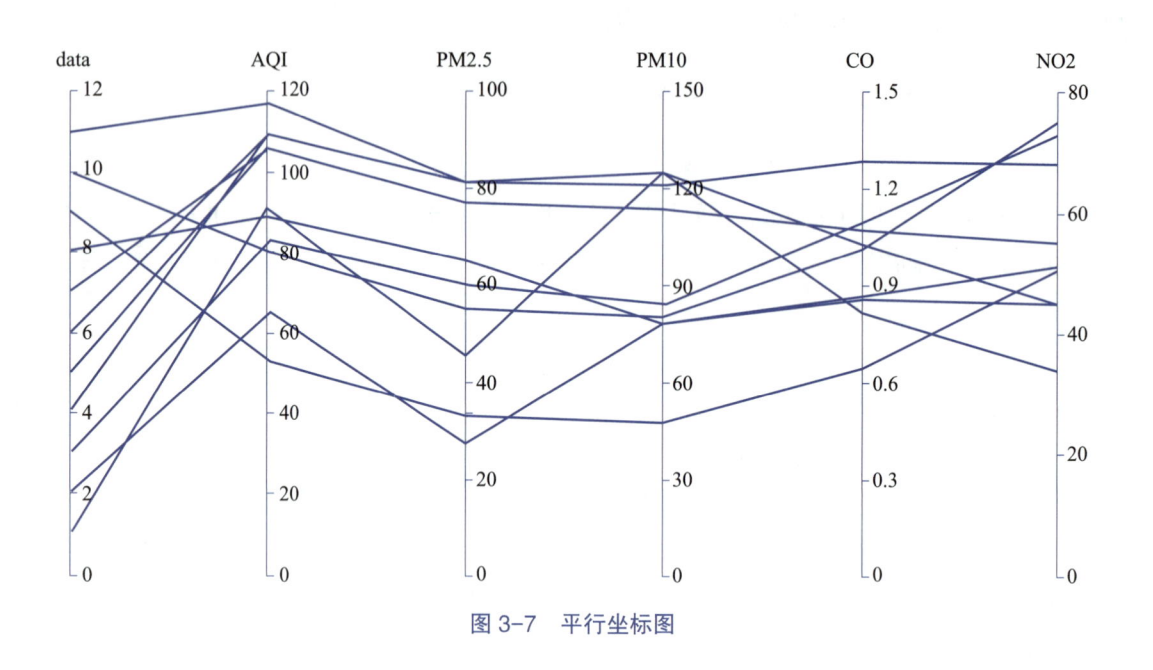

图 3-7　平行坐标图

（3）树形图。这种可视化方法使用树状结构来显示不同变量之间的层次结构关系。在金融领域中，可以使用树形图来显示不同公司之间的股权结构，以及不同金融工具之间的层次关系，如图3-8所示。

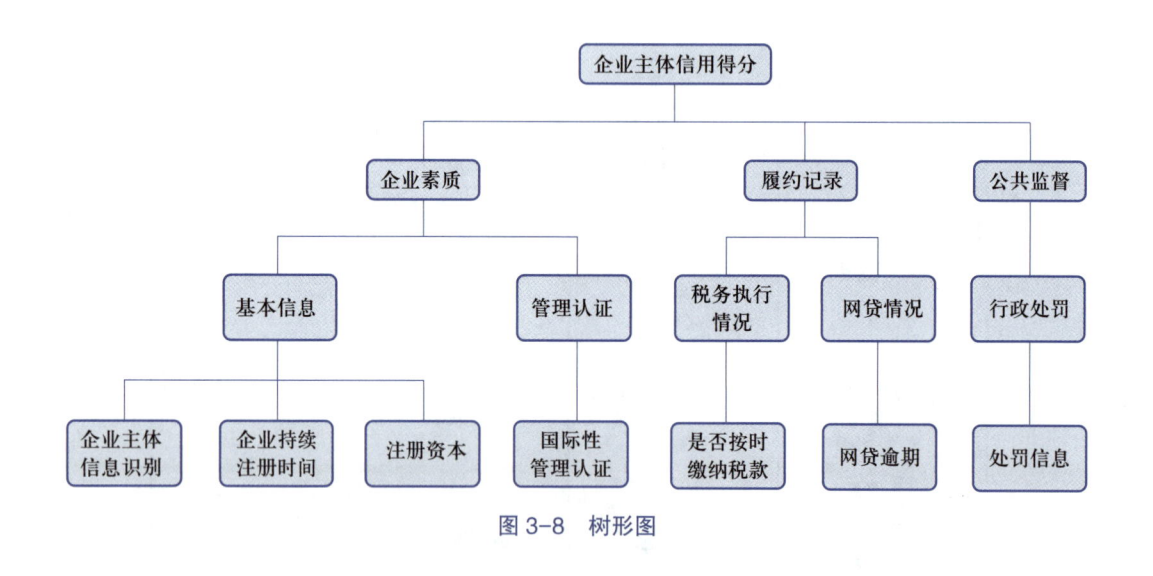

图 3-8　树形图

（4）柱状图。这种可视化方法使用柱形来显示不同变量之间的数量关系。在金融领域中，可以使用柱状图来显示不同公司或行业之间的财务指标，如营业收入、净利润等，具体如图3-9所示。

图 3-9　柱状图

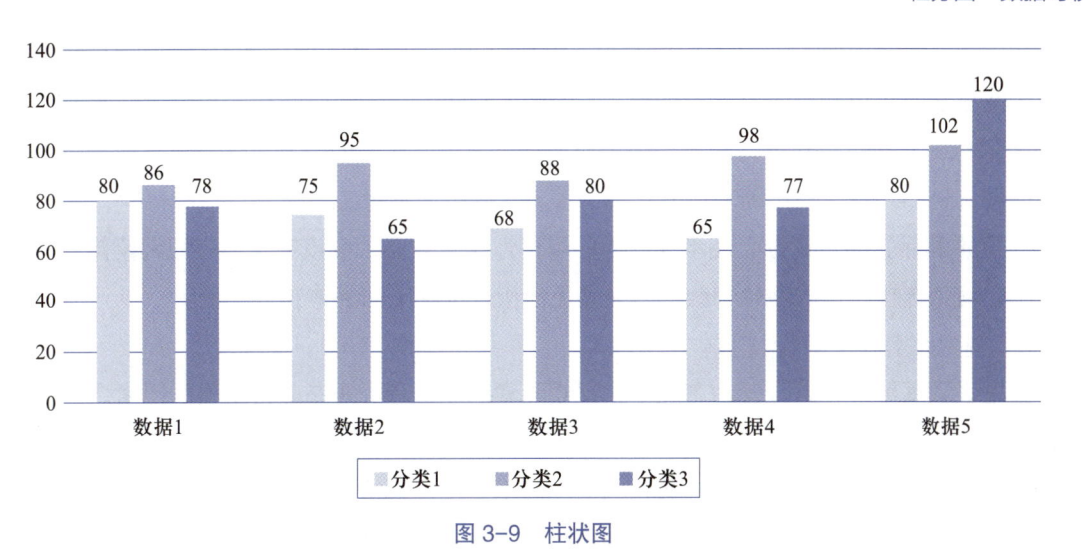

? 想一想

如何选择一个合适的展示数据的图表？图表选择的标准是什么？

四、常用的金融大数据可视化工具

国内常用的金融大数据可视化工具包括以下几种：数据堂、百度数据分析、云图谱、亿欧数据、ECharts。

此外，国际上常用的金融大数据可视化工具有 Tableau、Power BI、QlikView、D3.js、Python 可视化库、R 可视化库等，这些工具都具有不同的特点和功能，可以根据具体的需求和数据类型选择最合适的工具。

五、金融大数据可视化设计要点

（一）图表设计和布局

金融大数据可视化的图表设计和布局是数据设计师必须仔细考虑的关键方面，要达到以下要求：简洁明了、合适的图表类型、重点突出、布局平衡、适当的图例和标签。

（二）色彩和配色方案的选择

色彩和配色方案在金融大数据可视化设计和布局中起着非常重要的作用，因为它们能够影响用户对数据的理解和感受。以下是一些选择色彩和配色方案的建议：尽量使用简单的配色方案、考虑色彩的文化含义、使用对比色、避免使用过于鲜艳的颜色。

（三）图表中标签设计

在金融大数据可视化的设计和布局中，文本和标签的使用非常重要，要达到以下要求：

（1）标签的位置。标签应该放在数据点附近，并与数据点对齐，避免混淆和误解。如果标签过多，可以考虑使用颜色编码或其他方式替代。

（2）文本的大小和颜色。文本的大小和颜色应该根据数据量和重要性进行适当调整。对于重要的数据，应该使用较大和醒目的字体和颜色，而对于次要数据则应使用较小和不醒目的字体和颜色。

（3）文本的对齐和间距。文本应该对齐、间距合理，避免过于拥挤和混乱。在设计和布局中，可以使用网格线、间距和对齐等方式实现文本的对齐和间距。

（4）信息的简洁性。在设计和布局中，应该尽量减少不必要的信息，保持信息简洁明了，避免混淆和误解。例如，可以使用缩写或简化词语等方式减少文本量。

（5）文本和标签的可读性。文本和标签的可读性非常重要，应该考虑用户的阅读体验。在设计和布局中，应该选择易读的字体和颜色，并避免使用过于花哨的字体和背景色。

（四）视觉元素的比例和大小

在金融大数据可视化的设计和布局中，视觉元素的比例和大小是非常重要的因素之一。以下是一些关于视觉元素比例和大小的建议。

（1）比例的选择。比例应该根据数据的大小和重要性进行适当调整。

（2）元素的大小。元素的大小应该根据数据的大小和重要性进行适当调整。

（3）比例和大小的协调。比例和大小应该相互协调，保持整体的平衡和协调。

（4）重点数据的突出。对于重要的数据，可以考虑使用更大和更明显的元素和比例，以突出数据的重要性。

（5）数据的可视化效果。在设计和布局中，应该选择合适的可视化效果，以展示数据的特点和重要性。

（五）交互性和动态效果

金融大数据可视化的交互性和动态效果可以提高用户的体验和参与度，使得数据更加生动和易于理解。主要有：鼠标悬停提示、可滚动、可拖动的时间线、滑块、下拉菜单、交互式图表、动态更新、动画效果和交互式文本等。

六、金融大数据可视化有效性评价

（1）数据准确性。可视化的结果必须基于准确的数据，否则分析结果将不可靠。因此，必须确保所使用的数据源是准确和完整的，并进行必要的数据清洗和处理。

（2）可读性和易用性。可视化结果应该易于理解和使用。设计良好的可视化工具应该具有良好的布局、颜色、标签和交互效果，以使用户能够快速理解和分析结果。

（3）可解释性和可重现性。可视化结果应该能够被解释和理解。此外，结果应该能够被重复和再现。这对于结果的可信度和可靠性至关重要。

（4）支持决策制定。可视化结果应该支持决策制定。它们应该能够帮助用户更好地理解数据，并支持用户做出明智的决策。因此，可视化工具应该提供足够的细节和洞察，以帮助用户做出准确的决策。

（5）可扩展性。可视化工具应该能够处理大规模的数据。此外，可视化工具应该能够与其他工具和系统集成，以实现更广泛的数据分析和应用。

金融大数据可视化在实际应用中具有广泛的应用，但也面临着一些挑战，诸如数据质量问题、数据安全问题、可视化设计问题、技术难题、多样性和复杂性。为了提高金融大数据可视化的效果和应用效率，需要针对这些挑战进行不断的研究和优化，以提高其可用性和可靠性。

实战演练：数据集成、数据可视化

一、数据集成

从广义上来说，在企业中，由于开发时间或开发部门的不同往往有多个异构的、运行在不同的软硬件平台上的信息系统同时运行，这些系统的数据源彼此独立、相互封闭，这使得数据难以在系统之间交流、共享和融合，从而形成了"信息孤岛"。随着信息化应用的不断深入，企业内部、企业与外部信息交互的需求日益强烈，急切需要对已有信息进行整合，联通"信息孤岛"，共享数据信息，这些信息数据整合的一系列方案被称为数据集成。

任务目标：按照目标需求进行数据源分析，要分别从省份和大区的维度统计销售额，能够将三张数据表关联，形成所需的全部分析数据。

任务实现方式：Python。

任务指引：数据资源下载→上传至分析云→新建数据关联或数据合并→执行→保存关联后的数据集。

任务准备：完成任务所涉及的数据源可在资源下载处（平台课程首页—资源应用—资源）进行数据源下载。

任务流程：①进行数据源准备；②使用分析云，进行销售数据关联；③使用分析云，进行华扬联众利润表与资产负债表关联；④使用分析云，将华扬联众与引力传媒利润表合并；⑤使用Python代码编辑器进行数据关联及数据合并。

任务1：销售数据准备

在数据清洗任务中，我们将销售数据表进行了数据清洗，现在需要将资源下载处提供的"销售数据_清洗后"以及资源下载处下载的"城市表""省区表"上传分析云。

操作步骤：

（1）在资源下载处，下载"城市表""省区表""销售数据_清洗后"文件；如图3-10、图3-11所示，资料见项目三资料包—"城市表""省区表""销售数据_清洗后"文件。

城市表		省区表	
城市	省/自治区	省/自治区	地区
安庆	安徽	安徽	华东
蚌埠	安徽	澳门	港澳台
亳州	安徽	北京	华北
巢湖	安徽	福建	华东
池州	安徽	甘肃	西北
滁州	安徽	广东	中南
阜阳	安徽	广西	中南
合肥	安徽	贵州	西南
淮北	安徽	海南	中南
淮南	安徽	河北	华北
黄山	安徽	河南	中南
界首	安徽	黑龙江	东北
鹿城	安徽	湖北	中南
明光	安徽	湖南	中南
濉溪	安徽	吉林	东北
唐寨	安徽	江苏	华东
铜陵	安徽	江西	华东
无城	安徽	辽宁	东北
芜湖	安徽	内蒙古	华北

图3-10 城市表和省区表

项目三 大数据存储、分析与可视化认知

1	客户类型	城市	产品 ID	类别	子类别	产品品牌	销售额	销售数量	折扣	利润	客户ID
2	公司	杭州	10002717	办公用品	用品	Piskars	129.696	2	0.4	-60.704	14485
3	消费者	内江	10004832	办公用品	信封	GlobeWeis	125.44	2	0	42.56	10165
4	消费者	内江	10001505	办公用品	装订机	Cardinal	31.92	2	0.4	4.2	10165
5	公司	镇江	10003746	办公用品	用品	Kleencut	321.216	4	0.4	-27.104	17170
6	消费者	汕头	10003452	办公用品	器具	KitchenAid	1375.92	3	0	550.2	15730
7	消费者	景德镇	10001640	技术	设备	柯尼卡	11129.58	9	0	3783.78	18325
8	消费者	景德镇	10001029	办公用品	装订机	Ibico	479.92	2	0	172.76	18325
9	消费者	景德镇	10000578	家具	椅子	SAFCO	8659.84	4	0	2684.08	18325
10	消费者	景德镇	10001629	办公用品	纸张	GreenBar	588	5	0	46.9	18325
11	消费者	景德镇	10004801	办公用品	系固件	Stockwell	154.28	2	0	33.88	18325
12	小型企业	榆林	10000001	技术	设备	爱普生	434.28	2	0	4.2	21700
13	消费者	哈尔滨	10002416	技术	复印机	惠普	2368.8	4	0	639.52	19585
14	消费者	青岛	10000017	办公用品	信封	Jiffy	683.76	3	0	88.62	10885
15	消费者	青岛	10004920	技术	配件	SanDisk	1326.5	5	0	344.4	10885
16	消费者	青岛	10004349	技术	电话	诺基亚	5936.56	2	0	2849.28	10885
17	公司	徐州	10003582	办公用品	器具	KitchenAid	10336.452	7	0.4	-3962.728	20965
18	公司	徐州	10004648	办公用品	标签	Novimex	85.26	2	0	38.22	20965
19	消费者	上海	10001200	技术	配件	Memorex	2330.44	7	0	1071.14	14050
20	消费者	上海	10000039	办公用品	用品	Acme	85.54	1	0	23.94	14050
21	消费者	上海	10004589	办公用品	装订机	Avery	137.9	5	0	2.1	14050
22	消费者	上海	10004369	办公用品	装订机	Cardinal	397.32	6	0	126.84	14050
23	消费者	上海	10002777	技术	电话	三星	2133.46	7	0	959.42	14050
24	消费者	上海	10002045	技术	复印机	Hewlett	4473.84	3	0	1162.98	14050

图 3-11　销售数据表_清洗后

（2）分别将三张表上传到分析云，如图 3-12 所示。

注：销售数据_清洗后数据表有很多 sheet，本任务只需上传"订单"sheet 即可。

图 3-12　上传数据源操作图

任务 2：销售数据关联

在数据清洗任务中，我们将销售数据表进行了数据清洗，现在需要将清洗后的销售数据表与"城市表""省区表"在分析云中进行关联。

操作步骤：

（1）新建数据集。在分析云的【数据准备】菜单下找到【新建】按钮，单击【新建】，在弹出窗口中选择【关联数据集】；填写关联后的数据集名称："业务数据关联"；选择数据集所在的文件夹位置：保存至"我的数据"，单击【确定】。

（2）添加关联数据表。

① 将清洗后的销售数据表、城市表、省区表三张表分别拖动放置到关联面板内。

80

② 单击清洗后的销售数据表后再单击城市表，在连接条件中设置连接方式为"左连接"，关联字段为"城市＝城市"，如图3-13所示。

图3-13　添加关联数据表操作图

③ 单击城市表后再单击省区表，在连接条件中设置连接方式为"左连接"，关联字段为"省自治区＝省自治区"。

（3）检查数据集。

① 单击右上角的【执行】。

② 查看数据结果预览，检查数据是否正确。

③ 单击字段名称前的小图标，切换成"123"类型（注：123代表数值型），如图3-14所示。

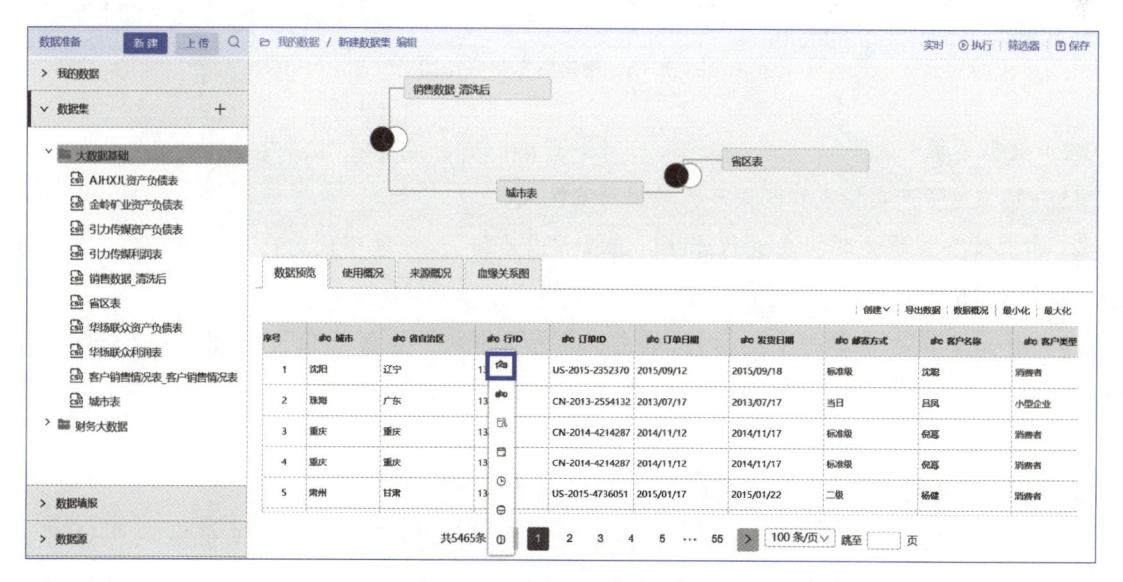

图3-14　检查数据集操作图

（4）保存数据集。再次单击【执行】按钮；单击【保存】。

项目三 大数据存储、分析与可视化认知

任务 3：上传华扬联众数据

将华扬联众财务报表上传分析云。

操作步骤：

（1）在资源下载处，下载"华扬联众财报"。资料见项目三资料包—华扬联众利润表、华扬联众资产负债表文件。

（2）将财报上传到分析云。

任务 4：关联华扬联众数据表

将华扬联众利润表与资产负债表进行关联。

操作步骤：

（1）新建数据集。单击【数据准备】，单击【新建】；选择数据类型为"关联数据集"，如图 3-15 所示；将数据集名称命名为"华扬联众利润表与资产负债表合集"。

图 3-15　新建数据集操作图

（2）数据关联。

① 分别拖曳资产负债表和利润表到数据预览区域。

② 单击两个需要关联的表进行连接，选择"内连接"，关联字段为："报表年份"，单击【确定】，如图 3-16 所示。

（3）数据集保存。单击【执行】，单击"实时"中的"数据物化"，如图 3-17 所示，单击【保存】。

任务 5：上传引力传媒分析数据

上传引力传媒利润表与资产负债表。

操作步骤：在资源下载处，下载引力传媒公司的"利润表"和"资产负债表"；资料见项目三资料包—引力传媒利润表、引力传媒资产负债表文件；分别将利润表和资产负债表上传到分析云。

实战演练：数据集成、数据可视化

图 3-16 数据关联操作图

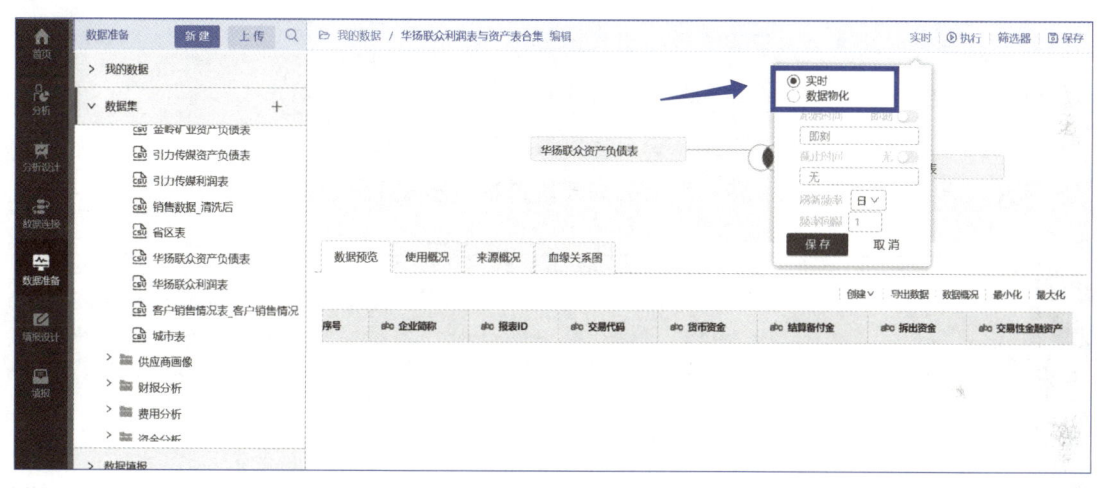

图 3-17 数据集保存操作图

任务 6：企业数据合并

将华扬联众与引力传媒利润表合并。

操作步骤：

（1）新建数据集。

① 在分析云的【数据准备】菜单下找到【新建】按钮，单击【新建】。

② 在弹出窗口中选择【追加数据集】，如图 3-18 所示。

③ 填写关联后的数据集名称：华扬联众&引力传媒利润表数据集。

④ 选择数据集所在的文件夹位置：保存至"我的数据"。

⑤ 单击【确定】。

83

项目三　大数据存储、分析与可视化认知

图 3-18　新建追加数据集操作图

（2）创建数据集。

① 将华扬联众利润表拉拽至右上方空白区域内。

② 选择所需字段，可以全选，也可以按需选择。

③ 将引力传媒利润表拉拽至右上方空白区域内。

④ 选择所需字段，需要匹配华扬联众利润表所选字段进行匹配选择，如图 3-19 所示。

图 3-19　创建追加数据集操作图

（3）保存数据集。

① 单击右上角的【执行】，查看数据结果预览，检查数据是否正确。

② 单击【实时】，单击【数据物化】，将数据表固定。

③ 单击【保存】。

任务 7：使用 Python 工具进行数据关联

将销售数据与销售区域进行关联。

操作步骤：

（1）导入 pandas 库文件。

① 使用 import 函数导入 pandas 库文件。

② 给 pandas 库文件配置一个缩略名 pd。代码如下：

```
import pandas as pd
```

（2）读取数据。

① 找到需要处理文件的文件路径。

② 将"销售数据清洗结果"文件路径，复制并粘贴到变量 df 中。

③ 将"城市表"文件路径，复制并粘贴到变量 df1 中。

④ 将"省区表"文件路径，复制并粘贴到变量 df2 中。

⑤ 复制粘贴时，注意要保留横线两侧的单引号，代码如下：

```
df = pd.read_excel('数据集成/数据关联/销售数据清洗结果.xlsx')
df1 = pd.read_excel('数据集成/数据关联/城市表.xlsx')
df2 = pd.read_excel('数据集成/数据关联/省区表.xlsx')
```

（3）数据关联。

① 使用 merge 函数进行数据关联。左连接用 left 表示，右连接用 right 表示，全连接用 outer 表示，内连接用 inner 表示；用 how 将两个数据表连接；on 作为关联条件连接的字段。

② 将"销售数据清洗结果"与"城市表"进行左连接，关联条件是"城市"，关联后，新数据表将覆盖原有变量 df。

③ 将关联后 df 与"省区表"进行左连接，关联条件是省/自治区，关联后，新数据表将覆盖原有变量 df。代码如下：

```
df = pd.merge(df, df1, how='left', on='城市')
df = pd.merge(df, df2, how='left', on='省/自治区')
```

代码功能释义：

Pandas 中的 DataFrame 结构可使用 merge( ) 方法进行关联。前两个参数分别为左表和右表；关联方式可使用 how 参数进行指定，left 表示左关联即返回左表中所有列和右表中与关联字段相对应的列。关联方式的参数还可以为 right、outer、inner、cross。on 参数可指定关联的列，必须是在两个表中都出现的列；若不指定此参数，则默认为两个 DataFrame 中列的交集。

（4）保存数据。

① 将关联后的数据保存为 excel 类型（xlsx），数据命名为"销售数据与销售区域关联结果"。

② 不保存行索引（False 代表不保存，Ture 代表保存），保证中文无乱码，将数据表用 utf-8-sig 的方式进行编码。代码如下：

```
df.to_excel('销售数据与销售区域关联结果.xlsx', index=False, encoding='utf-8')
```

（5）打印数据。打印关联后的 df，代码如下：

```
print(df)
```

Python 代码运行如图 3-20 所示，运行结果见项目三资料包—销售数据与销售区域关联结果文件。

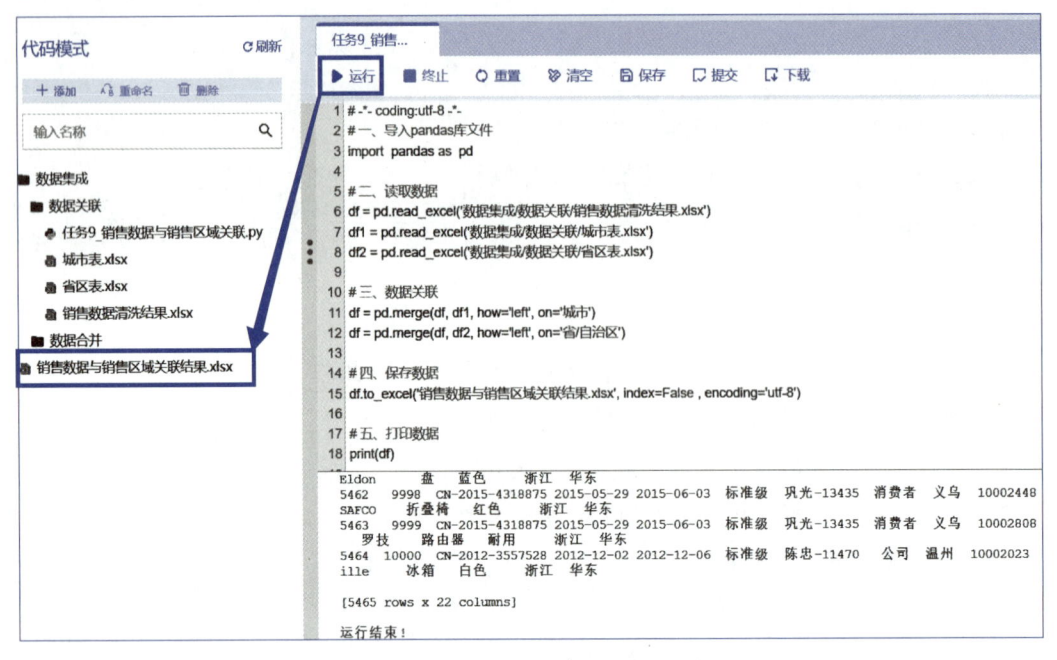

图 3-20　Python 数据关联代码运行

任务 8：使用 Python 工具进行数据合并

将华扬联众与引力传媒利润表进行合并。

操作步骤：

（1）导入 pandas 库文件。

① 使用 import 函数导入 pandas 库文件。

② 给 pandas 库文件配置一个缩略名 pd，代码如下：

import pandas as pd

（2）读取数据。

① 找到需要处理文件的文件路径。

② 将"华扬联众利润表"文件路径，复制并粘贴到变量 df 中。

③ 将"引力传媒利润表"文件路径，复制并粘贴到变量 df1 中，代码如下：

df = pd.read_excel(' 数据集成 / 数据合并 / 华扬联众 _ 利润表 _ 清洗后.xlsx')

df1 = pd.read_excel(' 数据集成 / 数据合并 / 引力传媒 _ 利润表 _ 清洗后.xlsx')

（3）数据合并。

① 将"华扬联众利润表"与"引力传媒利润表"进行合并，合并后的新数据表将覆盖原有变量 df。

② 使用 append 函数进行数据合并，代码如下：

df = df.append(df1)

代码功能释义：

append( ) 方法，可将两个 DataFrame 进行合并。结构相同和结构不同的数据都可以进行合并。结构相同的数据可完美合并，结构不同的数据合并后会出现 NaN。

（4）保存数据。

将关联后的数据命名为"华扬联众与引力传媒利润表合并结果"，保存为 excel 类型（.xlsx）。

不保存行索引（False 代表不保存，Ture 代表保存）保证中文无乱码，将数据表用 utf-8-sig 的方式进行编码，代码如下：

df.to_excel(' 华扬联众与引力传媒利润表合并结果.xlsx', index = False)

（5）打印数据。打印合并后的 df，代码如下：

print(df)

Python 代码运行如图 3-21 所示，运行结果见项目三资料包—销售数据与销售区域关联结果文件。

图 3-21　Python 数据合并代码运行

二、数据可视化

数据可视化主要是指将数据以图形图像形式展示，借助于图形化手段，清晰有效地传达与沟通信息。数据可视化是帮助我们观察数据的一种有效手段。借助数据可视化的图形化展示，人们可以清晰有效地传达信息和高效沟通。

任务目标：根据企业战略阶段化需求，完成可视化图表，设计可视化看板，分别反映公司的公司营业收入、公司净利润、公司收入结构、资产状况等情况，并形成财务分析决策报告。

任务实现方式：可视化工具（分析云）

任务指引：项目任务方案设计→数据资源下载→数据集成→建立可视化看板→设计可视化图形→形成项目分析报告。

任务准备：完成任务所涉及的数据源可在资源下载处（平台课程首页—资源应用—资源）进行数据源下载。

任务流程：①从资源处下载本项目数据，上传分析云；②通过不同可视化效果，分别做出财务看板与经营看板可视化图表；③利用分析云，从财务看板与经营看板中，挑选出六个可视化图形，组成一个可视化看板，用于管理层会议汇报。

任务 1：建立表关联

将 AJ 公司的资产负债表、利润表和客户销售情况表上传到分析云；资料见项目三资料包—客户销售情况表、利润表–AJHXJL、资产负债表–AJHXJL 文件，并将 AJ 公司的利润表和资产负债表建立关联。

操作步骤：

（1）新建数据集。

① 单击【数据准备】，单击【新建】。

② 选择数据类型为"关联数据集"。

③ 将数据集名称命名为"AJ 利润表与资产表合集"。

（2）数据关联。

① 分别拖拽资产负债表和利润表到数据预览区域。

② 单击两个需要关联的表进行连接，选择"内连接"，关联条件为报表日期，单击【确定】。

（3）数据集保存。

① 单击【执行】。

② 单击"实时"中的数据物化，单击【保存】。

任务 2：制作营业收入趋势图

根据任务要求，针对营业收入趋势指标，做出适合的可视化图形。

操作步骤：

（1）新建可视化。

① 进入故事板设计页面，单击【可视化】。

② 单击【新建】，将可视化命名为：营业收入趋势图。

（2）选择数据源。可以选择自己在数据集成中完成的 AJ 公司利润表与资产表合集或选择系统内置数据（AJ 利润表 & 资产负债表合集）。

（3）维度与指标的选择。维度选择：年＿报表日期；指标选择：营业收入。

（4）排序。将维度"年＿报表日期"升序排列，单击维度"年＿报表日期"标签的向下箭头，选择"升序"，选择"年＿报表日期"。

（5）选择可视化图形，图形选择：折线图。

（6）修改数据格式（启用千分位，小数点保留 2 位）。

① 单击指标"营业收入"。

② 单击"数据格式"，千分位：启用；小数点：2。

（7）显示设置。

① 维度轴设置：标题为"年份"。

② 数值轴设置：标题为"金额"，单位为"元"。

（8）保存可视化。

① 单击【保存】。

② 单击【退出】，回到故事板界面。

可视化设计生成营业收入趋势图如图 3-22 所示。

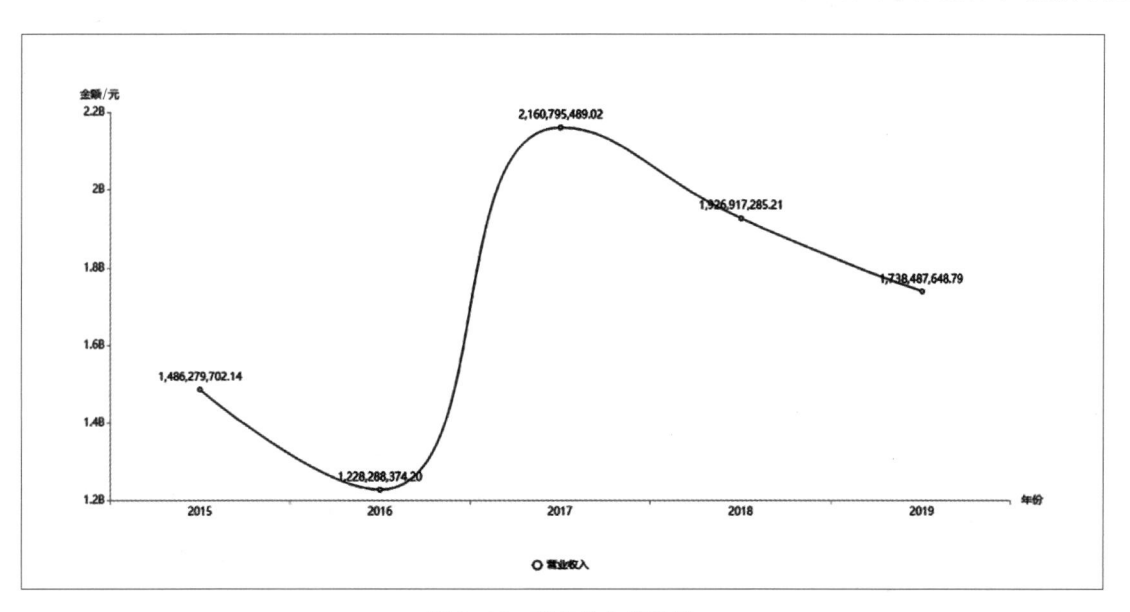

图 3-22　营业收入趋势图

任务 3：制作营业收入平均值图

根据任务要求，针对营业收入平均值指标，做出适合的可视化图形。可复制上一任务可视化看板，在其基础上进行辅助线的设置，或按照下面步骤操作。

操作步骤：

（1）新建可视化。

① 进入故事板设计页面，单击【可视化】。

② 单击【新建】，将可视化命名为：营业收入平均值。

（2）选择数据源。可以选择在数据集成中完成的 AJ 公司利润表与资产负债表合集，或选择系统内置数据（AJ 利润表 & 资产负债表合集）。

（3）维度与指标的选择。

① 维度选择：年 _ 报表日期。

② 指标选择：营业收入。

（4）排序。将维度"年 _ 报表日期"升序排列，单击维度"年 _ 报表日期"标签的向下箭头，选择"升序"，选择"年 _ 报表日期"。

（5）选择可视化图形。图形选择：折线图。

（6）修改数据格式（启用千分位，小数点保留 2 位）。

① 单击指标"营业收入"。

② 单击"数据格式"，千分位：启用；小数点：2。

（7）显示设置。

① 维度轴设置：标题为"年份"。

② 数值轴设置：标题为"金额"，单位为"元"。

（8）设置辅助线（将营业收入的平均值作为辅助线显示）。

① 单击"辅助线"，将指标"营业收入"拖拽到辅助线下面，系统弹出"设置辅助线"窗口。

89

② 辅助线计算方式：计算线选择"平均值"，颜色设置为红色（颜色可任意选择）。

（9）保存可视化。

① 单击【保存】。

② 单击【退出】，回到故事板界面。

可视化设计生成的营业收入平均值如图 3-23 所示。

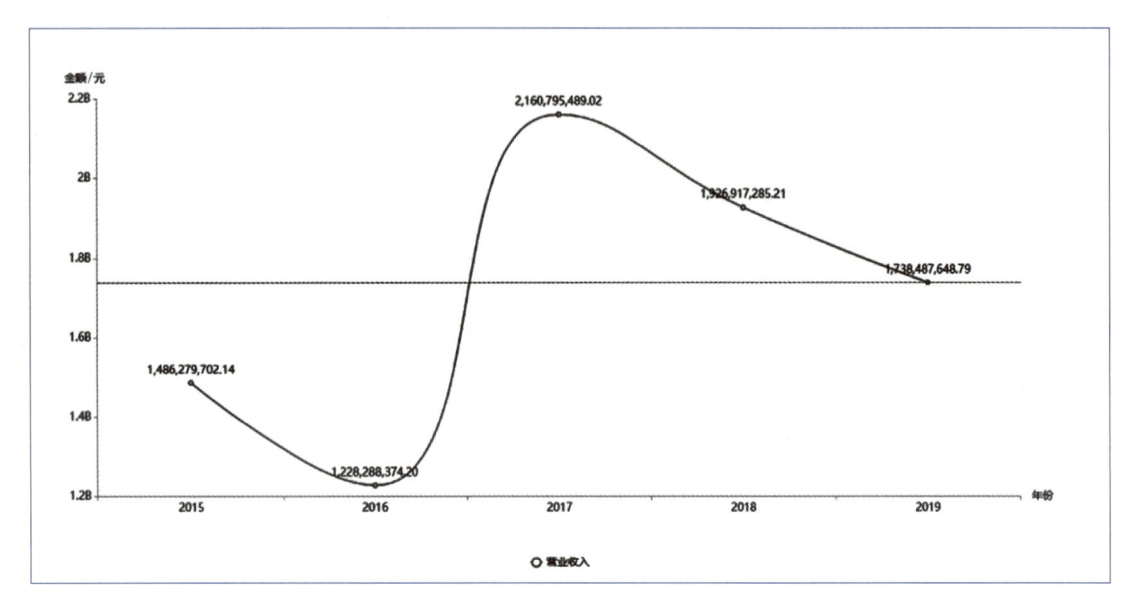

图 3-23　营业收入平均值

任务 4：制作营业收入预警图

根据任务要求，针对营业收入预警指标，做出适合的可视化图形。

操作步骤：

（1）新建可视化。

① 进入故事板设计页面，单击【可视化】。

② 单击【新建】，将可视化命名为：营业收入预警图。

（2）选择数据源。可以选择在数据集成中完成的 AJ 公司利润表与资产表合集或选择系统内置数据（AJ 利润表 & 资产负债表合集）

（3）维度与指标的选择。

① 维度选择：年_报表日期。

② 指标选择：营业收入。

（4）排序。将维度"年_报表日期"升序排列，单击维度"年_报表日期"标签的向下箭头，选择"升序"，选择"年_报表日期"。

（5）选择可视化图形。图形选择：折线图。

（6）修改数据格式（启用千分位，小数点保留 2 位）。

① 单击指标"营业收入"。

② 单击"数据格式"，千分位：启用；小数点：2。

（7）显示设置。

①维度轴设置：标题为"年份"。

②数值轴设置：标题为"金额"，单位为"元"。

（8）设置辅助线（将营业收入的平均值作为辅助线显示）。

①单击"辅助线"，将指标"营业收入"拖拽到辅助线下面，系统弹出"设置辅助线"窗口。

②辅助线计算方式：计算线选择"平均值"，颜色设置为红色（颜色可任意选择）。

（9）设置预警线。

①添加预警规则。指标聚合方式：求和；预警指标满足：任一条件；营业收入：小于1 800 000 000（18亿元）。

②单击【下一步】。

③添加预警人员：可以选择自己的手机号码，或选择BQ管理员，选中后单击→箭头。

④单击【下一步】。

⑤添加预警设置。预警级别：可根据需求添加（一般、重要、重大）。

⑥添加预警线颜色：黄色（颜色可任意选择）。

⑦单击【确认】。

（10）保存可视化。

①单击【保存】。

②单击【退出】，回到故事板界面。

可视化设计生成的营业收入预警图如图3-24所示。

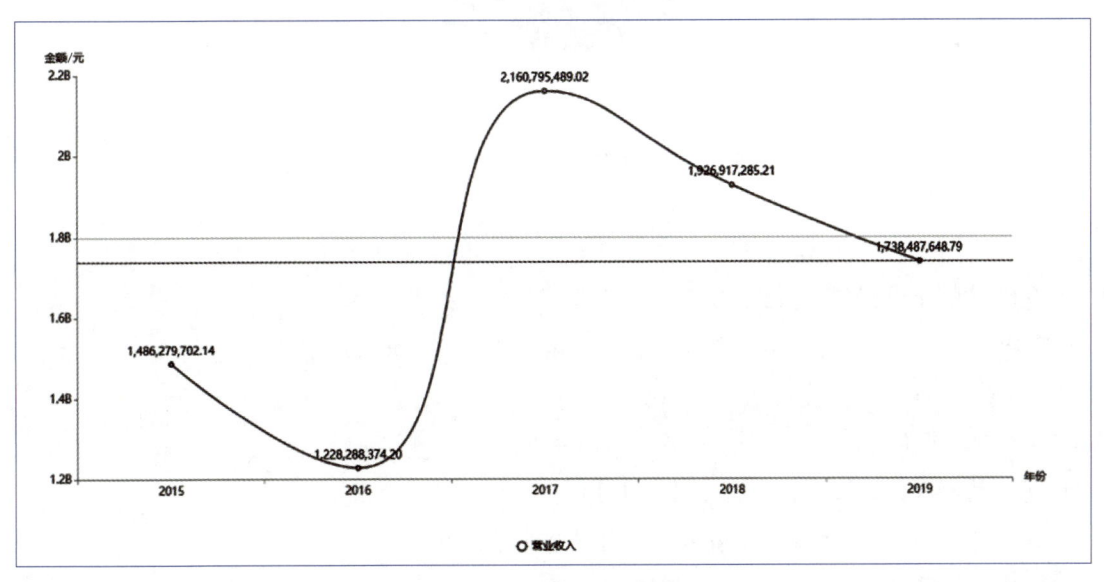

图3-24 营业收入预警图

任务5：制作收入结构占比图

根据任务要求，针对收入结构占比指标，做出适合的可视化图形。

操作步骤：

（1）新建可视化。

项目三 大数据存储、分析与可视化认知

① 进入故事板设计页面,单击【可视化】。

② 单击【新建】,将可视化命名为:收入结构占比图。

(2)选择数据源。可以选择数据集成中完成的 AJ 公司利润表与资产表合集,或选择系统内置数据(AJ 利润表 & 资产负债表合集)。

(3)维度与指标的选择。维度选择:空(不需要任何维度);指标选择:主营业务收入、其他业务收入、营业外收入、投资收益。

(4)选择可视化图形。图形选择:饼图或环形图。

(5)保存可视化。单击【保存】。

可视化设计生成的收入结构占比如图 3-25 所示。

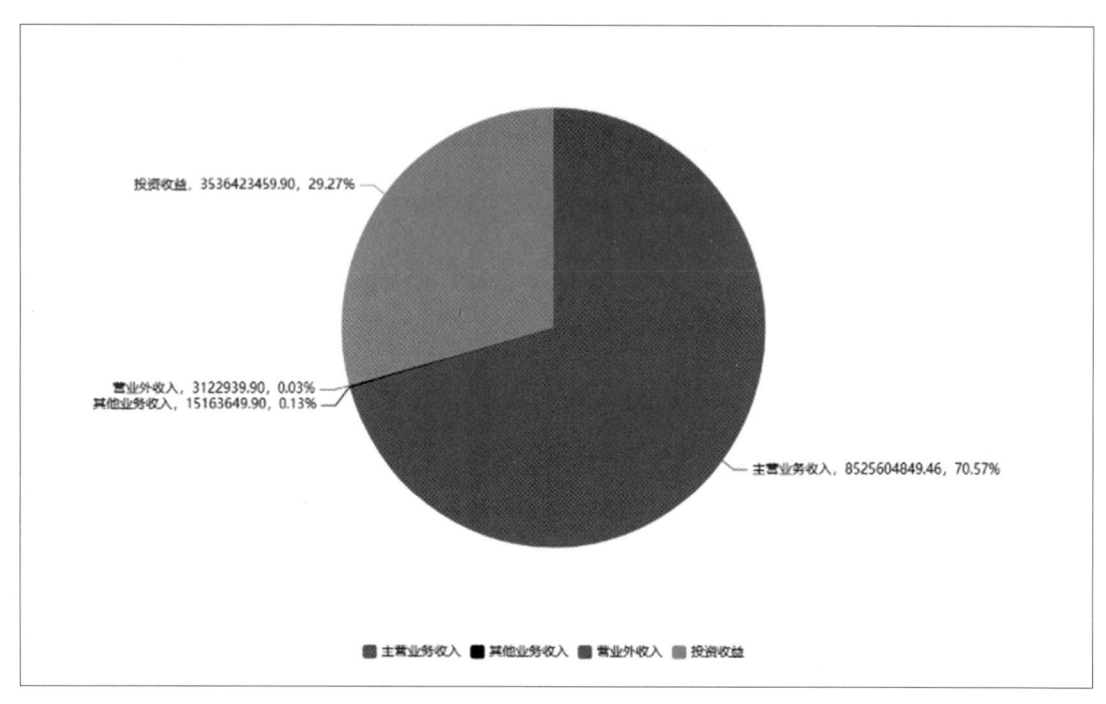

图 3-25 收入结构占比

任务 6:制作净利润变动趋势图

根据任务要求,针对净利润变动趋势指标,做出适合的可视化图形。

操作步骤:

(1)新建可视化。

① 进入故事板设计页面,单击【可视化】。

② 单击【新建】。将可视化命名为:净利润变动趋势图。

(2)选择数据源。

可以选择数据集成中完成的 AJ 公司利润表与资产表合集或选择系统内置数据(AJ 利润表 & 资产负债表合集)。

(3)维度与指标的选择。

① 维度选择:年_报表日期。

② 指标选择:净利润。

（4）排序。将维度"年_报表日期"升序排列，单击维度"年_报表日期"标签的向下箭头，选择"升序"，选择"年_报表日期"。

（5）选择可视化图形。图形选择：堆叠区域图。

（6）修改数据格式（启用千分位，小数点保留2位）。

① 单击指标"净利润"。

② 单击"数据格式"，千分位：启用；小数点：2。

（7）显示设置。

① 维度轴设置：标题为"年份"。

② 数值轴设置：标题为"金额"，单位为"元"。

（8）保存可视化。单击【保存】。

可视化设计生成的净利润变动趋势图如图3-26所示。

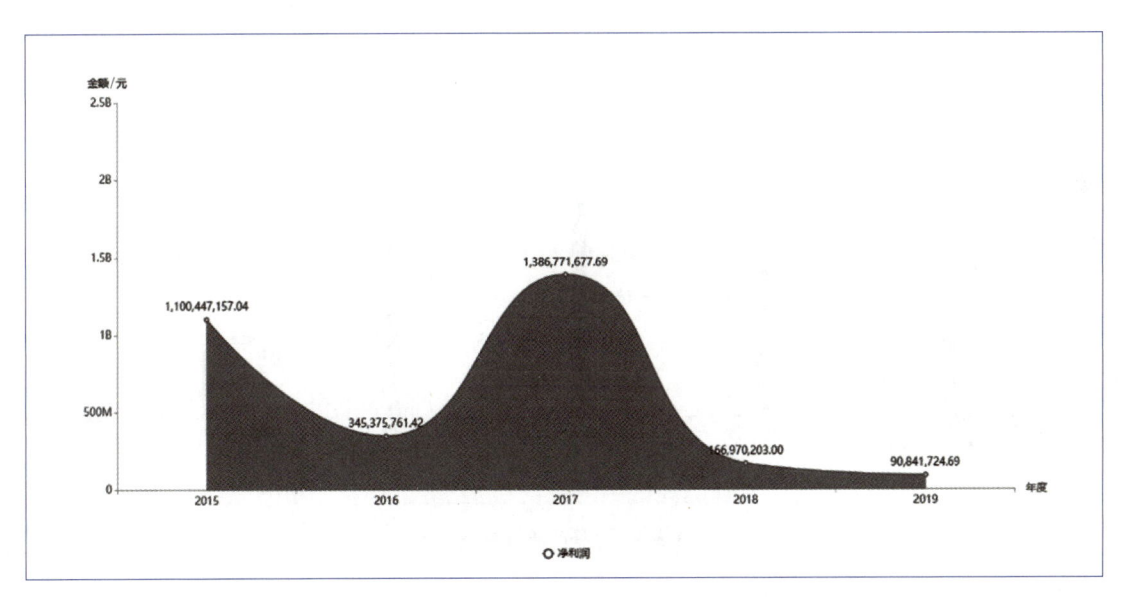

图 3-26　净利润变动趋势图

任务7：制作资产总计柱状图

根据任务要求，针对资产总计指标，做出适合的可视化图形。

操作步骤：

（1）新建可视化。

① 进入故事板设计页面，单击【可视化】。

② 单击【新建】，将可视化命名为：资产总计。

（2）选择数据源。可以选择数据集成中完成的AJ公司利润表与资产负债表合集或选择系统内置数据（AJ利润表&资产负债表合集）。

（3）维度与指标的选择。

① 维度选择：年_报表日期。

② 指标选择：资产总计。

（4）排序。将维度"年_报表日期"升序排列，单击维度"年_报表日期"标签的向下箭头，选择"升序",选择"年_报表日期"。

(5)选择可视化图形。图形选择:柱状图。

(6)修改数据格式(启用千分位,小数点保留2位)。

① 单击指标"营业收入"。

② 单击"数据格式",千分位:启用;小数点:2。

(7)显示设置。

① 维度轴设置:标题为"年份"。

② 数值轴设置:标题为"金额",单位为"元"。

(8)保存可视化。单击【保存】。

可视化设计生成的资产总计柱状图如图3-27所示。

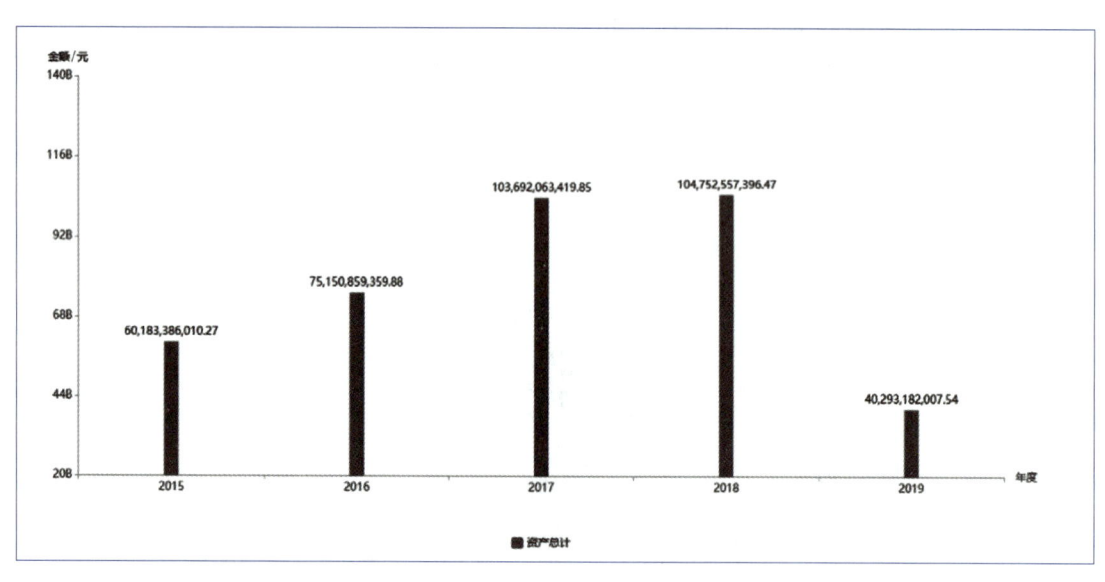

图 3-27 资产总计柱状图

任务8:制作资产负债率双轴图

根据任务要求,针对资产负债率指标,做出适合的可视化图形。

操作步骤:

(1)新建可视化。

① 进入故事板设计页面,单击【可视化】。

② 单击【新建】,将可视化命名为:资产负债率。

(2)选择数据源。可以选择自己在数据集成中完成的AJ公司利润表与资产表合集,或选择系统内置数据(AJ利润表&资产负债表合集)。

(3)维度与指标的选择。

① 维度选择:年_报表日期。

② 指标选择:资产总计。

(4)新建指标。

① 单击指标旁边【+】按钮。

② 单击"计算字段"。

③ 添加字段，名称为"资产负债率"；字段类型"数字"。

④ 表达式：avg（负债合计 X）/avg（资产总计 X），此处需要从"函数"中选择数学函数中的 avg，并从"可选择字段"中选择负债合计与资产总计。

⑤ 单击【确定】。

⑥ 将资产负债率拖拽到指标字段。

（5）排序。将维度"年_报表日期"升序排列，单击维度"年_报表日期"标签的向下箭头，选择"升序"，选择"年_报表日期"。

（6）选择可视化图形。图形选择：双轴图。

（7）添加过滤条件。

① 年_报表日期包含"2017、2018、2019"。

② 单击【确定】。

（8）设置数据格式。

① 单击指标"资产负债率"标签向下箭头。

② 单击"数据格式"，设置缩放率：0.01；后导符：%。

（9）保存可视化。单击【保存】。

可视化设计生成的资产负债率双轴图如图 3-28 所示。

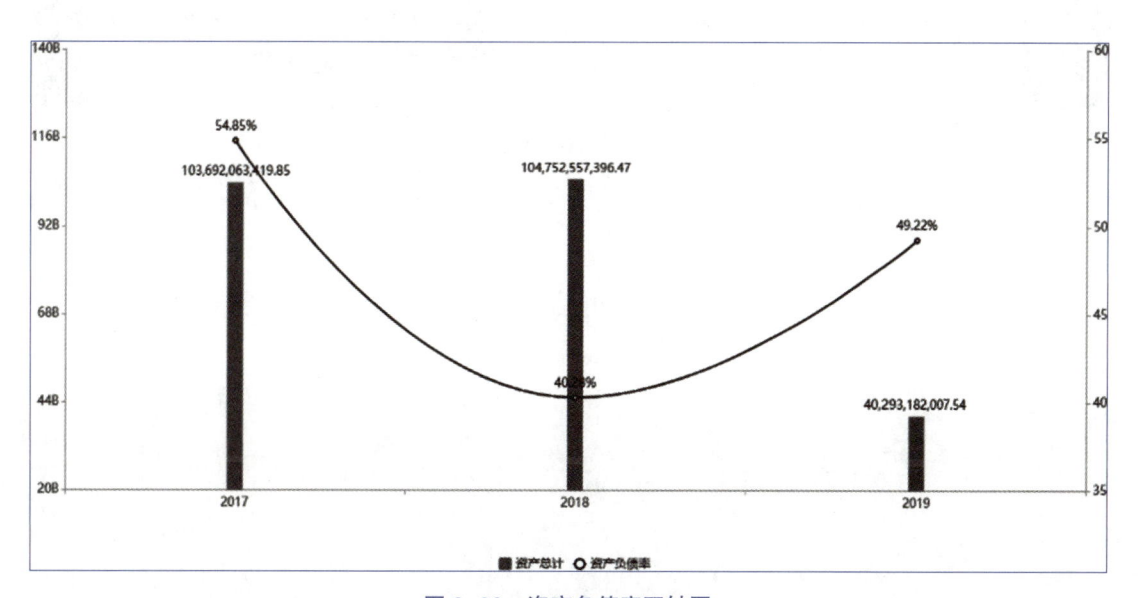

图 3-28 资产负债率双轴图

交互式测试题 ▶▶▶

请扫描下方二维码，进行本项目交互式测试。

项目三 交互式测试题

项目三　大数据存储、分析与可视化认知

实训练习 ▸▸▸

登录新道实训云平台，进入项目实战—可视化分析，如图3-29所示，根据任务指南要求，完成经营看板（包含销售仪表盘、客户数量柱状图、客户排名条形图、客户收入占比饼图、区域分布地图），进行企业业务数据分析，并提交分析决策报告。

图3-29　经营看板练习指引

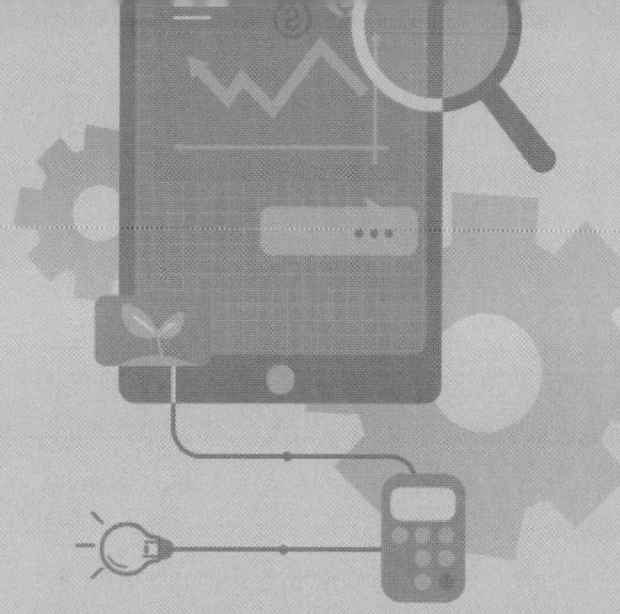

项目四
大数据在商业银行信贷的应用

4

项目四　大数据在商业银行信贷的应用

学习目标

素养目标
- 通过信贷业务知识的讲解,增强对中国特色社会主义市场经济的理解,培养形成正确的价值导向和高尚的精神品质
- 通过大数据技术对信贷业务的分析和决策,培养合规展业的执业素养和形成对金融职业道德的基本意识
- 通过大数据在银行领域的应用,培养银行普惠金融业务认知,形成服务社会大众意识

知识目标
- 了解信贷的基本知识
- 理解大数据在信贷业务中的作用
- 理解信贷业务应用场景,包括信贷业务的开展和信贷分析
- 了解信贷业务中常用的算法模型
- 掌握大数据在中小微企业信贷决策的应用流程

能力目标
- 能够对信贷业务进行数据收集,制作指标评估清单
- 能够对信贷业务进行数据预处理,建立指标评价体系
- 能够通过熵权法进行数据分析与挖掘
- 能够撰写信贷投放方案决策报告

思维导图

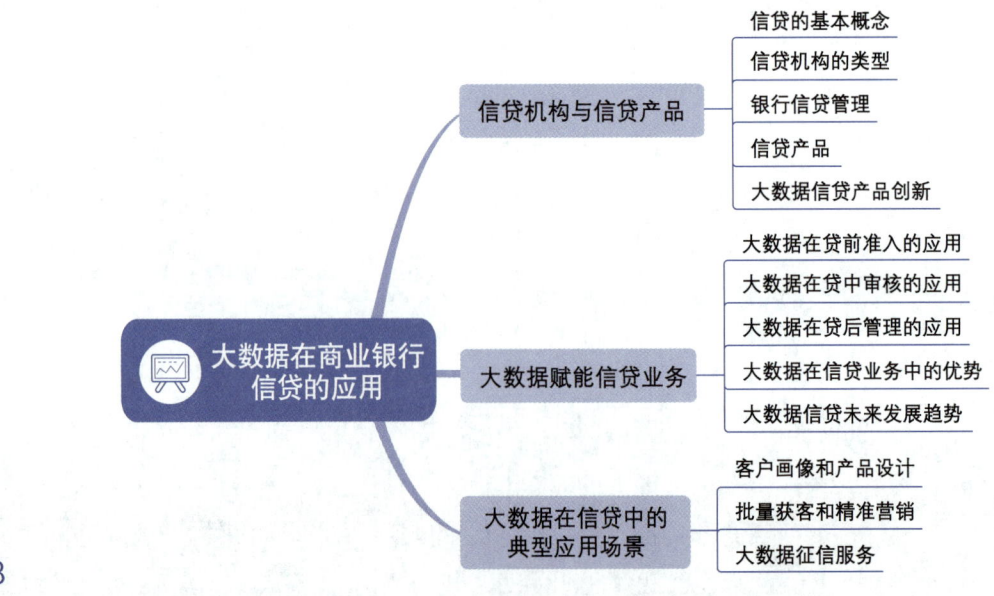

大数据在商业银行信贷的应用
- 信贷机构与信贷产品
  - 信贷的基本概念
  - 信贷机构的类型
  - 银行信贷管理
  - 信贷产品
  - 大数据信贷产品创新
- 大数据赋能信贷业务
  - 大数据在贷前准入的应用
  - 大数据在贷中审核的应用
  - 大数据在贷后管理的应用
  - 大数据在信贷业务中的优势
  - 大数据信贷未来发展趋势
- 大数据在信贷中的典型应用场景
  - 客户画像和产品设计
  - 批量获客和精准营销
  - 大数据征信服务

案例导入

随着社会的不断发展和商业银行同业间的竞争加剧,商业银行在进行信贷审批时越来越注重客户的体验。提供更加简便的贷款申请流程、更快速地审批结果反馈、更公开透明的贷款受理过程等,都是提升客户审批体验的主要表现。在保证风险控制水平和能力的基础上,提升客户的审批体验离不开大数据技术的应用。

A银行依托第三方数据平台所开发的发票贷、税金贷等业务就是这一类型产品未来的发展趋势。发票贷产品,是一款面向大消费行业小微企业客户群体推出的纯信用互联网融资产品,旨在为广大中小企业提供短期流动资金支持,为企业经营发展保驾护航。通过线上化的手段,获取企业开具增值税发票数据,以此核算贷款额度。额度获批后,企业可在线随时发起借款、还款等申请。发票贷主要的操作流程如图4-1所示。

- 商家登录银行网站,安装软件,发送发票数据,并提供相关申请资料
- 银行根据发票数据,批复直接授信额度
- 商家登录网银,发起借款、还款等
- 商家定期向其核心客户、供应商开具发票
- 商家定期发送发票数据至银行网站

图4-1 发票贷操作流程

该产品的业务优势表现为:
① 易:无抵押、无担保、依托交易发票,即可获得额度;
② 省:按天计息,随借随还,想用多少贷多少,节约财务成本;
③ 快:在线提款、在线还款,7×24小时响应,秒级放款;
④ 简:授信材料简单,额度内仅需提供一次,提款无须提供纸质资料。

请思考:大数据技术是如何在A银行的发票贷业务中发挥作用的?请结合实际谈谈,大数据技术在商业银行信贷中还有哪些应用场景。

任务一 信贷机构与信贷产品

一、信贷的基本概念

信贷是一切以实现承诺为条件的价值运动形式,包括存款、贷款、担保、承诺、赊欠。狭义上

仅指银行贷款，广义上同"信用"通用。信贷是用有偿方式动员和分配资金的重要形式，是发展经济的有力杠杆。

其中，银行贷款是最传统、最广泛的银行信贷业务，银行提供资金、到期收回本息，银行是贷款人，客户是借款人。银行贷款的要义在于"给予资金支持"，但是部分信贷业务银行并不提供资金，只提供信用支持，如票据承兑、保函、信用证等。这些业务到期以后，一旦客户违约，银行就要承担付款义务，其风险和资金贷款一样。因不占用银行资金、不纳入银行资产负债表，故这些信贷业务称表外信贷。

二、信贷机构的类型

信贷机构，又称放贷人，目前的放贷人包括三大类：一是传统金融机构，包括银行和非银行金融机构；二是民间金融，如小额贷款公司、民间借贷等；三是一般性的商业信用。

（一）银行信贷机构

这里的银行是广义的概念，即银行业金融机构。银行业金融机构包括国家开发银行、政策性银行、大型商业银行、股份制商业银行、城市商业银行、农村合作金融机构及其他类金融机构。非银行金融机构主要包括信托公司、企业集团财务公司、金融租赁公司、汽车金融公司、消费金融公司、货币经纪公司，不包括证券公司、基金公司、保险公司等金融机构。

（二）民间金融

银行体系之外的贷款，通常称为民间金融，相关机构包括非银行系的小额贷款公司、典当、担保、租赁等。民间不等于非法，随着最高法院对企业间借贷的有条件认可（法释〔2015〕18号），放贷主体已经没有过多的限制。

（三）商业信用

商业信用是一种广泛应用的短期融资形式，是基于工商企业及个人之间的互相信任，主要包括赊销、分期付款、预付现金、延期付款等形式。赊销，销售方是授信方，购买方是受信方；预付，购买方是授信方，销售方是受信方。

三、银行信贷管理

在金融脱媒化趋势明显的今天，传统银行依然是信贷市场的主要供应商，非银行金融机构、民间金融、商业信用大多借鉴了银行的信贷管理方法，并对其加以改进，很多管理人员也来自传统银行。

（一）信贷业务风险

银行一方面从存款人手中借入资金，另一方面把资金贷放给借款人，赚取利差，这就是银行运行的基本逻辑。通常来讲，这种业务模式有两大风险：一是借款人是否会如期还款，即信贷风险；另一个是存款和贷款的期限匹配问题，即流动性风险。管理流动性风险主要有三种方式，一是增加存款，保证银行资金的稳定性；二是保留资本金，按照存款准备金率进行行内资金留存；三是增加资本金，《巴塞尔协议》作为银行业风险管理的通用文件，其中最重要的要求就是银行必须维持一定资本金比例，即资本充足率要求。

（二）信贷管理体系

1. 信贷业务流程

信贷业务流程分为授信和用信两个阶段，先授信后用信。对于一个新客户，客户先要申请授信，客户经理完成尽职调查，风险部门进行风险评价、审查审批，确定客户的授信额度和授信期限。之后伴随着客户用款，信贷业务进入债项流程。

一笔贷款的流程包括用款申请、审查审批、合同签订与放款、贷后管理、贷款收回与处置等环节。

2. 审贷分离

传统业务当中，一笔贷款在信贷人员调查以后，报银行行长审批即可发放，所有流程都在信贷部门，这样的好处是责任明确，信贷员一直要负责到贷款最终收回。然而，随着市场竞争和银行业务的发展，纯粹的信贷员已经不存在了，变成了客户经理。客户经理不仅要放贷款，更重要的是拉存款，而信贷业务又是拉存款的重要工具，很难避免客户经理为了完成任务放松对信贷业务的风险管控。

《中华人民共和国商业银行法》第三十五条规定："商业银行贷款，应当对借款人的借款用途、偿还能力、还款方式等情况进行严格审查。商业银行贷款，应当实行审贷分离、分级审批的制度。"

四、信贷产品

传统的银行业务有四种：贷款、票据、信用证、保函，其余业务大多都是在这四种业务基础上的创新，如贸易融资、供应链融资、同业信贷业务等。信贷产品梳理如下。

（一）传统贷款产品

贷款产品的划分有很多标准，例如按照客户类型划分为法人贷款和自然人贷款；按期限划分为短期贷款、中期贷款和长期贷款；按照用途划分为流动资金贷款、固定资产贷款、并购贷款、个人经营性贷款、个人消费贷款等。

（二）票据融资产品

票据融资和贸易融资可以理解为传统流动资金贷款的改进产品，限定了贷款的用途（一笔交易），强调交易背景、场景，进而控制风险，主要包括商业承兑汇票及银行承兑汇票。

（三）贸易融资产品

贸易融资最早源于国际业务，因其紧扣交易环节，风险控制效果较好，后来陆续在国内贸易中得到运用。近年来常见的贸易融资产品大多数都是国内信贷业务。以下是几种主流的贸易融资产品。

1. 信用证

贸易融资在很大程度上是在信用证结算方式基础上发展起来的。信用证，是开证银行依照申请人（购货方）的要求向受益人（销货方）开出的载有一定金额的，在一定期限内凭信用证规定的单据支付款项的书面承诺。签发信用证或银行承兑汇票，银行都要承担申请人的信用风险。信用证业务流程如图 4-2 所示。

101

项目四 大数据在商业银行信贷的应用

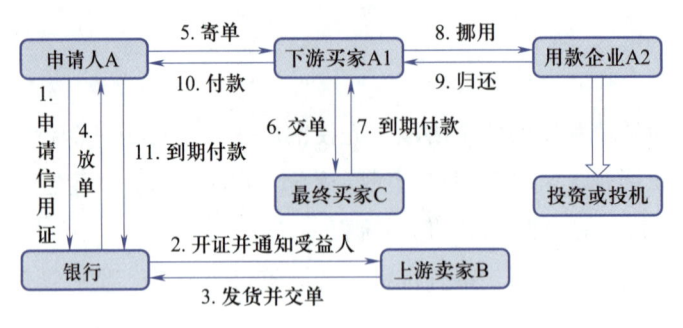

图 4-2 信用证业务流程图

2. 货物抵押融资

货物抵押融资是基于"商品流"所开展的金融业务，企业利用存货商品的质押来撬动杠杆获取资金。库存商品作为动产，融资企业将货物质押给资金机构，二者形成质押合同，质押物需要按约定存放到指定仓库中，资金机构作为质权人，对质押货物形成实际控制权。货物抵押融资流程示意图如图 4-3 所示。

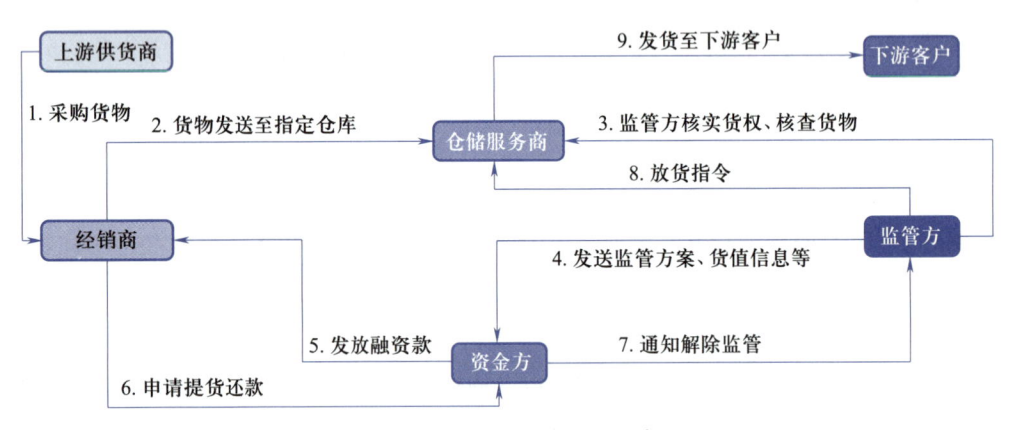

图 4-3 货物抵押融资流程示意图

3. 保理

保理是指销售方（债权人）将其与购买方（债务人）订立的货物销售（服务）合同所产生的应收账款转让给银行，由银行为其提供融资。

保理业务，银行承担的是应收账款债务人的信用风险，只要债务人信用等级非常高，对于保理申请人的信用等级可以从宽，重点调查买卖双方贸易背景的真实性，这也体现了贸易融资重交易轻主体的思想。

五、大数据信贷产品创新

传统信贷业务授信的依据主要为财务报表、抵押物、担保等信息。而对于普惠金融群体（小微企业个体工商户、农户等），由于其信息不透明、有效信息少、信息碎片化、信息难以书面化等多方面信息质量问题，授信管理人员难以对企业的经营实力、发展趋势做出评估判断。加之企业普遍存在缺少有效的抵（质）押物、担保不足的现状，普惠金融客群的经营与管理成本较高。

随着互联网信息采集存储交互技术的发展与大数据分析技术的创新，金融机构加大了采集和深入挖掘整合对内外部多渠道数据的力度，实现在数据驱动的辅助下，进行信贷产品运营管理，并推动普惠金融信贷产品创新。

银行等金融机构一方面通过大数据分析技术整合多个内部数据源，另一方面加大第三方数据采购力度，通过购买、合作等方式引入外部数据，扩展数据基础，最终实现对内外部多源大数据进行打通和整合，对企业进行精准画像与信用评估，设置准入规则和自动化授信审批，陆续推出一系列具有大数据特色的普惠金融信贷产品。

（一）以积累的结算、资产数据为基础的信贷产品

基于内部累积的企业历史数据进行分析和挖掘，推出全线上、纯信用的信贷产品，如基于企业结算数据设计的"结算贷"类产品、基于企业代发工资数据设计的"薪金贷"类产品与基于企业POS收单交易数据设计的"POS贷"类产品等。

（二）以政府机构或其他第三方提供数据为基础的信贷产品

基于购买、合作等方式引入外部数据（如税务数据、政府采购数据、海关进出口贸易数据、电力数据等）进行数据分析和挖掘，推出的场景融资类信贷产品。

（三）以供应链核心企业上下游的经营数据为基础的信贷产品

基于供应链核心企业提供的其上下游企业的进销存数据进行分析和挖掘，推出的供应链融资信贷产品，如基于核心企业与经销商真实贸易数据设计的"经销商贷"类产品、基于核心企业与供应商真实贸易数据设计的"供应商"类产品等。

数字中国

金融产品创新，助力脱贫地区产业高质量发展

党的二十大报告指出，"高质量发展是全面建设社会主义现代化国家的首要任务"，强调要"建设现代化产业体系"。2023年1月2日《中共中央 国务院关于做好2023年全面推进乡村振兴重点工作的意见》提出，"培育壮大县域富民产业。完善县乡村产业空间布局，提升县城产业承载和配套服务功能"。当前脱贫地区乡村产业高质量发展仍面临诸多"卡脖子"问题，产业规模偏小、关联较弱、生产要素分散；企业参与的广度和深度明显不足；小农户在利益分配时的话语权弱；未能形成充分激发地区群众内生发展动力的可持续产业链路。

为此，脱贫地区乡村产业发展需要做好"三转""三真""三强"和"三创新"。其中"三创新"中主要的一点为：创新金融产品。探索采用PPP模式、用足用好小额信贷政策，充分发挥财政资金的杠杆效应和政府公信力背书作用。鼓励脱贫地区开发特色产业险种，增加特色产业保险品类，提升保险风险保障水平，满足新型主体个性化农业保险需求。

资料来源：光明网

任务二 大数据赋能信贷业务

传统信贷业务的流程大致可以划分为六个步骤：客户填写资料并提交、进行尽调并审批、签订贷款合同、办理抵押、质押或担保等登记、发放贷款、贷后管理并收回贷款。

微众银行作为国内首家纯线上的互联网银行，专注为小微企业和普罗大众提供优质、便捷的金融服务，其信贷业务的流程与一般的流程大致相似，但它结合了大数据技术，优化了许多流程，提高了信贷业务的工作效率。其中，微粒贷是微众银行最重要的信贷产品，下面就以微粒贷的业务模式为例介绍大数据如何赋能信贷业务。

微粒贷的业务模式可分为四个步骤。第一步是机构之间的合作，不会对微众银行带来信贷风险。后三个步骤都涉及了借款人，是微众银行信贷风险的主要来源，也是微众银行进行信贷风险管控的主要落脚点。这三个步骤按时间维度可以分为贷前准入阶段、贷中审核阶段以及贷后管理阶段。微粒贷业务模式如图4-4所示。

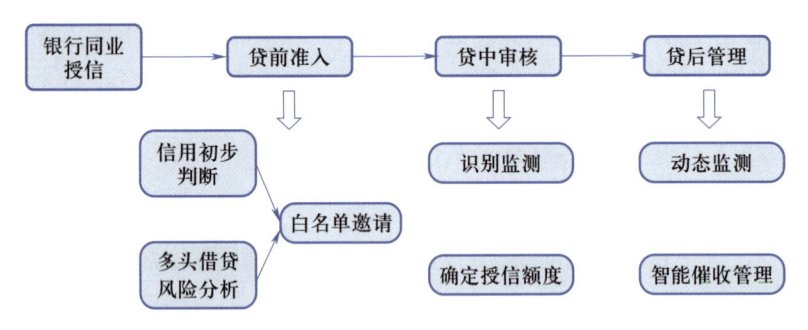

图4-4 微粒贷业务模式

一、大数据在贷前准入的应用

微众银行在贷前准入阶段会利用大数据技术筛选白名单。针对白名单用户，微众银行会主动邀请，为他们开辟专门的贷款入口。

（一）信用初步判断

信用初步判断就是对用户有一个初步的了解，实质上是利用社交数据进行用户画像。在信贷风险管理中，根据用户画像能够知道用户的多维度属性信息，而且能够在里面发现危险因素，并把这些危险因素当作是预警风险的信号。微众银行利用腾讯相关数据对个人用户进行初步的信用判断，一般从生活轨迹、兴趣爱好、关系链数据、社交数据、消费财务以及人口学特征推断六方面进行分析。

（二）多头借贷风险分析

多头借贷是指借款人跟两家或者两家以上的银行机构，同时存在借贷关系的行为，多方借贷会加大借款人的偿付压力。因此发放贷款前需要分析出借款人存在的多头借贷风险。微众银行从第三方机构的数据渠道中获取用户在各方银行机构借款、欠款、逾期等多方面数据,然后将这部分存在多头借贷风险的用户识别出来。唯有排除多头借贷风险后剩下的用户才能进入之后的环节。

(三)白名单邀请制

微粒贷不用抵押和担保,但并不是所有人都能申请开通。唯有经过微众银行利用大数据技术层层挑选出来的用户才有开通申请贷款的资格,这个机制叫白名单邀请制,如图 4-5 所示。这是一种主动挑选客户、主动授信的机制,在一定程度上可以降低信息不对称所带来的风险,是微众银行信贷业务自我保护的一道重要屏障。

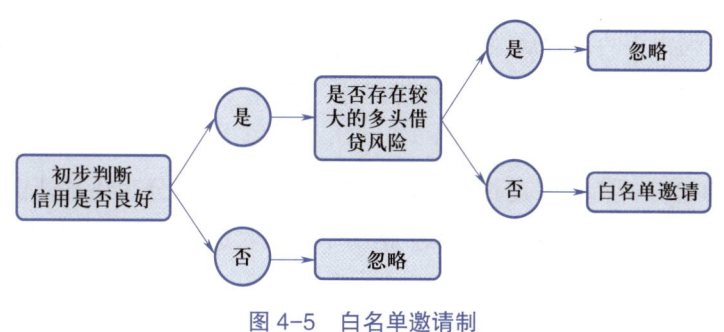

图 4-5 白名单邀请制

二、大数据在贷中审核的应用

在贷中审核阶段,微众银行会利用大数据技术对用户身份信息进行深入的识别监测,另外还会结合腾讯相关数据和传统征信数据综合分析得出用户的还款意愿和还款能力,来综合确定授信额度。

(一)识别监测欺诈风险

微众银行一般会在贷中实行识别监测来防范欺诈风险,用来确定是否本人申请和操作以及贷款能否转到借款人的银行卡中。微众银行审核放款期间的识别监测手段有人脸信息识别、短信验证识别、移动设备识别、网络环境识别、资金流向识别。

(二)确定授信额度

所谓授信额度指的是银行为客户确定的短期授信业务的存量管理指标。授信额度不等同于借款额度,授信额度表明用户可以最多向银行借多少钱,是最大的可借款额度。微粒贷的单笔信用额度一般在 500 元到 20 万元的区间范围。微众银行一般是结合腾讯相关数据和传统的征信数据综合分析得出用户的还款意愿和还款能力,再判断是否放款和授信额度。

三、大数据在贷后管理的应用

在贷后管理阶段,为了及时发现用户的异常,微众银行通过大数据技术对用户的信息进行动态的监测。针对逾期用户,微众银行采用智能的分级催收方式进行催收管理。

(一)动态监测

贷后的风险管理主要是在于对风险的前瞻性识别和监控预警,这需要对借款人进行动态监测。动态监测主要是监控用户的资产状况是否发生变化、社交网络和行为是否存在异常、信用情况是否有所恶化等。

风险的动态监测指的是通过众多信息数据进行全面综合的挖掘，实现针对用户的连续性、系统性监测，尽早分析出风险来源、风险程度、风险趋势以及风险范围，并进行预警。微众银行主要有三方面的动态监测措施：① 信息补全；② 构建行为模型；③ 建立逾期预警。

（二）智能催收管理

催收管理是信贷业务流程中逾期客户管理的重要组成部分。催收管理指的是对贷款逾期还款的这部分客户进行催收的管理模式，针对不同的客户会有不同的催收方式和催收频率。催收工具一般包括短信、邮件、电话、上门以及司法诉讼等。

逾期时间较短且信用状况良好的，微众银行一般会采取短信、电话、邮件等方式联系借款人本人进行催收；逾期时间中等的，微众银行会进而联系借款人的其他联系人来进行催收；逾期时间较长且信用状况严重恶化的，微众银行则会将催收工作外包给专门机构进行催收，采取上门催收或者司法诉讼等方式。

催收管理还会通过分析指标来进行评估催收情况。指标主要分为还款评价指标和监控分析指标。还款评价指标包括存量还款率、剩余本金推出率、回收达成率等；监控分析指标包括失联率、短信成功率、新增逾期率、恶意拖欠率等。

四、大数据在信贷业务中的优势

伴随着大数据技术的成熟发展，信贷业务与大数据自然而然地开始结合起来。例如信贷产品创新，这是在传统信贷产品上的升级，不仅包含产品内容的革新，也包含对产品管理方式的创新，目的是提高大中小微企业及个人的贷款申请率，帮助企业和个人进行融资，同时也帮助银行获得更多利润。

✎ 动动手

请查阅相关资料，谈一谈大数据征信如何助力提升小微金融服务质量？

同时，相较于传统的信贷风控模式，大数据技术在解决信贷业务中信息不对称问题方面发挥了重要作用。具体表现为：① 传统的信贷风控模式主要关注显性的结构化财务数据，并辅之以增信手段，而互联网信贷的客户多是被排斥在传统信贷范围之外的群体，缺乏结构化的财务数据和增信能力，大数据风控模式重点着眼于资金需求者的半结构或非结构化的社交、交易、支付等行为数据来发放信用贷款；② 传统的信贷风控模式，主要集中于审贷分离、财务审查、独立审计、贷后管理等事中、事后手段，而大数据风控模式聚焦信贷资源和生态圈的打造，做到了客户、数据、资金、场景在时间上的全周期、在空间上的体系化融合；③ 传统的信贷风控模式重点关注单个信贷产品、单笔信贷业务的风险管控，而大数据风控模式尤其注重从以产品、业务为中心向以客户为中心的转变，建立的是以客户为中心的生态圈、信息圈、资源圈。

大数据技术的应用为信贷业务带来了许多积极影响，其主要优势在以下几个方面。

（一）侧重于信用审批

以小微企业信贷为例，目前，小微企业信贷模式正在由传统的抵押、第三方担保模式转变为新型的大数据信用信贷模式。大数据信贷产品的横空出世，给许多正在成长中的小微企业注入新鲜的血液，扶助其茁壮成长，使其贷款不再受担保方式的限制。

（二）缩短贷款审批时间

同样以小微企业信贷为例，目前我国很多商业银行对小微企业实行绿色通道审批制度，缩短审批时间，但由于传统信贷收集资料等贷前调查的复杂性和特殊性，小微企业的审批时间往往较长。大数据信贷产品通过数据库系统对企业结算笔数、结算量、征信等要素的整合，可以对企业的基本面有一个大体的分析，尤其是对客户的履约能力做出初步分析，大大缩短审批时间，提高审批效率。

（三）涉及用户群体更广泛

将大数据技术运用到金融业务中，能够帮助金融业进行产品服务创新，从而起到吸引潜在客户的目的，扩大客户群体。小微企业往往由于信息透明度低等原因被银行拒之门外。大数据信贷产品很好地解决了信息不对称性的问题，从而使更多的小微企业能够从银行得到融资。

不过，虽然大数据技术为信贷业务带来了一些积极影响，随着数据量级呈几何倍数地增长，信贷申请的审批难度和信用风险也随之升级，同时也伴随着用户隐私保护等信息安全问题。但总体而言，大数据技术结合信贷业务所产生的创新产品，无疑是利大于弊的。

想一想

大数据技术的应用为信贷业务带来了哪些积极影响？主要优势体现在哪里？

知识拓展

数字信贷在国内发展超过10年，解决了许多小微经营者贷款"有没有"的问题，但是还未解决"够不够"的问题。之所以不够，是因为金融机构对小微经营者的画像刻画还不完整。虽然识别出了征信、工商、税务、移动支付流水、网络经营行为等数据，但是依然还有很多个性化资产没有被数字化，无法被识别。

以网商银行的"百灵"风控系统为例。网商银行作为第一家将核心系统建在云上的银行，主要面向小微企业经营者提供贷款，至今已经累计服务4 500万小微客群。2022年7月18日，网商银行举办了"百灵"智能交互式风控系统发布会，"百灵系统"是网商银行继服务于农村金融的"大山雀系统"、服务于供应链金融的"大雁系统"后，又一次实现技术探索与创新（见图4-6）。创新性地在数字信贷中通过引入"自证"，以全息智能带来全新风控模式，为提升小微用户信贷额度提供了新的发力点。这款系统主要应用于小微企业信贷审批场景，旨在帮助小微企业申请线上融资时，进一步"提额度"，网商银行将其形象地比喻为"AI信贷审批员"，代表了小微信贷数字化下一个5年的"310"模式（3分钟申请、1秒钟放款、0人工干预）。

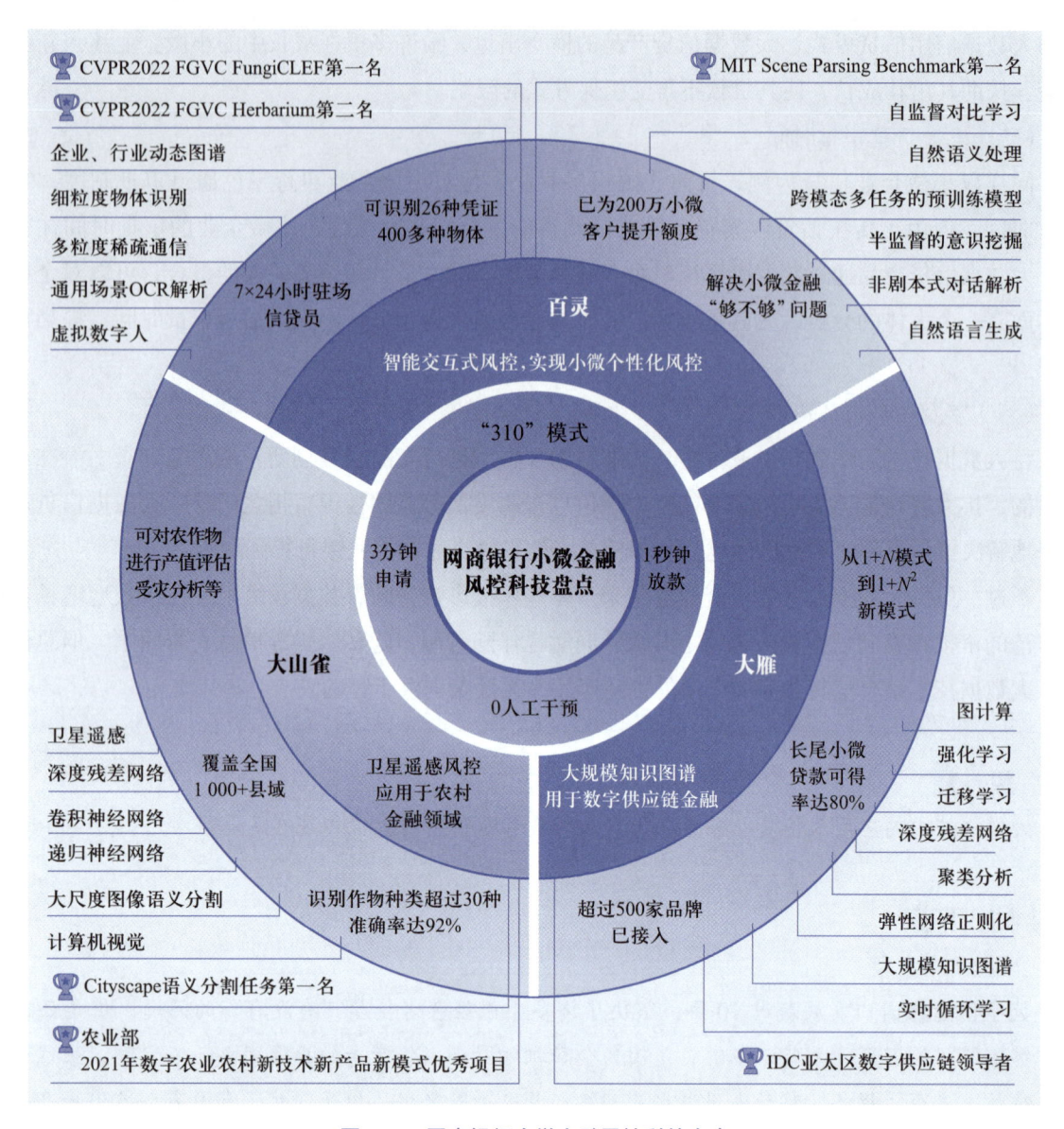

图 4-6 网商银行小微金融风控科技盘点

五、大数据信贷未来发展趋势

（一）夯实数据基础，加大外部数据引入力度

信贷决策需要海量、多维度信贷相关数据的支持。银行未来将引入更多的电商、物流、水电等行外可靠数据，并考虑与第三方互联网公司如淘宝、京东等电商平台合作，获取芝麻信用分、小白信用等第三方机构维护的客户信用分和交易与支付数据，构建更全面更立体的决策数据指标体系。

（二）探索新兴数字技术在信贷决策领域的应用

探索将机器人流程自动化（RPA）、流计算（Flink）、深度学习、可视化科学计算等技术融入信贷决策过程中，提升信贷作业自动化和决策智能化水平。

（三）扩展大数据驱动信贷智能决策模式应用范围

一方面，金融机构将扩展信贷智能决策模式的应用对象范围，从单一信贷事项的决策支持，推广到多信贷事项应用,从贷前、贷中流程的辅助决策,推广到贷后流程预警、催收等环节;另一方面,拓展应用场景目标,通过封装标准化接口,支持银行内不同异构系统的调用,尤其适合线上产品系统,运用到客户准入、欺诈识别、授信决策、自动化审批、监测预警等场景功能中。

任务三　大数据在信贷中的典型应用场景

一、客户画像和产品设计

（一）客户画像

数字化技术利用不同的底层数据分析以及使用特定计算公式挖掘出了客户的重要风险特征信息,为客户设定风险标签,洞察客户需求,从而为客户提供更加优质的服务,降低所面临的客户身份识别的风险。客户画像在不同的业务场景应用中,将不同维度的用户特征进行组合,充分挖掘用户的商业价值。客户画像直观表达如图4-7所示。

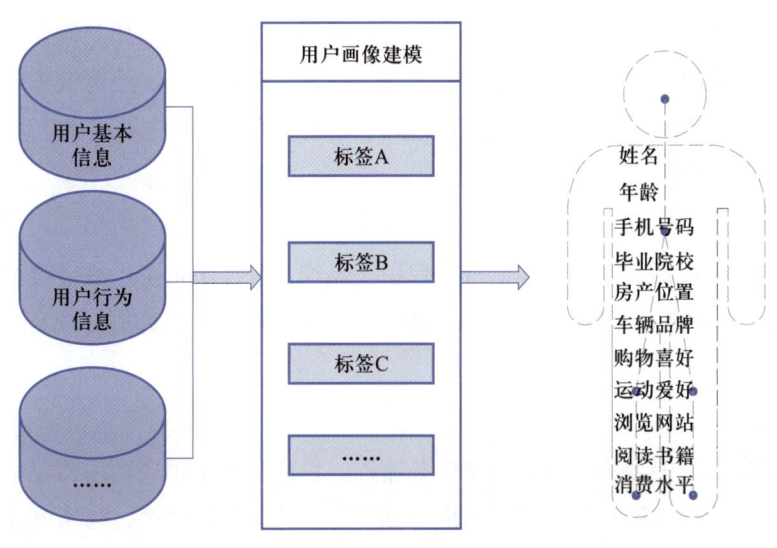

图4-7　客户画像

构建金融产品用户画像的过程中,标签选择应当遵循以下原则。

1. 以信用信息和人口属性为主建立标签

信用信息可以直接证明客户的消费能力,是用户画像中最重要和基础的信息,包含消费者学历、工作、收入、财产等信息。另外,金融企业需要触达客户,人口属性信息就是起到触达客户的作用,人口属性信息包含:姓名、性别,电话号码,邮件地址,家庭住址等。这些信息可以帮助金融企业联系客户,将产品和服务推销给客户。

2. 多采用强相关信息建立标签

强相关信息是同场景需求直接相关的信息,可以是因果信息,也可以是相关程度很高的信息。

109

例如，年龄、学历、职业、地点对收入的影响较大，同收入高低是强相关关系。对于用户身高、体重、胖瘦、星座等其他属性信息，很难分析出其对消费能力的影响，对用户的信用消费能力影响很小，不具有商业价值，属于弱相关信息，则不放入用户画像中进行分析。

3. 转定量信息为定性信息建立标签

定量的信息不利于对客户进行筛选，需要将定量信息转化为定性信息，通过信息类别来筛选人群，快速定位目标客户。例如，将年龄段划分的客户转化为定性信息：18岁~25岁定义为年轻人，25岁~35岁定义为中青年，36~45定义为中年人等；参考个人收入信息，将人群定义为高收入人群、中等收入人群、低收入人群。

实际信贷业务当中，银行通过各渠道数据采集与挖掘，选择从身份信息核查标签、稳定性信息标签、金融申请信息标签、重要资产信息标签、商品消费信息标签、媒体阅览信息标签6大维度、近千个子项的互联网数据作为强相关信息，建立用户信用画像。

（二）信贷产品设计

在实际的岗位职责当中，信贷产品经理除了需要了解信贷的业务跟流程外，还必须理解风险中的各项细则。比如评分卡、策略、政策和各种系统，需要从产品定位、风控、定价与授信几个部分考量与设计产品。

1. 产品定位

产品定位是考虑产品推出给哪些风险客群使用，根据大数据构建的用户画像，产品经理可以精准地了解到相关客群的真实情况。此外，在给产品进行定位的过程中，还需要考虑的就是渠道。渠道是客群来源，也是公司产品跟外部流量方合作共赢的途径，产品的类型决定其能在哪些渠道投放。同时渠道也决定客群的风险。

2. 风控

风控是信贷业务最核心的部分，在信贷流程中，风控的程度决定了产品会吸纳多少客户，接受什么客群，也考验金融机构的风险承受能力。其中包含了各种信贷决策流程以及策略规则、评分模型等内容。

3. 定价与授信

定价与授信是在信贷中无法绕开的重要业务流程。目前市面上很多产品的定价都是参考同业的水平，授信额度也是一样的逻辑。如果要做出有创新性、差异化的产品，参考同业水平的做法就稍显不足。

二、批量获客和精准营销

（一）批量获客

线下业务竞争逐步进入存量竞争时代，线上批量获客已逐步成为银行等金融机构普惠金融业务发展的重要突破口。场景化的批量获客是银行等金融机构将账户或支付类业务融入某个行业、某个平台或者某个细分领域。通过合作方的经营场景开展"合伙"经营，借助各类线上或者线下的营销活动连接客户的场景需求，从而实现与客户再关联，为客户提供各类场景化服务。

伴随着大数据分析技术在金融领域的广泛应用，政务数据市场化的逐步推进以及产业互联网的飞速发展，银行等金融机构在陌生拜访、线下地推、电话营销等传统获客方式之外，拓展了政府机构、企业服务平台、核心企业等新兴渠道。这些新兴渠道主要分为内部资源挖掘、平台批量获客以及供应链批量获客三大类。

（二）精准营销策略

针对信贷业务，大数据可帮助银行等金融机构优化营销渠道。通过对客户各类信息的挖掘和分析，了解客户的支付偏好和渠道偏好，掌握客户需求，精准筛选目标客户，为客户推荐满足其需求的产品，实现精准营销，节约营销成本，提高营销效率。

从提升客户价值的角度，精准营销策略主要有以下四种应用场景：潜在客户挖掘、竞争对手客户转移、老客户保留、流失客户挽留。

三、大数据征信服务

为探析大数据征信服务小微企业融资的路径，发挥先行先试和示范引领作用，2019年，中国人民银行在苏州市设立了全国首个小微企业大数据征信实验区。为进一步发挥大数据征信的赋能作用，推动长三角征信服务一体化，2020年10月，中国人民银行金融科技创新监管试点项目"长三角征信链应用平台"在苏州市正式落地，是全国首个跨地区大数据征信平台。

（一）大数据征信报告

利用相关数据库获取到的数据信息，进行采集和加工整理，形成的报告叫作大数据征信报告，通常报告要求确保信息真实准确。大数据征信报告主要面向个人、信贷机构、消费金融等机构查询使用。

目前频繁使用大数据信用报告的主要是涉及信贷业务的相关金融机构。申请人办理贷款、信用卡、分期、租借平台及小贷的同时，机构都会调取用户的人行征信及用户大数据征信，如果大数据报告中多头借贷、运营商、反欺诈、黑名单数据较多，就有很大概率被拒绝。

（二）大数据征信服务小微企业融资的典型特征

1. 大部分小微企业有融资需求，"信用贷"和"首贷"占比较高

2023年11月，中国人民银行、国家金融监督管理总局、中国证监会、国家外汇局、国家发展改革委、工业和信息化部、财政部、全国工商联等八部门联合印发《关于强化金融支持举措 助力民营经济发展壮大的通知》强调，银行业金融机构要制定民营企业年度服务目标，提高服务民营企业相关业务在绩效考核中的权重，加大对民营企业的金融支持力度，逐步提升民营企业贷款占比。强化科技赋能，开发适合民营企业的信用类融资产品，推广"信易贷"模式，发挥国家产融合作平台作用，持续扩大信用贷款规模。

针对小微企业融资"信用贷"和"首贷"占比较高的特点，大数据征信的应用对于提高小微企业首贷的成功率和获取信用贷款至关重要。大数据征信能够帮助小微企业构建"信用画像"，纾解首次申请贷款的小微企业因信息不对称而被银行等金融机构低估信用、高估风险等问题，从而提高小微企业首次贷款的审批通过率，扩大金融服务覆盖面。同时，大数据技术的应用能够弥补传统征信的不足，更深层次地挖掘小微企业的信用价值，助力提高银行信用贷款的授信额度和降低贷款利率，缓解小微企业融资难、融资贵问题。

2. 传统征信覆盖范围有限，大数据征信服务小微企业融资空间广阔

商业银行通常将"三要求"作为放贷的前置条件，即要求申请融资的企业提供抵押担保、央行

征信记录和正规财务报表。但是，商业银行的"三要求"，不适应小微企业融资无抵押担保、无央行征信信贷记录、无规范财务报表的"三无"现实困境，这也是小微企业融资难、融资贵的根源。因此，资金供给方商业银行的"三要求"与资金需求方小微企业的"三无"构成了一组基础性矛盾，如图4-8所示。

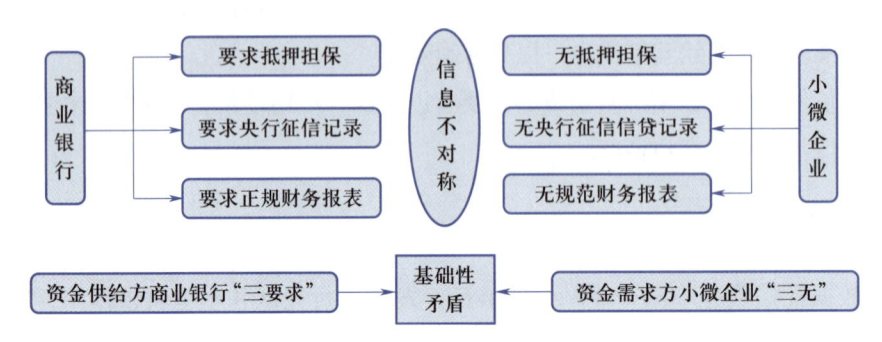

图4-8 商业银行"三要求"与小微企业"三无"的基础性矛盾

通过运用大数据、区块链等技术，可以挖掘能够真实表征小微企业信用状况的非结构化和半结构化数据，弥补小微企业的"三无"短板。构建适应小微企业信息和信用特征的大数据征信新体系，并将其嵌入小微金融流程，创新信贷产品和模式，破解商业银行"三要求"与小微企业"三无"的基础性矛盾，推动小微金融业务可持续发展。

3. 大数据征信提升小微金融服务质量，缩短小微企业融资等待时间

在小微企业融资需求"短、小、频、急"的特征中，最突出的特征是融资需求"急"，即对融资的时效性要求较高。大数据征信助力提升小微金融服务质量主要体现在四个方面：① 缓解信息不对称，提高融资可获得性；② 摆脱对抵押担保的依赖，扩大小微金融服务覆盖面；③ 防控小微企业融资风险，降低小微企业融资成本；④ 拓宽小微企业融资渠道，纾解融资约束。

（三）大数据征信服务小微企业融资的作用机理

（1）大数据等数字技术在征信中的应用，能够拓宽信用信息的来源和共享范围，助力解决小微企业融资"缺征信"的痛点。

（2）大数据征信能够嵌入营销获客、授信审核和风险管理的小微金融全流程，创新满足小微企业融资需求的信贷产品和模式。

（3）大数据征信完善小微企业信用评估体系，助力小微企业供应链融资健康发展。通过运用大数据等数字技术，可构建和完善信用评估指标体系，并运用人工智能技术训练和改进信用评估模型，提高模型预测的准确率，将信用等级数字化，准确评估小微企业的信用状况。在此基础上，可以生成具有较强可解释性和实际操作应用价值的供应链金融信用风险评分卡，摆脱对核心企业信用的高度依赖，使供应链金融业务人员无须深入了解大数据建模原理，即可根据评分卡直接得出小微企业的信用评分，辅助授信决策和风险管理，提升服务小微企业融资的质效。

大数据征信服务小微企业融资的作用机理如图4-9所示。

此外，大数据与区块链技术相结合（见图4-10），还能确保小微企业源头数据的真实供给和链上信息的可信流转，构建服务小微企业融资的"大数据+区块链"大数据征信体系，推动区块链、供应链和产业链"三链融合"，使大数据征信覆盖供应链末端的小微企业，解决小微金融信息不对

称难题，高质量服务小微企业融资。

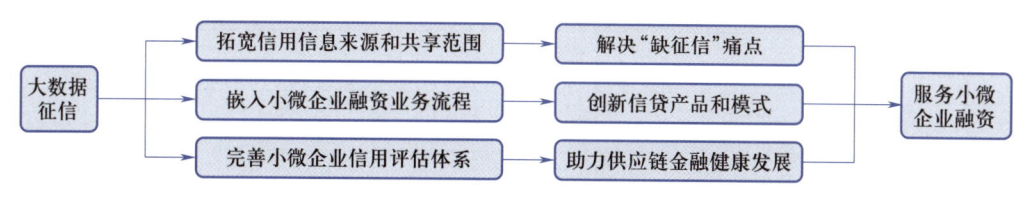

图 4-9　大数据征信服务小微企业融资的作用机理

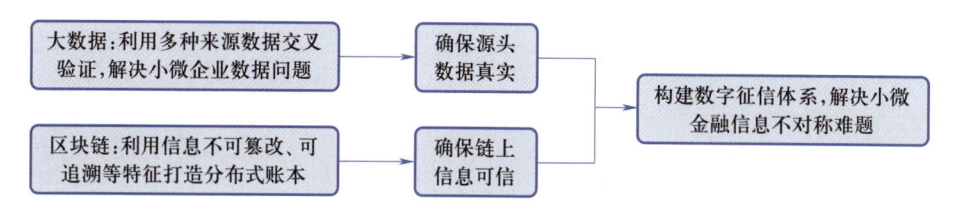

图 4-10　服务小微企业融资的"大数据+区块链"数字征信体系

实战演练：中小微企业信贷决策 >>>

中小微企业由于自身规模较小、抗风险能力弱等原因，在银行借贷方面可能有较大的信贷风险。为了保证银行科学借贷与促进中小微企业合理融资，银行需要建立更为科学完善的信贷风险评估体系，从而针对中小微企业的具体情况，制定最佳贷款策略。

任务目标：对目前已经获取信息的几十家中小微企业的信贷风险进行量化分析，通过评分模型的建立，给数据集当中的企业进行评分。

任务实现方式：Python。

任务准备：中小微企业的信贷策略本质上是一个风险决策问题，也是一个具有现实意义的问题，加大对中小微企业的资金支持力度，是目前经济工作当中的一个重点。中小微企业的独有特点，决定了银行的信贷策略，采取了"发票贷"的策略。

任务数据说明：购买方，进项发票当中的小微企业（企业本身）、销项发票当中的购方单位（下游客户）。销售方，进项发票当中的销方单位（上游供应商）、销项发票当中的小微企业（企业本身）。

任务流程：① 数据收集——根据不同的信贷风险类型，完成风险评估指标清单。② 数据预处理——明确任务数据集内容，确认需要建立的评价指标，进行相关指标的建立。③ 数据分析与挖掘——利用熵权法确定指标权重的方法，根据已经处理完成的指标数据，进行权重的确认。④ 任务成果——根据评分结果对目标企业进行评级，确认信贷投放情况。

任务 1：数据收集——制作指标评估清单
列举出信贷风险评估指标，并思考如何将其进行量化，如何利用现有数据进行构建。
操作步骤：
完成信贷风险评估指标填写。信贷风险评估指标如表 4-1 所示。

表 4-1 信贷风险评估指标表

信贷风险类别	相关指标	指标类型	数据来源	计算方式
企业素质				
偿债能力				
成长能力				
盈利能力				
经营能力				
创新能力				

任务 2：数据预处理

1. 数据理解

利用 Excel 对进项发票和销项发票数据进行数据透视处理，资料见项目四资料包——进项发票、销项发票文件。

操作步骤：

（1）打开"进项发票、销项发票"文件。

（2）单击"插入"，插入"数据透视表"。

（3）选择放置数据透视表位置，选择"现有工作表"，单击空白单元格，单击"确定"。

（4）选择数据透视表字段。在行当中选择"企业代号"，在值当中选择指标。

（5）在筛选当中选择"发票状态""有效发票"，如图 4-11 所示。

2. Python 数据理解

利用 Python 理解数据类型，通过新道代码编译器，编写代码，利用 Python 代码了解进项发票和销项发票相关表格字段、数据量及字段类型。

操作步骤：

（1）读取进项发票和销项发票两个 csv 文件，代码如下：

```
import pandas as pd
import numpy as np
df1 = pd.read_csv(' 中小微企业信贷决策 / 数据集 / 进项发票 .csv', encoding = 'utf-8-sig')
df2 = pd.read_csv(' 中小微企业信贷决策 / 数据集 / 销项发票 .csv', encoding = 'utf-8-sig')
```

图 4-11　透视表筛选

（2）使用 df.info 读取表格相关信息，print 展示相关数据框架内容，代码如下：

print(df1.info( ))

print('-' * 50)

print(df2.info( ))

（3）将利用 Python 得到的数据描述结果填写到 Excel 表格中。

数据理解代码及运行结果如图 4-12 所示。

任务 3：建立评价指标

利用新道代码编辑器，编写代码，分别构建企业规模、经营成果、长期盈利变化、议价能力四项指标。

操作步骤：

（1）建立企业规模指标：筛选"有效发票"，以企业代码为单位，将"销项税发票"数额进行求和，得出销售收入，代码如下：

```
# 导入 pandas 及 numpy 库
import pandas as pd
import numpy as np
pd.set_option('display.float_format', lambda x: '%.3f' % x)
# 建立"企业规模"指标
df =pd.read_csv(' 中小微企业信贷决策 / 数据集 / 销项发票 .csv',encoding = 'utf-8-sig')
# 在 * 号处填写读取原始数据表格代码
```

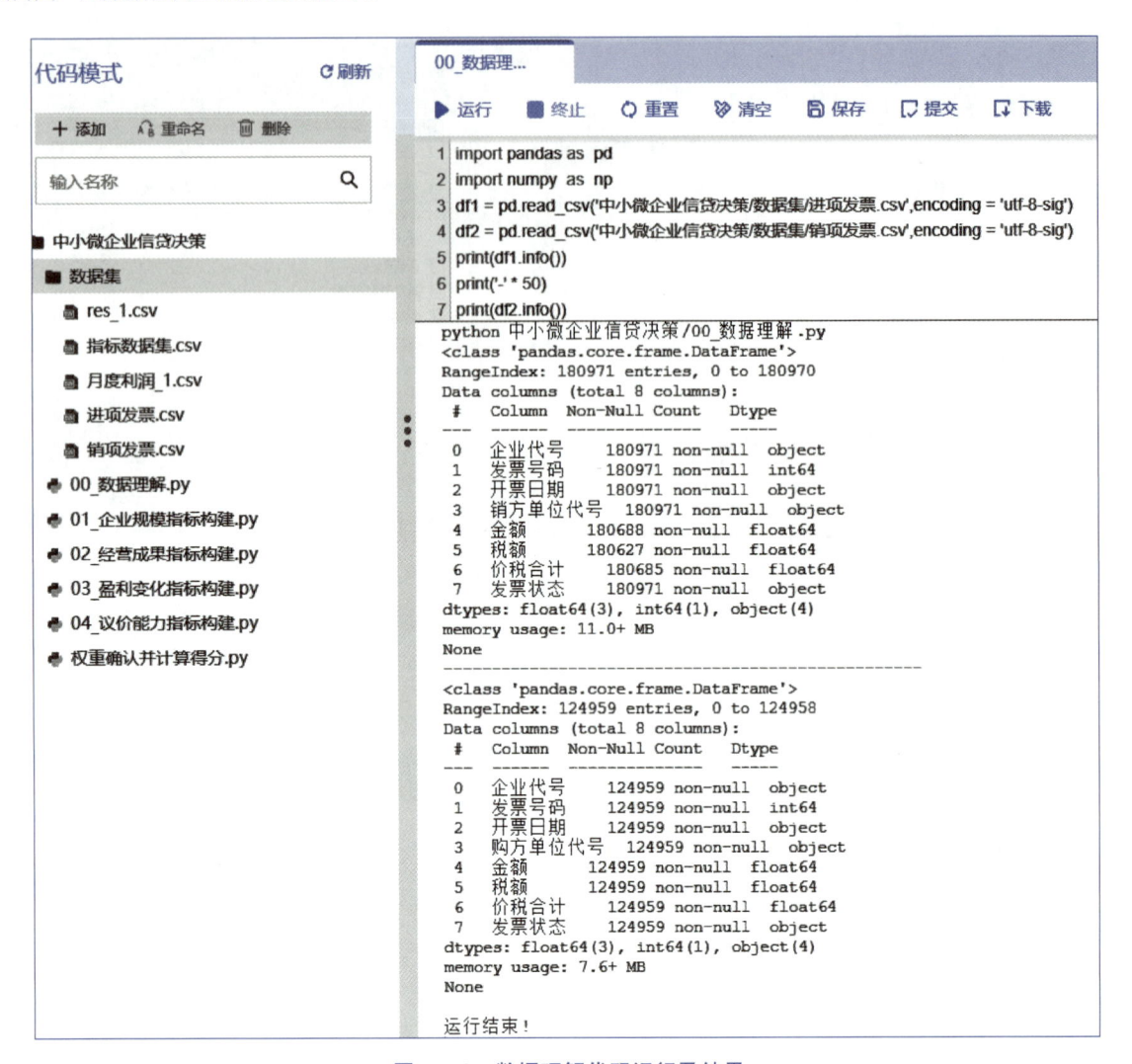

图 4-12 数据理解代码运行及结果

```
# 筛选出有效发票
df1 = df[df['发票状态'].isin(['有效发票'])]  # 在引号里填写需要筛选出的内容
# 以企业代号为分组单位，将销项发票金额进行汇总
# 在 index 括号当中填写分组情况，在 values 括号当中填写需要汇总的金额指标
df2 = pd.pivot_table(df1, index=[u'企业代号'], values=[u'金额'], aggfunc=[np.sum])
# 显示结果并导出文件
print(df2)
df2.to_csv('中小微企业信贷决策/企业规模.csv',encoding = 'utf-8-sig')
```

企业规模代码运行如图 4-13 所示，运行结果见项目四资料包—企业规模文件。

（2）建立经营成果指标。选取"有效发票"，以企业代码为单位，将"进项税发票"数额进行求和，得出采购成本。之后用销售收入减去采购成本，得出企业利润总额，代码如下：

```
# 导入 pandas 及 numpy 库
import pandas as pd
import numpy as np
```

实战演练：中小微企业信贷决策

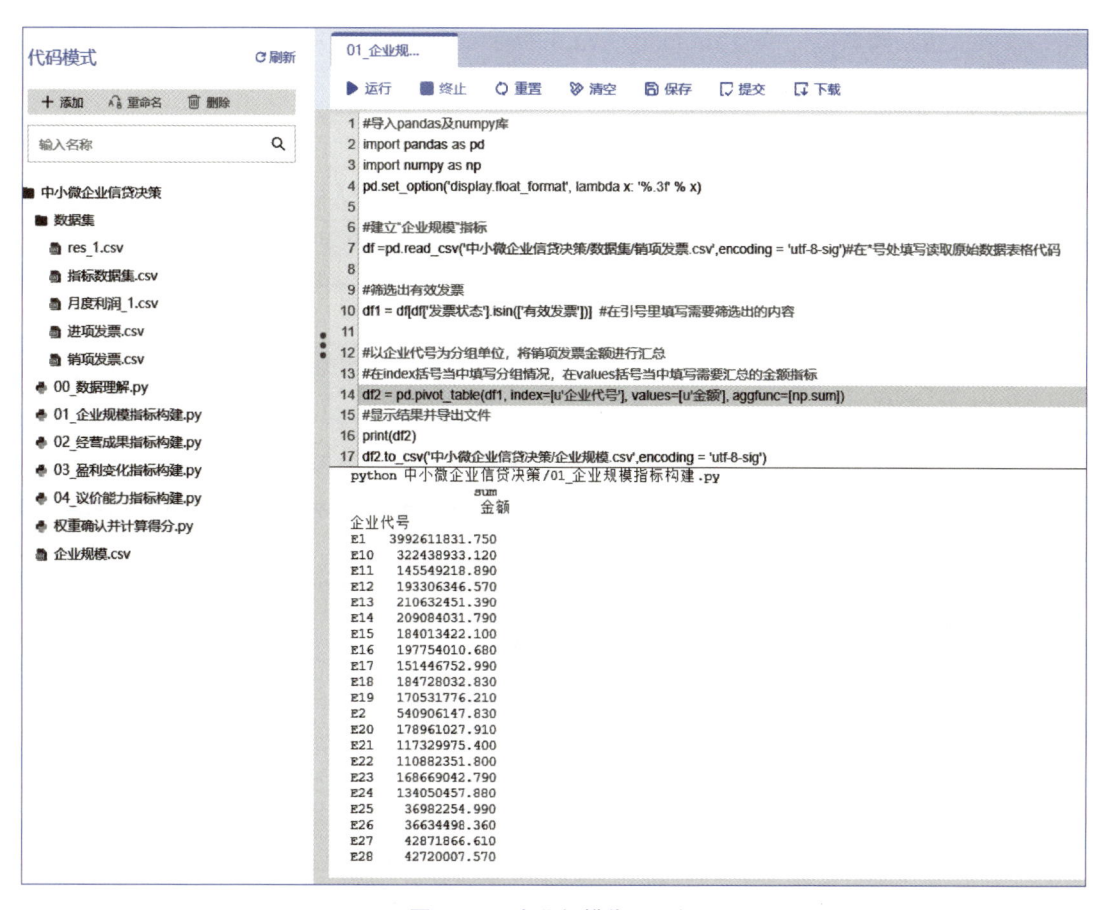

图 4-13 企业规模代码运行

pd.set_option('display.float_format', lambda x : '%.3f' % x)

df = pd.read_csv(' 中小微企业信贷决策 / 数据集 / 进项发票 .csv',encoding = 'utf-8-sig')

读取原始数据表格，在 * 号处填写编码类型为 utf-8-sig

筛选出有效发票

df1 = df[df[" 发票状态 "].isin([' 有效发票 '])]

以企业代号为分组单位，将进项发票金额进行汇总

df2 = pd.pivot_table(df1, index=[u' 企业代号 '], values=[u' 金额 '], aggfunc=[np.sum])

显示结果并导出文件

print(df2)

导入上一步骤构建"企业规模"指标代码，获取销售总额

df3 = pd.read_csv(' 中小微企业信贷决策 / 数据集 / 销项发票 .csv',encoding='utf-8-sig')

df4 = df3[df3[' 发票状态 '].isin([' 有效发票 '])]

df5 = pd.pivot_table(df4, index=[u' 企业代号 '], values=[u' 金额 '], aggfunc=[np.sum])

以企业代号作为索引将两张表进行链接

table = df5.merge(df2,on=' 企业代号 ')

补充 df5 和 df2 进行表格关联代码，在 on= 内 * 号内容填写关联索引

print(table)

求出销售收入与采购成本的差值，形成经营成果指标
table[' 差值 '] = table['sum_x'] - table['sum_y']
# 显示结果并导出文件
print(table)
table.to_csv(' 中小微企业信贷决策 / 经营成果 .csv',encoding = 'utf-8-sig')

经营成果代码运行如图 4-14 所示，运行结果见项目四资料包—经营成果文件。

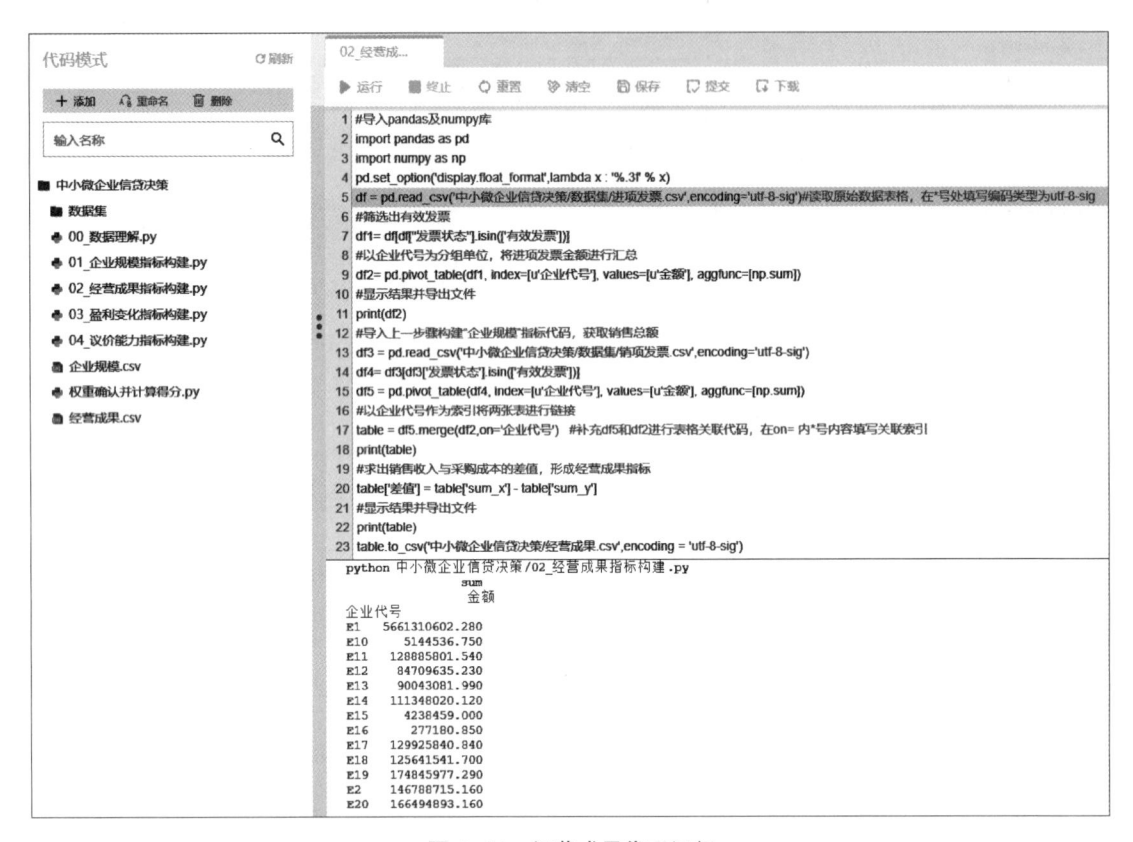

图 4-14　经营成果代码运行

（3）建立盈利变化指标。构建辅助指标及计算盈利变化指标，资料见项目四资料包—月度利润 _1、res_1 文件，代码如下：

# 导入操作所需相关 Python 库
import pandas as pd
import numpy as np
from datetime import datetime
import time
pd.set_option('display.float_format', lambda x: '%.3f' % x)
# 读取数据
df = pd.read_csv(' 中小微企业信贷决策 / 数据集 / 销项发票 .csv', encoding='utf-8-sig')
df1 = df[df[' 发票状态 '].isin([' 有效发票 '])]
# 将日期转换为 datetime 格式

```python
time_data = pd.to_datetime(df1[" 开票日期 "], format='%Y-%m-%d')
df2=df1.copy( )
df2[' 开票日期 '] = time_data# 建立新 dataframe，将转换格式后的日期替换原数值
# 获取年
df2["year"] = pd.DatetimeIndex(df2[' 开票日期 ']).year
# 获取月份
df2["month"] = pd.DatetimeIndex(df2[' 开票日期 ']).month
# 以企业、年、月作为索引建立透视表
df2 = pd.pivot_table(df2, index=[u' 企业代号 ', u'year',u'month'], values=[u' 金额 '], aggfunc=[np.sum])
# 在 index 内部填写需要建立透视索引的变量：企业、年、月
df2.to_csv(' 中小微企业信贷决策 / 月度利润 .csv')
# 导入微调数据集，建立辅助指标 date
df3= pd.read_csv(' 中小微企业信贷决策 / 数据集 / 月度利润 _1.csv',encoding='utf-8-sig')
df3 = df3.astype(str)
df3['date'] = df3['year'] + df3['month']
# 建立映射，调整辅助索引
size_mapping = {'20171':1,'20172':2,'20173':3,'20174':4,'20175':5,'20176':6,'20177':7,'20178':8,'20179':9,
'201710':10,'201711':11,'201712':12,'20181':13,'20182':14,'20183':15,'20184':16,'20185':17,'20186':18,'201
87':19,'20188':20,'20189':21,'201810':22,'201811':23,'201812':24,'20191':25,'20192':26,'20193':27,'20194':
28,'20195':29,'20196':30,'20197':31,'20198':32,'20199':33,'201910':34,'201911':35,'201912':36}
df3['date'] = df3['date'].map(size_mapping)
# 调整数据格式，建立辅助指标，形成辅助指标数据集
df3[' 金额 '] = df3[' 金额 '].astype('float')
df3['x*y'] =  df3['date'].mul(df3[' 金额 '])
df3['x^2'] =  df3['date'].mul(df3['date'])
df3['x'] = df3['date']
df3['y'] = df3[' 金额 ']
# 建立透视表，在汇总结果 * 号处填写平均值和汇总加和数据
df3_1 = pd.pivot_table(df3, index=[u' 企业代号 '], values=[u'x*y',u'x^2',u'x',u'y'], aggfunc=[np.sum,np.mean])
df3_1.to_csv(' 中小微企业信贷决策 /res.csv')
# 读取 res 微调后数据集
df3_2 = pd.read_csv(' 中小微企业信贷决策 / 数据集 /res_1.csv',encoding='utf-8-sig')
# 构建函数，建立"企业长期盈利变化"指标 'k'
df3_2['k'] = (df3_2['x*y']-df3_2['x']*df3_2['y'])/(df3_2['y_sum']*(df3_2['x^2']-df3_2['x']*df3_2['x']))
df3_2.to_csv(' 中小微企业信贷决策 / 企业长期盈利变化 .csv',encoding = 'utf-8-sig')
print(df3_2)
```

盈利变化代码运行如图 4-15 所示，运行结果见项目四资料包—res、企业长期盈利变化、月度利润文件。

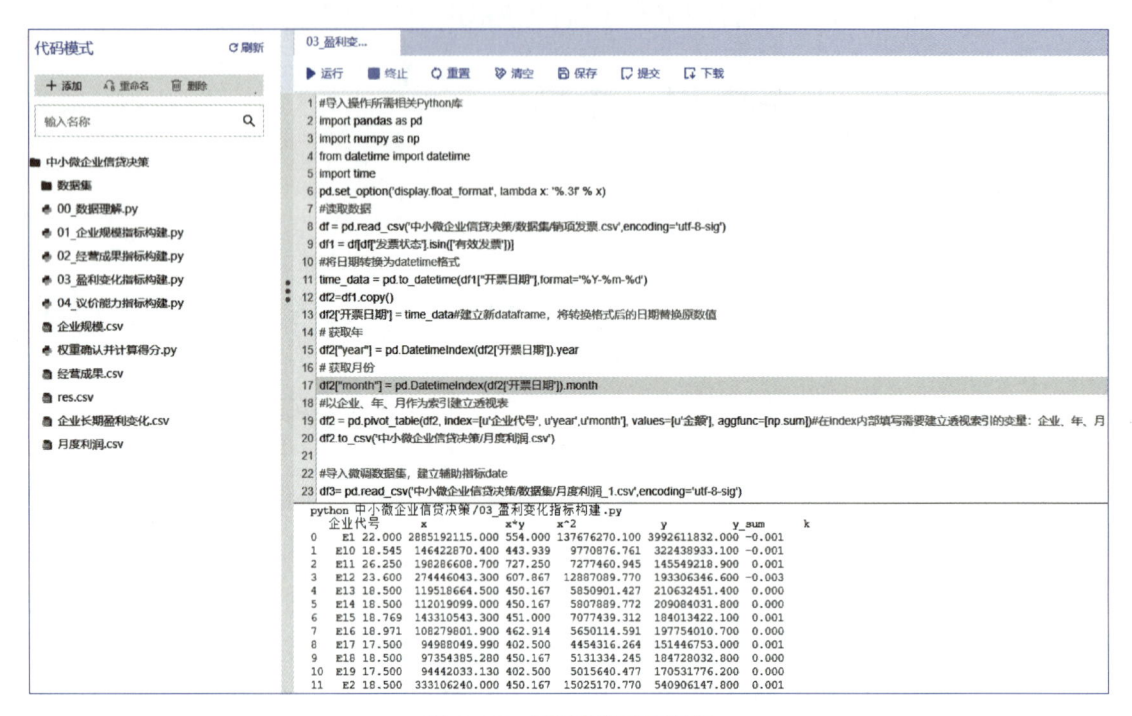

图 4-15 盈利变化代码运行

（4）建立议价能力指标。选取有效发票，以"购方单位代号"和"销方单位代号"为单位，对企业上游（进项发票）、下游（销项发票）数量进行求和，代码如下：

```
# 导入 pandas 及 numpy 库
import pandas as pd
import numpy as np
pd.set_option('display.float_format', lambda x: '%.3f' % x)
# 读取数据集并进行处理
df1 = pd.read_csv('中小微企业信贷决策/数据集/销项发票.csv',encoding='utf-8-sig')
df2 = pd.read_csv('中小微企业信贷决策/数据集/进项发票.csv',encoding='utf-8-sig')
df1 = df1[df1['发票状态'].isin(['有效发票'])]
df2 = df2[df2['发票状态'].isin(['有效发票'])]
# 计算上下游商户数量
df1 = df1.groupby('企业代号')['购方单位代号'].nunique() # 以企业代号为分组，对下游客户进行汇总
df2 = df2.groupby('企业代号')['销方单位代号'].nunique() # 以企业代号为分组，对上游商户进行汇总
table = pd.merge(df1, df2, left_index=True, right_index=True)
```

```
table[' 议价能力 '] = table[' 销方单位代号 '] + table[' 购方单位代号 ']# 计算上下游商户总和
print(table)
table.to_csv(' 中小微企业信贷决策 / 议价能力 .csv',encoding = 'utf-8-sig')
```

议价能力代码运行如图 4-16 所示，运行结果见项目四资料包—议价能力文件。

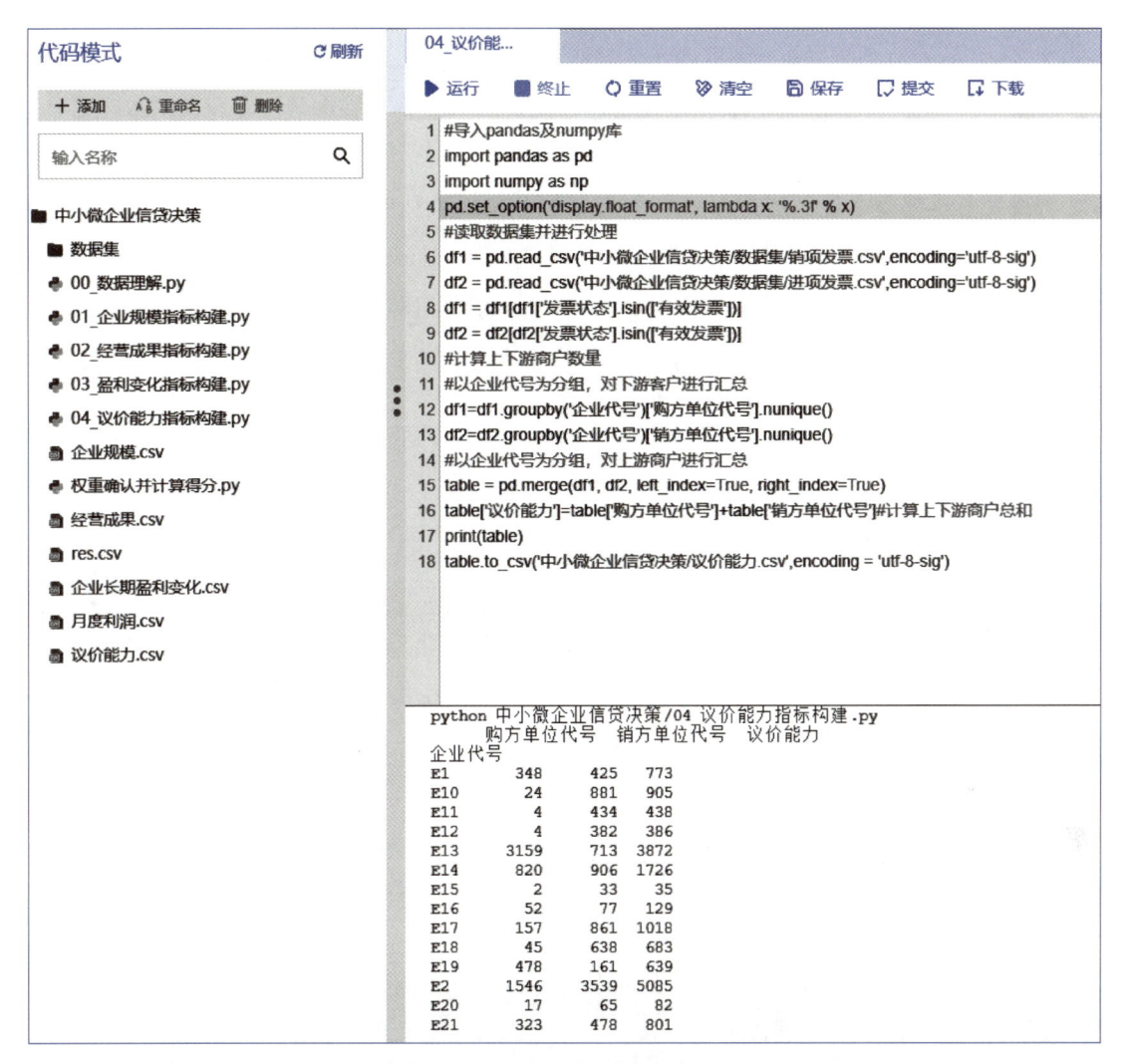

图 4-16　议价能力代码运行

任务 4：运用熵权法确认权重并计算得分

现有一份 12 家银行运营情况的数据集，相关数据变量包括：资产收益率、费用利润率、逾期贷款率、非生息资产率、流动性比率、资产使用率以及自有资本率。下面利用熵权法分别计算 7 个指标的权重，并对每家银行的 7 个特征进行加权求和获得总评分。熵权法求权重计算步骤见项目四资料包—熵权法求权重计算步骤文件。利用新道代码编译器，读取案例数据集，运用相关计算方法进行计算。

操作步骤：

（1）构建标准化矩阵。在 Python 操作当中，在打开 Python 编辑器，新建脚本之后，第一步编程操作即为导入本任务所需 Python 库，本任务步骤当中包含的 Python 库包含 pandas 和 numpy。资

料见项目四资料包—指标数据集文件，代码如下：

```
# 对指标进行去量纲化处理
import pandas as pd
import numpy as np
pd.set_option('display.float_format', lambda x: '%.3f' % x)
data = pd.read_csv(' 中小微企业信贷决策 / 数据集 / 指标数据集 .csv',encoding='utf-8-sig')
data1 = data[[' 企业代号 ',' 企业规模 ',' 经营成果 ',' 议价能力 ',' 企业长期盈利变化 ']]# 为后续存储最终得分准备框架
data = data[[' 企业规模 ',' 经营成果 ',' 议价能力 ',' 企业长期盈利变化 ']]# 从数据指标集当中选取建立矩阵所需的四个指标：企业规模、经营成果、议价能力、企业长期盈利变化
data = (data-np.min(data,axis=0))/(np.max(data,axis=0)- np.min(data,axis=0))
```

（2）计算概率矩阵。完成上一步的标准化之后，接下来需要计算标准化矩阵当中，每一元素占整个矩阵之和的概率，形成概率矩阵 P，代码如下：

```
# 计算概率矩阵
sumzb = np.sum(data, axis=0)
data_1 = data / sumzb
a = data_1*1.0
```

（3）确认指标权重。概率矩阵计算完成之后，接下来借助公式计算指标信息熵和效用值，最后进行归一化，得到每一项指标的最终权重。四项指标从大到小依次为：企业规模、议价能力、经营成果、企业长期盈利变化。说明银行在对企业进行信用评级时，最应关注的是企业规模、议价能力等硬实力，代码如下：

```
# 计算每个指标的信息熵
n, m = np.shape(data_1)
epsilon = 1e-5
e = (-1.0/np.log(n+epsilon))*np.sum(data_1*np.log(a+epsilon),axis=0)
# 计算效用值 1-e，归一化得到权重
w = (1-e)/np.sum(1-e)
print(w)
```

（4）计算公司最终得分：打分统一采取百分制，和此前构建标准化矩阵的目的相同，需要对数据矩阵进行归一化处理，根据权重求出每家公司的评级得分。

通过对于熵权法得出的权重，用此前进行去量纲化的数据 data* 权重 w*100，四项指标相加后得到每家公司的最后的得分，代码如下：

```
# 计算每家公司最终得分
recodes=np.sum(data*w*100,axis=1)
data1[' 最终得分 ']= recodes
print(data1)
data1.to_csv(' 中小微企业信贷决策 / 企业最终得分 .csv',encoding = 'utf-8-sig',index = None )
```

确认权重并计算得分代码运行如图 4-17 所示，运行结果见项目四资料包——企业最终得分文件。

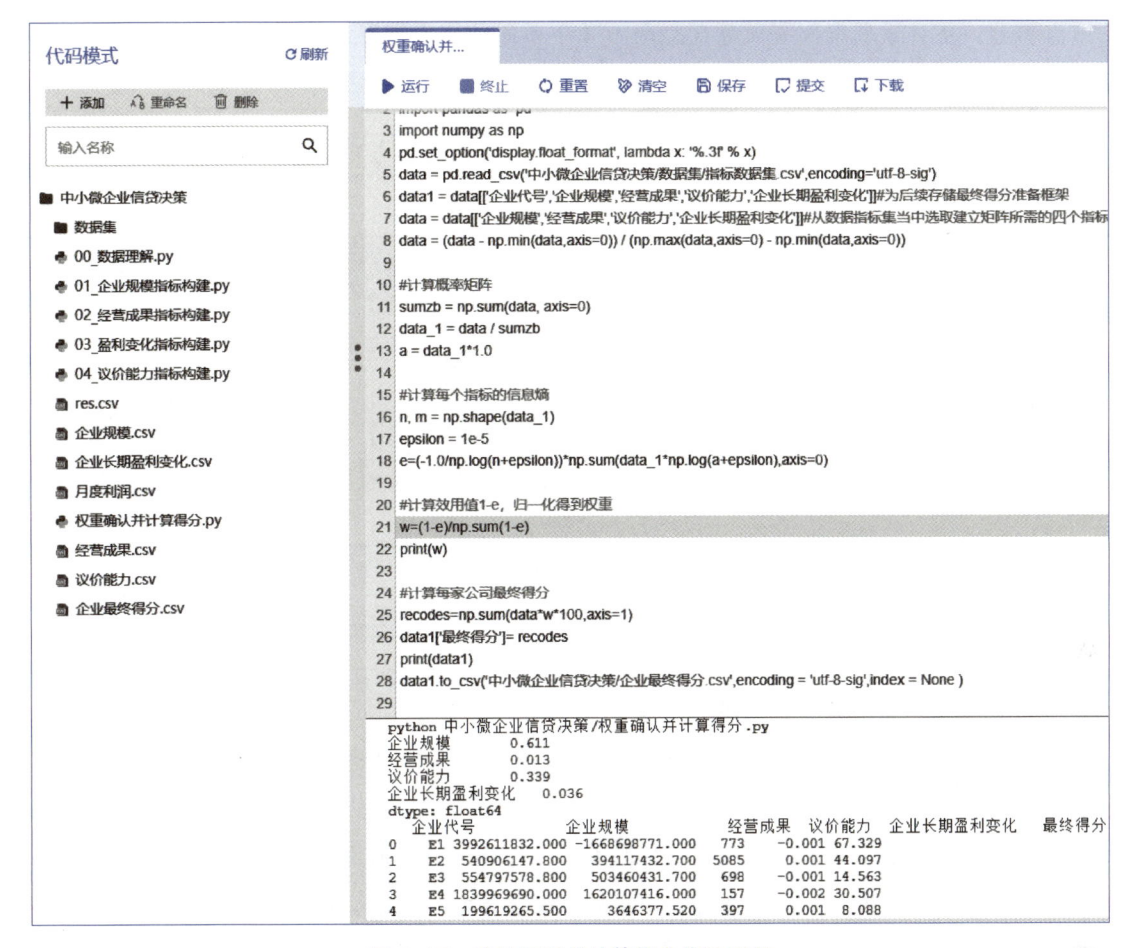

图 4-17　确认权重并计算得分代码运行

任务 5：根据评分结果对企业进行评级并确认信贷投放情况

操作步骤：

（1）任务分析。

银行通常会给不同得分的企业划分为不同的风险等级，在本实训案例中，我们可以进行简单的信贷风险和风险等级设定，相关对应情况如下：

0～15 分（包含 15）：风险等级为 D 级

15～45 分（不含 15，包含 45）：风险等级为 C 级

45～65 分（不含 45，包含 65）：风险等级为 B 级

65～100 分（不含 65，包含 100）：风险等级为 A 级

根据打分结果可知，在 53 家公司当中：等级为 A 的公司有 1 家，占比 1.89%；等级为 C 的公司有 7 家，占比 13.21%；没有等级为 B 的公司，其余公司等级为 D，共 45 家，占比 84.91%。

通常来讲，风险等级为 D 的公司，银行不给予信贷额度，按照当前的风险等级情况来看，能够给予信贷额度的公司为 8 家，占全部申请企业的比例为 15.1%。

（2）任务总结。

为了方便模型的计算，可以简单地将贷款利率和贷款额度做离散化处理。最终以各公司的信誉等级作为参考，将贷款利率和贷款额度划分为 4 个不同的档次，即对评级为 A、B、C 的企业分别贷款 100 万元、50 万元和 30 万元，利率分别为 4%、9% 和 14%，对信誉评级为 D 的企业不予贷款，如表 4-2 所示。

表 4-2 贷款利率

信用评级	额度/万元	利率
A	100	4%
B	50	9%
C	30	14%
D	0	0

通过计算可知，经过相关评分决策，信贷总投放额度 310 万元，使用额度占比为 15.5%。

（3）任务思考。

① 突发因素下的信贷决策模型该如何建立？

当前数据集选取的指标构建数据为 2020 年前，如果加上发生突发因素之后的数据，应该如何将突发因素嵌入当前的信贷决策模型当中？

突发因素的出现本身是不确定的，为随机事件。如何表示一般突发事件的发生过程？突发事件对各企业的信贷风险和银行的信贷策略会产生怎样的影响？针对某一种突发事件，通常需要考虑正负面两个方向的影响，也要考虑到宏观和微观两个层面。是否需要对企业进行行业分类，来针对不同的行业去研究某种突发事件的影响和影响效果。

② 信用风险的压力因素。

信用风险的压力因素通常从以下几个方面进行分析。

a. 国内及国际主要经济体宏观经济出现衰退；

b. 房地产价格出现较大幅度向下波动，贷款质量恶化；

c. 授信较为集中的企业和同业交易对手出现支付困难；

d. 其他对银行信用风险带来重大影响的情况。

交互式测试题

请扫描下方二维码，进行本项目交互式测试。

项目四 交互式测试题

实训练习

登录新道云平台，进入项目实战——中小微企业信贷决策，在数据收集和数据预处理单元当中，学习了解相关数据集内容。之后在"数据分析与挖掘/熵权法计算权重并确认得分"单元当中（见图4-18、图4-19），单击"开始任务"，进入新道代码编辑器，运行/编写相关Python脚本代码并进行分析，根据输出的结果，对企业进行信贷分组，撰写信贷投放决策方案，完成信贷投放方案决策报告并提交。

图4-18 代码编辑器界面

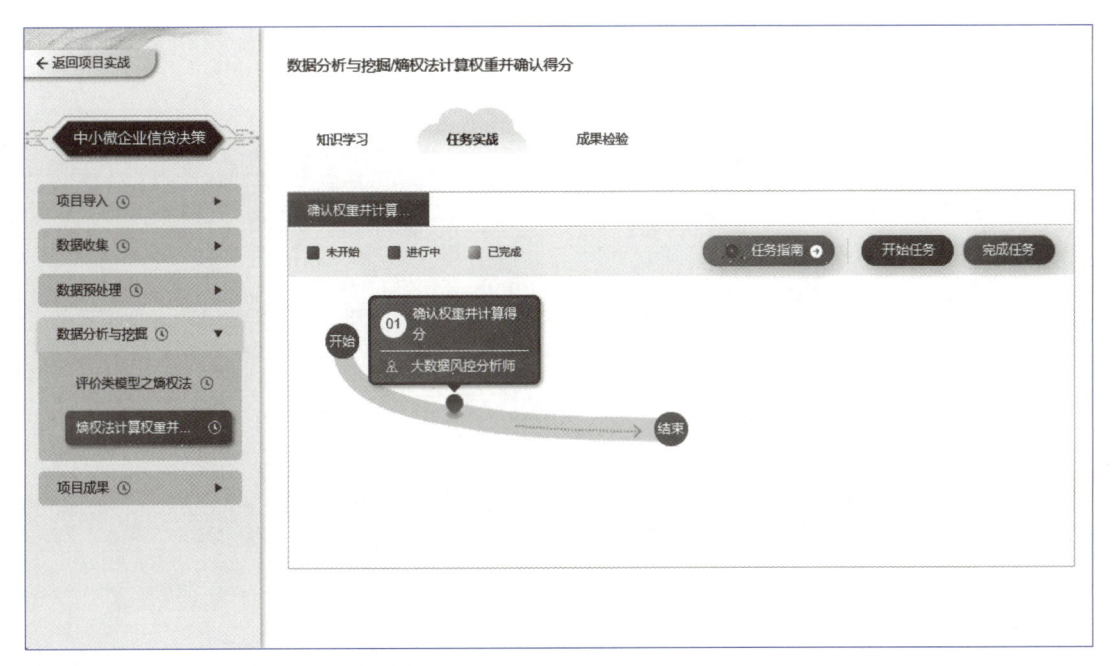

图4-19 数据分析与挖掘/熵权法计算权重并确认得分单元开始任务

项目五
大数据在商业银行风控的应用

5

项目五　大数据在商业银行风控的应用

学习目标

素养目标
- 树立大数据应用在银行风控中的社会责任和服务意识
- 具备能够思考如何运用大数据技术解决实际风险问题的创新素养
- 具备社会责任感，能够在商业银行风险管理的过程中，始终以客户利益为重，注重风险控制和合规性，遵守相关法律法规和行业规范

知识目标
- 了解商业银行风控的基本知识
- 了解大数据在商业银行风控中的常见应用场景
- 了解商业银行智能风控主体、对象、作用、内容及其手段与方法
- 掌握商业银行风险预警的意义、指标及其建模方法
- 了解商业银行风险管理的基本框架、流程、风险类型特点和影响因素
- 熟悉商业银行的信用风险模型、市场风险模型、操作风险模型

能力目标
- 能够利用大数据分析技术进行商业银行风险评估与预测
- 能够分析、解决和应对商业银行风险问题

思维导图

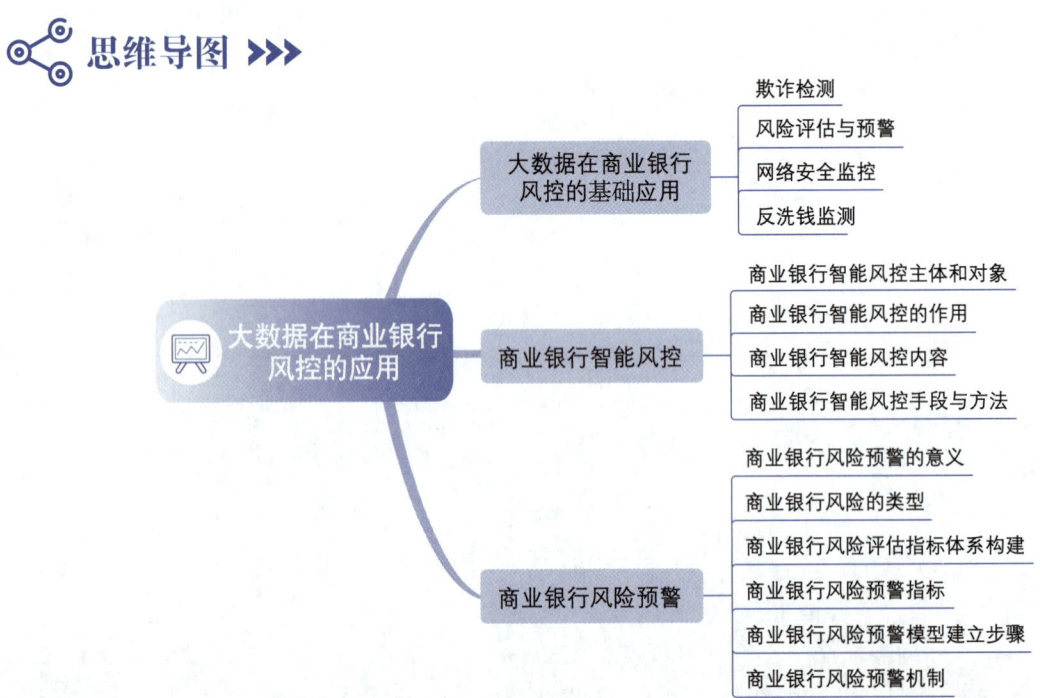

大数据在商业银行风控的应用
- 大数据在商业银行风控的基础应用
  - 欺诈检测
  - 风险评估与预警
  - 网络安全监控
  - 反洗钱监测
- 商业银行智能风控
  - 商业银行智能风控主体和对象
  - 商业银行智能风控的作用
  - 商业银行智能风控内容
  - 商业银行智能风控手段与方法
- 商业银行风险预警
  - 商业银行风险预警的意义
  - 商业银行风险的类型
  - 商业银行风险评估指标体系构建
  - 商业银行风险预警指标
  - 商业银行风险预警模型建立步骤
  - 商业银行风险预警机制

案例导入

某商业银行在某次大规模的企业信贷中，发现某家公司的借款利率异常低，与市场水平相差甚远，同时该公司经营状况欠佳，且财务报表不够透明。这些异常情况引起了该银行的注意，开始对该公司进行了风险预警。面对日益复杂和多变的金融市场，银行需要及时识别和管理各种潜在的风险，以保障银行的安全运行和客户的利益。银行如果在发现借款利率异常低、公司经营状况欠佳等问题时，不及时预警和管理，就可能面临贷款违约和信用损失等风险，对其利润和声誉造成负面影响。

商业银行进行风险预警的方式包括人工审核和自动化监控。该银行通过人工审核发现了问题，并及时启动了风险预警。同时，该银行也可以通过自动化监控等技术手段，对大量的数据进行实时分析和监测，帮助银行及时发现和应对风险。

请思考：商业银行存在哪些风险？有哪些风险可以通过大数据的手段和方法进行预警或监控？

任务一 大数据在商业银行风控的基础应用

随着商业银行业务范围的扩大和金融市场的不断变化，风险管理变得越来越重要。大数据技术的出现为商业银行风险管理提供了新的途径和手段。通过对大数据进行收集、分析和挖掘，商业银行可以更好地了解客户的风险特征和行为规律，预测未来风险趋势，及时发现潜在风险，并采取相应的措施进行风险管理和控制。

一、欺诈检测

通过大数据分析技术，可以挖掘出金融欺诈行为的规律和特征，从而识别出潜在的欺诈行为。银行使用大数据分析技术来识别与客户历史交易模式不符的行为，例如在非常规的时间、地点或购买类别下进行大额交易等。银行的反欺诈模型不断地优化，以识别新的欺诈行为和趋势，并及时更新和改进预测模型。银行可以更快地发现和应对欺诈行为，降低欺诈损失和风险，提高客户满意度和信任度。具体来看，大数据在商业银行反欺诈中的应用如图5-1所示。

（1）行为分析。通过大数据技术对客户的交易行为、消费习惯、历史记录等进行分析，从中识别出异常行为，如异常的交易金额、频率、地点等。这些异常行为可能是欺诈行为的表现，银行可以及时采取措施进行防范。

（2）模型预测。利用机器学习和人工智能等技术，构建欺诈检测模型，对客户的行为进行预测和分类。通过对客户历史数据的学习，模型可以识别出欺诈行为的模式，准确地预测潜在的欺诈风险。

（3）数据挖掘。通过对大量的数据进行挖掘，发现与欺诈相关的数据特征，如同一IP地址下

项目五　大数据在商业银行风控的应用

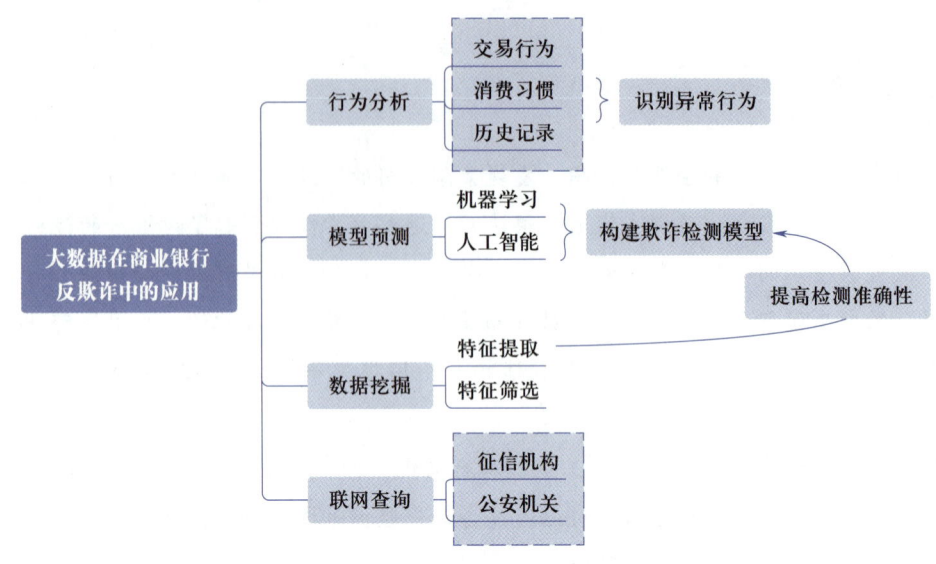

图 5-1　大数据在商业银行反欺诈中的应用

多个账户的交易行为、短时间内频繁修改账户信息等。这些特征可以帮助银行更好地识别欺诈行为，提高欺诈检测的准确性。

（4）联网查询。通过与其他机构的数据共享，如征信机构、公安机关等，获取更多的信息。这些信息可以帮助银行更全面地了解客户的信用和背景，降低欺诈风险。

以上应用可以帮助银行更加有效地防范欺诈行为，保护客户利益和银行资产安全。同时，这些应用还可以帮助银行提高反欺诈的效率和准确性，降低反欺诈的成本和风险。

知识拓展

ZX 银行智能反欺诈系统保障客户资金安全

近年来，ZX 银行践行"金融为民"理念，持续构建电信诈骗防范体系，深层次筑牢金融反诈防线，打击电信网络诈骗、切实保护消费者权益，有力保障了客户资金安全。

1. 数字化应用持续筑牢金融反诈安全防线

伴随信息网络和数字化技术的普及，科技已成为反电信诈骗攻防战的关键能力。为更好应对金融欺诈风险，ZX 银行坚持"有温度可信赖"的金融服务理念，大力研发升级风控技术，以建立联防联控体系为目标，持续提升电信网络诈骗数字化防范能力，构建 ZX 电信诈骗防范体系——"哨兵"智能反欺诈系统。

"哨兵"智能反欺诈系统通过在欺诈交易关键链路上引入公安、社交、电信等外部风险信息，利用机器学习和大数据技术，实现风控策略的动态调整，管控措施的梯度化和精准化，强化反诈预警能力与劝阻机制，及时发现潜在受害客户，并通过总、分、支三级联动响应机制，快速触达客户，第一时间协助客户摆脱诈骗人员的洗脑控制，及时阻止客户转账的行为，挽救了多个家庭。

2. 三大核心科技助力全链条反诈

"哨兵"智能反欺诈系统包含三大核心科技助力全链条反诈。一是毫秒级异常交易精准识别。基于 ZX 银行的强大算力，对每一笔交易进行事中侦测，毫秒级识别风险，实时触发差异化的安全机制和管控措施，主动拦截和劝阻被诈客户。二是 AI 模型精准防控。自主研发社团图谱模型等机器学习模型，大幅提升涉案账户排查准确率和筛查效率；客户行为序列模型智能识别非客户意愿交易，有效防范纯诱导型诈骗。三是账户风险精准分级。基于客户资金情况、交易行为等，建立差异化的个人账户风险评级，合理设置非柜面业务限额等管控措施，做到风险与体验的平衡，尽可能减少对客户交易的干扰。

3. 联防反诈警银协作成果显著

针对反诈的难点，ZX 银行紧盯技术反制，通过工作专班机制和多层级考核体系，压实各级责任；健全账户分类分级管理机制，根据客户需求及其特征，匹配合理的非柜面交易限额；应用人脸识别技术，对高风险账户或业务进行增强核验，有效防范账户"实名不实人"；上线手机号实名核验功能，提高客户预留信息真实性；充分运用大数据、图谱分析等技术，提升防控能力。

同时，ZX 银行强化警银协同，加大与公安、通信等部门协作配合，及时对公安部门移送的涉案、可疑等风险账户进行管控；完善对接有权机关系统，支持有权机关快速管控涉案资金；积极向公安部门提供风险线索，为涉案人员抓捕和案件侦破提供助力，全面开展"断卡"行动，牢牢守住人民群众的"钱袋子"。

2022 年全年，ZX 银行"哨兵"智能反欺诈系统通过电话核实、弹窗警示、交易阻断等机制，主动劝阻被诈骗客户 860 人，拦截资金 1.12 亿元；查控涉赌涉诈账户 2.34 万户，管控资金 2.65 亿元。

由上可看出大数据在商业银行的风险控制及保护客户资金方面发挥了重大作用。

资料来源：人民网

二、风险评估与预警

大数据分析技术常被应用于收集、整合客户的多种数据信息，如个人信用记录、收入情况、工作背景等，以更加准确地评估客户的信用风险。通过大数据技术对客户的历史交易、信用报告等信息进行分析，建立客户的信用评估模型，提前预警信用风险，并对高风险客户进行监控和管理。除此之外，大数据在商业银行风险评估中的应用如图 5-2 所示。

图 5-2 大数据在商业银行风险评估中的应用

（1）客户风险评估。银行可以通过大数据技术对客户的多维度数据进行分析，包括个人信息、交易行为、社交媒体数据等，从而对客户的信用评级进行更加精准的评估。这可以帮助银行更好地把握客户风险，合理制订授信额度和利率，并采取相应的措施降低风险。

（2）业务风险评估。银行可以通过大数据技术对自身业务进行风险评估，从而发现潜在的风险隐患。例如，通过对自身信贷业务的数据进行分析，银行可以发现自己在某些行业或地区的风险偏高，进而采取相应的风险控制措施。

（3）资产风险评估。银行可以通过大数据技术对资产进行风险评估，包括对不良贷款、不良投资等资产的识别和分析。这可以帮助银行更好地把握资产质量状况，及时采取措施避免风险。

（4）宏观风险评估。银行可以通过大数据技术对宏观经济环境进行监测和分析，从而预测可能出现的风险。例如，通过对房地产市场、股市等数据进行分析，银行可以发现市场出现异常波动的可能性，进而采取相应措施避免风险。

（5）市场风险预警。通过大数据技术对市场经济、行业趋势等信息进行分析，预测市场的走向和变化，提前预警市场风险，为银行的投资和风险管理提供参考和依据。

三、网络安全监控

大数据分析技术可以对银行的网络流量、用户行为等数据进行实时监控，及时发现和阻止恶意攻击和网络安全威胁。例如，银行可以通过对银行系统的日志数据进行实时监控，及时发现网络攻击事件，以成功抵御攻击。具体来看，大数据分析技术可以帮助银行进行以下几个方面的监控。

（1）交易行为识别。利用机器学习和数据挖掘技术，对客户的交易行为进行识别和分类，从而判断是否存在异常交易行为。例如，如果客户在短时间内进行了大量的交易，或者交易金额异常高，系统会自动报警并触发风险管控措施。

（2）实时监控。通过实时监控系统对交易进行跟踪，及时发现和处理异常交易行为。例如，如果客户在异地进行交易，系统可以及时发出警报，并要求客户进行身份验证，以确保账户安全。

（3）实时决策。利用大数据技术进行实时决策，例如在短时间内发现客户有大量异常交易行为时，系统可以自动决策将该客户的账户冻结，以防止进一步的欺诈行为发生。

（4）风险预警。通过大数据分析客户的历史交易数据和行为特征，提前预测和发现潜在的风险，从而提前采取措施降低风险。

以上应用可以帮助商业银行在实时监控交易中发现和预防异常交易行为，及时采取措施保护客户的利益和银行的资产安全，提高交易的安全性和效率。同时，这些应用也可以帮助银行提高反欺诈和风险管控的效率和准确性，减少误报和漏报的风险。

四、反洗钱监测

大数据分析技术可以对客户的交易数据进行监测，及时发现可能存在的洗钱行为，帮助银行更准确地识别可疑交易，提高反洗钱监测的效率和准确性。银行利用大数据分析技术对客户交易数据进行监测，以发现可疑交易行为，及时报告给监管机构并采取措施，避免洗钱风险。银行反洗钱监测是指银行利用大数据分析技术对客户交易行为进行监测和识别，以发现和预防洗钱行为。大数据在银行反洗钱监测中的应用包括建立大数据分析平台、自动交易监测、实时监测和预警、跨机构风险评估、自动化决策系统等环节，以便银行可以更加全面、准确地监测和预防洗钱行为，提高反洗钱监测的效果和准确性，减少洗钱风险带来的损失，如图5-3所示。

以下是银行反洗钱监测中常被应用到的一些关键技术。

任务一 大数据在商业银行风控的基础应用

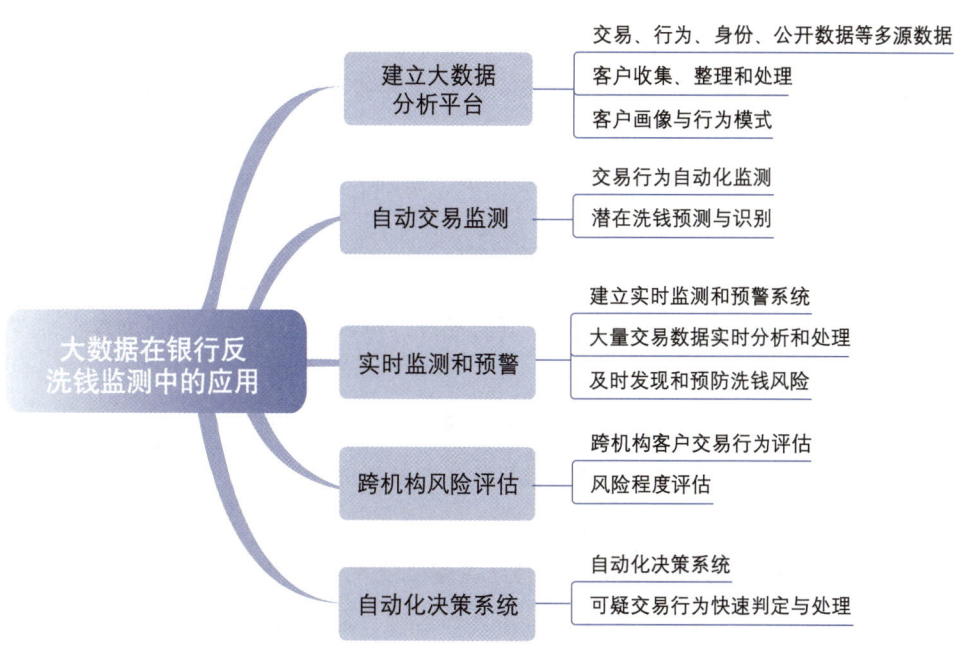

```
大数据在银行反洗钱监测中的应用
├── 建立大数据分析平台
│   ├── 交易、行为、身份、公开数据等多源数据
│   ├── 客户收集、整理和处理
│   └── 客户画像与行为模式
├── 自动交易监测
│   ├── 交易行为自动化监测
│   └── 潜在洗钱预测与识别
├── 实时监测和预警
│   ├── 建立实时监测和预警系统
│   ├── 大量交易数据实时分析和处理
│   └── 及时发现和预防洗钱风险
├── 跨机构风险评估
│   ├── 跨机构客户交易行为评估
│   └── 风险程度评估
└── 自动化决策系统
    ├── 自动化决策系统
    └── 可疑交易行为快速判定与处理
```

图 5-3　大数据在银行反洗钱监测中的应用

（1）数据挖掘技术。银行可以运用数据挖掘技术对大量交易数据进行分析，识别异常交易行为，如大额转账、频繁转账、不同币种兑换等，同时可以通过聚类、关联分析等方法发现异常模式。

（2）人工智能技术。银行可以利用人工智能技术，如深度学习和自然语言处理技术，自动分析和识别交易中的关键词和短语，如"洗钱""走私"等敏感词汇，进一步判断交易是否可疑。银行可以利用自然语言处理技术对客户的交易记录、信用报告等非结构化数据进行分析，以识别潜在的洗钱行为。同时，银行可以利用机器学习算法对大量的数据进行学习和训练，建立反洗钱风险模型，提高识别和预测的准确性。

（3）实时监测技术。银行可以利用实时监测技术，对客户交易行为进行实时监测，及时发现和预警可疑交易，例如通过对异常行为的实时跟踪和预警，加强对疑似洗钱案件的监控和调查。

（4）数据可视化。银行可以利用数据可视化技术对监测结果进行可视化呈现，帮助风险管理人员更直观地了解和分析洗钱风险，及时采取措施进行风险管理和控制。

数字中国

新技术应用为商业银行风险管控提供新方案

2020年10月16日，中国人民银行日前发布《中华人民共和国商业银行法（修改建议稿）》起草说明，明确提出防范化解重大金融风险是金融工作的核心目标和基本底线。党的二十大报告指出："深化金融体制改革，建设现代中央银行制度，加强和完善现代金融监管，强化金融稳定保障体系，依法将各类金融活动全部纳入监管，守住不发生系统性风险底线。"

近年来，随着金融科技的不断发展，以大数据和人工智能为主的新技术和应用为商业银行防范和化解金融风险带来新的解决方案。

（1）助力全面风险识别。防范管控金融风险，首先需要加强对风险的识别。作为移动支付领航者的蚂蚁集团，借助大数据和人工智能等技术，搭建全新的风险识别引擎AlphaRisk。该引擎可实现对用户每笔支付的7×24小时实时风险扫描，通过不断新增的风险特征挖掘和算法迭代模型的优化，更好地贴合用户行为特征，进行实时风险检测、识别、捕获，不足0.1秒就能完成风险预警、检测、管控等流程。

（2）赋能高效风险管控。商业银行通过综合运用大数据、人工智能、云计算等技术，可有效对信贷领域的风险预警、信息鉴别、欺诈识别、贷后管理、催收预警等全生命周期各个环节实现风险防控。

金融科技是一把双刃剑。一方面，有助于识别和防控金融机构经营中的各类风险；另一方面，新技术的应用也带来新的风险和挑战。金融科技挑战与机遇并存、效率与风险相伴，要坚持正本清源、守正创新，规范引导金融科技健康有序发展。

金融科技改变了金融机构的存在形态和传统金融业务的运营模式，在增强现代金融体系适应性、竞争力和普惠性的同时，也使金融风险传导更加迅速、金融风险特征更趋复杂。如果过度运用大数据等技术，也会引发虚假数据带来的信息风险和用户隐私暴露的合规风险。

金融科技的发展弥补了金融机构传统风控模式的缺点和不足，但并未改变金融的本质，风险管理的核心理念和关键原则依然有效。通过综合运用金融科技，可以更加有效地对金融风险进行识别和管控。商业银行既要发挥好金融科技在风险防控中的正面作用，也要重视新技术引入可能带来的风险，统筹处理好科技与金融的关系，促进金融业务行稳致远。

资料来源：学习强国

任务二 商业银行智能风控

商业银行智能风控是利用人工智能、大数据等技术手段对银行业务进行风险评估、预测和控制的一种风险管理方式。随着金融业务的复杂化和风险的增加，传统的手动风控方式已经无法满足商业银行日益增长的风险管理需求。智能风控通过对大量数据的分析和建模，能够更加准确地识别风险，提高风控效率，降低银行业务风险，为商业银行的可持续发展提供了有力的支持。

一、商业银行智能风控主体和对象

商业银行智能风控的主体是商业银行自身，它需要通过建立智能风控系统来对其业务风险进行有效管理和控制。商业银行智能风控的对象则是银行的客户，包括个人客户和企业客户。

（一）商业银行智能风控主体

商业银行智能风控需要涉及多个部门和人员，可能需要参与的角色和部门有以下几个。

（1）风险管理部门。负责制订整个风控体系的框架和规则，并监督执行情况。这个部门通常也会负责进行风险评估、风险预警和风险控制。

（2）数据分析师。负责处理和分析大量的数据，挖掘出其中的关联性和规律。这些数据可能来自银行的内部系统，也可能来自外部的数据源。

（3）机器学习工程师。负责开发和实现机器学习算法和模型，使其能够对银行的业务数据进行分析和预测。这个岗位通常需要拥有深厚的技术背景和编程能力。

（4）业务部门。负责提供业务场景和需求，确保风险控制措施能够有效地支持业务发展。例如，信贷部门可能需要风控系统能够评估借款人的信用风险，以便做出更好的贷款决策。

（5）法律部门。负责确保风控措施符合相关法律法规和监管要求。这个部门的工作人员通常需要拥有法律背景和监管经验。

（6）IT 部门。负责支持整个系统的开发和运行，保证系统的可靠性和稳定性。这个部门的工作人员通常需要拥有良好的技术能力和经验。

（7）客户服务部门。负责与客户沟通，了解客户的需求和反馈。这个部门的工作人员通常需要拥有良好的沟通能力和客户服务经验。

商业银行智能风控主体如图 5-4 所示。

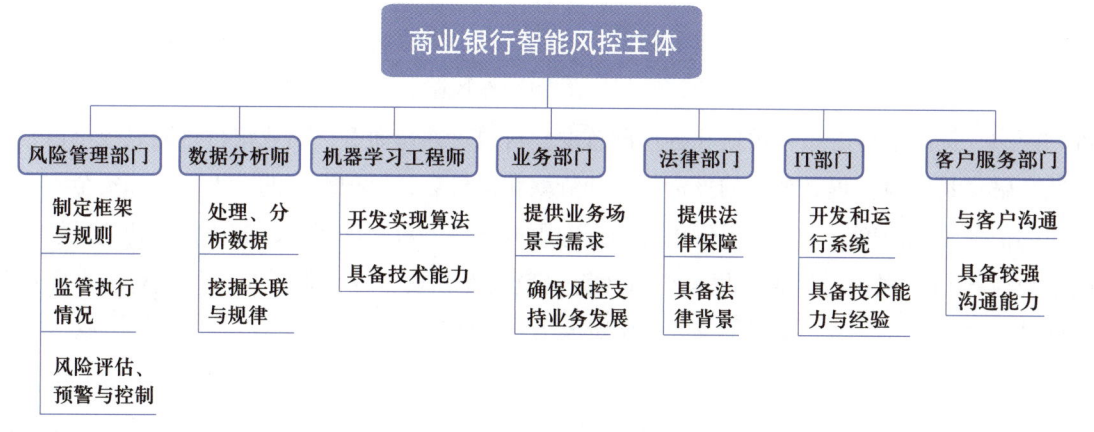

图 5-4　商业银行智能风控主体

（二）商业银行智能风控对象

商业银行可以对任何需要进行风险评估和控制的人或群体进行智能风控。一般来说，商业银行可能会对以下人或群体开展智能风控。

（1）个人客户。银行可以利用智能风控技术对个人客户的贷款申请、信用卡申请、账户活动等进行风险评估和控制。

（2）企业客户。银行可以利用智能风控技术对企业客户的贷款申请、融资申请、资产负债状况等进行风险评估和控制。

（3）网络金融客户。随着网络金融的发展，越来越多的人通过互联网进行借贷、投资等活动。商业银行可以利用智能风控技术对这些客户进行风险评估和控制。

（4）跨境客户。商业银行可以利用智能风控技术对跨境客户进行风险评估和控制，包括对跨境汇款、贸易融资等进行监控和审核。

（5）新客户。商业银行可以利用智能风控技术对新客户进行风险评估和控制，包括对身份验证、反欺诈等进行审核。

商业银行智能风控对象如图 5-5 所示。

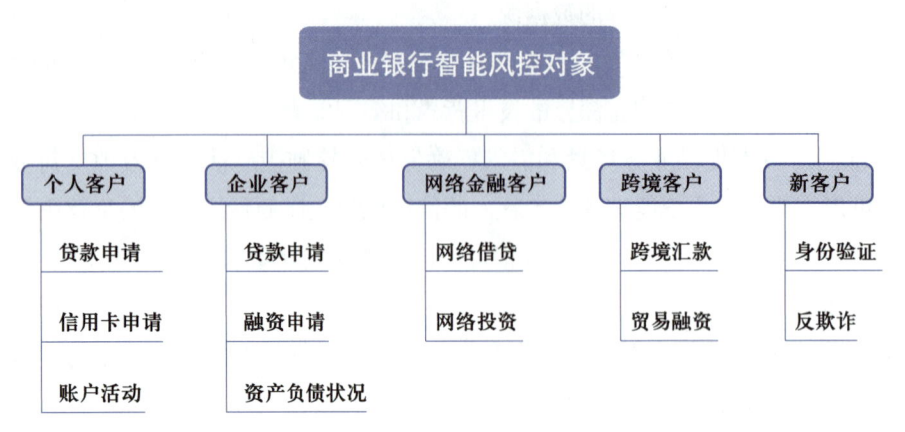

图 5-5 商业银行智能风控对象

二、商业银行智能风控的作用

商业银行智能风控对银行、银行客户和国家都具有非常重要的作用，可以提高金融风险管理能力，促进金融市场的健康发展，保障金融安全，提高客户满意度和忠诚度。对银行而言，商业银行智能风控可以帮助银行降低信用风险、市场风险和操作风险，提高银行的风险管理能力，增强银行的盈利能力，提高银行的品牌价值和客户满意度。对银行客户而言，商业银行智能风控可以帮助客户降低金融交易风险，提高客户的投资收益和贷款获得机会，保护客户的个人信息和资金安全，提高客户的信任和忠诚度，为客户提供更好的金融服务体验。对国家而言，商业银行智能风控可以帮助国家监管部门加强银行监管，提高金融体系的稳定性和安全性，降低金融风险对国家经济的影响，促进金融市场的发展，提高国家的金融竞争力和国际地位。

想一想

请思考商业银行智能风控对普通民众有哪些好处？在这个过程中哪些隐私可能会暴露？国家需要采取怎样的措施保护个人隐私？

三、商业银行智能风控内容

商业银行智能风控的主要目标是通过有效的风险管理和控制，确保银行业务的安全和稳定，为客户提供更加可靠的服务，主要内容包括以下几个方面。

（1）数据采集与整合。智能风控需要获取大量的银行客户数据，包括贷款信息、账户交易记录、身份信息等，这些数据需要进行采集、整合和清洗，以确保数据的准确性和完整性。

（2）风险预测和识别。通过分析大量历史数据和实时交易数据，智能风控系统可以识别潜在的风险，并预测未来可能发生的风险。

（3）建立风险评估模型。智能风控系统可以建立各种风险评估模型，例如信用评估模型、欺诈检测模型、反洗钱模型等，以帮助银行更准确地评估客户的信用状况和风险水平。

（4）实时监控和预警。智能风控系统可以实时监控交易活动，及时发现异常交易和可疑活动，并向相关人员发出预警信息，以加强风险管理和控制。

（5）风险管理和决策支持。智能风控系统可以为银行提供风险管理和决策支持，例如制订风险管理策略、调整信贷政策、决定是否拒绝某些交易等。

（6）数据分析和挖掘。智能风控系统可以对大量交易数据进行分析和挖掘，以发现交易模式、风险规律和趋势，为银行提供更好的决策依据。

（7）技术支持和创新。智能风控需要不断跟进和应用新技术，包括人工智能、机器学习、区块链等，以提高风控工作的效率和精度。

四、商业银行智能风控手段与方法

商业银行智能风控可以依托于大数据技术、人工智能技术、系统集成技术、人工审核与区块链技术实现。

（一）大数据技术

银行通过收集、存储和分析大量的客户数据，如社交媒体数据、移动设备数据、交易数据、客户数据、市场数据等，对客户行为进行全面、实时的监控和分析，以获取更全面、准确的信息，为银行提供更好的决策支持。大数据在商业银行智能风控中的应用主要包括风险识别和预测、反欺诈和反洗钱、客户画像和风险评估、自动化决策和风险控制、市场情报和竞争分析以及基于用户行为的风险管理等方面。通过大数据技术的应用，商业银行可以更加准确地识别和预测潜在的风险，实现风险决策的自动化和智能化，提高风险管理的效率和准确性，并在制定风险管理策略时更好地把握市场和竞争动态。

（二）人工智能技术

银行通过应用机器学习、神经网络、自然语言处理等人工智能技术，对客户数据进行分析和建模，以实现更准确的风险评估和预测。利用机器学习技术，构建各种风险评估模型，例如信用评估模型、欺诈检测模型、反洗钱模型等，以提高风险管理和控制的准确性和效率。利用自然语言处理技术，对客户的文本数据进行分析和处理，例如客户的信用报告、贷款申请、电子邮件等，以帮助银行更好地了解客户的信用状况和风险水平。

（三）系统集成技术

通过将不同的系统、模型和数据源集成到一个统一的平台中，系统集成技术能够实现不同系统之间的数据交互、信息共享和业务协同。在商业银行智能风控中，系统集成技术可以将来自不同业务领域的大数据、风险模型、预测分析等信息进行整合，从而形成更全面、准确的风险识别、评估和决策。此外，系统集成技术还能够实现风险管理系统与其他业务系统的无缝对接，从而实现实时风险监控、预警和控制。通过充分利用系统集成技术，商业银行可以更加高效、智能地进行风险管理，提升风控水平和业务竞争力。

（四）人工审核

尽管大数据和自动化技术在风控中发挥了积极作用，但在某些情况下，人工审核仍然不可或缺。例如，在复杂的风险场景中，人工审核可以通过深入了解客户的背景信息、识别潜在的欺诈行为、解读复杂的交易模式等方式，发现隐含的风险因素。此外，人工审核还可以在风险事件发生后进行深入调查和追溯，帮助银行更好地应对风险挑战。因此，在商业银行智能风控中，合理运用人工审核方式，能够提升风险识别和管理的精准性和深度，从而更好地保护银行和客户的利益。

（五）区块链技术

区块链作为一种分布式、不可篡改的账本技术，可以提供高度安全和透明的数据存储和传输方式，从而在风控中发挥着独特的优势。区块链可以用于身份验证和信用评估，通过将客户的身份信息和信用历史记录保存在区块链上，确保数据的真实性和完整性，减少欺诈风险。区块链还可以实现智能合约的自动执行，从而在交易中消除中介环节，降低操作风险和成本。此外，区块链还可以用于监测交易流程和资金流向，实现实时的风险监控和预警，提升风控的响应速度和准确性。因此，区块链技术在商业银行智能风控中有望实现更高效、安全和可靠的应用，为银行和客户提供更好的风险管理服务。

数字中国

银联风控：数字化转型守护支付市场安全

支付是民生大事，关系到每个人的日常生活。手机一扫，卡片一刷，每一分钱的支出，都有银联风控的安全守护。2021年银联网络欺诈率为0.32BP（百万分之三十二），持续处在全球低位水平。

"低于30毫秒"，这是银联一体化智能风控系统的实时风险评分响应时间。每一笔欺诈资金被精准拦截的背后，得益于响应时间毫秒级的缩小；每一笔精准清算的背后，得益于银联风控系统不断迭代进化构建起的安全防线。作为银联卡转接清算机构，中国银联始终确保银联网络安全稳定运行。

20年来，银联风控从零起步，从行业风险防控标准和规则的制订，风险分析处置系统的搭建完善，到构建实时风控能力，产业联防联控，再到新时期推进风控数字化转型，服务产业协作发展，如今，银联已基于大数据技术打造了"三重四层两翼"数字化风控体系，为支付市场安全稳定运行保驾护航，守护用户资金安全底线。

资料来源：人民网

任务三 商业银行风险预警

商业银行在进行风险预警时，需要对多种风险进行预测。银行需要预测的风险包括市场风险、信用风险和操作风险等。商业银行风险预警旨在通过监测和评估银行业务活动中可能出现的潜在风险，并及时采取措施以避免或降低其对银行经营健康和金融体系稳定性的不利影响。随着金融市场的不断变化和金融风险的不断演变，商业银行面临着来自市场、信用、操作、流动性等多维度的风险。风险预警作为一种前瞻性的管理手段，可以帮助商业银行在风险暴露前识别、预测和管理潜在风险，从而保护银行的资产安全、维护客户信任，促进金融市场的稳定和可持续发展。

一、商业银行风险预警的意义

商业银行风险预警是指在客户行为和交易过程中，通过风险管理技术手段对潜在风险进行预警，并及时采取相应措施防范和化解风险的过程。通过风险预警系统的建立和完善，可以帮助商业银行及时识别和预警潜在风险，保障客户资金安全，减少风险发生的可能性，提高客户满意度，同时也有利于促进金融市场的健康发展。

商业银行风险预警可以帮助银行发现和评估风险，分析风险的根本原因和类型，预测未来的风险趋势，帮助银行采取相应的措施进行风险控制和规避。这些信息对银行的风险管理和业务决策具有重要的指导作用。商业银行风险预警可以提供以下有用的信息。

（1）风险暴露度。风险预警可以及时发现和评估银行的风险暴露度，帮助银行及时发现风险，避免损失的扩大。

（2）风险趋势。通过对历史数据和当前数据的分析，风险预警可以帮助银行预测未来的风险趋势，及时采取应对措施，降低风险。

（3）风险类型。风险预警可以将银行的风险分类，如信用风险、市场风险、操作风险等，帮助银行分析不同类型的风险，并采取相应的措施进行管理。

（4）风险因素。风险预警可以识别出导致银行风险的因素，如客户信用评级、市场波动、行业发展趋势等，帮助银行分析风险的根本原因，并采取相应的措施降低风险。

（5）风险等级。风险预警可以对银行的风险进行评级，帮助银行识别高风险客户和高风险业务，及时采取措施避免损失。

（6）风险影响。风险预警可以帮助银行评估风险对业务和财务的影响，从而及时采取措施进行风险控制和规避。

二、商业银行风险的类型

商业银行面临的风险类型主要有信用风险、市场风险、利率风险、流动性风险和操作风险。

（一）信用风险

信用风险指由于借款人或其他合同方未能履行约定的债务或其他合同责任而导致的损失风险。例如，借款人不能按时还款或无力偿还欠款。信用风险是商业银行普遍面临的风险，尤其是在贷款业务方面。银行需要评估借款人的信用状况和还款能力，采取措施降低信用风险。

（二）市场风险

市场风险指由于市场因素引起的资产价值波动导致的损失风险。例如，股票、外汇、债券、商品价格波动等。银行需要进行风险管理，采取多样化的投资策略降低市场风险。市场风险可能对企业的销售额、市场份额、品牌声誉、盈利能力和业务发展等方面产生负面影响。

（三）利率风险

利率风险指银行在资产和负债中利率敏感度不同导致的损失风险。例如，存款利率上升导致银行支付更高的利息成本。银行需要采取对冲策略和利率敏感度管理措施降低利率风险。利率风险可能对银行的净利润、资本充足率、资产负债表结构和风险承受能力等方面产生影响。

（四）流动性风险

流动性风险指银行面对资产和负债不匹配导致的资金流出压力和不良影响的风险。例如，大量客户提前支取存款。银行需要实施流动性管理策略，包括加强资金预测和流动性应急措施等。流动性风险可能导致企业无法按时支付员工工资、供应商账款、贷款本息等，影响企业的信誉、经营活动和金融健康状况。

（五）操作风险

操作风险指企业在日常经营活动中，由于内部管理、流程、系统、人员等方面出现错误、失误、疏漏、欺诈等问题，导致业务流程、资金流动、信息安全等方面受到威胁的风险。例如，银行内部管理不善、员工操作不当、信息安全等问题。

三、商业银行风险评估指标体系构建

（一）明确评估目标和范围

商业银行风险评估的目标是了解银行的风险状况、预测未来的风险趋势，以便采取有效的风险管理措施。评估的范围包括银行的财务、业务、市场、管理、合规等方面。

（二）确定评估指标

评估指标应该具有科学性、客观性、可比性、可操作性和可预测性。可以采用定性和定量相结合的方法，选取适当的指标进行评估。常用的评估指标包括财务指标、业务指标、市场指标、操作指标、宏观经济指标、行业指标等。

（三）确定权重

不同指标对风险评估的影响程度不同，需要对各指标进行权重分配。权重分配应该考虑到指标的重要性、可靠性、变异性、有效性等因素。

（四）建立评估模型

评估模型应该综合考虑各指标的权重和数值，形成科学的评估体系。可以采用主成分分析、层次分析、模糊综合评价等方法建立评估模型。

（五）风险评估

通过收集、整理、分析各项指标数据，得出风险评估的结果。评估结果应该是具体、客观、全面、可比较和可预测的，能够对银行的风险状况提供科学的分析和判断。

（六）优化评估指标体系

风险评估指标体系应该不断进行优化和完善，跟随市场和业务发展的变化，及时更新和调整评估指标和权重，以保证评估的准确性和有效性。

构建科学的商业银行风险评估指标体系，可以帮助银行深入了解自身的风险状况，预测未来的风险趋势，及时采取有效的风险管理措施，保障银行的安全稳健运营。

四、商业银行风险预警指标

商业银行风险预警指标包含财务指标、业务指标、市场指标、操作指标、宏观经济指标和行业指标等几类指标。

（一）财务指标

财务指标主要包括银行的资本充足率、资产质量、流动性、杠杆率、净息差和营业成本比率等。

（1）资本充足率。资本充足率是指商业银行资本的总额与风险资产的比率，反映了商业银行的资本实力和风险承受能力。通常要求商业银行资本充足率不低于8%。

（2）资产质量。商业银行的资产质量指标包括不良贷款率、拨备覆盖率和清收率等。不良贷款率是指不良贷款占总贷款的比例，反映了商业银行的信用风险。拨备覆盖率是指商业银行拨备金余额与不良贷款余额的比率，反映了商业银行应对不良贷款的能力。清收率是指商业银行通过追缴收回不良贷款的比例。

（3）流动性。商业银行的流动性指标包括流动性资产占总资产的比例、流动性负债占总负债的比例以及现金和存款准备金占总资产的比例等。这些指标反映了商业银行的偿付能力和资金储备水平。

（4）杠杆率。商业银行的杠杆率是指其总资产与股东权益的比率，反映了商业银行的债务水平和财务风险。

（5）净息差。商业银行的净息差是指其利息收入与利息支出之间的差额，反映了商业银行的盈利能力和风险承担能力。

（6）营业成本比率。商业银行的营业成本比率是指其营业成本与收入之比，反映了商业银行的成本效率和盈利能力。

（二）业务指标

业务指标主要包括银行各项业务的规模、增长率、盈利能力、市场占有率、客户满意度、产品创新度、业务拓展能力等，是评估商业银行风险水平和业务状况的重要指标，有助于银行实现风险控制和业务发展的平衡。商业银行作为金融机构，在经营过程中面临着多种风险，以下从不同方面来阐述商业银行风险。

（1）规模风险。商业银行规模风险主要体现在其资产规模过大或过小时带来的风险。资产规模过大可能导致资本运作不灵活、资产流动性差、风险管理能力不足等问题，资产规模过小则可能导致缺乏竞争力、盈利能力较差等问题。

（2）增长率风险。商业银行增长率风险主要体现在其过快或过慢的业务增长带来的风险。过快的业务增长可能导致风险管理不力、贷款不良率上升等问题，过慢的业务增长则可能导致市场占有率下降、盈利能力下降等问题。

（3）盈利能力风险。商业银行盈利能力风险主要体现在其盈利水平不稳定或盈利能力下降的情况下带来的风险。如果银行的盈利能力下降，可能会导致其无法满足监管要求、资本充足率下降等问题。

（4）市场占有率风险。商业银行的市场占有率风险指在银行业竞争激烈的市场环境下，银行在一段时间内所占据的市场份额可能会受到影响或下降的风险。商业银行应该密切关注市场份额的变化，采取有效措施来应对市场风险，例如拓展新市场、提高产品和服务质量、降低成本和提高效率等。

（三）市场指标

市场指标主要包括银行股票价格、债券价格、市场份额和信用评级等。

（1）股票价格。商业银行的股票价格是市场对其风险状况的反映，如果股价持续下跌，说明市场对该银行的风险担忧增加。

（2）债券价格。商业银行债券的价格也是市场对其风险状况的反映，如果债券价格下降，说明市场对该银行信用风险的担忧加剧。

（3）市场份额。商业银行的市场份额也是其风险状况的重要指标，如果市场份额下降，说明该银行的市场地位受到挑战，可能面临业务萎缩和盈利下降等风险。

（4）信用评级。商业银行的信用评级是反映其信用风险状况的重要指标，评级下调可能会导致该银行的融资成本上升，进而加剧其风险状况。

（四）操作指标

银行操作指标主要包括银行的内部控制、管理效率、员工素质、合规风险、信息技术安全、业务流程改进等。由于内部失误、管理不善、系统故障、欺诈行为等原因易于导致银行业务损失或声誉受损。

（1）人员风险。员工或管理层的不当行为或决策导致的风险，如内部欺诈、贪污腐败、疏忽大意等。

（2）流程风险。银行内部业务流程设计不合理、执行不当或操作错误等导致的风险，如审批流程漏洞、交易处理错误、资料不完整等。

（3）系统风险。银行信息系统设计、开发、运行等环节存在漏洞或系统故障，导致信息泄露、系统崩溃、数据丢失等问题。

（4）外部风险。由于外部环境变化、政策法规变化等原因导致的风险，如经济周期变化、自然灾害、法规政策调整等。

（5）法律风险。银行的业务活动违反了相关法律法规，或银行未能遵循相关行业标准或监管要求，导致法律诉讼或罚款等风险。

（五）宏观经济指标

宏观经济指标主要包括银行所在地区的国内生产总值（GDP）、人均收入、物价水平、财政政策、货币政策、经济增长率、就业情况等。

（1）信用风险。宏观经济下滑或行业经济不景气时，借款人的偿还能力可能会受到影响，从而增加银行贷款违约的风险。此外，金融市场波动也可能导致资产质量下降，增加银行不良贷款的风险。

（2）流动性风险。经济下滑可能导致市场信心下降，从而减少存款和资金来源，增加银行流动性风险。此外，央行货币政策的变化也可能导致市场资金供给的变化，进而影响商业银行的流动性。

（3）市场风险。宏观经济变化可能导致金融市场波动加剧，银行持有的债券和股票等资产的市值可能会受到影响，增加银行市场风险。

（4）利率风险。宏观经济的变化可能导致央行利率政策的调整，而这可能会对商业银行的利润和财务表现产生影响，增加银行利率风险。

（5）政策风险。宏观经济的政策环境也可能对商业银行产生影响，如税收政策、监管政策等的变化可能会影响银行的盈利能力和经营环境。

（六）行业指标

行业指标主要包括银行所处行业的市场竞争、行业发展趋势、政策法规变化、市场供求情况、行业风险等。行业对商业银行的风险主要包括以下几个方面。

（1）行业信用风险。商业银行向某些行业的借款人提供贷款时，受到该行业整体经济环境的影

响。如果某个行业整体经济状况不佳，那么商业银行借款人违约的风险会相应增加，商业银行的不良贷款率也会上升。

（2）行业监管风险。不同行业的监管政策和标准不同，商业银行的业务发展受到行业监管政策的影响。如果某个行业的监管政策变得更加严格，商业银行需要投入更多的人力、财力和时间来适应这些变化，因此会面临行业监管风险。

（3）行业市场风险。某些行业的市场波动性较大，如果某个行业的市场价格剧烈波动，商业银行持有的相关资产的价值也会大幅度波动，进而导致商业银行的市场风险增加。

（4）行业竞争风险。不同行业的竞争环境也不同，某些行业的竞争激烈程度高，商业银行在这些行业的业务拓展和收益率可能会受到挑战，因此商业银行也面临着行业竞争风险。

（5）行业创新风险。某些行业的技术和模式创新速度较快，商业银行需要加大研发和技术投入才能跟得上行业发展形势，从而获得持续的生存和发展。

动动手

请选择一家银行，收集风险预警指标数据，运用因子分析法确定指标权重，构建商业银行风险预警指标体系，并计算和评估风险水平。

五、商业银行风险预警模型建立步骤

建立商业银行风险预警模型需要考虑银行的业务特点和风险特点，采用合适的建模方法和技术，通过大量数据的处理和分析，提高风险预警的准确性和及时性。建立商业银行预警模型可按照以下步骤。

（1）确定风险预警模型的目标。银行需要明确风险预警模型的目标，比如预测贷款违约、市场风险波动等。这将有助于银行选择合适的建模方法和技术。

（2）数据收集和准备。银行需要从不同来源收集相关数据，包括财务数据、市场数据、经营数据、风险评级等，可以将这些数据进行处理和整合，建立数据仓库和数据集。

（3）特征工程。银行需要对数据进行特征工程，通过数据清洗、特征提取、特征选择等方法，提取有用的数据特征，以便用于建模。

（4）选择合适的建模方法。根据银行的业务特点和风险特点，选择合适的建模方法，包括传统统计学方法、机器学习方法和深度学习方法等。对于复杂的问题，可以采用多个建模方法结合的方法。

（5）模型训练和验证。银行需要将数据集分为训练集和测试集，用训练集训练模型，并通过测试集验证模型的准确性和可靠性。在训练和验证过程中，需要不断调整和优化模型，以提高预测的准确性。

（6）模型部署和监控。完成模型训练和验证后，银行需要将模型部署到实际的生产环境中，并建立监控系统，及时监测模型的表现和效果，并进行调整和优化。

六、商业银行风险预警机制

商业银行风险预警机制是一个复杂的系统工程，需要从多个方面进行考虑和实践。通过建立完善的风险管理框架、采用科学的风险评估方法、制订适合的风险预警指标、建立完善的风险监测系统、组建专业的风险管理团队和树立风险管理的文化,可以有效地提高银行的风险管理能力和水平,保护银行的资产和客户的利益。

(1)风险管理框架。商业银行需要建立完善的风险管理框架,明确风险管理的目标、职责、制度和流程,确保风险管理工作的有效性和合规性。

(2)风险评估方法。商业银行需要采用科学的风险评估方法,对银行业务和客户的风险进行评估和分类,确定风险等级,并制订相应的管理措施。

(3)风险预警指标。商业银行需要制订适合自身业务和风险特点的风险预警指标,包括财务指标、业务指标、市场指标和操作指标等,通过监控这些指标来及时发现和预警风险。

(4)风险监测系统。商业银行需要建立完善的风险监测系统,通过数据挖掘、风险模型等手段对风险进行实时监测和分析,及时发现异常情况并进行预警。

(5)风险管理团队。商业银行需要组建专业的风险管理团队,包括风险管理部门、风险控制部门、内部审计部门和合规部门等,实现风险管理的专业化和专责化。

(6)风险管理文化。商业银行需要树立风险管理的文化,倡导风险意识和风险管理的理念,强化员工的风险管理能力和责任意识,形成良好的风险管理氛围。

实战演练:信用卡欺诈检测

新长奥信用卡中心有限公司在经营业务时发现,信用卡业务的各个环节,从申请、审批、制卡到卡片寄送、启用、刷卡消费都存在不同形式的欺诈风险,造成巨大损失。其中信用卡欺诈现状有:① 信用卡欺诈损失严重;② 虚假申请和伪卡欺诈占比最大;③ 呈现高科技化,非过卡欺诈风险加剧。

公司经营困境与挑战有:① 风险防控机制不完善;② 科技水平不足;③ 发展与风控存在矛盾。

任务目标:了解企业现状,根据策略提出解决方案。借助信用卡用户交易数据,利用决策树算法,建立信用卡欺诈检测模型,得出结论,提出业务策略和优化建议。利用决策树算法,找出自变量与因变量的映射关系,建立模型,预测交易订单是否存在欺诈。其中,用到的指标数据有自变量和因变量。

任务实现方式:数据挖掘工具、Python

任务准备:信用卡交易数据说明:新长奥信用卡中心有限公司为了降低信用卡交易过程中的风险,采用了部分客户信用卡交易数据进行研究。数据约2万条,共8个特征:① 交易离家的距离;② 距离上一次交易发生地的距离;③ 购买价格交易与中位购买价格的比率;④ 交易是否来自同一零售商;⑤ 是否通过信用卡进行的交易;⑥ 交易是否使用密码进行;⑦ 交易是否为在线订单;⑧ 交易是否具有欺诈性。其中,前七个特征为指标数据中的自变量,最后一个特征为指标数据中的因变量。

任务流程:① 数据准备—数据质量检测。② 数据预处理—将收集到的数据转换成可进行分析的标准数据格式。③ 数据分析与挖掘—进行图表等可视化分析和数据价值挖掘。④ 项目成果—得出结论,提出业务策略和优化建议。

任务1 数据准备

数据质量分析是数据挖掘中数据准备过程重要的一环，是数据预处理的前提。数据质量检查是在完成宽表数据开发后进行的，主要包括四个方面：重复值检查、缺失值检查、数据倾斜检查、异常值检查。样本不平衡，是分类任务中不同类别的训练样例数目差别很大的情况。一般地，样本类别比例（多数类 vs 少数类）超过 4∶1（或 3∶1）的数据就可以称为不平衡数据。数据表见项目五资料包。

1. 重复值检测

在 Pandas 中，可以使用检测重复值函数检验是否存在重复数据。

操作步骤：

（1）打开新道代码编辑器，建立脚本并编写代码。

（2）导入 Python 库，代码如下：

```
import pandas as pd
```

（3）读取数据，代码如下：

```
df = pd.read_csv('信用卡欺诈检测/数据来源/信用卡数据.csv')
print(df.head( ))
```

（4）重复值检测，代码如下：

```
duplicateRowsDF = df[df.duplicated(keep = False)]
print(duplicateRowsDF)
```

代码功能释义：

pandas 提供的重复值的检测方法是 duplicated，用于标记 Series 中的值、DataFrame 中的记录行是否重复，重复为 True，不重复为 False。

重复值检测代码及运行结果如图 5-6 所示。

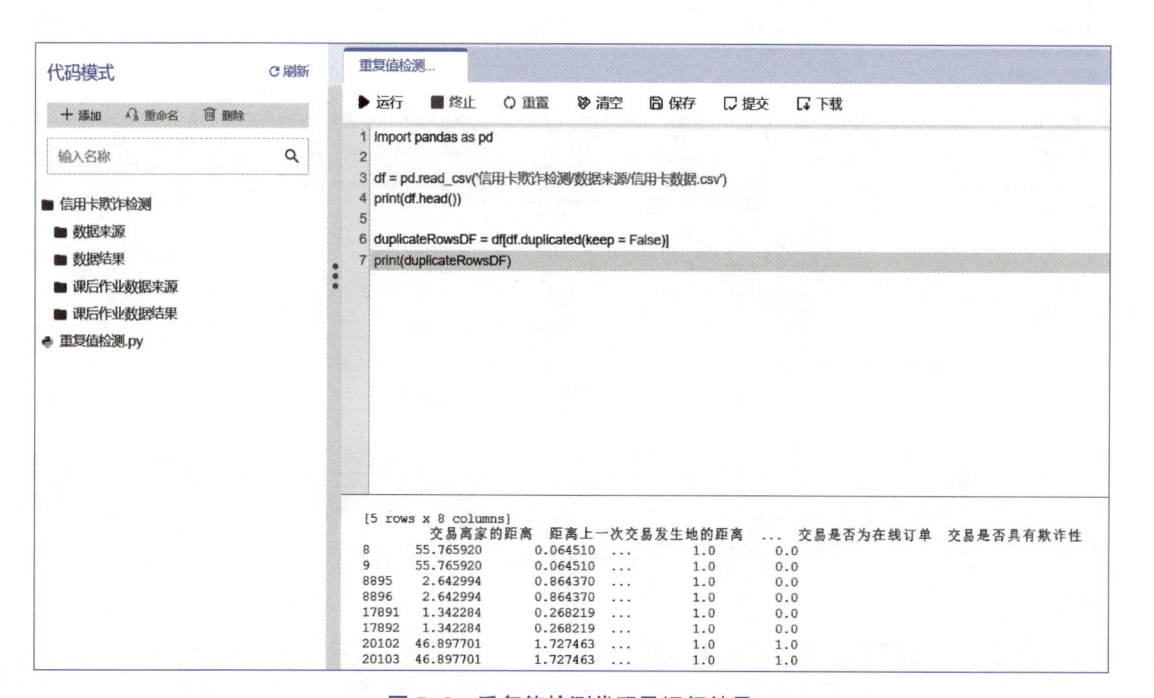

图 5-6 重复值检测代码及运行结果

2. 缺失值检测

在 Pandas 中，可以使用缺失值函数检测数据是否存在缺失值。

操作步骤：

（1）打开新道代码编辑器，建立脚本并编写代码。

（2）导入 Python 库，代码如下：

```python
import pandas as pd
```

（3）读取数据，代码如下：

```python
df = pd.read_csv('信用卡欺诈检测/数据来源/信用卡数据.csv')
print(df.head())
```

（4）缺失值检测，代码如下：

```python
print(df.isnull().any(axis=0))
```

代码功能释义：

pandas 提供的缺失值的检测方法是 isna 和 isnull，两者的用法没有区别，这里使用 isnull。该方法通过布尔值的形式反馈某个值是否为缺失值。该处为缺失值，返回 True，该处不为缺失值，则返回 False。

（5）统计缺失值的个数，代码如下：

```python
print(df.isnull().values.sum())
```

缺失值检测代码及运行结果如图 5-7 所示。

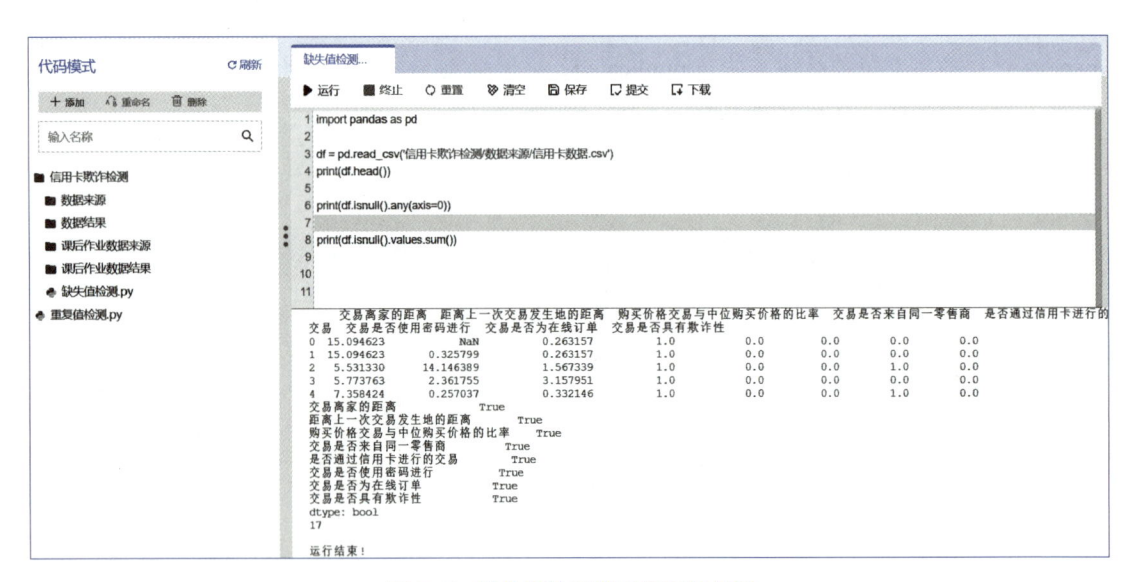

图 5-7　缺失值检测代码及运行结果

3. 样本平衡性检测

统计欺诈与非欺诈的样本数，判断其是否存在样本不平衡现象。

操作步骤：

（1）打开新道代码编辑器，建立脚本并编写代码。

（2）导入 Python 库，并设置中文显示与负号显示，代码如下：

```
import pandas as pd
import matplotlib.pyplot as plt
import matplotlib as mpl
mpl.rcParams['font.sans-serif'] = ['simhei']
mpl.rcParams['axes.unicode_minus'] = False
```

（3）读取数据，代码如下：

```
df = pd.read_csv(' 信用卡欺诈检测 / 数据来源 / 信用卡数据 .csv')
print(df.head( ))
```

（4）统计欺诈与非欺诈的样本数量，代码如下：

```
fig,ax = plt.subplots(dpi=600)# 定义画布、子图
df[' 交易是否具有欺诈性 '].value_counts( ).plot(ax = ax, kind = 'bar', ylabel = ' 样本数 ', xlabel=' 样本标签 ')
# 统计欺诈与非欺诈的数量：dfr' 交易是否具有欺诈性 7,value_counts( )
plt.show( )    # 显示图片
print(df[' 交易是否具有欺诈性 '].value_counts( ))
```

代码功能释义：

一般画图步骤：首先定义画图的画布：fig = plt.figure( )；然后定义子图 ax，使用 ax = fig.add_subplot（行，列，位置标）；最后画图。

value_counts 是统计某个字段各种值数据出现的频率。

样本平衡性检测代码及运行结果如图 5-8 所示。

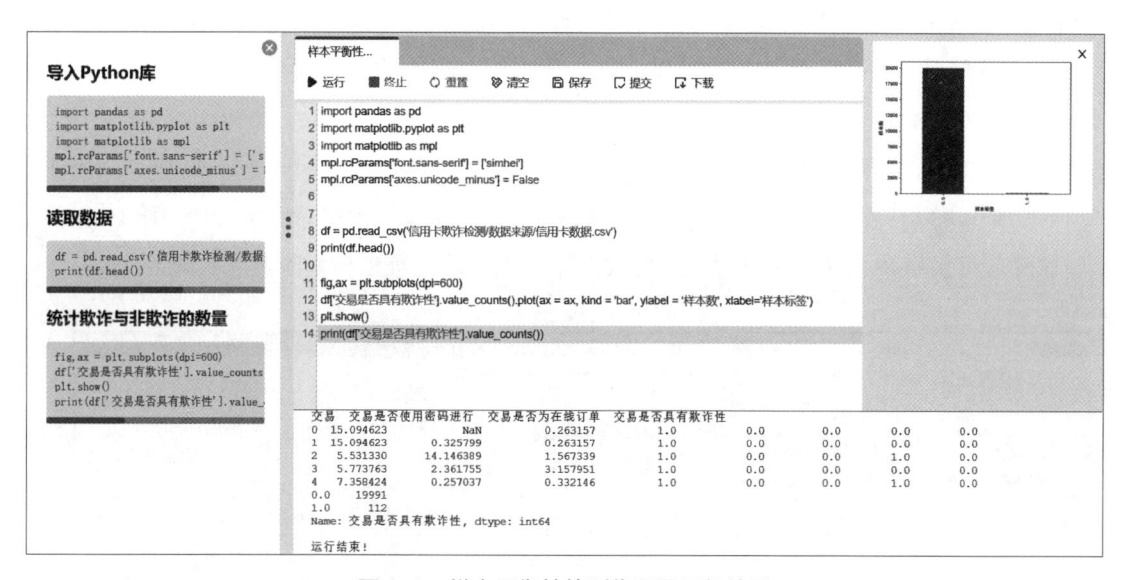

图 5-8 样本平衡性检测代码及运行结果

任务 2 数据预处理

重复值处理：重复数据就是同样的记录有多条，对于这样的数据我们一般做删除处理。因为重复数据在进行数据分析或数据挖掘的过程中，对其输出结果有重要的影响。

缺失值处理方法：删掉缺失值所在行或者所在列。缺失值少，对数据集的影响可以忽略不计，缺失数据量大，将无法挽救。

SMOTE 过采样：SMOTE 算法的基本思想就是对少数类别样本进行分析和模拟，并将人工模拟的新样本添加到数据集中进而使原始数据中的类别不再严重失衡。该算法的模拟过程采用了 KNN 技术。实际上就是对每个少数类样本 a，在 a 与邻近之间的连线上随机选一点作为新合成的少数类样本。

1. 删除重复值

在前面数据探索环节，发现数据存在重复值，需要将其进行删除。

操作步骤：

（1）打开新道代码编辑器，建立脚本并编写代码。

（2）导入 Python 库，代码如下：

```
import pandas as pd
```

（3）读取数据，代码如下：

```
df = pd.read_csv(' 信用卡欺诈检测 / 数据来源 / 信用卡数据 .csv')
print(df.head( ))
```

（4）删除重复值，代码如下：

```
df = df.drop_duplicates( )
print(df.head( ))
```

代码功能释义：

DataFrame.drop_duplicates(keep = 'first') 为返回除了重复行的 DataFrame，可选择仅考虑某些列参数：

keep：['first', last, False}，默认 'first'；

first：删除第一次出现的重复项；

last：删除重复项，除了最后一次出现；

False：删除所有重复项。

（5）保存结果，代码如下：

```
df.to_csv(' 信用卡欺诈检测 / 数据结果 / 删除重复数据 .csv', index=False, encoding='utf-8-sig')
```

删除重复值代码运行如图 5-9 所示，运行结果见项目五资料包—删除重复数据文件。

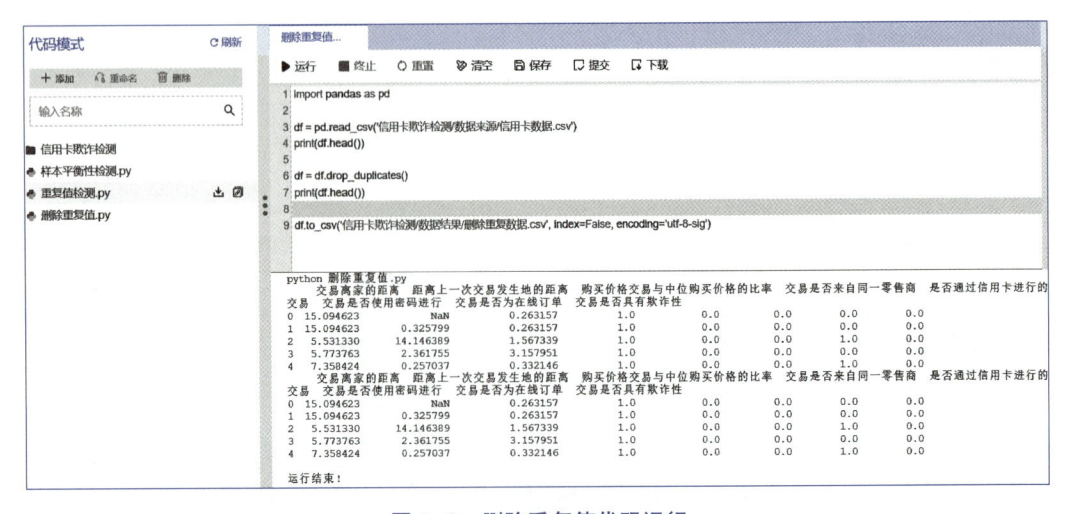

图 5-9　删除重复值代码运行

2. 删除缺失值

在前面数据准备环节，发现数据存在缺失值，需要将缺失值删除。

操作步骤：

（1）打开新道代码编辑器，建立脚本并编写代码。

（2）导入 Python 库，代码如下：

```
import pandas as pd
```

（3）读取数据，代码如下：

```
df = pd.read_csv('信用卡欺诈检测/数据来源/删除重复数据.csv')
print(df.head())
```

（4）缺失值处理，代码如下：

```
df = df.dropna()
print(df.head())
```

代码功能释义：

pandas 提供了删除缺失值的方法是 dropna。DataFrame.dropna(axis = 0, how = 'any', thresh = None, subset = None, inplace = False) 删除缺失的值。

参数说明：

axis：0 或 index，1 或 columns，确定是否删除包含缺失值的行或列，默认为 0。0 或 index：删除包含缺失值的行 1 或 columns：删除包含缺失值的列。

how：any，al，当有至少一个 NA 或全部 NA 时，确定是否从 DataFrame 中删除行或列 any：如果存在任何 NA 值，则删除该行或列。a11：如果所有值均为 NA，则删除该行或列。默认为 any

thresh：thresh = n 表示保留至少含有 n 个非 NA 数值的行。

subset：表示要在哪些列中查找缺失值。

inplace：默认为 False；如果为 True，表示直接在原 DataFrame 修改，如果为 False 函数将返回包含删除行的数据。

（5）保存结果，代码如下：

```
df.to_csv('信用卡欺诈检测/数据结果/数据清洗结果.csv', index=False, encoding='utf-8-sig')
```

删除缺失值代码运行如图 5-10 所示，运行结果见项目五资料包—数据清洗结果文件。

3. 样本过采样

由于信用卡欺诈数据分布的不均衡，因此对数据进行采样，使数据达到平衡。这里采用 SMOTE 过采样，是将少数的样本扩增到与多数样本相同的样本数。

操作步骤：

（1）打开新道代码编辑器，建立脚本并编写代码。

（2）导入 Python 库，代码如下：

```
import pandas as pd
from imblearn.over_sampling import SMOTE
from sklearn.model_selection import train_test_split
```

代码功能释义：

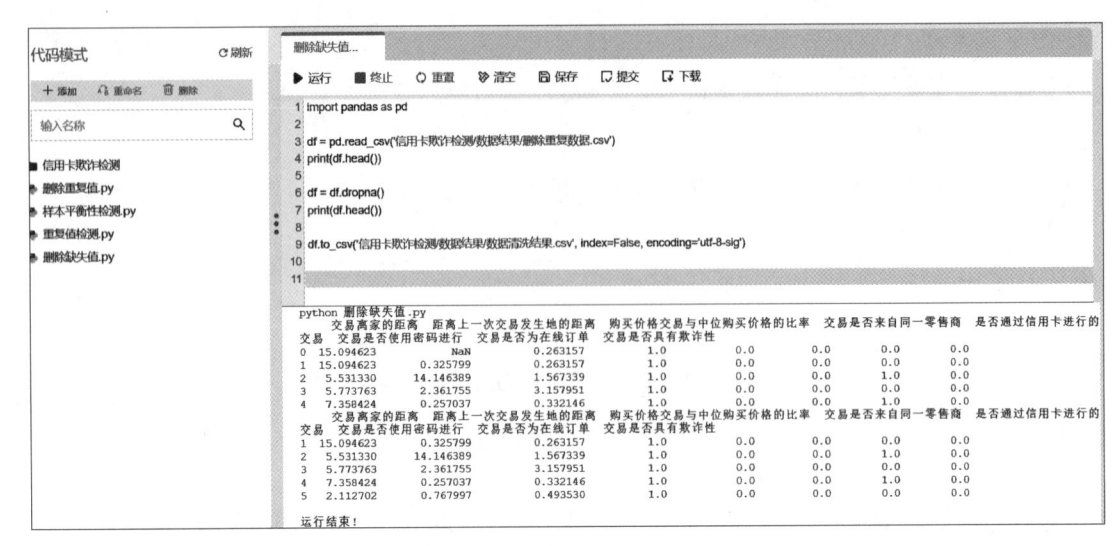

图 5-10 删除缺失值代码运行

sklearn（全称 scikit-learn）是基于 Python 语言的机器学习工具。它建立在 numPy、sciPy、pandas 和 matplotlib 之上，里面的 API 的设计非常好，所有对象的接口简单，很适合新手使用。在 sklearn 里面有六大任务模块：分别是分类、回归、聚类、降维、模型选择和预处理。

（3）读取数据，代码如下：

df = pd.read_csv(' 信用卡欺诈检测 / 数据结果 / 数据清洗结果 .csv')
print(df.head( ))

（4）找出自变量和因变量数据，代码如下：

X = df.loc[:, df.columns != ' 交易是否具有欺诈性 ']
y = df.loc[:, df.columns == ' 交易是否具有欺诈性 ']

（5）数据集拆分，代码如下：

将数据集拆分，训练集：测试集 =7:3
train_x, test_x, train_y, test_y = train_test_split(X, y, test_size=0.25, random_state=123)

代码功能释义：

训练集：用来训练模型内参数的数据集。

测试集：评估模型的好坏，用来最终评估效果。train、test、split：可以是列表、numpy 数组、scipy 稀疏矩阵或 pandas 的数据框。

test_size：可以为浮点、整数或 None，默认为 None。若为浮点时，表示测试集占总样本的百分比。若为整数时，表示测试样本的样本数，若为 None 时，test size 自动设置成 0.25。

random state：可以为整数、randomstate 实例或 None，默认为 None。若为 None 时，每次生成的数据都是随机的，可能不一样，若为整数时，每次生成的数据都相同。

（6）SMOTE 过采样，代码如下：

overstamp = SMOTE(random_state=123)
SMOTE_train_x, SMOTE_train_y = overstamp.fit_resample(train_x, train_y)
print(SMOTE_train_y.value_counts( ))

代码功能释义：

SMOTE 方法：取少数样本中的一个数据，求出该样本与其他样本的距离，根据欧几里得度量进行排序，取出前 N 个数据；新数据的位置：X_new = X + rand(0, 1)。distance X 表示当前数据的位置，distance 表示与另外一个数据的欧几里得距离，乘一个随机值。

（7）合并数据集，代码如下：

df_train = pd.concat([SMOTE_train_x, SMOTE_train_y], axis=1)
print(df_train.head( ))
df_test = pd.concat([test_x, test_y], axis=1)
print(df_test.head( ))

代码功能释义：

将自变量和因变量数据进行合并，concat(obis, axis = 0)：提供行方向和列方向进行内联或外联的拼接操作。

参数说明：

obis：连接内容，需要连接的数据，可以是多个 DataFrame 或者 Series。为必传参数

axis：轴方向，axis = 0：即 axis = index，进行纵向连接（根据列名），增加行：最后的行数一定等于几个子 df 的行数和；axis = 1：即 axis = columns，进行横向连接（根据索引标签），增加列：最后的列数一定等于几个子 df 的列数和。

（8）保存结果，代码如下：

df_train.to_csv(' 信用卡欺诈检测 / 数据结果 / 训练集数据 .csv', index=False, encoding='utf-8-sig')
df_test.to_csv(' 信用卡欺诈检测 / 数据结果 / 测试集数据 .csv', index=False, encoding='utf-8-sig')

样本过采样代码运行如图 5-11 所示，运行结果见项目五资料包—训练集数据、测试集数据文件。

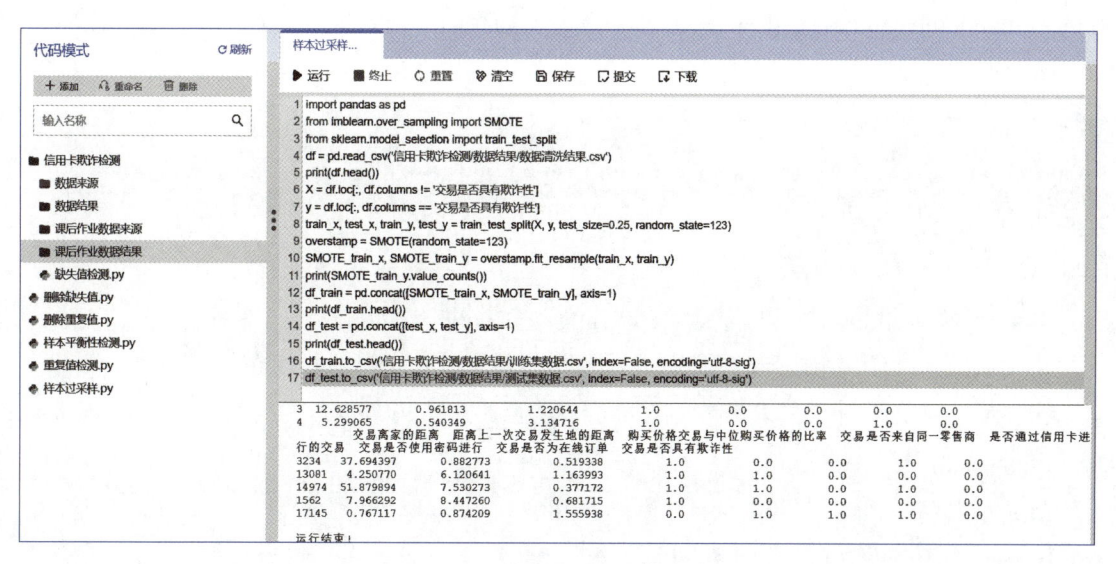

图 5-11　样本过采样代码运行

任务3　数据分析与挖掘

决策树（decision tree）是一种基本的分类与回归方法。本任务主要讨论用于分类的决策树。在

分类问题中，决策树模型呈树形结构，表示基于特征属性对样本进行分类的过程，是将原本杂乱不确定的信息变成一个确定、有序的信息。

1. 数据分析

主要分析自变量和因变量之间的关系。通过条形图和增强箱图，快速发现他们的关系。

操作步骤：

（1）打开新道代码编辑器，建立脚本并编写代码。

（2）导入 Python 库，并设置中文显示和负号显示，代码如下：

```
import pandas as pd
import matplotlib.pyplot as plt
import seaborn as sns
import matplotlib as mpl
plt.rcParams['font.sans-serif'] = ['simhei']   # 中文显示
mpl.rcParams['axes.unicode_minus'] = False   # 负号显示
```

（3）读取数据，代码如下：

```
df = pd.read_csv(' 信用卡欺诈检测 / 数据结果 / 数据清洗结果 .csv')
print(df.head( ))
```

（4）离散数据的自变量与目标变量（因变量）的分析，代码如下：

```
fig, [[ax1,ax2], [ax3,ax4]] = plt.subplots(2,2,figsize = (15,12), dpi=600)   # 创建画像，4 个子图，画像大小：15*12 英寸，分辨率：600
sns.countplot(x = ' 交易是否具有欺诈性 ', hue= ' 交易是否来自同一零售商 ', palette='coolwarm', data = df, ax=ax1)   # 统计交易是否具有欺诈性 " 与 " 交易是否来自同一零售商 ' 两个类别的数量
# 在图形显示数字
# 指的是 matplotlib.patches 包里面的一系列对象，比如我们常见的箭头、正方形、椭圆等等，也称之为"块"
# ax1.patches: 获取子图 1 所有的条形图
for p in ax1.patches:
# p.get_height( ): 柱的高度
# p.get_x( ): 横坐标值
    ax1.annotate(p.get_height( ),(p.get_x( )+0.1, p.get_height( )+200))
# 统计，交易是否具有欺诈性与是否通过信用卡进行的交易两个类别的数量
sns.countplot(x = ' 交易是否具有欺诈性 ', hue= ' 是否通过信用卡进行的交易 ', palette='coolwarm', data = df,ax=ax2)
# 在图形显示数字
# ax2.patches: 获取子图 2 所有的条形图
for p in ax2.patches:
    ax2.annotate(p.get_height( ),(p.get_x( )+0.1, p.get_height( )+200))
# 统计，交易是否具有欺诈性与交易是否使用密码进行，两个类别的数量
```

```
sns.countplot(x = ' 交易是否具有欺诈性 ', hue= ' 交易是否使用密码进行 ', palette='coolwarm', data = df,ax=ax3)
# 在图形显示数字
# ax3.patches: 获取子图 3 所有的条形图
for p in ax3.patches:
    ax3.annotate(p.get_height( ),(p.get_x( )+0.1, p.get_height( )+200))
# 统计，交易是否具有欺诈性与交易是否为在线订单，两个类别的数量
sns.countplot(x = ' 交易是否具有欺诈性 ', hue= ' 交易是否为在线订单 ', palette='coolwarm', data = df, ax=ax4)
# 在图形显示数字
# ax4.patches: 获取子图 4 所有的条形图
for p in ax4.patches:
    ax4.annotate(p.get_height( ),(p.get_x( )+0.1, p.get_height( )+200))
df = df.drop_duplicates( )
# 保存图片结果
plt.savefig(' 信用卡欺诈检测 / 数据结果 / 自变量与因变量条形图 .png')
```

（5）连续数据的自变量与目标变量（因变量）的分析，代码如下：

```
# 创建画布，并划分子图区域，指定图像大小和分辨率
fig,[ax1,ax2,ax3,]=plt.subplots(1,3,figsize=(12,8),dpi=600)
# 画箱线图
sns.boxenplot(x=" 交易是否具有欺诈性 ", y=" 交易离家的距离 ", data=df, palette='Blues', ax=ax1)
sns.boxenplot( x=" 交易是否具有欺诈性 ", y=" 距离上一次交易发生地的距离 ", data=df, palette='cubehelix', ax=ax2)
sns.boxenplot( x=" 交易是否具有欺诈性 ", y=" 购买价格交易与中位购买价格的比率 ", data=df, palette= 'RdBu_r', ax=ax3)
# 保存图片结果
plt.savefig(' 信用卡欺诈检测 / 数据结果 / 自变量与因变量增强箱图 .png')
```

代码功能释义：

增强箱图：又称增强盒形图，可以为大数据集绘制增强的箱图。增强箱图通过绘制更多的分位数来提供数据分布的信息。

seaborn.boxenplot(x = None, y = None, data = None, palette = None)：增强箱图

参数说明：

x，y：数据字段变量名，x、y 常用来指定 x、y 轴的分类名称。

data：DataFrame，数组或数组列表。

palette：调色板名称，list 类别或者字典，用于对数据不同分类进行颜色区别。可以内置的颜色板，如 hls, husl, Paired, Set2, Blues, BuGn_r, GnBu_d, cubeheTix, green, purpTe, navy, BrBG, RdBu_r, coolwarm；也可以进行个性化定制：如 flatui =["#9b59b6", "#3498db", "#95a5a6"#e74c3c",

项目五 大数据在商业银行风控的应用

"#34495e"，"#2ecc71"]，sns.palplot(sns.color_palette(flatui)).

ax：用来指定子图。

数据分析代码运行如图5-12所示，运行结果见项目五资料包—自变量与因变量条形图、自变量与因变量增强箱图文件。

图5-12 数据分析代码运行

2. 信用卡欺诈检测

利用数据挖掘工具建立识别信用卡欺诈行为模型。

操作步骤：

（1）登录新道云平台，进入"项目实战—信用卡欺诈—数据分析与挖掘"，单击开始任务，打开数据挖掘工具。

（2）单击"选择数据源"，左侧弹出"选择数据源框"，单击向下的箭头，选择内置数据表，单击【保存】，如图5-13所示。

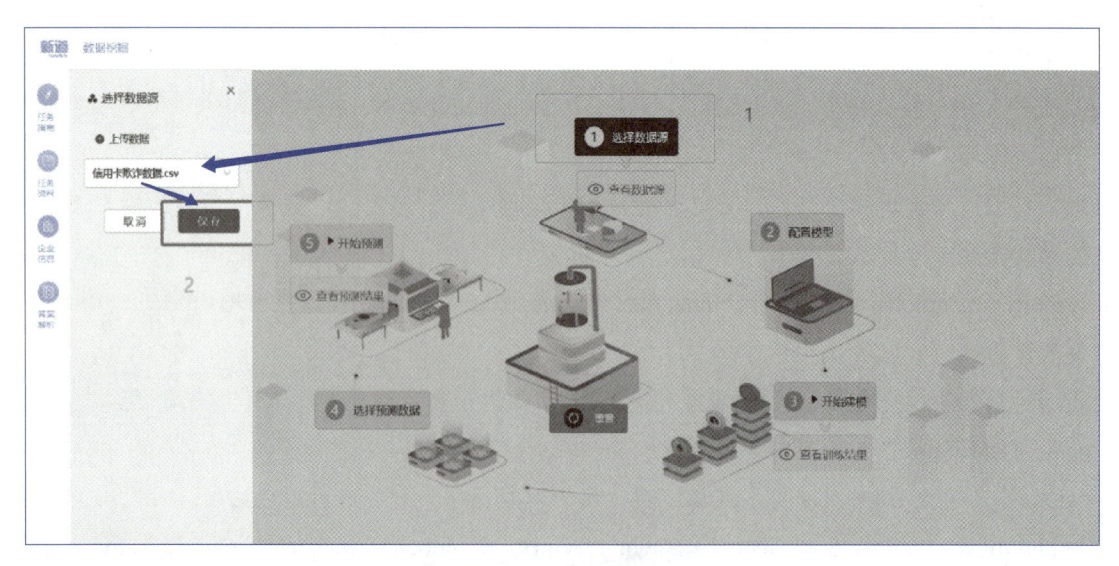

图5-13 保存数据源

（3）单击配置模型，弹出模型库，选择分类分析中的决策树，在右侧弹出决策树参数设置框。

① 选择自变量的元素，设为自变量，单击【确认】。

② 选择因变量的元素，设为因变量，单击【确认】。

③ 填写测试集比例，填写 0~1 之间的数。建立填写 0.2 到 0.3 之间的数。例如：0.2 表示测试集比例是 0.2，训练集比例是 0.8。

④ 填写树的深度，深度范围，这里可以填写标题提示的数据 1~5。

⑤ 填写最小叶子数，即每个叶子节点最少样本数，这里可以写 1。

⑥ 选择测量分割指数的函数，最后单击【保存】。

操作过程如图 5-14、图 5-15 所示。

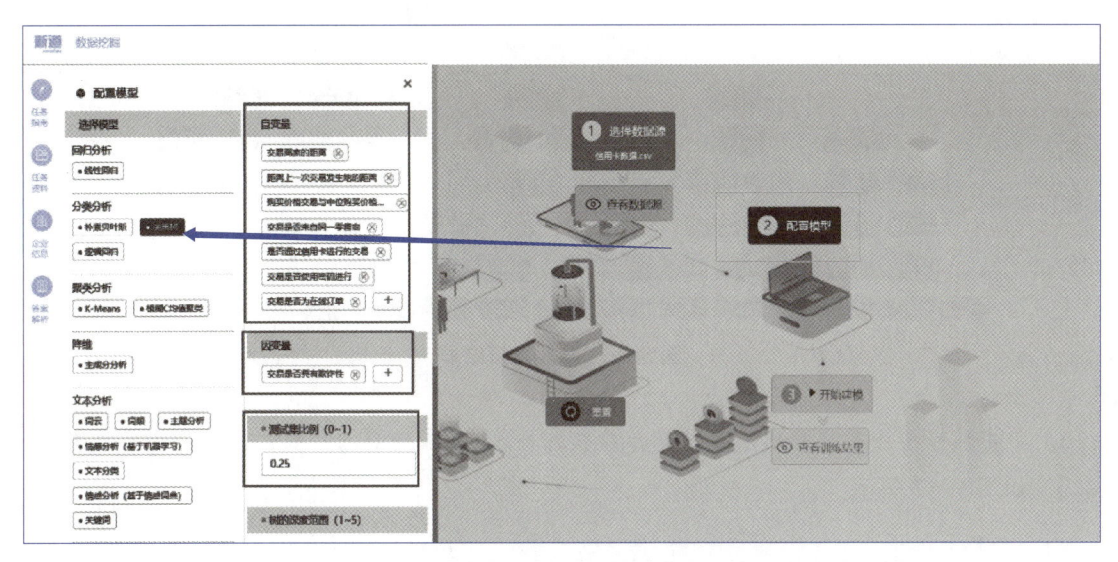

图 5-14 挖掘工具自变量、因变量、测试集比例选择

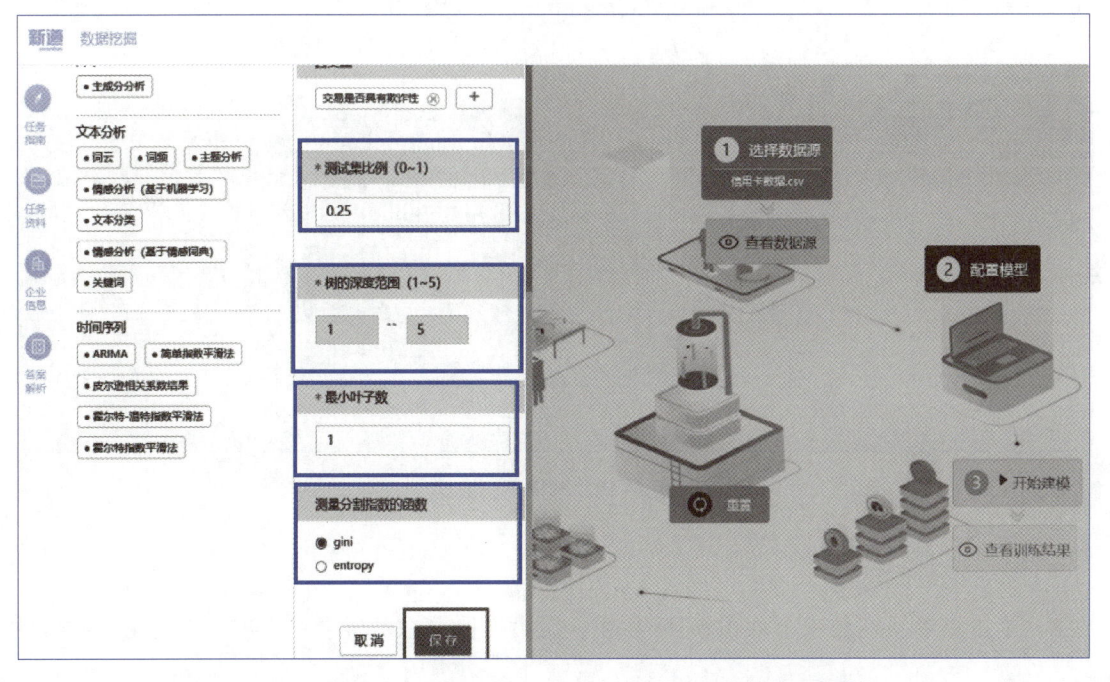

图 5-15 挖掘工具树深、最小叶子树、测量分割指数的函数选择

项目五　大数据在商业银行风控的应用

（4）单击开始建模。

（5）单击查看训练结果（每一次训练模型的结果会有浮动），如图5-16所示，运行结果见项目五资料包—信用欺诈数据训练结果文件夹。

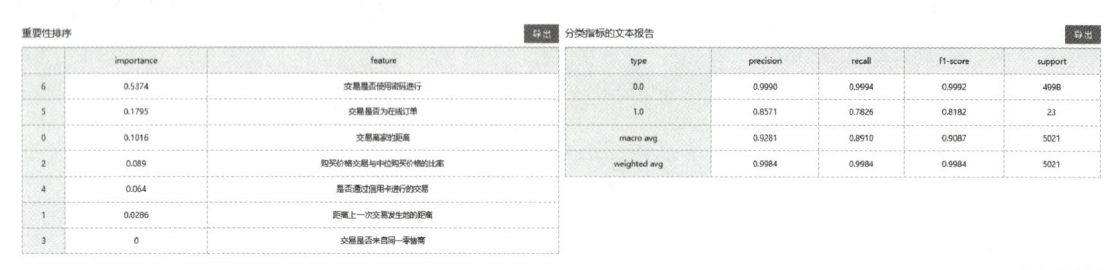

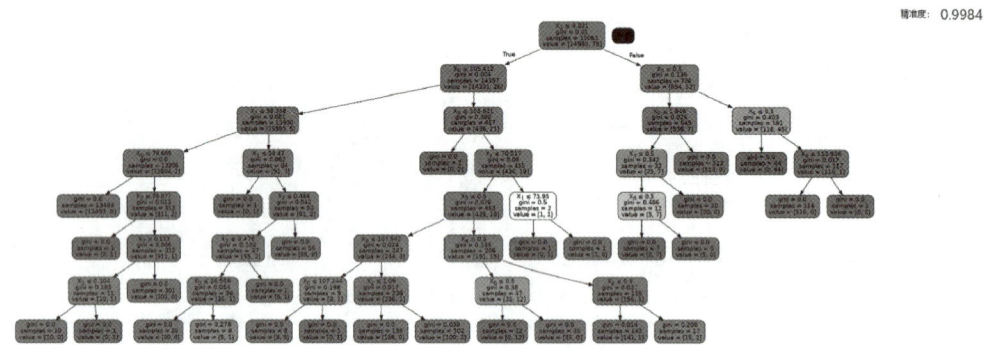

图 5-16　数据建模结果

（6）单击选择预测数据弹出左侧"选择数据源框"，单击向下的箭头，选择内置数据表；单击【保存】，如图5-17所示。

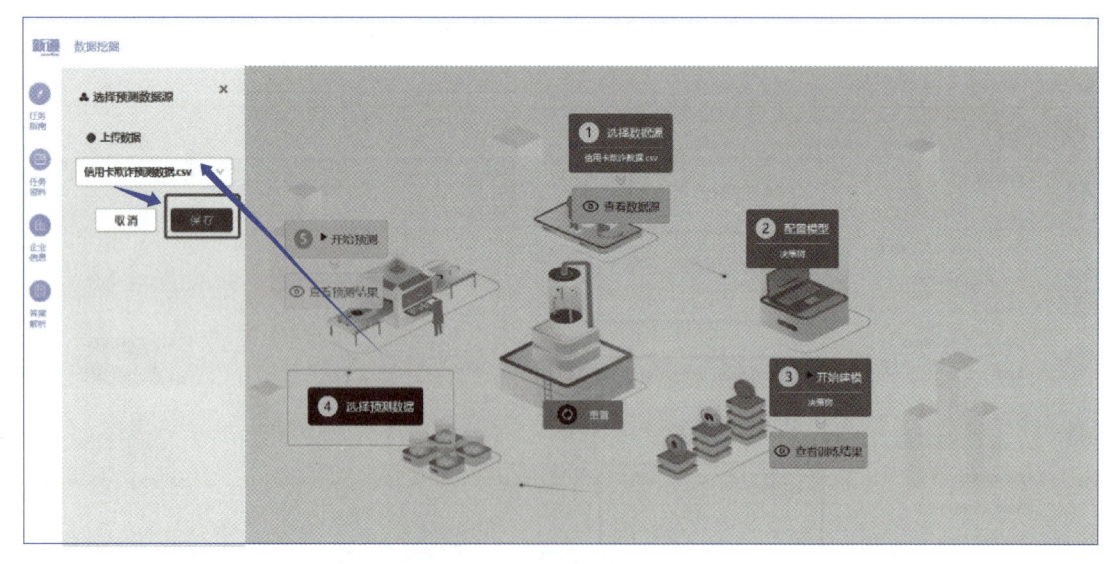

图 5-17　选择预测数据

（7）单击开始预测。

（8）单击查看预测结果，如图5-18所示，运行结果见项目五资料包—信用卡欺诈预测结果文件。

	交易离家的距离	距离上一次交易发生地的距离	购买价格交易与中位购买价格的比率	交易是否来自同一零售商	是否通过信用卡进行的交易	交易是否使用密码进行	交易是否为在线订单	预测值
0	11.07826815	0.2298466155	0.1821598449	1	0	0	1	0
1	1.502276213	0.37848601	2.470549037	0	0	0	0	0
2	1.208697707	0.2766362698	1.224982588	0	1	0	0	0
3	12.84285438	2.230580753	0.9245562924	1	1	0	0	0
4	8.16241533	0.1488936282	0.6302023899	1	0	0	1	0
5	1.285360463	0.8428159322	2.076018029	0	0	0	1	0
6	4.649947748	0.3034864411	0.6367440758	1	1	0	1	0
7	2.337727123	3.39731162	0.2016040396	1	0	0	0	0
8	0.6667196514	38.96333513	0.0464929103	0	0	0	1	0
9	2.127062749	0.9514259904	0.7326034369	1	0	0	1	0

图 5-18 预测结果

任务 4：项目成果—得出结论，提出业务策略和优化建议

1. 数据分析

如图 5-19 所示，当分别统计离散数据的自变量与因变量的数量，结果发现大多数的欺诈行为都发生在同一个零售商，不使用信用卡，也不使用密码，交易大多是在线订单。

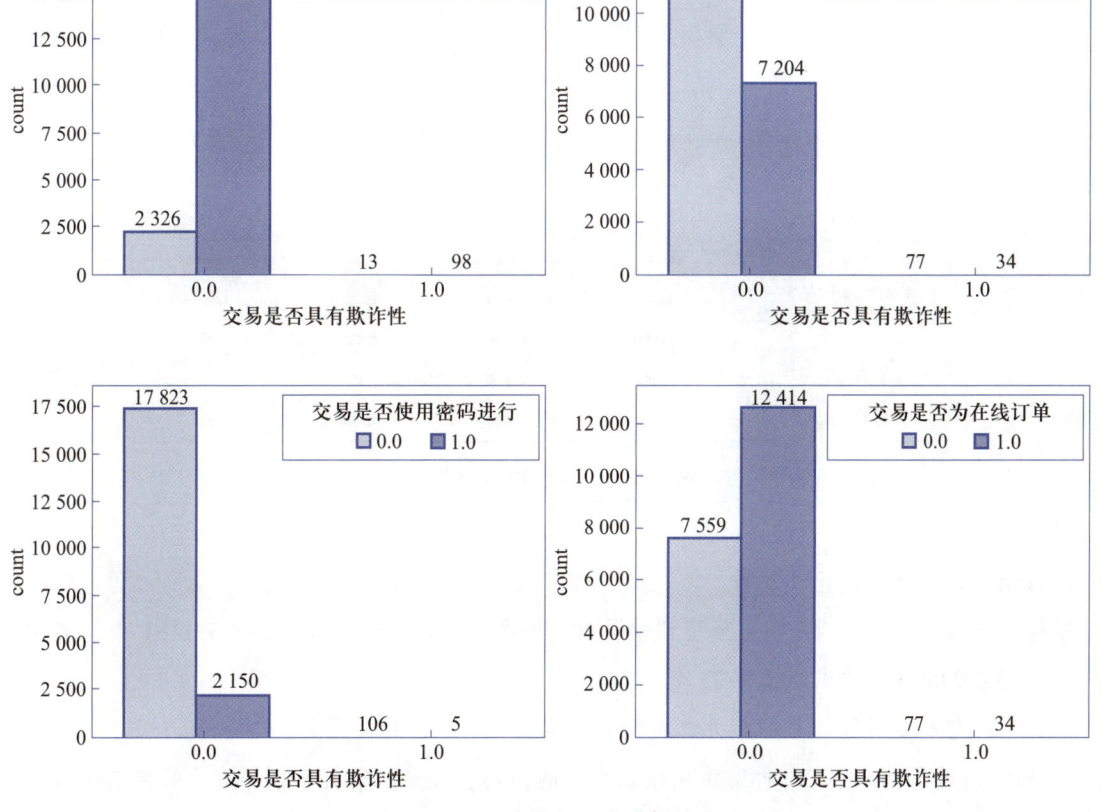

图 5-19 自变量与因变量条形图

如图 5-20 所示，当分别可视化连续数据的自变量与因变量的增强箱图，结果发现在大多数的欺诈行为中交易离家的距离与距离上一次交易发生地的距离较远，购买价格交易与中位购买价格的比率较高。

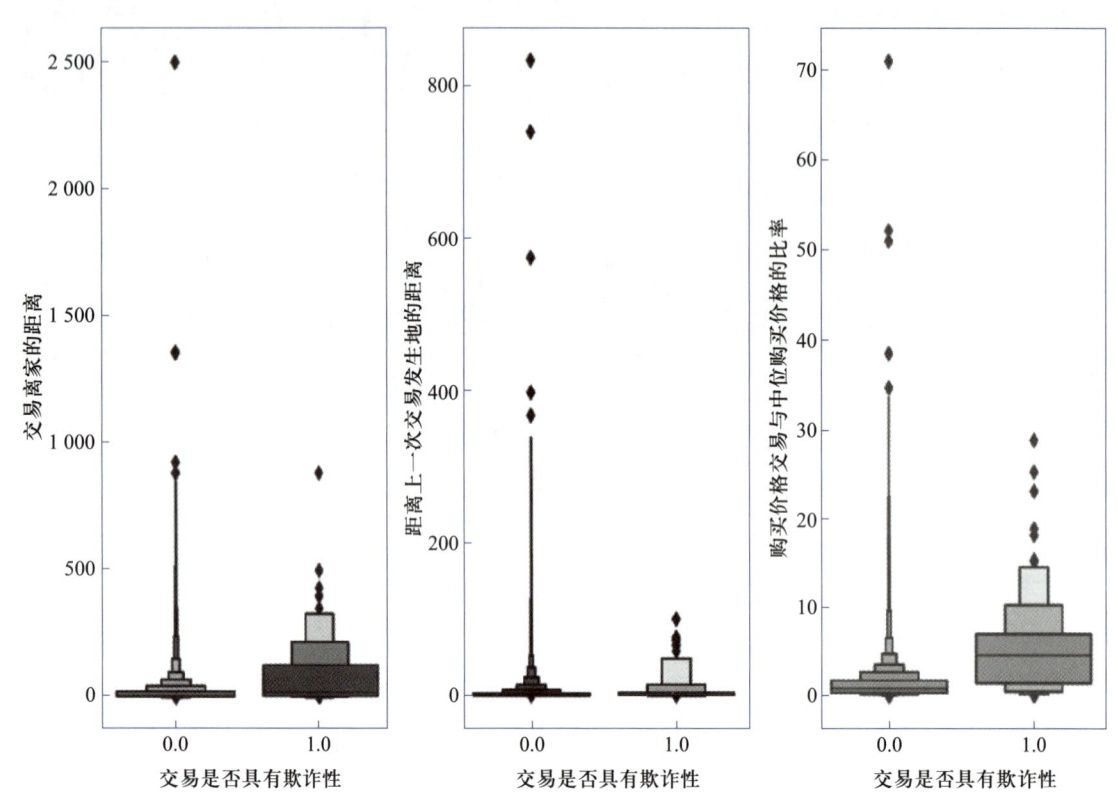

图 5-20　自变量与因变量增强箱图

2. 模型评估

分类指标文本报告如图 5-21 所示。

type	precision	recall	f1-score	support
0.0	0.9990	0.9994	0.9992	4998
1.0	0.8571	0.7826	0.8182	23
macro avg	0.9281	0.8910	0.9087	5021
weighted avg	0.9984	0.9984	0.9984	5021

图 5-21　分类指标文本报告

字段解释与分析：

support：每个标签的出现次数。

根据图 5-21 上的表格可知：模型评估的样本数据共 5 021（4 998＋23＝5 021）个，其中非欺诈的数据有 4 998 个，欺诈数据有 23 个。

正样本：与所要研究的目的相关。负样本：与所要研究的目的无关。

精确度（precision）：它是针对预测结果而言的，其含义是在所有被预测为正的样本中实际为正的样本的概率，精确率高意味着，只要识别出来是正的，那实际为正的概率就越大。

图 5-21 的精确度解释：非欺诈的精确度为 99.90%，预测为非欺诈的样本，实际上大部分是非欺诈。欺诈的精确度为 85.71%，预测为欺诈的样本，实际上有 85.71% 的样本是欺诈。

召回率（Recall）：它是针对原样本而言的，其含义是在实际为正的样本中被预测为正样本的概率。召回率高意味着只要样本是正的，能识别出来的概率就大。

图 5-21 的召回率解释：非欺诈的召回率为 99.94%，预测为非欺诈的样本，实际上大部分是非欺诈。欺诈的召回率为 78.26%，预测为欺诈的样本，实际上有 78.26% 的样本是欺诈。

f1-score：是用来综合评估精确率和召回率的。当精确率和召回率都高时，f1-score 也会高。当，Precision = Recall = 1 时，F1-score = 1 达到最大值。如果任意一个值很小，那么分子就会很小，F1-score 就不会大，便说明分类性能不好。

图 5-21 的 f1-score 解释：非欺诈的 f1-score 为 99.92%，预测为非欺诈的样本，实际上大部分是非欺诈。欺诈的 f1-score 为 81.82%，预测为欺诈的样本，实际上有 81.82% 的样本是欺诈。

accuracy：表示准确率，即正确预测样本量与总样本量的比值。

Macro avg：表示宏平均，表示所有类别对应指标的平均值，即：

precision =（0.999 0 + 0.857 1）/2 = 0.928 1

recall =（0.999 4 + 0.782 6）/2 = 0.891 0

f1-score =（0.999 2 + 0.818 2）/2 = 0.908 7

weighted avg：表示带权重平均，表示类别样本占总样本的比重与对应指标的乘积的累加和，即：

precision = 0.999 0*4 998/5 021 + 0.857 1*23/5 021

recall = 0.999 4*4 998/5 021 + 0.782 6*23/5 021

f1-score = 0.999 2*4 998/5 021 + 0.818 2*23/50 212

通过以上分析，训练的模型比较优秀，可以进行预测。

3. 模型可视化分析

图像结果分析，如图 5-22 所示。

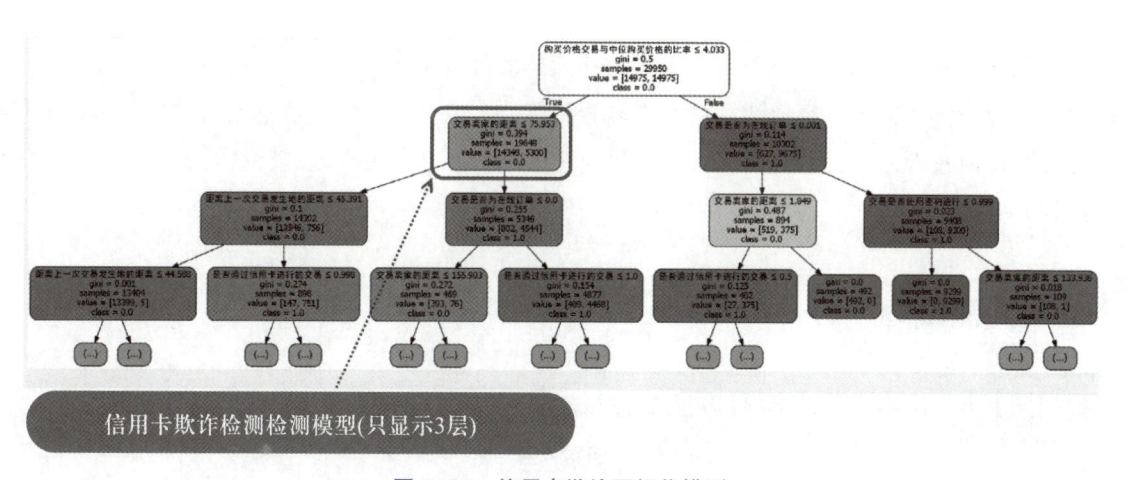

图 5-22　信用卡欺诈可视化模型

（1）交易离家的距离≤75.953，这意味着选中该属性作为分裂节点，小于 75.953 的样本都转到左分支，大于 75.953 的样本转到右分支。

（2）gini = 0.394，是节点的基尼指数。它描述数据的纯度。数值越小，数据纯度越高。

（3）samples=19 648，表示节点包含 19 648 个样本。这意味着决策树在 19 648 个样本上进行了训练。

（4）value 表示不同种类所占的个数。value=[14 348，5 300]，表示节点中有 14 348 个样本为非欺诈数量，5 300 个样本为欺诈的数量。

（5）根据 value 不同种类所占的个数，得出 class=0，则认为该节点为非欺诈。

4. 模型预测分析

预测结果分析，如图 5-23 所示，图中显示信用卡欺诈模型对交易结果未知的数据进行预测，为 0 表示该条交易非欺诈，否则是欺诈。

交易离家的距离	距离上一次交易发生地的距离	购买价格交易与中位购买价格的比率	交易是否来自同一零售商	是否通过信用卡进行的交易	交易是否使用密码进行	交易是否为在线订单	欺诈预测结果
2.637785391	1.389241659	0.742701825	1	0	0	1	0
3.404773335	1.800169298	0.561805272	1	1	0	0	0
1.899064435	1.135578817	2.538989765	0	1	0	1	0
9.974888078	0.289650107	0.493260173	1	0	0	1	0
5.716209681	0.650153152	0.558316674	1	0	0	1	0
11.48634346	0.875791883	0.375901126	1	0	0	0	0
10.83272951	0.286778907	0.094316502	1	1	0	0	0
88.57955533	1.562178353	46.83568608	1	1	0	1	1
4.263434589	0.538611188	1.313379556	1	1	0	1	0
202.771645	0.958256243	0.108596115	1	0	0	1	1

图 5-23 预测结果

5. 业务策略与优化建议

（1）设置密码交易：如果信用卡不设置密码，盗刷的风险会很大。当然，即使设置了密码，也还是有盗刷风险的。所以，对于银行来说，需要提供多种授权消费模式供持卡人来选择。银行信用卡提供了刷卡消费设置密码的服务。在此基础上，银行还可以不断地推出如消费短信提醒、设置交易限额、凭指纹交易等越来越多的交易安全服务。

（2）提高风险监控水平：银行信息系统能够捕捉到持卡人与平时消费习惯不同的消费异常，比如，大额交易、线上交易、交易地点离家较远等，然后马上通知系统，信用卡服务中心就会立即致电或者短信询问持卡人。灵敏地捕捉到异常的消费状况，并且与持卡人进行核对就能有效地降低信用卡欺诈的概率。

交互式测试题 >>>

请扫描下方二维码，进行本项目交互式测试。

项目五 交互式测试题

实训练习

登录新道云平台，进入项目实战—保险精准营销，在项目导入和数据预处理、数据分析与挖掘单元当中，学习了解相关数据处理内容。之后在"数据分析与挖掘—数据分析过程、数据挖掘过程"单元当中（见图5-24、图5-25），单击"开始任务"，进入数据挖掘界面、新道代码编辑器，运行/编写相关Python脚本代码，并进行分析。根据输出的结果，进行信用卡欺诈数据分析及信用卡欺诈预测。

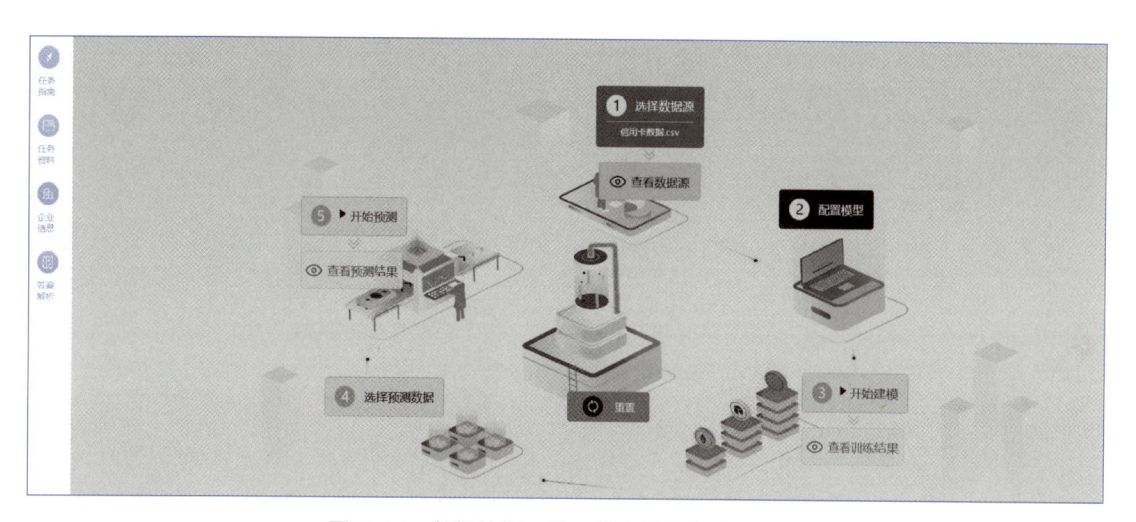

图5-24 数据挖掘工具—构建信用卡欺诈分析

图5-25 新道代码编辑器—构建信用卡欺诈识别与预测

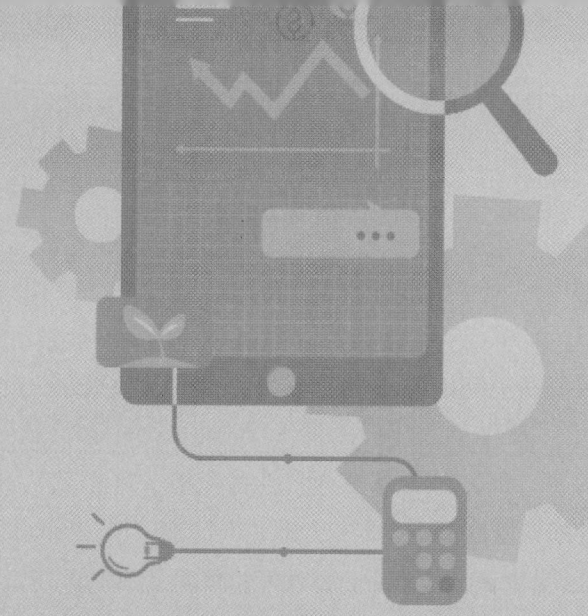

项目六
大数据在证券业的应用

项目六 大数据在证券业的应用

学习目标

素养目标
- 提高大数据在证券业应用重要性的认识，培养科技驱动业务发展的创新思维
- 通过证券行业数字化的案例，更加深刻地了解证券行业的风险，培养风险意识，形成良好的职业道德与合规操守
- 强调大数据在证券行业应用的社会责任，培养责任感和可持续发展的意识

知识目标
- 了解证券行业相关大数据的基本知识
- 理解大数据在证券行业的应用
- 掌握量化金融中多因子策略的应用流程
- 了解量化投资者情绪分析的基本知识

能力目标
- 能够正确收集证券金融大数据
- 能够对证券金融大数据预处理，建立指标评价体系
- 能够掌握因子评估（打分）与多因子回测的方法

思维导图

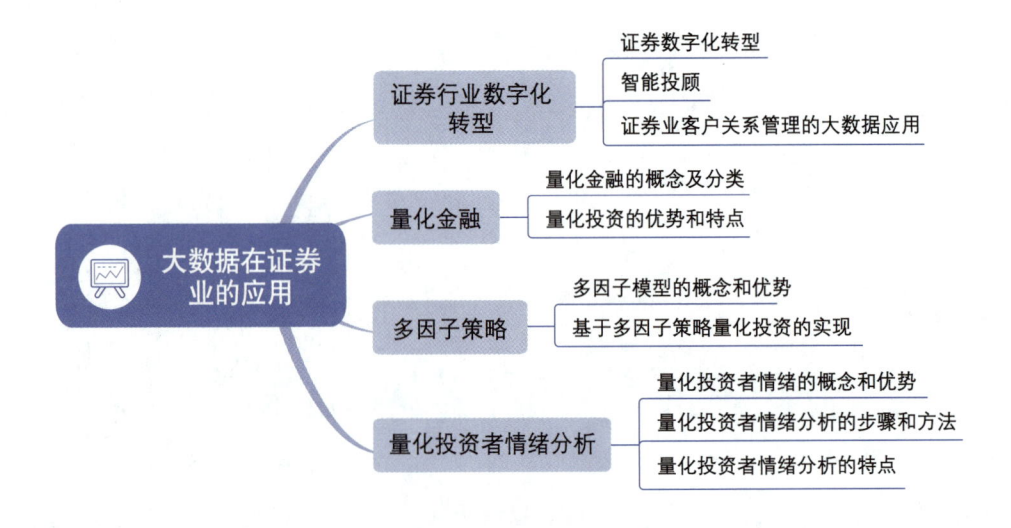

大数据在证券业的应用
- 证券行业数字化转型
  - 证券数字化转型
  - 智能投顾
  - 证券业客户关系管理的大数据应用
- 量化金融
  - 量化金融的概念及分类
  - 量化投资的优势和特点
- 多因子策略
  - 多因子模型的概念和优势
  - 基于多因子策略量化投资的实现
- 量化投资者情绪分析
  - 量化投资者情绪的概念和优势
  - 量化投资者情绪分析的步骤和方法
  - 量化投资者情绪分析的特点

案例导入

2022年，券商继续加大对信息技术的投入，对金融科技的重视程度不断提高。从券商披露的2022年信息技术投入金额来看，华泰证券以27.24亿元继续稳居行业第一，同比增长22.3%，中金公司紧随其后，达到19.06亿元，同比增长41.6%，增幅排名目前居于首位；排在第三的国泰君安达17.99亿元，同比增长17.2%。此外，海通证券、招商证券、中信建投、广发证券、中国银河、安信证券母公司国投资本等的投入金额均超10亿元。

部分中小券商也不惜砸入"重金"，意图实现"弯道超车"。如华林证券，其信息技术投入金额在2020年只有0.88亿元，2021年骤增至3.47亿元，到2022年又提升至4.6亿元，同比增长32.6%。华林证券表示将继续坚定不移坚持数字化的道路，在兼顾科技转型和盈利能力的同时，继续加大数字化技术投入，构建面向未来的线上化、平台化、智能化的金融科技生态圈。

证券行业，因为其数据量规模庞大，并且证券行业是一个以数据为基础的行业，大数据在证券行业中应用广泛。传统线下的经纪业务基本上升级到了线上互联网服务，通过升级，大大提升了证券公司的服务质量，扩大了证券行业的规模。证券行业的资管业务中在线投资交易平台与智能投顾系统被广泛地采用，这些应用不但给客户们提供了便捷的股票及资产的查询和评估服务，而且整体上有助于提示、分散证券市场的风险。另外新技术也带来投资方式的改变，量化金融大大拓展了传统的投资方法，使得资产投资的效率和广度大大提升；新的相关衍生品的引入，更使得量化交易的使用场景越来越广泛，量化交易的相关资管与基金公司越来越多。

因此，证券行业需要应用大数据技术来加强数据管理、提高决策效率、优化投资策略、提升客户服务等方面的能力，以保持市场竞争力。

请思考：大数据在证券业的哪些业务中可以发挥重要作用？

任务一　证券行业数字化转型

一、证券数字化转型

证券数字化是指将传统的证券交易和结算过程进行数字化转换，包括证券交易、结算、清算、资产管理、风险管理等方面。数字化证券交易和结算可以提高效率、降低成本、加强安全性和透明度，并且可以带来更多的创新和便利性。

在数字化证券交易和结算中，投资者可以通过互联网、移动应用程序等在线渠道直接买卖证券。证券交易的结算和清算也可以通过数字化的方式自动完成，从而加速交易完成的速度。数字化证券的交易和结算还可以通过区块链等技术实现，提高交易的安全性和可信度。

为深入贯彻落实党的二十大精神，推动《证券期货业科技发展"十四五"规划》落地见效，促进行业数字化转型，各地证券行业相关公司纷纷加大对信息技术的投入，加速证券数字化转型。

二、智能投顾

(一) 智能投顾的概念

智能投顾是一种基于人工智能和机器学习技术的投资管理服务。这种服务通常是由金融科技公司提供的，其目标是为投资者提供高度个性化、智能化的投资建议和投资组合管理。智能投顾通常利用大数据、机器学习和自然语言处理技术，根据客户的投资目标、风险偏好、资产配置和市场情况等因素，为客户提供最优的投资建议和资产组合。

(二) 传统投顾与智能投顾的差异

传统投顾是由专业的投资顾问或团队提供的一对一的投资咨询服务。这些投资顾问通常会与客户面对面交流，了解客户的投资目标、风险承受能力和投资时间等方面的需求，并根据客户的需求和投资目标制订个性化的投资策略和方案。传统投顾能在一定程度上提供专业财富管理的服务，但传统投顾服务存在以下几方面的痛点：

(1) 从业人员差异大导致最终的服务质量会有较大差异。

(2) 从业人员对接目标数量有限，无法做到全面覆盖。

(3) 很难满足客户的个性化、碎片化要求。

(4) 随着客户数量的增加，成本随之增加，没有边际效应，导致无法规模化扩大。

智能投顾借助科技的手段具有低投资门槛、高度线上化、普惠性、精准识别客户需求、服务内容差异化、服务质量标准化等特点，能够在一定程度上克服传统投顾的痛点。智能投顾的优点表现在以下几个方面。

(1) 低门槛。智能投顾的门槛相对传统投顾更低，不需要大量的资金和专业知识，可以为更多的普通投资者提供投资建议和资产配置服务。

(2) 个性化服务。智能投顾可以根据投资者的风险偏好、资产规模、收益目标等因素，为投资者提供个性化的投资建议和资产配置服务。

(3) 算法优势。智能投顾采用了先进的算法模型，可以对大量的数据进行分析和研究，更准确地预测市场趋势和风险，提高投资收益率和风险控制能力。

(4) 便捷性。智能投顾可以随时在线获取投资建议和资产配置服务，不需要到银行或证券公司进行面对面咨询，省去了时间和交通成本。

图 6-1 为智能投顾与传统投顾区别的示意图。

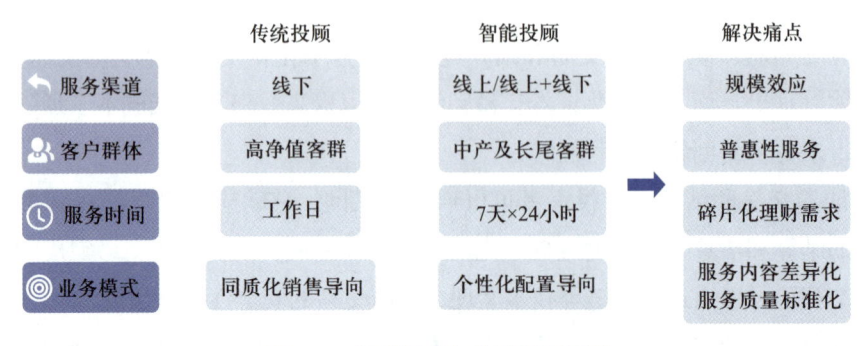

	传统投顾	智能投顾	解决痛点
服务渠道	线下	线上/线上+线下	规模效应
客户群体	高净值客群	中产及长尾客群	普惠性服务
服务时间	工作日	7天×24小时	碎片化理财需求
业务模式	同质化销售导向	个性化配置导向	服务内容差异化 服务质量标准化

图 6-1 智能投顾与传统投顾区别

（三）智能投顾的主要业务模式

1. 券商经纪业务

券商经纪业务采用云平台，通过线上线下有机结合的方式，运用大数据技术有效推动客户规模和客户活跃度增长。线上和线下资源互促并进，可以构建聚集和服务客户的大平台。

2. 量化基金策略开发平台

量化基金策略开发平台为专注量化交易的客户提供一整套策略开发的解决方案，基本产品系统包括数据收集和整理、模型和算法开发、策略回测、仿真模拟和进行实盘交易，可支持的投资品种涵盖股票、债券、期货、期权、汇率、一篮子和定制化产品等全市场品种。

3. 财富管理

财富管理作为智能投顾的主要应用场景，通过互联网在线收集客户行为、市场、产品等数据进行分析，根据市场行情筛选合适的投资组合，为客户理财提供建议。智能投顾可以达到不需要人工干预的程度，所以既能保持投资顾问建议的客观性，维护客户利益，同时又能减少人工成本，减少用户的成本支出，智能投顾打破了传统理财模式。

（四）智能投顾的缺点

虽然大数据给人们带来了很大的方便，但是随着时间发展，人们也发现了智能投顾在获取数据的时候会出现侵犯隐私、滥用算法等问题，同时因为深度学习等算法的黑箱问题，导致在保护中小投资者利益时，产生侵权责任承担较难的问题。因此，随着《中华人民共和国数据安全法》和《中华人民共和国个人信息保护法》的颁布，监管部门都在对智能投顾进行收紧，这会对该类业务产生重大影响，特别是对二级市场影响较大。一级市场的智能投顾，因为采用的技术与因子相对透明、可理解，在未来受监管的影响可能较小。

智能投顾还有其他缺点，主要表现在以下几个方面。

（1）无法预测黑天鹅事件。智能投顾所依赖的算法模型通常是基于历史数据和经验得出的，无法预测未来可能出现的不可预见的黑天鹅事件，这可能会给投资者带来意外的损失。

（2）没有人性化服务。智能投顾不能像投资顾问那样提供更为人性化的服务，无法在投资者情感上提供支持和鼓励，这可能会让投资者感到孤独和无助。

（3）依赖互联网和计算机终端。智能投顾需要依赖互联网和计算机终端，如果网络或计算机出现问题，可能会影响投资者获取投资建议和资产配置服务。

（4）技术风险。智能投顾所采用的算法模型需要不断更新和优化，如果技术团队出现问题，可能会影响智能投顾的服务质量和可靠性。

想一想

智能投顾的这些缺点是否可以回避？或者通过哪些改进可以减少智能投顾的缺点？请列举出来。

知识拓展

ChatGPT 在智能投顾中的应用

能写研究报告、能生成代码、能写作业，还作得了诗……人工智能聊天机器人 ChatGPT 在

2023 年火爆"出圈"，让人惊叹。不少金融机构也利用 ChatGPT 写企业宣传稿、行业研究报告，或进行投资者教育宣传、推广。

目前，在金融领域 ChatGPT 主要应用在聊天机器人、风险评估和投资建议这三个方面，后续会在自动化交易、数据分析和智能合约方面进一步应用。

行业专家表示，"在金融领域，ChatGPT 在欺诈检测和风险管理、算法交易和投资组合管理、客户服务与支持、信用评分和贷款承销、对金融市场的洞察和预测等方面的应用有着巨大的想象空间。"

"在量化投资中，ChatGPT 可以完成一些简单的量化策略，例如构建平均回归模型，输出均线策略。理论上甚至可以利用 Scikit-learn 数据库（针对 Python 编程语言的免费软件机器学习库）建立制作未来利率的预测模型，并利用 MSE（均方误差）对其进行评价。"智能投顾是以人工智能为基础的一项专业的投资咨询服务，ChatGPT 这类 AI 机器人应用以后，能排除人的主观因素，提供更加客观的建议，还可以随着市场和环境的变化而不断演变创新。

资料来源：国际金融报

三、证券业客户关系管理的大数据应用

（一）证券业客户关系管理的内容及作用

证券业客户关系管理是指证券公司或券商通过全面、深入地了解客户需求，采取有效的策略和措施，加强与投资者之间的互动和沟通，提高客户忠诚度、满意度和投资收益率的一种管理方式。它涉及证券公司与个人客户、机构客户和股票交易渠道等多种关系的管理和维护。证券业客户关系管理包括市场营销、客户服务、交易执行、风险控制、信息管理等一系列服务和管理活动，通过有效的客户关系管理实现公司的业务目标及长期发展。

证券业客户管理的作用主要包括：提高客户忠诚度，促进业务发展，降低营销成本，提高风险控制能力，提升公司声誉和品牌形象。

（二）证券业客户关系管理的特点

（1）客户导向。客户关系管理的核心是客户，因此证券公司必须全面、深入地了解客户需求，通过不断改进服务和产品，提高客户满意度和忠诚度。

（2）多渠道互动。客户关系管理需要通过多种渠道与客户进行沟通和互动，包括电话、短信、邮件、社交媒体等，以及线上、线下等多种交易渠道。

（3）数据驱动。客户关系管理需要收集、整理和分析大量的客户数据，通过数据挖掘和分析，了解客户需求、偏好和行为模式，为客户提供更加精准的服务和产品。

（4）长期化管理。客户关系管理是一项长期的管理活动，需要持续、系统地管理和维护客户关系，促进客户持续投资和交易。

（5）精细化服务。客户关系管理需要精细化服务，根据客户不同的需求和要求提供个性化、差异化的服务和产品，提高客户黏性和满意度。

（三）客户关系管理中大数据技术的应用

（1）建立完善的客户档案和数据体系。证券公司需要建立完善的客户档案和数据体系，收集客户的个人信息、投资偏好、交易记录等数据，对客户进行分析和洞察，为后续的客户关系管理提供基础和支持。

（2）建立个性化的投资服务优势。证券公司需要针对不同类型客户，提供个性化的投资服务方案。例如，为高净值客户提供定制化投资产品和个人化投资顾问服务，为普通客户提供一站式投资服务平台，提高客户的忠诚度和满意度。

（3）进行精准营销和客户关怀。证券公司需要利用客户数据，进行精准营销和客户关怀，为客户提供各种金融产品、理财方案、投资建议和资讯服务等，满足客户的不同需求和偏好。

（4）建立专业的客户服务团队。证券公司需要建立专业的客户服务团队，为客户提供多样化的咨询服务，解答客户投资疑问，及时处理客户服务请求，提高客户的投资体验和满意度。

（5）科技化手段的运用。证券公司需要采用科技化手段，运用AI、大数据、云计算等技术手段，对客户进行精细化管理，提高客户关系管理的效率和质量。

这些方法的实施需要综合考虑证券公司的营销策略、服务模式、信息技术水平和客户各方面的需求，从而提高客户忠诚度和满意度。

知识拓展

证券公司客户关系管理案例

我国证券业的客户关系管理主要是通过证券公司的客户关系管理系统（CRM）实现，下面是我国证券业客户关系管理的举例。

（1）中信证券。中信证券通过自主研发的客户关系管理系统，从客户关注的热点、客户标签、交易偏好、客户价值、客户体验、客户服务等角度出发，对客户进行一对一的维护和服务，提高客户满意度和忠诚度。

（2）平安证券。平安证券采用综合性客户关系管理系统，从客户开户、账户管理、风险控制、客户维护等方面入手，实现便捷、快速、智能的客户关系管理，提高客户满意度和投资体验。

（3）华泰证券。华泰证券通过基于大数据分析的客户关系管理系统，对客户进行全面的分析，并针对客户的偏好和需求推出定制化的投资方案和服务，提高客户体验、忠诚度和满意度。

（4）海通证券。海通证券通过信息化手段和科学化的客户关系管理策略，对客户进行精细化管理，从而提供更加精准、高效的服务，提升客户忠诚度和满意度。

（5）光大证券。光大证券采用客户生命周期管理系统，将客户关系划分为不同的阶段，针对不同阶段的客户需求和特点，提供个性化的产品和服务，提升客户价值和忠诚度。

任务二　量化金融

一、量化金融的概念及分类

（一）量化金融的概念

市场中，涉及的交易主要有两种截然不同的类型。一种是主观决定的（discretionary），这种基

金的交易策略主要依赖于基金经理自身的决策判断,索罗斯的量子基金就是代表。另一种是系统量化定价的(systematic),它依赖于计算机交易模型作出的交易决策,这种利用数学、统计学和计算机科学等技术分析金融市场的交易方法统称为量化交易。而更广义地讲金融市场中的各种数据(如价格、成交量、市场指数等)转化为数学模型,并利用计算机程序对这些模型进行分析和预测的方法就是量化金融。

量化金融的主要目标是通过系统化和自动化的交易策略,实现在金融市场上获得更高的收益和更低的风险。这种方法可以有效地利用历史数据和趋势,提高投资决策的精确度和效率。同时,量化金融也可以帮助投资者更好地理解市场变化和风险特征,提高投资决策的可靠性和透明度。

量化金融在金融市场中的应用非常广泛,例如股票、债券、期货、外汇等交易市场。许多投资机构和交易公司都使用量化金融方法来辅助投资决策,例如对市场趋势和交易机会的分析和预测。

(二)量化金融的分类

量化金融根据使用场景的不同,大致被分为 P 量化(P-Quant)与 Q 量化(Q-Quant)两个分支,一般而言,Q 量化是对金融产品现在时刻的定价,一般使用在卖方场景,P 量化则是对资产组合的未来回报的预测,一般使用在买方场景。

P 量化和 Q 量化的区别如表 6-1 所示。

表 6-1 P 量化和 Q 量化的区别

量化分类	P-Quant	Q-Quant
测度	真实概率	风险中性
工具	时间序列、贝叶斯、机器学习等	随机过程、偏微分方程等
业务	买方、基金、承担风险	卖方、投行、转嫁风险
偏重	数据驱动、让数据说话	建模、发挥人脑优势
方法	预估(estimation)	校准(calibration)
目标	预测未来(model the future)	推断现在(extrapolate the present)
应用	寻找 α、风险与组合管理	衍生品定价
交叉应用	对冲	统计套利

简单来说,P 量化大部分被用于量化投资,本项目在后续的多因子选股就是其中的一个应用。而 Q 量化大部分被用于期货、期权以及相关衍生品的套保,来对冲相关的风险,下面郑州商品交易所利用动力煤期权与期货的协同套期保值案例,就很好地体现了 Q 量化的执行过程。

知识拓展

郑州商品交易所利用动力煤期权与期货的协同套期保值

2021 年春节以来,我国动力煤市场呈现供需偏紧格局,煤价剧烈上扬,对沿海电厂产生较大效益冲击，大量电厂出现煤炭采购困难、企业经营形势严峻等问题，广大电厂对煤炭保供、控价方面的需求十分突出。到 5 月，国内动力煤供需状况未见明显改善，动力煤 Q5500[①] 现货价格一路上扬。5 月中旬，受国家大宗商品价格管控预期影响，现货价格在 830 元 / 吨获得支撑，期货主力合约 ZC2109 价格承压下跌至约 730 元 / 吨。

H 电厂身处沿海地区，2020 年以来受进口煤供应不足及煤价上涨等不利因素影响，面临现货采购困局，在综合考虑当前及未来一定时期煤炭现货采购的难度以及动力煤采购需求后，H 电厂强烈希望借此次期货下跌的机会提前锁定未来煤炭采购成本，同时为了保证套期保值工作的顺利，H 电厂决定与风险管理子公司开展套期保值（简称套保）合作。

一方面，电厂的这种锁定未来价格的诉求可以通过低价买入期货的方式实现。另一方面，风险管理子公司研究发现，二季度以来，随着期货价格呈现较大波动，动力煤期权合约的波动率同步处于较高水平，为卖出看跌期权套保增大了安全边际，并借此设计出符合电厂采购需要的低风险"卖期权＋买期货"协同套保策略。企业期权与期货策略选择如表 6-2 所示。

表 6-2　企业期权与期货策略选择

具体策略	开仓手数	合约月份	行权价 / 建仓价
期权—卖出看跌	200 手	ZC2109	700 元
期货—买入开仓	200 手	ZC2109	700 元

注：效果分析：卖看跌期权如果被行权，可转化为期货多单；如果不被行权，可收获期权权利金收益。

H 电厂策略执行分为三个阶段。

第一阶段，初次期货建仓未果，期权套保及时跟进。5 月 26 日，电厂出具建仓指令：要求在 700 元 / 吨买入 ZC2109 动力煤合约。由于期货价格当天大部分时间运行于 728 元~735 元 / 吨之间，期货无法按指令价直接建仓。结合期权的特点，风险管理子公司根据期货下单指令，果断在当日卖出对应数量、执行价为 700 元的 ZC2109 看跌期权，卖出期权得到市场期权费约 32 元 / 吨。

第二阶段，追调期货建仓价位，建仓仍有操作困难。之后数日，动力煤市场延续强势，原先的价格 700 元建仓指令更加无法实现。5 月 28 日，电厂根据期现价格修改指令：以不高于 745 元 / 吨买入 ZC2109 动力煤合约。

第三阶段，期权套保收益补贴期货建仓价格，期权、期货实现协同套保效果。5 月 26 日以来，期货价格上涨的同时，看跌期权的价格在不断下降。5 月 28 日，期货价格维持在 750 元左右，同时执行价为 700 元的 ZC2109 看跌期权价格跌至 27 元 / 吨左右。按照电厂 745 元 / 吨以内建仓的最新要求，期货盘面仍然未给直接建仓的机会。但是实际操作中，风险管理子公司通过一边将看跌期权进行平仓，一边在不高于 750 元 / 吨的价位积极为电厂建仓头寸的方式，实现了当日为电厂买入 ZC2109 的要求，按照协同收益计算，实现将期货建仓成本控制在 745 元 / 吨以内。

在仅用期货工具的业务模式中，当电厂的建仓委托价格较低、期货价格一直未到达电厂目标建仓价位时，委托无法生效，也无法实现套保效果。与之相比，通过构建"期权＋期货协同套保"的

---

① 动力煤 Q5500：动力输出的发热量在 5500 大卡的煤炭。

组合，可以实现比单纯期货套保成本更低、成功率更高的套保效果，丰富了套期保值的策略。

资料来源：改编自（郑商所期权优秀案例汇编）动力煤期权与期货的协同套保，方正中期期货有限公司

二、量化投资的优势和特点

（一）量化投资的优势

（1）直觉接收，直觉决策：通过阅读新闻，感知投资者情绪进行决策。

（2）直觉接收，量化决策：通过抓取网络文本，建立模型进行投资决策。

（3）量化接收，直觉决策：通过研究财报数据，根据直觉经验进行投资决策。

（4）量化接收，量化决策：通过统计分析，建立多因子模型，进行投资决策。

量化投资的特征如图 6-2 所示。

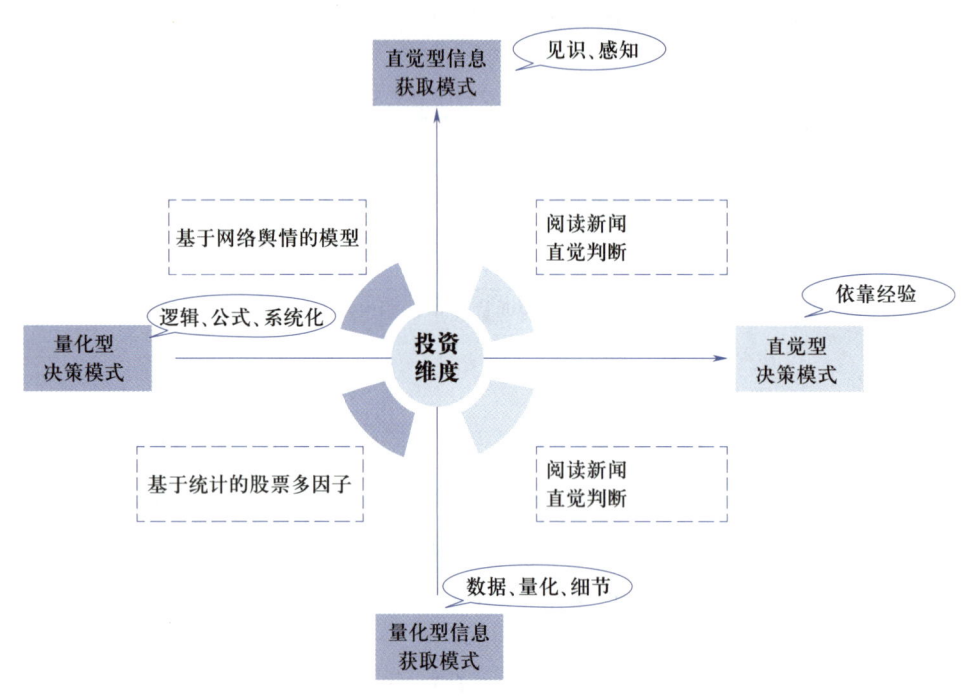

图 6-2 量化投资的特征

量化投资策略的最大特点是其具有一套基于数据的完整交易规则。在投资决策的任何一个环节中，必须要有一套完全客观的量化标准，比如 A 股票的横指标达到多少的阈值时，才决定开仓，每次开仓要买多少手。这种规定必须是唯一客观的，不允许有不同的解释。当然，这些规定可以通过研究和主观判断来进行修改，但是一旦确定，就需要严格遵守。

（二）量化投资的特点

（1）量化投资是基于对市场深入理解而形成的合乎逻辑的投资理念和投资方法。

量化投资并不是基本面分析的对立者，也不是单纯技术分析，量化投资模型大多基于基本面因素，同时考虑市场因素、技术因素等。

（2）量化投资是一种主动型策略。

基金经理可以通过对个股、行业及市场的驱动因素进行分析研究，建立最优的投资组合，试图

战胜市场从而获取超额收益。在量化基金的运作中,仍需要经验丰富的基金经理和投资团队来把握一些更加宏观的和大的趋势。

（3）量化投资是一个动态调整的过程。

量化投资模型只是一种工具,量化投资的成功与否在于使用这种数量化工具的投资者是否真正掌握了量化投资的精髓。需要不断根据投资理念的变化、市场状况的变化而进行修正、改善和优化。

（4）寻找大概率获胜的机会。

量化投资需要综合考虑资产的鉴别（个股选择、行业配置、资产配置等）、交易（包括择时）和风控（包括对风险收益的平衡等）等方面因素,寻找到成功概率最大的投资组合,达到收益最大化。

量化投资与传统投资区别如图 6-3 所示。

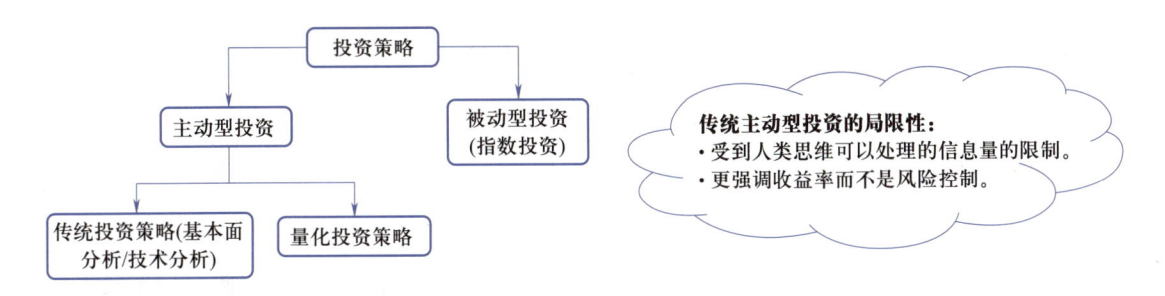

投资策略	指数化策略	结构化策略	高度风险控制主动策略	主动量化策略	分散化主动策略	专业化主动策略
选股方法	复制指数	量化选股	量化选股	量化选股	基本面选股	基本面选股
与基准组合的差异	无差异	个股有限差异	个股温和差异、行业有限差异	个股温和差异、行业温和差异、规模/风格有限差异	规模/风格温和差异、择时无/有限差异	无约束
年跟踪误差	0.20%	1%~2%	2%~3%	3%~4%	3%~4%	≥4%

图 6-3　量化投资与传统投资区别

任务三　多因子策略

市场上的投资者,不管是价值投资者,还是投机者,或者短线交易者,都会根据某些指标来判断股票的涨跌。例如,当很多投资者认为低市盈率的价值型的股票是好的投资标的时,他们纷纷买入低市盈率的股票,会使得该股票出现上涨,或者超越市场。这样就使得低市盈率这个指标的有效性得到体现。市场上有很多这样的指标,它们在不同的市场环境下,或多或少会起作用,从量化分析的角度来看,这些指标和收益率之间存在因果关系。

一、多因子模型的概念和优势

多因子模型最早是由 Fama French 提出,包括三因子和五因子模型。Fama French 认为,股票

的超额收益可以由市场因子、市值因子和账面价值比因子共同解释。随着市场的发展，出现许多三因子模型难以解释的现象。因此 Fama 又提出了五因子模型，加入了盈利水平因子、投资水平因子。

三因子模型由 Fama French 在 1993 年提出，模型如下：

$$R_t - R_f = \alpha_t + \beta_0 SMB_t + \beta_1 HML_t + \beta_2 MKT_t + \varepsilon_t$$

其中，R_t 为投资组合收益率，R_f 为无风险利率，SMB/HML/MKT 分别为规模因子、账面市值比因子和市场因子。

此后，陆续出现了六因子模型、八因子模型等。常见多因子模型如表 6-3 所示。

表 6-3 常见多因子模型

模型	出处	所含因子
Fama-French 三因子	Fama and Farench（1993）	市场、规模、价值
Carhart 四因子	Carhart（1997）	市场、规模、价值、动量
Novy-Marx 四因子	Novy-Marx（2013）	市场、规模、价值、盈利
Fama-French 五因子	Fama and Farench（2015）	市场、规模、价值、盈利、投资
Hou-Xue-Zhang 四因子	Hou et al	市场、规模、盈利、投资
Stambaugh-Yuan 四因子	Stambaugh and Yuan（2017）	市场、规模、管理、表现
Daniel-Hirshleifer-Sun 三因子	Daniel et al（2020）	市场、长周期行为、短周期行为

（一）多因子模型的优势

多因子模型具有以下优势。

（1）减小问题规模：将针对股票作为研究单位，转化为将因子作为研究单位，降低问题规模。

（2）风险全面解析：包含多个风险因子，可以进行比较全面的分解和分析，在进行风险暴露分析的时候可以分析得更为全面。

（3）不局限于历史数据：在选择因子的时候，由于引入了经济逻辑，所以多因子模型的分析不会局限于纯历史数据的挖掘。

（二）因子类型

一般来说，需要挑选具有经济意义、可解释而且具有统计意义的因子，如图 6-4 所示。

1. 行业因子

股票所属行业是一项非常重要的特征。不过有的公司涉及多种行业，所以对股票进行行业分类需要一个标准。A 股票的行业分类标准有很多种，比如申万行业分类、证监会行业分类等。

以申万行业为例，其中股票分类又分为一级行业分类、二级行业分类等。一级行业大多为行业大类，二级行业分类相当于一级行业分类的子分类，在实际中，可以利用行业因子，来检验其他因子是否有明显的行业倾向。

其中申万 31 个一级行业分类如表 6-4 所示。

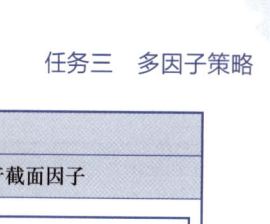

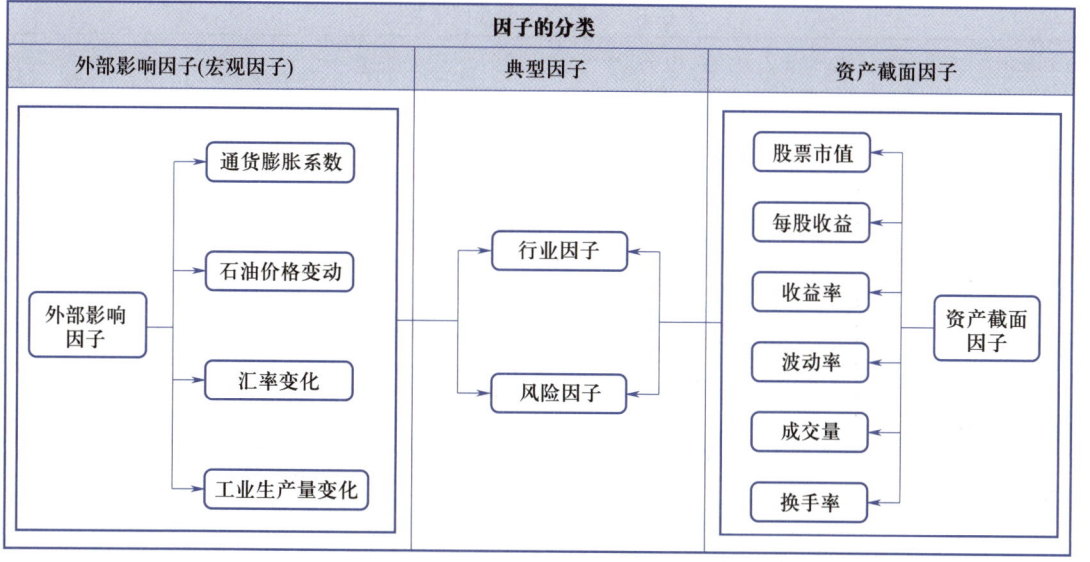

图 6-4 因子类型

表 6-4 申万 31 个一级行业分类表

指数代码	指数名称	指数代码	指数名称
801010	农林牧渔	801710	建筑材料
801030	基础化工	801720	建筑装饰
801040	钢铁	801730	电力设备
801050	有色金属	801740	国防军工
801080	电子	801750	计算机
801110	家用电器	801760	传媒
801120	食品饮料	801770	通信
801130	纺织服饰	801780	银行
801140	轻工制造	801790	非银金融
801150	医药生物	801880	汽车
801160	公用事业	801890	机械设备
801170	交通运输	801950	煤炭
801180	房地产	801960	石油石化
801200	商贸零售	801970	环保
801210	社会服务	801980	美容护理
801230	综合		

2. 常见资产截面因子

常见资产截面因子有：规模因子、估值因子、成长因子、盈利因子、动量反转因子，如表 6-5 所示。

表 6-5 常见资产截面因子类型

因子类型	包含因子	因子描述	历史显著性
规模因子	总市值	总股本 × 股票收盘价	※※※※※
	流通市值	流通股本 × 股票收盘价	※※※※
	自由流通市值	自由流通股本 × 股票收盘价	※※※※
估值因子	市盈率（TTM）	股票收盘价 × 最近 12 个月每股收益	※※※※
	市净率（上年年报）	股票收盘价 / 来自上年年报的每股净资产	※※※
	市销率（TTM）	股票收盘价 / 最近 12 个月的每股销售额	※※※
成长因子	营业收入同比增长率	营业收入 / 去年同期营业收入 − 1	※※
	营业利润同比增长率	营业利润 / 去年同期营业利润 − 1	※※
	归母净利润同比增长率	归母净利润 / 去年同期归母净利润 − 1	※※
盈利因子	ROE（净资产收益率）	净利润 / 期末总资产	※※
	ROA（总资产报酬率）	息税前利润 × 2/（期初总资产 + 期末总资产）	※
	销售毛利率	毛利 / 营业收入	※
	销售净利率	净利润 / 营业收入	※
动量反转因子	前 1 个月涨跌幅		※※※※
	前 2 个月涨跌幅		※※※
	前 3 个月涨跌幅		※※※
	前 6 个月涨跌幅		※※※

注：※ 越多表示该因子越显著。

（三）多因子选股模型的判断方法

一般而言，多因子选股模型有两种判断方法，一是打分法，二是回归法。

1. 打分法

打分法是根据各个因子的大小对股票进行打分，然后按照一定的权重加权得到一个总分，根据总分再对股票进行筛选。根据加权方法的不同又可以分为静态加权和动态加权。

打分法的优点是相对比较稳健，不容易受到极端值的影响。

2. 回归法

回归法是用过去的股票收益率对多因子进行回归，得到一个回归方程，然后把最新的因子值代入回归方程得到一个对未来股票收益的预判，最后以此为依据进行选股。

回归法的优点是能够比较及时地调整股票对各因子的敏感性，缺点是容易受到极端值的影响，在股票对因子敏感度变化较大的市场情况下效果也比较差。

（四）多因子选股模型的建立过程

多因子选股模型的建立过程主要分为候选因子的选取、选股因子有效性的检验、有效但冗余因子的剔除、综合评分模型的建立和选股模型的评价及持续改进 5 个步骤。

1. 候选因子的选取

候选因子可能是基本面指标，也可能是技术面指标，或者其他指标（预期收益增长、分析师一致预期变化等）。候选因子选择主要依赖于经济逻辑和市场经验，选择更多和更有效的因子无疑是提高收益的关键因素之一。

2. 选股因子有效性的检验

在多因子研究框架中，因子的有效性检验是不可避免的工作，其本质是衡量一个因子的选股能力，主流的检验方法包括相关性检验和单调性检验。

3. 有效但冗余因子的剔除

不同的选股因子可能由于内在的驱动因素大致相同等原因，所选出的组合在个股构成和收益等方面具有较高的一致性，因此其中的一些因子需要作为冗余因子剔除，而只保留同类因子中收益最好、区分度最高的一个因子。

4. 综合评分模型的建立和选股

对市场中正常交易的个股计算每个因子的得分，并按照一定的权重求得所有因子的平均分。最后，根据模型所得出的综合平均分对股票进行排序，选择排名靠前的股票。

5. 模型的评价及持续改进

模型因子可能会收到使用投资者数量和市场风格变化影响，同时在建立模型的过程当中都存在一定的改进空间，因此需要对选用的因子、模型本身做持续的再评价和不断改进以适应变化的市场环境。

二、基于多因子策略量化投资的实现

量化策略从策略定型到最终实盘，都有一套逻辑，所有量化投资策略都要遵循该逻辑，这就是量化系统。

（一）多因子量化系统

量化系统可以分为输入和输出两个阶段，输入即为策略的量化，输出即为量化策略回测、模拟交易、实盘交易的收益回报情况。

输入阶段：一个普通的投资策略应当被完整、精确地量化，形成量化策略。

输出阶段：一个量化策略必须经得起回测和模拟交易，才有资格进入实盘交易。进入实盘交易后，取得的良好收益回报才能证明这是一个好的量化策略。

1. 回测环境

历史回测运行时间应长达 2~3 年，最好能跨过一轮涨跌行情，详细的有效的交易次数应当不低于 100 次，以此来避免偶然性。但是回测的所有风险都是已知的，即能够应对已知环境的风险，无法预测未来未知的市场环境和板块轮动情况。有效的策略需要在回测中满足以下两个条件：① 量化策略能严格按照投资者投资逻辑运行；② 量化策略在回测环境能稳定获取收益并跑赢基准指数（对冲策略需要能稳定获取到绝对收益）。

2. 模拟交易环境

模拟交易运行时间应该长达 3 个月，详细的有效的交易次数应当不低于 20 次，以此来避免偶然性。在模拟交易环境中，检验量化策略应对未知风险的能力是非常重要的，应当能减少或者避免

未知风险带来的巨大损失。整个过程中,需要用到的风险指标包括年化收益率、最大回撤、夏普比率和贝塔比率等。

一个有效的策略需要在模拟交易环境中满足以下三个条件:① 量化策略能严格按照投资者投资逻辑运行;② 量化策略在模拟交易环境能稳定获取收益并跑赢基准指数(对冲策略需要能稳定获取到绝对收益);③ 量化策略在一段时间的运行后,风险指标达到一定标准。

模拟交易环境风险指标表现情况如表 6-6 所示。

表 6-6 模拟交易环境风险指标表现情况表

风险指标	达标值
年化收益率	年化收益率不低于 20%,对冲策略一般要求 10%
最大回撤	最大回撤保持在收益率 25%,也就是 5% 左右
夏普比率	保持在 1.5 以上,承担单位风险能获取 1.5 单位的收益回报
贝塔比率	上涨趋势下值应当大于 2,下跌趋势中保持 1 以下

3. 实盘交易——真实的环境

实盘交易中,量化策略需要有效平衡收益与风险,只考虑限制和消除风险可能会降低收益率,造成策略无法有效运行。在实盘交易的过程中,需要在风险整体可控的情况下,尽可能提高收益率。

在满足输入阶段、回测环境、模拟交易的所有条件下,有效的量化策略在实盘交易当中应当满足以下三个条件:① 获取正的绝对收益;② 收益率战胜基准指数;③ 满足模拟交易环境下同样的风险指标条件。

回测系统主要分为"设置回测条件""编写交易策略""回测结果分析和评价"三部分内容,如图 6-5 所示。

设置回测条件	编写交易策略	回测结果分析和评价
历史数据	策略逻辑	结果可视化展示
股票池	生产买卖信号	收益评价指标
回测区间	确定成交价	……
调仓周期	持仓权重分配	
总资产	下单、成交	
手续费	查询持仓情况	
滑点	……	
……		

图 6-5 回测系统示意图

(二)多因子量化投资的编程实现

量化投资分析常用的量化软件有 Python、Matlab、Java、C++,一般推荐 Python 语言,主要原因为:① Python 语言具有很强的普适性,能完成大量工作,常见领域基本上都可以使用 Python 语言来完成;② 有丰富的开源项目;③ 量化投资并不仅仅是数据分析,还会涉及数据收集系统(比如网络爬虫)、交易系统等,甚至有的另类数据可能还需要用到人工智能算法(比如,文本的自然语言解析），而人工智能算法又正好是 Python 的强项；④ 在量化投资生产线当中大部分工作可以由 Python 来完成，选择 Python 可以节省人力和开发成本。

（三）多因子量化策略与市场环境指标

一般情况下，量化投资的持股数量能够达到 500~800 只，甚至更多。由于交易的股票数量规模较大，市场整体的交易情况对于量化多头策略就会特别重要，而对于主观多头策略来说，这种影响反而不大。

因此，一个指数增强或者量化产品，会高度依赖于市场环境，市场环境不仅包括指数的涨跌，还包括以下几方面。

1. 流动性

流动性即市场成交情况，市场流动性强，成交量的增加，对于量化多头策略来说是一个利好。高频交易是量化策略当中的一个典型特征，充足的流动性能够保证每一笔量化交易能够"买得到、卖得出去"。衡量流动性的两个指标为成交额和换手率。成交额高代表市场当中活跃的资金多，换手率高代表在市场当中投资者参与交易较为活跃。

在进行成交额分析当中，可以按照沪深两市综合指数进行区分，也可以针对其他指数进行成交额的统计分析。成交额量化指标：上海、深圳证券交易所每日成交额情况（反映市场整体交投气氛）。

在进行换手率分析当中，可以按照不同的市场风格进行换手率的分析。换手率量化指标：上证 50、沪深 300、中证 500 以及中证 1 000 指数换手率（了解不同风格指数换手情况）。其中上证 50、沪深 300 为市场当中大盘股代表指数，中证 500、中证 1 000 为小盘股代表指数。

2. 波动性

量化策略要求持仓优于市场指数，要求资产组合的波动率较高，能够获取 α 收益。资产收益公式如下：

$$资产收益 = 阿尔法收益 + 贝塔收益 + 残留收益$$

其中，贝塔收益为跟随市场所获得的收益，也叫市场收益，阿尔法收益为超出市场收益部分的收益，也叫超额收益；残留收益为随机变量，平均值为 0，可以略过。一般来说，量化投资以主动获取超额收益为主，因此更加关注阿尔法收益，而波动率的大小则是决定在同一市场当中，交易员是否获取到超额收益的关键点。在同一市场趋势当中，波动性较小的投资标的，往往很难在其中捕捉到获取差价的机会，也很难获取到超出市场收益更多的阿尔法收益。

波动性指标示意图如图 6-6 所示。

在股市中，年化波动率是衡量市场波动性的重要指标。计算公式为：

$$年化波动率 = 收益率标准差 \times (n^{0.5})$$

在这个公式中，如果计算周期为日，对应 n 为 250；计算周期为周，对应 n 为 52；计算周期为月，对应 n 为 12；计算周期为年，对应 n 为 1。

在数据上，可选取上证指数、沪深 300、中证 500、创业板指、中小 300 等市场当中常见指数进行波动率数据的采集。

VIX 指数是依据芝加哥期权交易所市场波动率指数编制方法构成的芝加哥期权交易所市场波动率指数；VIX 指数是了解市场对未来 30 天市场波动性预期的一种量方法，反映了期权市场参与者对于大盘后市波动程度的看法，因此便常被用来判断市场多空的逆势指标。

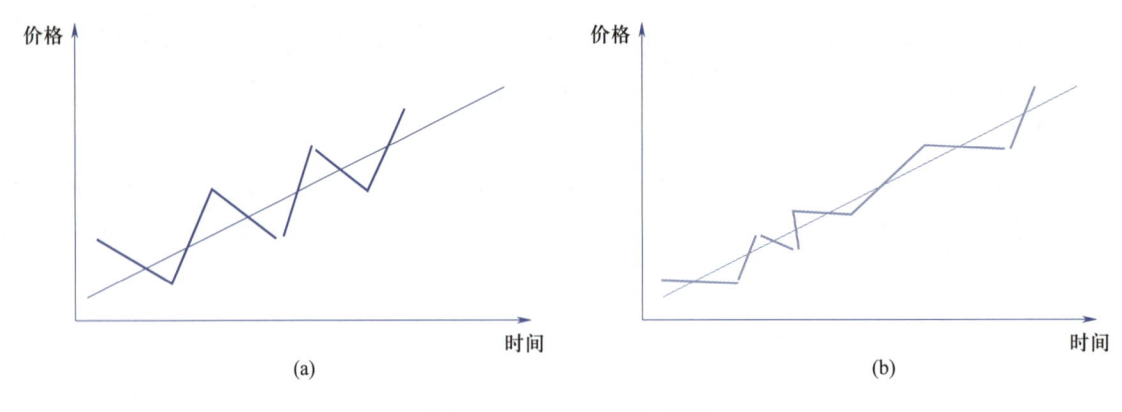

图 6-6　波动性指标示意图

3. 市场风格

股票量化策略操作的大多是中证 500 指数，以中小盘为主，中小盘股的量价走势至关重要。

量化机构与传统基本面投研方式略有不同，公募机构和传统基本面投研机构更青睐大盘股且长期持有，而量化机构的操作策略更倾向于中小盘风格。在市场当中，如果市场资金向上证 50 或者沪深 300 这样的大盘股进行抱团，就意味着基准指数不断上涨，其他个股表现疲软，很难在分散个股当中获取到超额收益。

随着量化技术的发展，交易者也开始通过发掘市场风格以及行业板块的轮动，来进行轮动操作，在热点相对集中的市场当中，通过跟踪当前热点，来获取到市场当中的结构性收益。

4. 风险溢价

风险溢价是投资者在面对不同风险的高低且清楚高风险高报酬、低风险低报酬的情况下，投资者对风险的承受度，影响其是否要冒风险获得较高的报酬，或是只接受已经确定的收益，放弃冒风险可能得到的较高报酬。已经确定的收益与冒风险所得收益之间的差，即为风险溢价。风险溢价是投资者要求对其自身承担风险的补偿。

一般高于 85% 分位属于风险溢价高，低于 15% 分位属于风险溢价较低，如图 6-7 所示。

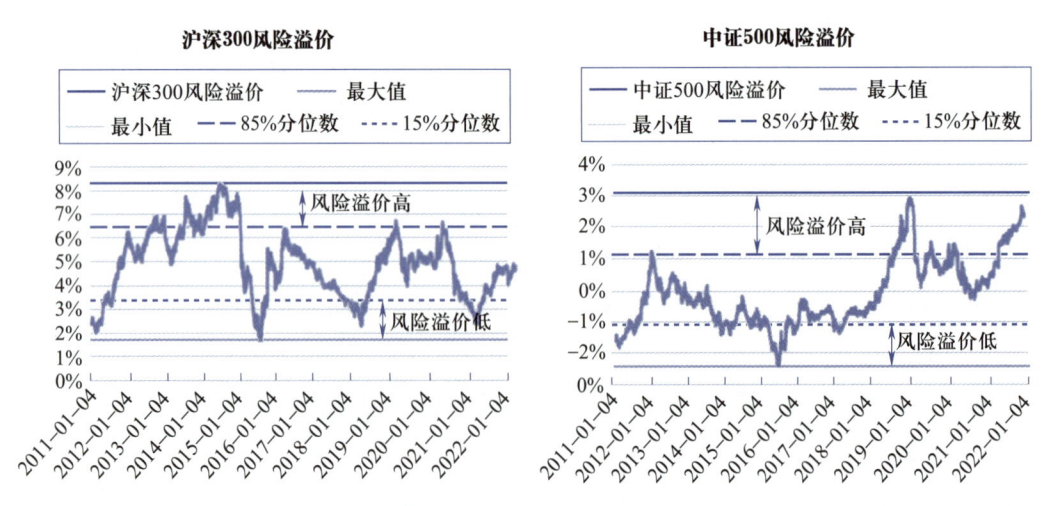

图 6-7　风险溢价指标示意图

资料来源：国金证券研究所

市场环境指标汇总表如表 6-7 所示。

表 6-7 市场环境指标汇总表

分析角度	相关指标
流动性	沪深两市成交额、主要指数换手率
波动性	主要指数波动率
市场风格	沪深 300 超额收益、中证 1 000 超额收益、不同风格指数成交额占比
风险溢价	沪深 300 风险溢价、中证 500 风险溢价

任务四　量化投资者情绪分析

一、量化投资者情绪的概念和优势

（一）量化投资者情绪的概念

量化投资者情绪是指通过采集和分析投资者在交易过程中的行为、情绪和言论等数据，并运用统计学和机器学习算法进行量化分析，最终衍生出的一种反映市场风险偏好和心理状态的指数或指标。这些数据包括但不限于股市交易量、股价变动、大宗交易、舆情指数、搜索指数、社交媒体数据等。

量化投资者情绪被广泛应用于投资决策、风险管理和资产配置等方面。投资者可以通过监测情绪指数来判断市场的情绪和心理状态，从而调整自己的投资策略。例如，在市场情绪高涨时，投资者可能会采取更谨慎的投资方式；而在市场情绪低迷时，可以加大投资力度，抓住市场反弹机会。

（二）量化投资者情绪分析的优势

（1）提高投资决策效率。通过使用量化投资者情绪分析，投资者能够快速、准确地分析市场情绪波动，基于数据制定投资策略，提升决策的效率。相比传统方法，基于数据的决策方式不需要人工推测，可以在短时间内得出结论和预测，减少决策过程中的主观因素。

（2）挖掘市场潜在机会。量化投资者情绪分析可以帮助投资者发现市场中潜在的机会，并减少投资中的风险。通过数据分析技术，可以分析市场情绪变化和股票价格关联情况，从而找出未来可能有利的股票。

（3）提高投资回报率。通过量化投资者情绪分析，投资者可以根据市场情绪制定投资策略，从而提高投资回报率。例如，当市场情绪较低时，投资者可以逆向思维，寻找具有较高业绩表现的股票，以期获取更高的回报。

（4）有效管理投资风险。量化投资者情绪分析可以帮助投资者有效地管理投资风险。在投资决策中，根据市场情绪对股票走势进行分析，从而减少投资风险，避免盲目的投资行为。

总的来说，量化投资者情绪分析能够帮助投资者更准确地捕捉市场的情绪波动，并根据情绪变化制定相应的投资策略。这种基于数据分析的投资方式可以提高投资回报率，降低投资风险，并加

速投资决策的过程。

二、量化投资者情绪分析的步骤和方法

（一）分析步骤

（1）收集情绪数据。量化投资者情绪分析需要收集市场情绪相关的数据。这些数据通常包括社交媒体上的评论、新闻报道、财经资讯等信息。

（2）文本分析。通过文本分析技术，将数据转换为结构化的情绪指数。文本分析需要将情感语言和词汇进行归类分类，并基于预定义的情感分类和观点词汇库，确定每个文本对应的情感指数。

（3）建立情绪指数模型。开发情绪指数模型，利用历史情绪指数数据，建立统计模型，进行分析和预测。这种模型可以是线性或非线性，通过算法来确定情绪指数和市场变化之间的关系。

（4）制订投资策略。基于情绪指数和市场变化之间的关系，制订相应的投资策略，例如逆向思维、做多或做空股票等策略。这些策略需要根据市场趋势和情绪波动进行动态调整。

（5）监测市场情绪。持续跟踪市场情绪波动，进行监控和调整，以便及时调整投资策略并获取更好的回报。

总的来说，量化投资者情绪分析方法能够帮助投资者跟踪市场情绪变化，发现潜在机会并制订更有效的投资策略。这种方法需要收集大量数据、使用文本分析技术并建立统计模型，需要专业的技术和分析能力，但有助于提高投资回报率并降低投资风险。

（二）分析方法

量化投资者情绪分析方法是指利用数学和统计模型来分析投资者情绪的一种投资策略。该方法通过对市场数据进行分析，包括股票价格、交易量、新闻报道等，以确定投资者情绪的变化和趋势。投资者情绪分析可以帮助投资者更好地理解市场趋势，并使用这些信息做出更明智、更理性的投资决策。尽管这种方法有其优点，但也存在一些缺点和限制，因此需要谨慎评估其可行性和适用性。

量化投资者情绪分析方法包括但不局限于以下几种。

（1）情绪指标法。该方法通过构建一些情绪指标来衡量市场情绪，如恐慌指数、买入意愿指数、市场情绪指数等。

（2）文本挖掘法。该方法通过对新闻报道、公告、社交媒体等文本信息的分析，以获取市场中的情绪波动。

（3）机器学习法。该方法利用机器学习算法对市场数据进行分析，从而预测市场的情绪和趋势。

（4）交易模型法。该方法通过建立交易模型，利用情绪指标和其他变量来预测市场走势和交易信号。

以上这些方法需要结合当前的市场情况和数据需求，选择合适的技术和工具进行分析。配合现代科技手段和市场情况，量化投资者情绪分析才能够为投资者提供准确、有效和长久的投资收益。

📚 知识拓展

量化投资情绪分析的应用

某量化投资公司采用量化投资者情绪分析技术对股市情绪进行实时监测和分析。该公司主要关注股市主流媒体、财经网站和社交媒体上的评论、新闻报道和博客文章，通过自然语言处理和机器学习技术，将这些数据加工整理成情绪指数。

在实践中，该公司建立了情绪指数模型，该模型是基于历史数据进行构建和优化的，并利用大量的市场数据进行验证和预测。该公司使用情绪指数模型来预测股票市场的走势、制订投资策略、管理风险和优化回报。

具体来说，该公司使用情绪指数模型来分析市场情感强度和情绪变化趋势，评估市场风险和机遇，并制订投资策略。在看好市场的情况下，该公司采取做多策略，买入看跌期权，通过股票期权、股票等金融衍生品以及其他技术工具进行投资。

该公司的情绪指数模型在实践中取得了不错的投资回报率，并为投资者提供了长期投资收益和绩效。这归功于该模型的准确性和实时性，以及该公司对市场情绪波动的敏感度和管理能力。

总的来说，该公司的情绪分析技术为投资者提供了一个理性、科学且有效的投资方案，这是一种可持续、长期的投资策略。

三、量化投资者情绪分析的特点

（1）数据驱动。量化投资者情绪分析是一种数据驱动的方法，它利用大数据和机器学习等技术，对市场情绪进行分析和预测。这种方法可以自动化地处理和分析大量的文本数据，快速挖掘出其中的关键信息和情绪倾向。

（2）高效性。量化投资者情绪分析通过自然语言处理和机器学习等技术，可以高效地从大量文本数据中获取有价值的信息和情绪变化。与传统的基本面分析方法相比，量化投资者情绪分析更加高效，能够更快速地做出决策。

（3）实时性。量化投资者情绪分析可以实时地对市场情绪进行监测和分析，及时掌握市场情绪的变化，帮助投资者更快地做出相应的决策。这种方法可以通过自然语言处理技术对社交媒体、新闻等大量文本数据进行实时分析和预测。

（4）综合性。量化投资者情绪分析可以综合利用不同来源的数据，包括新闻、社交媒体、公告等，来进行情绪分析和预测。这种方法可以通过集成多个数据来源，得到更全面、更准确的市场情绪预测。

（5）风险控制。量化投资者情绪分析可以帮助投资者更好地控制风险，及时发现市场情绪变化、不利消息等，并做出相应的调整和决策，降低投资风险。

量化投资者情绪分析在一定程度上可以帮助投资者更好地理解市场情绪，但也存在一些问题。

（1）情绪指标的准确性。情绪指标的构建需要考虑多个变量和因素，如指标的设计、数据的来源等。这些因素可能对指数的准确性产生负面影响，因此需要对指数进行严格的评估和测试。

（2）信息滞后性。情绪数据通常与市场交易数据存在时间滞后性，因此需要考虑数据的时效性和及时性，以免信息失去有效性。

（3）噪声和随机性。市场情绪波动和投资者情绪都可能受到噪声和随机因素的影响，因此多种方法的结论可能存在不一致性。

（4）增加交易策略复杂性。量化投资者情绪分析方法需要考虑很多因素和变量，因此会增加交易策略的复杂性。为此，投资者需要谨慎评估并定期调整策略。

项目六 大数据在证券业的应用

在使用量化投资者情绪分析时，投资者需要注意上述问题，并根据自身情况进行选择和使用。

实战演练：多因子量化交易

A 资产管理公司是国内投研实力、管理规模居于行业中游的一家平台型私募基金管理公司，目前专注于二级市场股票投资，侧重于传统投研基本面分析。

公司采用业内领先的创新机制，旗下汇聚了部分经验丰富的投资经理，整体投研实力在业内处于中等偏上地位。目前公司准备新增量化交易线，准备内部调取一些优秀投研人员进行量化产品的准备以及学习。

任务目标：了解量化投资的基本概念，掌握运用相关指标进行量化投资环境分析；理解多因子选股的具体操作流程，学习借助 Python 语言对沪深两市上市公司进行数据清洗、指标打分，选取投资组合标的；了解量化回测的基本概念以及常见量化回测工具 backtrader，学习使用 backtrader 对投资组合进行回测，查看交易记录以及回测情况。

任务实现方式：分析云及 Python 语言。

任务流程：① 项目导入—利用分析云进行数据可视化，输出量化策略投资环境分析报告。② 数据预处理—读取相关沪深 A 股的信息数据，利用 Python 语言进行股票的初步筛选和数据清洗。③ 数据分析与挖掘—依据选取的相关因子，利用代码编辑器，借助 Python，分行业进行打分选取标的。

任务准备：

（1）打开分析云：在"数据准备—数据集—金融大数据"当中找到"量化策略投资环境分析"文件夹，单击下方文件夹及相关表格，即可进行数据预览，如图 6-8 所示。资料见项目六资料包—量化分析投资环境分析文件夹。

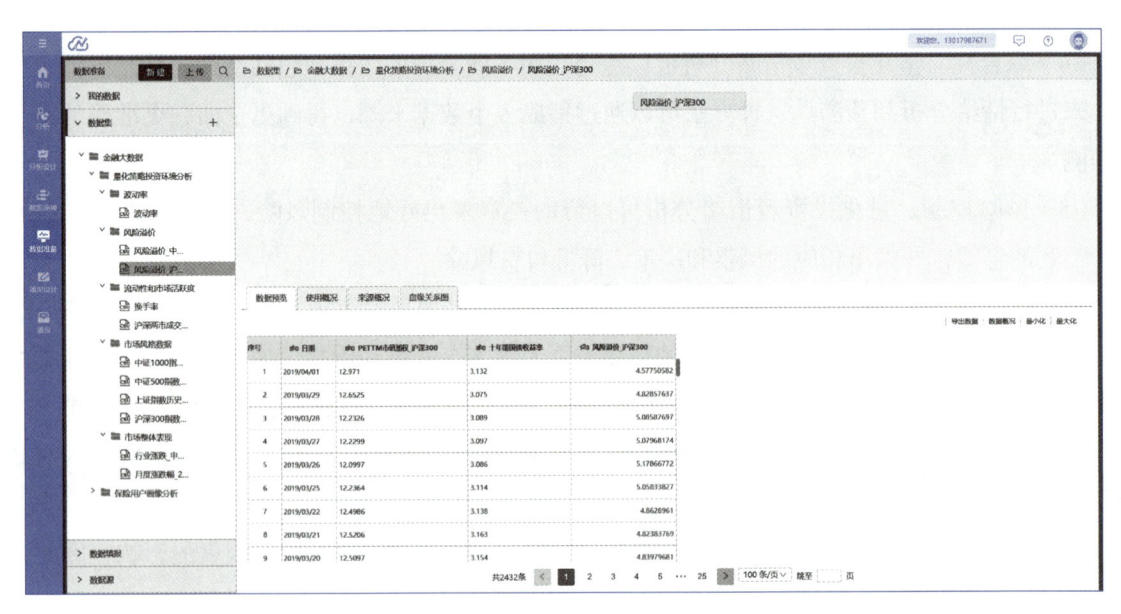

图 6-8 数据准备预览

（2）单击"分析设计"：在"我的故事板"当中新建故事板名称，设置为"量化策略运行环境分析"，如图6-9所示。

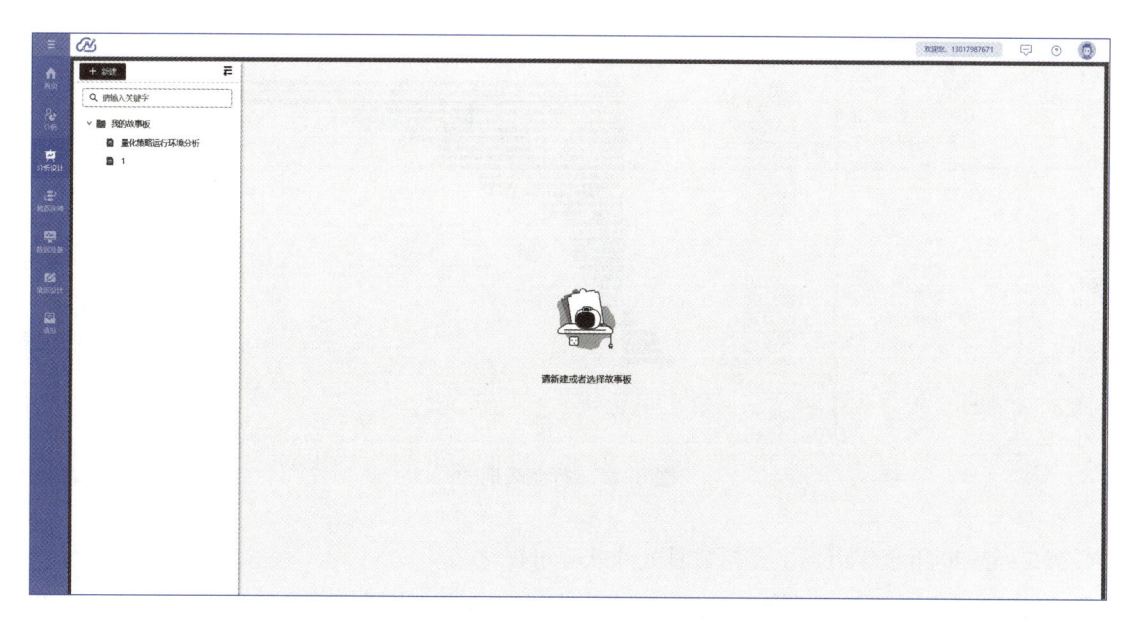

图6-9 分析云添加故事板

（3）进入故事板后，单击"可视化—新建"进行具体操作，如图6-10所示。

图6-10 分析云可视化

任务1：2020年全年31个申万一级行业涨跌幅可视化

针对2020年全年31个申万一级行业涨跌幅，做出适合的可视化图形。

操作步骤：

（1）新建可视化。

进入故事板设计页面，单击【可视化】，单击【新建】。

（2）选择数据源。

① 选择项目六资料包"整体市场表现"文件夹当中"2020年申万一级行业涨跌幅"。

② 将可视化命名为：行业表现情况。

（3）维度与指标的选择。维度选择：证券名称；指标选择：年涨跌幅；图形选择：条形图。

（4）保存可视化。

① 单击【保存】，行业表现图如图6-11所示。

② 单击【退出】，回到故事板界面。

项目六 大数据在证券业的应用

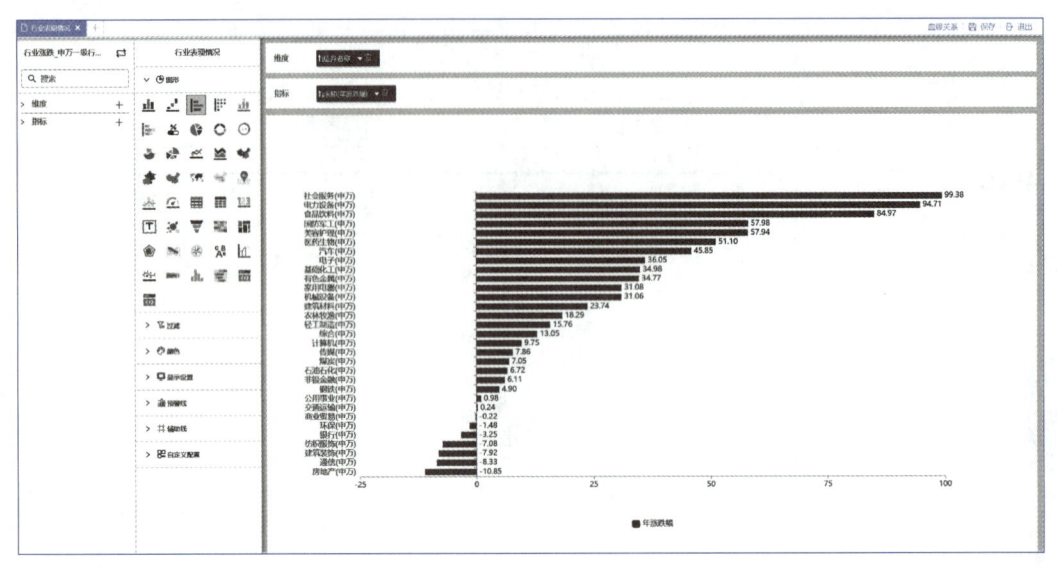

图 6-11 行业表现图

任务 2：2020 年全年市场主要指数月度涨跌幅可视化

针对 2020 年全年市场主要指数月度涨跌幅，做出适合的可视化图形。

操作步骤：

（1）新建可视化。

进入故事板设计页面，单击【可视化】，单击【新建】。

（2）选择数据源。

① 选择"整体市场表现"文件夹当中"2020 年股市重要指数月度涨跌幅"。

② 将可视化命名为：重要指数表现情况。

（3）维度与指标的选择。维度选择：月份；指标选择：选择五个指数；图形选择：柱状图。

（4）保存可视化。

① 单击【保存】，重要指数表现图如图 6-12 所示。

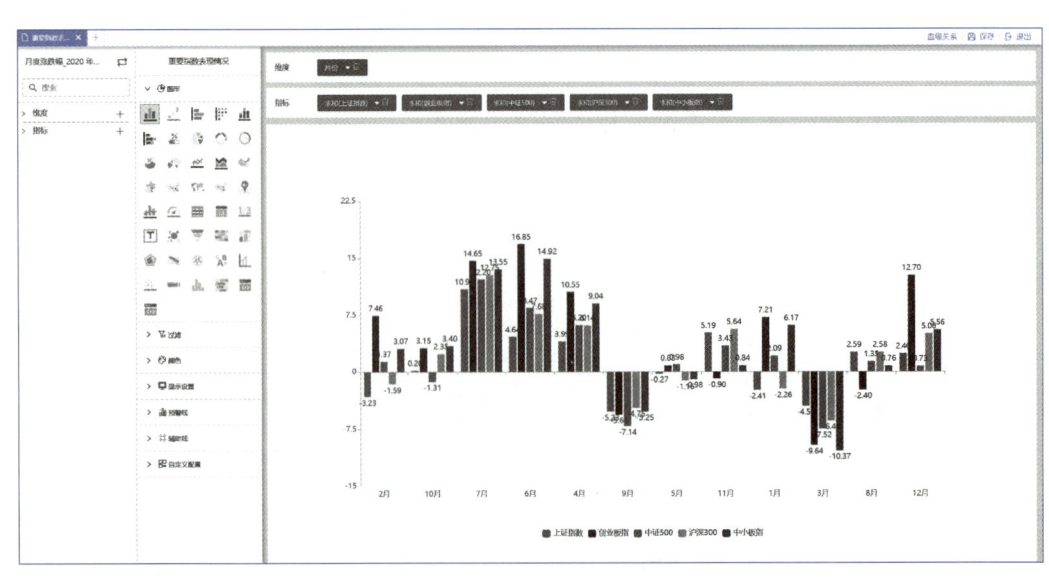

图 6-12 重要指数表现图

② 单击【退出】，回到故事板界面。

任务3：成交额可视化

针对成交额，做出适合的可视化图形，分析市场流动性及活跃度。

操作步骤：

（1）新建可视化。

① 进入故事板设计页面，单击【可视化】。

② 单击【新建】。

（2）选择数据源。

① 选择"流动性和市场活跃度"文件夹当中"沪深两市成交额"。

② 将可视化命名为：两市成交额表现情况。

（3）维度与指标的选择。维度选择：日期；指标选择：沪市成交额、深市成交额；图形选择：堆叠区域图。

（4）保存可视化。

① 单击【保存】，沪深两市成交额图如图6-13所示。

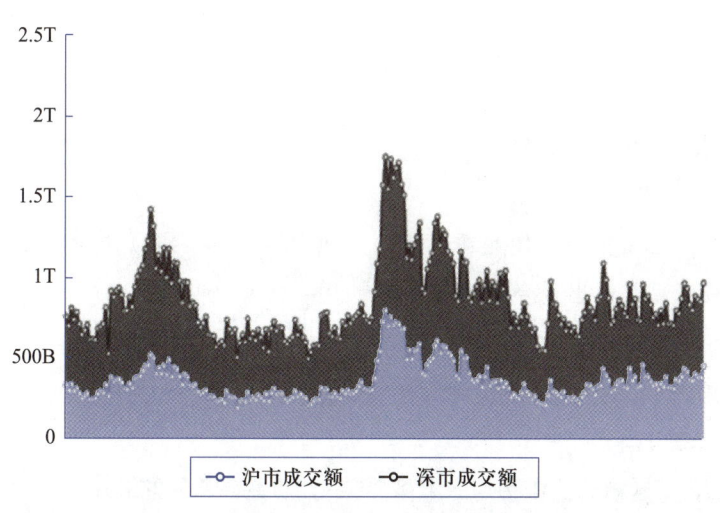

图6-13　沪深两市成交额图

② 单击【退出】，回到故事板界面。

任务4：波动率数据可视化

针对不同指数的波动率数据，做出适合的可视化图形，分析波动率走势情况。

操作步骤：

（1）新建可视化。

① 进入故事板设计页面，单击【可视化】。

② 单击【新建】。

（2）选择数据源。

① 选择"波动率"文件夹当中"波动率"。

② 将可视化命名为：市场波动率。

项目六　大数据在证券业的应用

（3）维度与指标的选择。维度选择：日期；指标选择：上证指数、沪深300、中证500、创业板指、中小300；图形选择：折线图。

（4）显示设置。最大值：50；最小值：0。

（5）保存可视化。

① 单击【保存】，波动率图如图6-14所示。

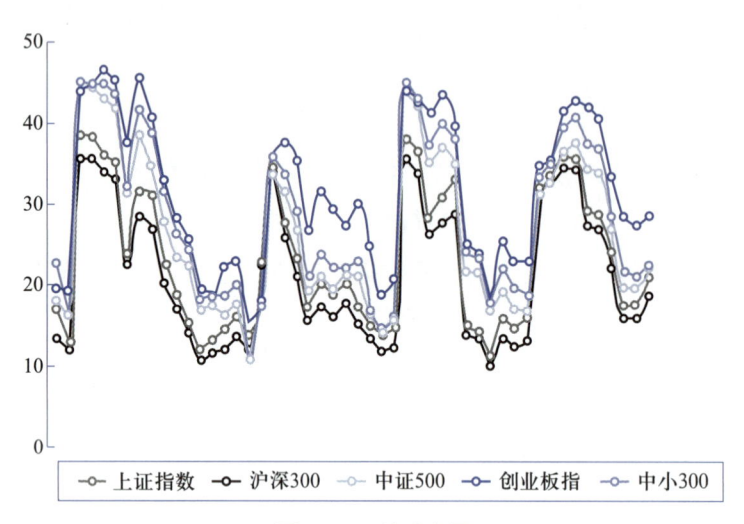

图6-14　波动率图

② 单击【退出】，回到故事板界面。

任务5：超额收益可视化

针对不同指数相对于上证指数的超额收益，如2020年沪深两市成交额和沪深300、中证1 000成分股相对超额收益情况，做出适合的可视化图形。

操作步骤：

（1）新建数据集。

① 单击【数据准备】。

② 单击【新建】，选择数据类型为"关联数据集"，将数据集名称命名为"市场风格关联数据"。

（2）数据关联。

① 分别拖曳沪深300、上证指数、中证500、中证1000以及沪深两市成交额五张表格到数据预览区域。

② 进行两两相接，选择"内连接"，关联条件：报表日期；单击【确定】。

（3）数据集保存

① 单击【执行】。

② 单击"实时"中的数据物化。

③ 单击【保存】。

任务6：沪深两市成交额可视化

针对沪深两市成交额，做出适合的可视化图形。

操作步骤：

（1）新建可视化。

① 进入故事板设计页面，单击【可视化】。

② 单击【新建】。

（2）选择数据源。

① 选择数据集成中完成的"市场风格关联数据"。

② 将可视化命名为：沪深 300、中证 500 成分股成交额占比。

（3）维度与指标的选择。

① 维度选择：日期。

② 指标选择：添加指标，构建指标名称"中证 500 成交额占比（%）""沪深 300 成交额占比（%）"，字段类型选择"数字"，选择需要计算的字段，进行表达式描述，单击确定，指标构建完成。

（4）选择可视化图形。图形选择：折线图。

（5）保存可视化。

① 单击【保存】，沪深两市成交额图如图 6-15 所示。

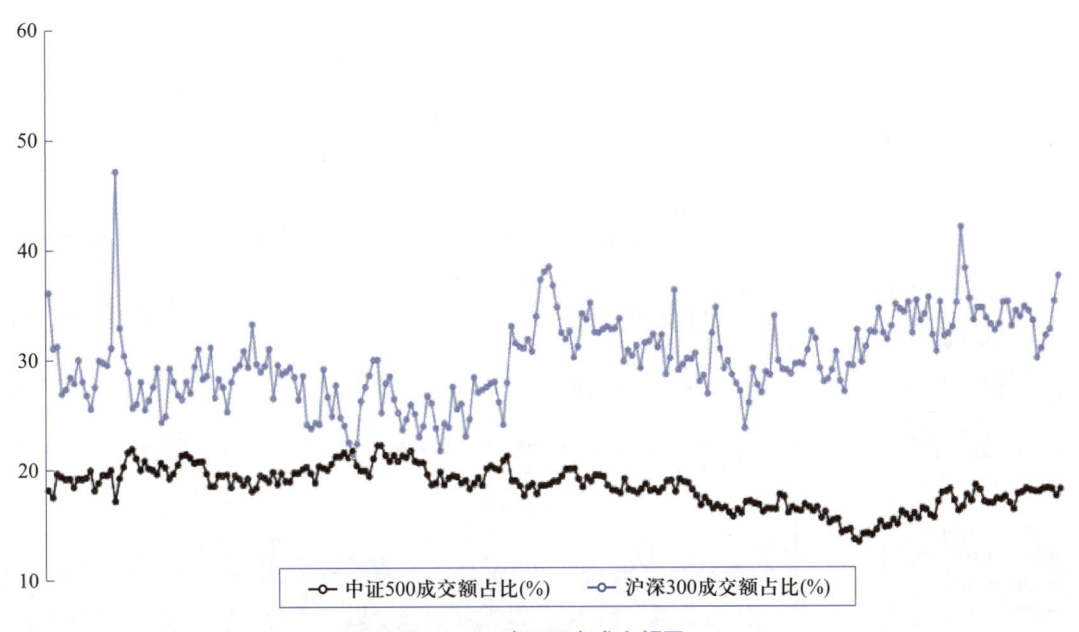

图 6-15　沪深两市成交额图

② 单击【退出】，回到故事板界面。

任务 7：数据预处理

导入沪深 A 股相关数据，并进行数据清洗，剔除异常值，资料见项目六资料包—沪深 A 股_pre 文件。

操作步骤：

（1）引入相关第三方 Python 库，代码如下：

```
#引入相关第三方 Python 库
import pandas as pd
import numpy as np
```

（2）读取相关数据，代码如下：

```
# 读取相关数据
data = pd.read_excel('多因子量化交易/沪深A股_pre.xlsx')
```

（3）异常值数据清洗。

① 剔除 2019 年 1 月 1 日后上市的公司。

② 剔除 ST 和 *ST 公司。

③ 剔除净资产收益率有异常值的公司。

异常值数据清洗代码如下：

```
# 第一步：异常值数据清洗
data = data.drop(data[data.首发上市日期 > '2019-01-01'].index)
data = data.drop(data[data['是否为ST股票'] == '是'].index)
data = data.drop(data[data['是否为*ST股票'] == '是'].index)
data = data.drop(data[data['净资产收益率'] == '——'].index)
print(data)
data.to_excel('多因子量化交易/沪深A股.xlsx')
```

（4）将清洗好的数据导出至"沪深 A 股.xls"，代码及运行结果如图 6-16 所示，运行结果导出后数据见项目六资料包 – 沪深 A 股文件。

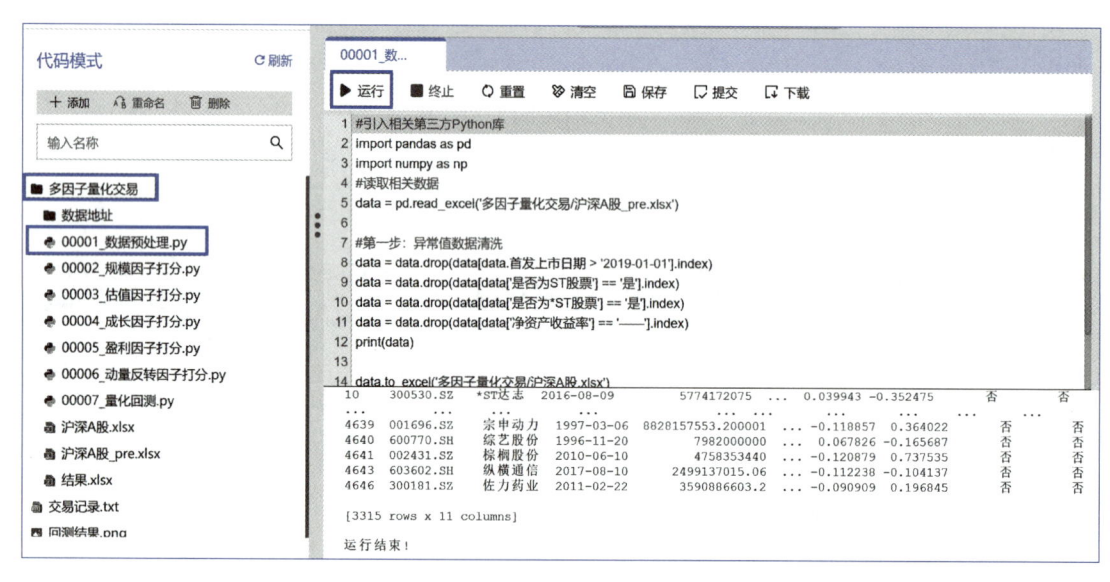

图 6-16　数据理解 Python 代码及运行结果

任务 8：使用打分法选取标的

数据准备：

（1）选择数据源：2020 年 12 月 31 日交易及上市公司相关数据。

（2）标的范围：沪深两市全部上市公司（包含创业板和科创板）。

（3）指标准备——风险因子：在规模、估值、成长、盈利以及动量反转当中各选取一个显著因子构建模型。

（4）指标准备—行业分类：按照申万一级行业进行行业分类。

（5）回测区间数据：2018年—2022年一季度日线交易数据。

依据选取的相关因子，利用代码编辑器，借助Python，分行业进行打分选取标的。

操作步骤：

（1）数据获取：引入Python第三方库，读取相关数据，代码如下：

```python
# 引入相关第三方Python库
import pandas as pd
import numpy as np
# 读取相关数据
data = pd.read_excel('多因子量化交易/沪深A股.xlsx')
```

（2）数据筛选和排序：行业一列选取"所属申万行业"为"银行"，对选取行业数据针对总市值进行倒序排序。代码如下：

```python
# 选取单行业测试
score = data[data['所属申万行业']=='银行']
print(score)


# 对总市值进行排序
score_sort = score.sort_values(by = '总市值', ascending=False)
```

（3）选取单个行业进行打分测试。代码如下：

```python
# 去除极值
print('上限',score['总市值'].mean( )+score['总市值'].std( )*3)
a = score['总市值'].mean( )+score['总市值'].std( )*3
print('下限',score['总市值'].mean( )−score['总市值'].std( )*3)
b = score['总市值'].mean( )−score['总市值'].std( )*3

score_sort_1 = score_sort.loc[(score_sort['总市值'].values < a)]    # 去除极值
print(len(score_sort_1))       # 展示所属行业剩余公司数量


# 开始依次进行打分
def score(a):
    quotient = len(a) // 20   # 倍数
    #print(quotient)
    remainder = len(a) % 20   # 余数
    #print(remainder)
    layer = np.array([quotient] * 20)
    #print(layer)
```

```
        for i in range(0, remainder):
            layer[-(1 + i)] += 1
    #print(layer)
    layer = np.insert(layer, 0, 0)
    layer = layer.cumsum()
    #print(layer)

    for i in range(0, 20):
        for j in range(layer[i], layer[i + 1]):
            a.iloc[(j, −1)] = i + 1

score(score_sort_1)
print(score_sort_1)
```

（4）将单行业打分拓展为多行业打分，全部公司的指标得分和最终总分输出至"结果"表格文件当中。

规模因子打分指标构建及打分运行代码如下：

```
#所有行业循环打分
industry = set(data[' 所属申万行业 '].tolist( ))
print(industry)
df_empty = pd.DataFrame( )
for i in industry: #将行业设置为循环
    #按照总市值倒序排序
    i = pd.DataFrame(data[data[' 所属申万行业 '] == i]).sort_values(by = ' 总市值 ', ascending=False)
    i = i.loc[(i[' 总市值 '].values < i[' 总市值 '].mean( ) + i[' 总市值 '].std( )*3)]      # 去除极值
    i[' 规模因子得分 '] = 0                       #定义得分，初始分数为 0
    score(i)                                      #运行此前设置的 score 函数
    df = pd.DataFrame(i)                          #得分结果保存
    df_empty = pd.concat([df_empty,df])           #得分结果添加至 df_empty
print (df_empty)                                  #展示结果
df_empty.to_excel(' 多因子量化交易 / 结果 .xlsx',index=False)      #结果保存至 excel 文件当中
```

（5）进行估值因子、成长因子、盈利因子、动量反转因子打分，将所有指标打分求和汇总，得到最终得分，根据组内分数高低，从每一个行业当中选取最高分的公司，代码如下：

```
#引入相关第三方 Python 库
import pandas as pd
import numpy as np
#读取相关数据
data = pd.read_excel(' 多因子量化交易 / 结果.xlsx')
```

```python
# 开始依次进行打分
def score(a):
    quotient = len(a) // 20     # 倍数
    #print(quotient)
    remainder = len(a) % 20     # 余数
    #print(remainder)
    layer = np.array([quotient] * 20)
    # print(layer)

    for i in range(0, remainder):
        layer[-(1 + i)] += 1
    # print(layer)
    layer = np.insert(layer, 0, 0)
    layer = layer.cumsum( )
    # print(layer)

    for i in range(0, 20):
        for j in range(layer[i], layer[i + 1]):
            a.iloc[(j, -1)] = i + 1

# 所有行业循环打分
industry = set(data[' 所属申万行业 '].tolist( ))
df_empty = pd.DataFrame( )
for i in industry:# 将行业设置为循环
    # 按照动态市盈率倒序排序
    i = pd.DataFrame(data[data[' 所属申万行业 '] == i]).sort_values(by = ' 动态市盈率 ', ascending= False)
    i = i.loc[(i[' 动态市盈率 '].values < i[' 动态市盈率 '].mean( ) + i[' 动态市盈率 '].std( )*3)] # 去除极值
    i[' 估值因子得分 '] = 0          # 定义得分，初始分数为 0
    score(i)                        # 运行此前设置的 score 函数
    df = pd.DataFrame(i)            # 得分结果保存
    df_empty = pd.concat([df_empty,df])        # 得分结果添加至 df_empty
print (df_empty)                    # 展示结果
df_empty.to_excel(' 多因子量化交易 / 结果.xlsx', index=False) # 结果保存至 excel 文件当中


# 引入相关第三方 Python 库
import pandas as pd
import numpy as np
```

```python
# 读取相关数据
data = pd.read_excel(' 多因子量化交易 / 结果.xlsx')


# 开始依次进行打分
def score(a):
    quotient = len(a) // 20    # 倍数
    #print(quotient)
    remainder = len(a) % 20    # 余数
    #print(remainder)
    layer = np.array([quotient] * 20)
    # print(layer)

    for i in range(0, remainder):
        layer[-(1 + i)] += 1
    # print(layer)
    layer = np.insert(layer, 0, 0)
    layer = layer.cumsum( )
    # print(layer)

    for i in range(0, 20):
        for j in range(layer[i], layer[i + 1]):
            a.iloc[(j, -1)] = i + 1

# 所有行业循环打分
industry = set(data[' 所属申万行业 '].tolist( ))
df_empty = pd.DataFrame( )
for i in industry:    # 将行业设置为循环
    # 按照营收同比增长率正序排序
    i = pd.DataFrame(data[data[' 所属申万行业 '] == i]).sort_values(by = ' 营收同比增长率 ')
    i = i.loc[(i[' 营收同比增长率 '].values < i[' 营收同比增长率 '].mean( ) + i[' 营收同比增长率 '].std( )*3)]    # 去除极值
    i[' 成长因子得分 '] = 0        # 定义得分，初始分数为 0
    score(i)                          # 运行此前设置的 score 函数
    df = pd.DataFrame(i)          # 得分结果保存
    df_empty = pd.concat([df_empty,df])       # 得分结果添加至 df_empty
print (df_empty) # 展示结果
```

```python
df_empty.to_excel(' 多因子量化交易 / 结果.xlsx', index=False)     # 结果保存至 excel 文件当中

# 引入相关第三方 Python 库
import pandas as pd
import numpy as np
# 读取相关数据
data = pd.read_excel(' 多因子量化交易 / 结果.xlsx')


# 开始依次进行打分
def score(a):
    quotient = len(a) // 20    # 倍数
    #print(quotient)
    remainder = len(a) % 20    # 余数
    #print(remainder)
    layer = np.array([quotient] * 20)
    # print(layer)

    for i in range(0, remainder):
        layer[-(1 + i)] += 1
    # print(layer)
    layer = np.insert(layer, 0, 0)
    layer = layer.cumsum()
    # print(layer)

    for i in range(0, 20):
        for j in range(layer[i], layer[i + 1]):
            a.iloc[(j, -1)] = i + 1

# 所有行业循环打分
industry = set(data[' 所属申万行业 '].tolist( ))
df_empty = pd.DataFrame( )
for i in industry:        # 将行业设置为循环
    # 按照净资产收益率正序排序
    i = pd.DataFrame(data[data[' 所属申万行业 '] == i]).sort_values(by = ' 净资产收益率 ')
    i = i.loc[(i[' 净资产收益率 '].values < i[' 净资产收益率 '].mean( ) + i[' 净资产收益率 '].std( )*3)]
# 去除极值
```

```python
        i['盈利因子得分'] = 0        #定义得分，初始分数为0
        score(i)          #运行此前设置的score函数
        df = pd.DataFrame(i)      #得分结果保存
        df_empty = pd.concat([df_empty,df])        #得分结果添加至df_empty
print (df_empty)        #展示结果
df_empty.to_excel('多因子量化交易/结果.xlsx',index=False)        #结果保存至excel文件当中

#导入相关Python库
import pandas as pd
import numpy as np


#读取上一步骤处理结果数据
data = pd.read_excel('多因子量化交易/结果.xlsx')


#开始依次进行打分
def score(a):
    quotient = len(a) // 20    #倍数
    #print(quotient)
    remainder = len(a) % 20    #余数
    #print(remainder)
    layer = np.array([quotient] * 20)
    # print(layer)

    for i in range(0, remainder):
        layer[-(1 + i)] += 1
    # print(layer)
    layer = np.insert(layer, 0, 0)
    layer = layer.cumsum( )
    # print(layer)

    for i in range(0, 20):
        for j in range(layer[i], layer[i + 1]):
            a.iloc[(j, -1)] = i + 1


#进行行业循环
industry = set(data['所属申万行业'].tolist())
```

```python
df_empty = pd.DataFrame()
for i in industry:
    # 按照月涨跌幅正序排序
    i = pd.DataFrame(data[data['所属申万行业'] == i]).sort_values(by = '月涨跌')
    i = i.loc[(i['月涨跌'].values < i['月涨跌'].mean() + i['月涨跌'].std()*3)]    # 剔除异常极值数据
    i['动量反转因子得分'] = 0
    score(i)
    df = pd.DataFrame(i)
    df_empty = pd.concat([df_empty,df])    # 将输出结果导入至空数据框架
# 根据五个因子结果进行求和打分，并输出结果
df_empty['最终得分'] = df_empty['规模因子得分']+ df_empty['估值因子得分'] + df_empty['成长因子得分']+df_empty['盈利因子得分']+df_empty['动量反转因子得分']
df_empty.to_excel('多因子量化交易/结果.xlsx', index=False)


# 以行业为分组，选取各行业当中得分最高标的
df2 = df_empty.groupby('所属申万行业').apply(lambda t: t[t.最终得分 ==t.最终得分.max()])
df2.index = df2.index.droplevel()
df3 = df2.groupby('所属申万行业').apply(lambda t: t[t.估值因子得分 ==t.估值因子得分.max()])
df3.index = df3.index.droplevel()
df4 = df3.groupby('所属申万行业').apply(lambda t: t[t.盈利因子得分 ==t.盈利因子得分.max()])
df4.index = df4.index.droplevel()
df5 = df4.groupby('所属申万行业').apply(lambda t: t[t.成长因子得分 ==t.成长因子得分.max()])
# 选取结果输出至选股结果文件当中
df5.to_excel('选股结果.xlsx',index = False)
```

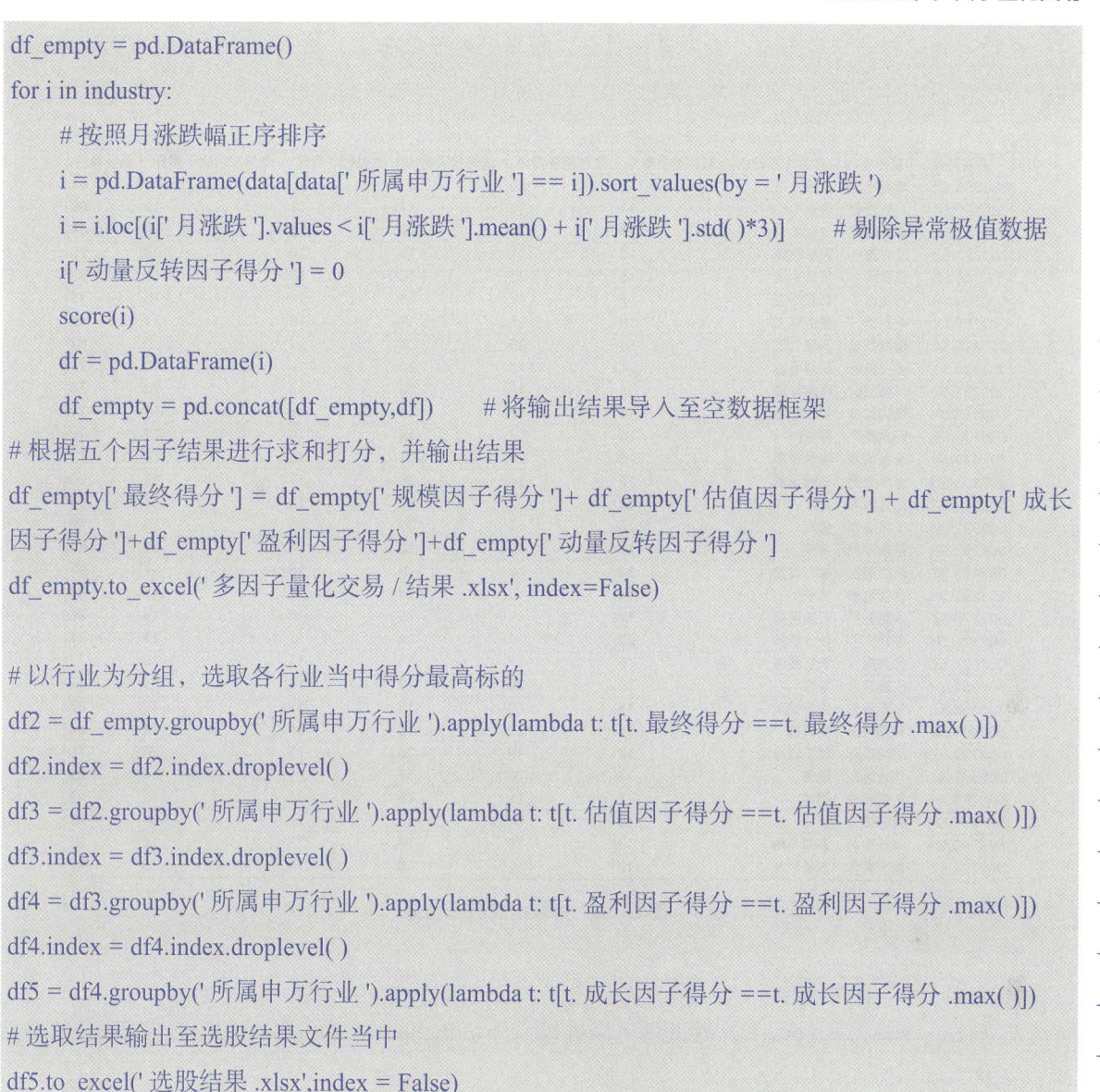

数据理解动量反转因子打分 Python 代码及运行结果如图 6-17 所示。

图 6-17　数据理解动量反转因子打分 Python 代码及运行结果

项目六 大数据在证券业的应用

将所有指标打分求和汇总，得到最终得分，根据组内分数高低，从每一个行业当中选取最高分的公司，如图6-18所示。运行结果导出后数据见项目六资料包—选股结果。

证券代码	证券名称	所属申万行业	规模因子得分	盈利因子得分	成长因子得分	估值因子得分	动量反转因子得分	最终得分
000885.SZ	城发环境	交通运输	12	20	20	15	14	81
000529.SZ	广弘控股	传媒	14	19	17	11	19	80
600163.SH	中闽能源	公用事业	11	20	20	15	18	84
002772.SZ	众兴菌业	农林牧渔	15	11	15	14	20	75
300246.SZ	宝莱特	医药生物	16	20	20	18	9	83
600710.SH	苏美达	商贸零售	7	17	19	16	18	77
002189.SZ	中光学	国防军工	18	16	18	16	17	85
002838.SZ	道恩股份	基础化工	4	20	20	17	20	81
002429.SZ	兆驰股份	家用电器	4	18	20	17	19	78
300737.SZ	科顺股份	建筑材料	6	19	18	13	18	74
600512.SH	腾达建设	建筑装饰	10	17	19	16	17	79
600173.SH	卧龙地产	房地产	16	17	15	14	17	79
601677.SH	明泰铝业	有色金属	10	19	15	18	17	79
600302.SH	标准股份	机械设备	20	13	20	17	17	90
002553.SZ	南方轴承	汽车	13	20	14	18	19	84
600397.SH	安源煤业	煤炭	20	2	20	20	16	78
603797.SH	联泰环保	环保	14	19	18	14	15	80
002487.SZ	大金重工	电力设备	12	20	20	18	11	81
603890.SH	春秋电子	电子	14	17	20	18	11	80
002778.SZ	中晟高科	石油石化	17	19	19	10	15	80
600706.SH	曲江文旅	社会服务	20	8	14	17	12	71
002687.SZ	乔治白	纺织服饰	16	17	14	12	18	77
600051.SH	宁波联合	综合	18	20	19	15	9	81
300658.SZ	延江股份	美容护理	15	20	18	17	17	87
002401.SZ	中远海科	计算机	14	20	18	16	16	84
002799.SZ	环球印务	轻工制造	12	19	20	7	20	78
300571.SZ	平治信息	通信	11	20	19	17	16	83
600782.SH	新钢股份	钢铁	13	15	20	20	15	83
601997.SH	贵阳银行	银行	18	19	16	20	14	87
603300.SH	华铁应急	非银金融	18	19	16	13	14	80
002726.SZ	龙大美食	食品饮料	12	19	20	18	8	77

图6-18 指标构建打分结果

任务9：资产组合回测

根据上一步骤的选股结果，利用代码编辑器，借助Python当中的第三方库，进行资产组合回测，资料见项目六资料包—数据地址文件夹。

操作步骤：

（1）导入backtrader、pandas、matplotlib等相关Python库，代码如下：

```
# 导入相关第三方Python库
import backtrader as bt
import pandas as pd
import datetime
import matplotlib.pyplot as plt
# 解决中文乱码
plt.rcParams["font.sans-serif"] = [u"SimHei"]
plt.rcParams["axes.unicode_minus"] = False

import sys
f = open(' 交易记录.txt', 'w', encoding = 'utf-8') # 先打开要输出的文件
```

```python
sys.stdout = f # 重定向到 f 文件
import warnings
warnings.filterwarnings("ignore")


import sys
f = open(' 交易记录.txt', 'w', encoding = 'utf-8') # 先打开要输出的文件
sys.stdout = f # 重定向到 f 文件
import warnings
warnings.filterwarnings("ignore")
```

（2）构建交易策略，代码如下：

```python
# 新建策略
class AceStrategy(bt.Strategy):
    params = (
        ('maperiod_10', 10),    # 设置移动平均线天数
        ('maperiod_30',30)      # 设置移动平均线天数
    )# 设置相关交易策略的参数

    def __init__(self):
        self.inds = dict( )
        for i, d in enumerate(self.datas):
            self.inds[d] = dict( )
            # 制定价格序列（收盘价）
            self.inds[d]['dataclose'] = self.datas[0].close
            # 添加移动平均线指标 (10 日线、30 日线）
            self.inds[d]['sma_10'] = bt.indicators.SimpleMovingAverage(
                self.datas[0], period=self.params.maperiod_10)
            self.inds[d]['sma_30'] = bt.indicators.SimpleMovingAverage(
                self.datas[0], period=self.params.maperiod_30)
            # 初始化交易指令为空（None)
            self.inds[d]['order'] = None
    def start(self):
        pass
    def prenext(self):
        pass
    def nextstart(self):
        pass
    def next(self):
```

```python
            for i, d in enumerate(self.datas):
                dt, dn = self.datetime.date( ), d._name
                pos = self.getposition(d).size
                #检查是否持仓
                if not pos:# 在没有持仓的情况下
                    if self.inds[d]['sma_10']>self.inds[d]['sma_30']:# 执行条件：10 日线上穿 30 日线
                        # 执行买入指令，买入规模为 1000000
                        self.inds[d]['order'] = self.buy(data=d, size=1000000)
                        # 打印相关指令信息，包含买入时间、买入股票代码、买入价格
                        print(f"{self.datas[0].datetime.date(0)}, 买入 {dn}, 价格为 {self.datas[i].close[0]} 元 / 股 ")
                else:# 有持仓情况下
                    if self.inds[d]['sma_10']<self.inds[d]['sma_30']:# 执行条件, 10 日线下穿 30 日线
                        # 执行卖出指令，卖出规模为 1000000
                        self.inds[d]['order'] = self.sell(data=d, size=1000000)
                        # 打印先关指令信息，包含卖出时间、卖出股票代码、卖出价格
                        print(f"{self.datas[0].datetime.date(0)}, 卖出 {dn}, 价格为 {self.datas[i].close[0]} 元 / 股 ")
        def stop(self):
            pass
    if __name__ == '__main__':
        # 初始化 cerebro 回测系统设置
        cerebro = bt.Cerebro(stdstats=False)      # 关闭 observers 观察者功能
        #cerebro 自动实例化三个标准观察者
        cerebro.addobserver(bt.observers.Broker)    # 经纪人观察者：用来跟踪现金和投资组合的价值
        cerebro.addobserver(bt.observers.Trades)    # 交易观察者：会显示每笔交易所产生的影响
        cerebro.addobserver(bt.observers.BuySell)   # 买 / 卖观察者：主要对订单操作进行记录
        # 设置初始资金金额
        cerebro.broker.set_cash(100000000.00)
        # 获取初始资金金额并打印显示
        初始资金 = cerebro.broker.getvalue( )
        print(f' 初始资金 :{ 初始资金 }')
```

（3）加载数据、导入策略，代码如下：

```python
stk_pools = pd.read_csv(' 多因子量化交易 / 数据地址 /stock_code_update.csv')
    stk_num = 31     # 设置组合数量
    for i in range(stk_num):       # 设置循环
        # 按顺序读取代码
        stk_code = stk_pools['code'][stk_pools.index[i]]
        stk_code = '%06d' %stk_code # 设置补全 6 位数代码
```

```python
# 根据代码读取相关股票代码交易数据集
data = ' 多因子量化交易 / 数据地址 /' + stk_code + '.csv'
# 加载数据，并设置回测时间 (fromdate 开始时间，todate 截止时间 )
日线 = bt.feeds.GenericCSVData(dataname=data,
                              fromdate=datetime.datetime(2021, 1, 1),
                              todate=datetime.datetime(2021, 12, 31),
                              nullvalue=0.0,
                              dtformat=('%Y-%m-%d')
                              )
# 添加数据至 cerebro 回测系统
cerebro.adddata( 日线 , name = stk_code)

# 将交易策略加载到回测系统当中
cerebro.addstrategy(AceStrategy)
```

（4）添加分析指标、执行回测，代码如下：

```python
# 添加分析指标
# 返回年初至年末的年化收益率
cerebro.addanalyzer(bt.analyzers.AnnualReturn, _name='_AnnualReturn')
# 计算最大回撤相关指标
cerebro.addanalyzer(bt.analyzers.DrawDown, _name='_DrawDown')
# 计算年化收益：日度收益
cerebro.addanalyzer(bt.analyzers.Returns, _name='_Returns', tann=252)
# 计算年化夏普比率：日度收益
cerebro.addanalyzer(bt.analyzers.SharpeRatio, _name='_SharpeRatio', timeframe=bt.TimeFrame.Days, annualize=True, riskfreerate=0)     # 计算夏普比率
cerebro.addanalyzer(bt.analyzers.SharpeRatio_A, _name='_SharpeRatio_A')
# 返回收益率时序
cerebro.addanalyzer(bt.analyzers.TimeReturn, _name='_TimeReturn')
# 运行回测系统
result = cerebro.run( )
# 提取结果
期末资金 = cerebro.broker.getvalue( )      # 获取期末资金，打印期末资金及收益率
print(f' 期末资金 :{ 期末资金 }, 收益率为 {(100 * ( 期末资金 – 初始资金 ) // 初始资金 )}%')
```

（5）回测结果可视化，代码如下：

```python
# 回测可视化
# 添加 TimeReturn 分析器
cerebro.addanalyzer(bt.analyzers.TimeReturn, _name='_TimeReturn')
```

```python
# 提取收益序列
pnl = pd.Series(result[0].analyzers._TimeReturn.get_analysis())
# 计算累计收益
cumulative = (pnl + 1).cumprod()
# 计算回撤序列
max_return = cumulative.cummax()
drawdown = (cumulative - max_return) / max_return
# 计算收益评价指标
import pyfolio as pf
# 按年统计收益指标
perf_stats_year = (pnl).groupby(pnl.index.to_period('y')).apply(lambda data: pf.timeseries.perf_stats(data)).unstack()
# 统计所有时间段的收益指标
perf_stats_all = pf.timeseries.perf_stats((pnl)).to_frame(name='all')
perf_stats = pd.concat([perf_stats_year, perf_stats_all.T], axis=0)
perf_stats_ = round(perf_stats, 4).reset_index()
# 绘制图形
import matplotlib.pyplot as plt
plt.rcParams['axes.unicode_minus'] = False      # 用来正常显示负号
plt.rcParams['font.sans-serif'] = ['SimHei']    # 正常显示中文
import matplotlib.ticker as ticker              # 导入设置坐标轴的模块
plt.style.use('seaborn')# 设置可视化样式
fig, (ax0, ax1) = plt.subplots(2, 1, gridspec_kw={'height_ratios': [1.5, 4]}, figsize=(20, 8))
cols_names = ['date', 'Annual\nreturn', 'Cumulative\nreturns', 'Annual\nvolatility',
              'Sharpe\nratio', 'Calmar\nratio', 'Stability', 'Max\ndrawdown',
              'Omega\nratio', 'Sortino\nratio', 'Skew', 'Kurtosis', 'Tail\nratio',
              'Daily value\nat risk']
# 绘制表格
ax0.set_axis_off()  # 除去坐标轴
table = ax0.table(cellText=perf_stats_.values,
                  bbox=(0, 0, 1, 1),        # 设置表格位置, (x0, y0, width, height)
                  rowLoc='right',           # 行标题居中
                  cellLoc='right',
                  colLabels=cols_names,     # 设置列标题
                  colLoc='right',           # 列标题居中
                  edges='open'              # 不显示表格边框
                  )
```

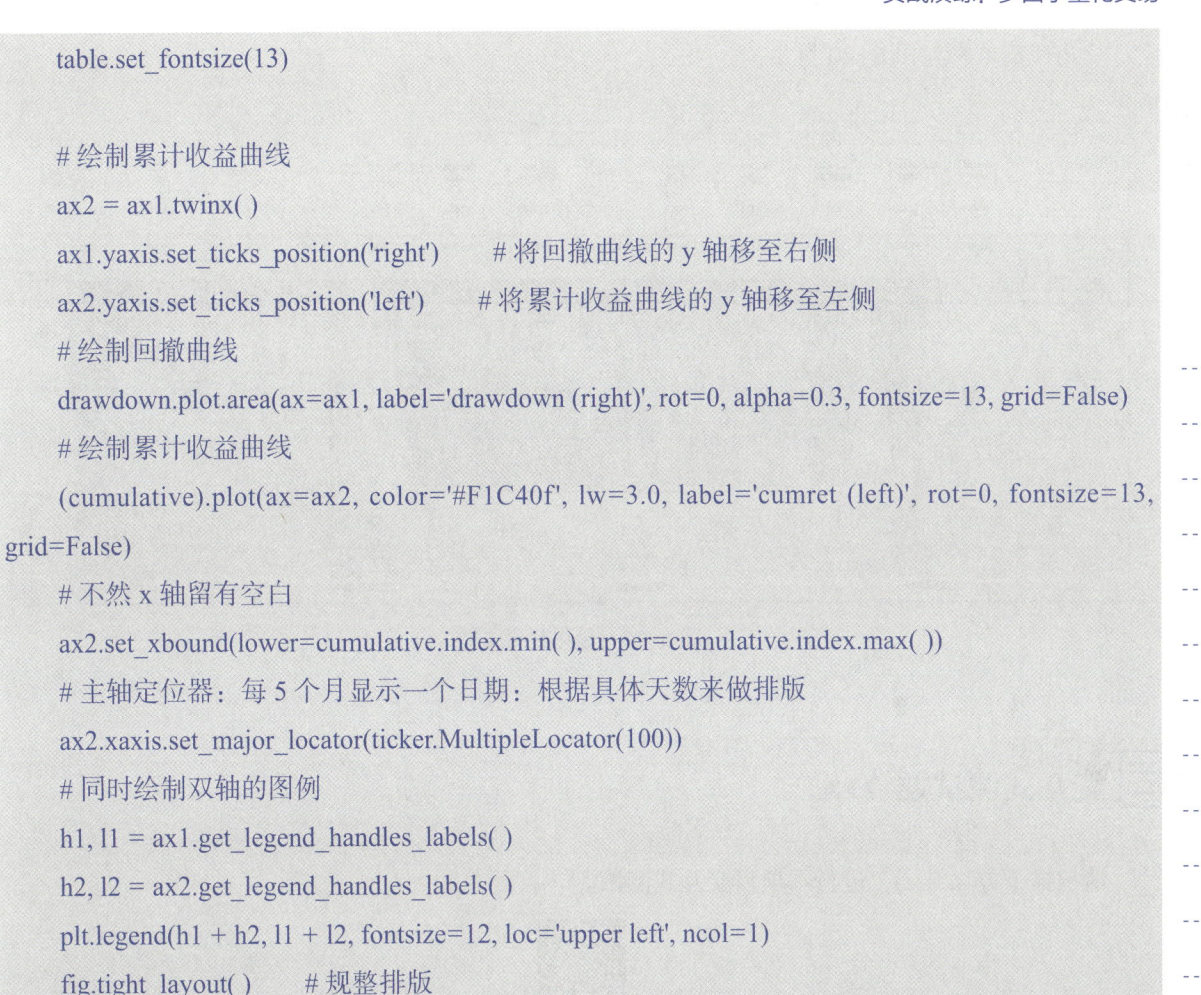

```
table.set_fontsize(13)

# 绘制累计收益曲线
ax2 = ax1.twinx( )
ax1.yaxis.set_ticks_position('right')      # 将回撤曲线的 y 轴移至右侧
ax2.yaxis.set_ticks_position('left')       # 将累计收益曲线的 y 轴移至左侧
# 绘制回撤曲线
drawdown.plot.area(ax=ax1, label='drawdown (right)', rot=0, alpha=0.3, fontsize=13, grid=False)
# 绘制累计收益曲线
(cumulative).plot(ax=ax2, color='#F1C40f', lw=3.0, label='cumret (left)', rot=0, fontsize=13, grid=False)
# 不然 x 轴留有空白
ax2.set_xbound(lower=cumulative.index.min( ), upper=cumulative.index.max( ))
# 主轴定位器：每 5 个月显示一个日期：根据具体天数来做排版
ax2.xaxis.set_major_locator(ticker.MultipleLocator(100))
# 同时绘制双轴的图例
h1, l1 = ax1.get_legend_handles_labels( )
h2, l2 = ax2.get_legend_handles_labels( )
plt.legend(h1 + h2, l1 + l2, fontsize=12, loc='upper left', ncol=1)
fig.tight_layout( )      # 规整排版
plt.savefig(' 回测结果 .png')
```

数据理解代码及运行结果如图 6-19 所示，运行结果导出后数据见项目六资料包—交易数据、回测结果文件。

图 6-19 数据理解代码及运行结果

项目六　大数据在证券业的应用

量化回测结果如图 6-20 所示。

date	Annual return	Cumulative returns	Annual volatility	Sharpe ratio	Calmar ratio	Stability	Max drawdown	Omega ratio	Sortino ratio	Skew	Kurtosis	Tail ratio	Daily value at risk
2021	0.3462	0.3304	0.1713	1.8215	6.5981	0.4742	-0.0525	1.5844	3.2464	1.1267	5.7407	1.2178	-0.0203
all	0.3462	0.3304	0.1713	1.8215	6.5981	0.4742	-0.0525	1.5844	3.2464	1.1267	5.7407	1.2178	-0.0203

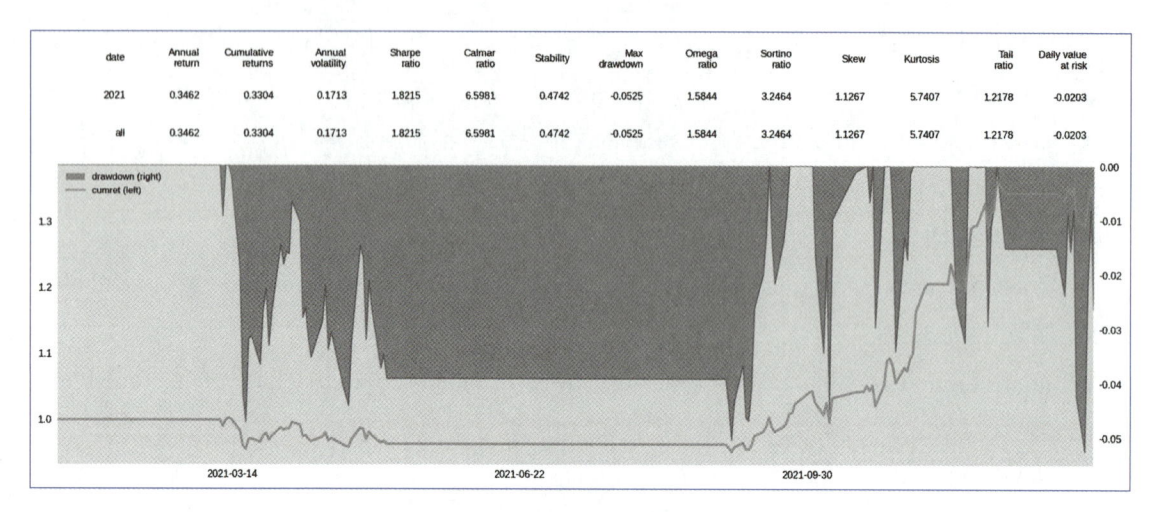

图 6-20　量化回测结果

交互式测试题 >>>

请扫描下方二维码，进行本项目交互式测试。

项目六　交互式测试题

实训练习 >>>

登录新道云平台，进入项目实战—多因子量化交易，在量化策略投资环境分析、数据收集和数据分析与挖掘单元当中，学习了解相关数据集内容，之后在"项目导入—量化策略投资环境分析/数据预处理/数据分析与挖掘"单元当中，单击"开始任务"（见图 6-21），进入新道代码编辑器和新道分析云数据集界面（见图 6-22、图 6-23），运行/编写相关分析云数据集和 Python 脚本代码，并进行分析。根据输出的结果，对上市公司进行数据清洗、指标打分选取投资组合标的，撰写针对多因子策略、选股过程以及回测交易策略、回测结果整理成量化策略报告并提交。

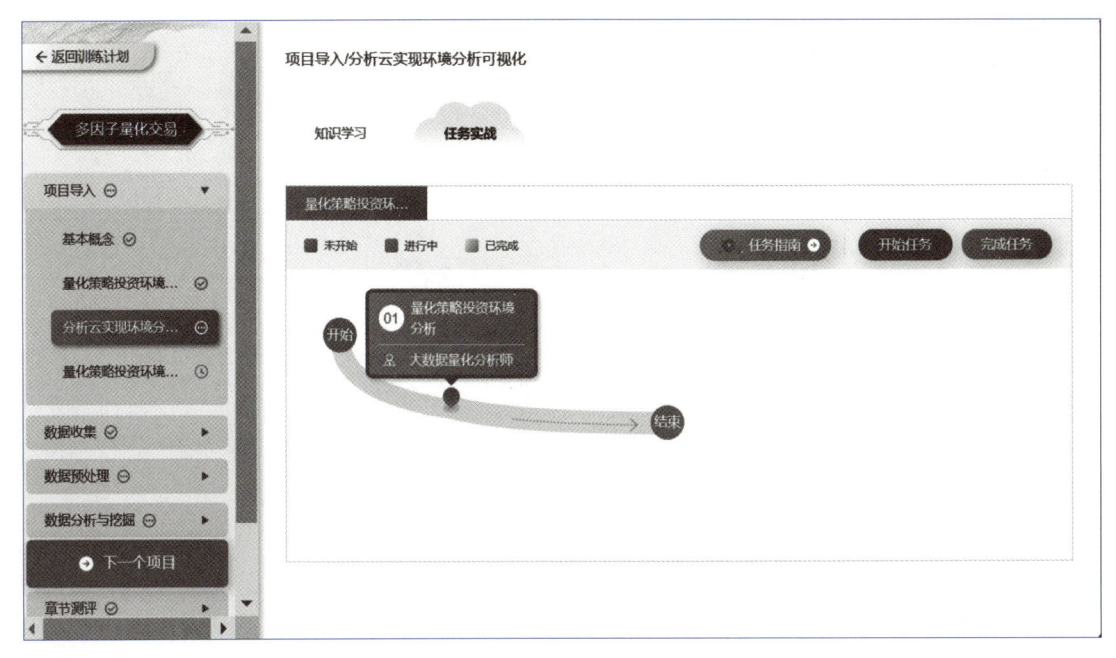

图 6-21 单元开始任务

图 6-22 新道代码编辑器界面

图 6-23 新道分析云数据集界面

项目七
大数据在保险业的应用

7

项目七　大数据在保险业的应用

学习目标

素养目标
- 通过大数据技术对保险业务的分析和决策，培养分析判断能力和科学决策力
- 通过大数据在保险领域的应用，培养开拓创新的意识，提升和增强科技创新素养
- 强化对大数据伦理问题的认知，明确大数据应用在保险业中的伦理约束，培养良好的职业道德与社会责任感
- 培养社会责任意识和创新精神，激发从事大数据在保险业应用工作的热情和动力

知识目标
- 理解大数据在保险业中发挥的作用
- 熟悉保险业务的应用场景，包括保险精准营销、精准定价以及风险控制
- 掌握大数据在保险业务中的应用流程

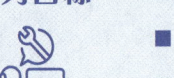

能力目标
- 能够对保险业务进行数据收集，进行数据预处理
- 能够对保险业务进行数据匹配，分析用户画像
- 能够通过决策树模型进行数据分析与挖掘
- 能够根据用户推荐合适的保险方案

思维导图

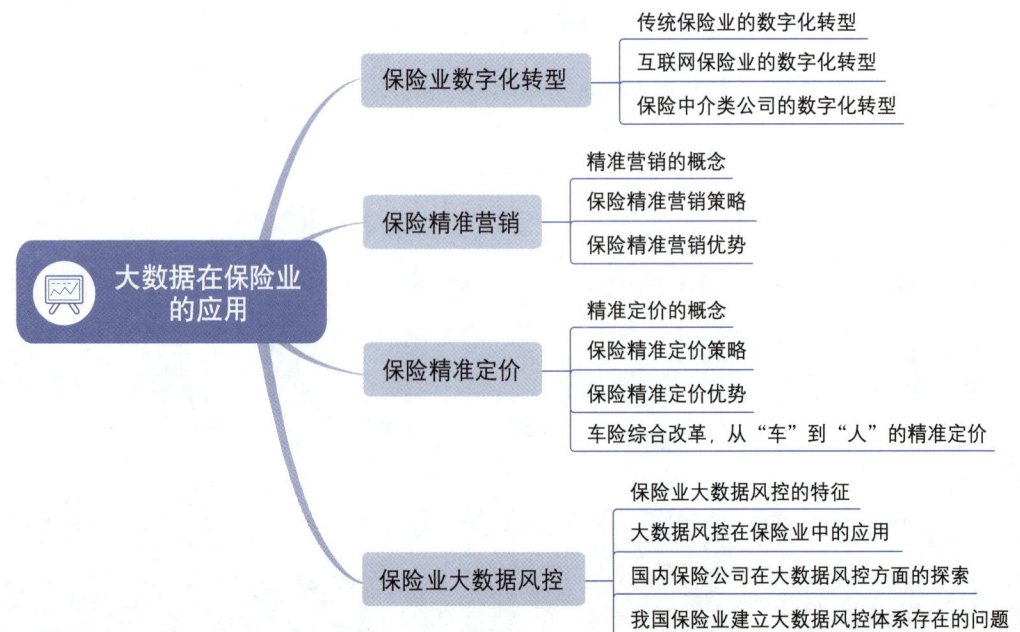

大数据在保险业的应用
- 保险业数字化转型
  - 传统保险业的数字化转型
  - 互联网保险业的数字化转型
  - 保险中介类公司的数字化转型
- 保险精准营销
  - 精准营销的概念
  - 保险精准营销策略
  - 保险精准营销优势
- 保险精准定价
  - 精准定价的概念
  - 保险精准定价策略
  - 保险精准定价优势
  - 车险综合改革，从"车"到"人"的精准定价
- 保险业大数据风控
  - 保险业大数据风控的特征
  - 大数据风控在保险业中的应用
  - 国内保险公司在大数据风控方面的探索
  - 我国保险业建立大数据风控体系存在的问题

案例导入

A 公司经过多年的发展，现已成长为国内金融牌照最齐全、业务范围最广泛、控股关系最紧密的个人金融生活服务平台之一。在公司发展壮大的过程中，保险业务，尤其是寿险及健康险业务，是其主要的驱动力，亦是公司的核心价值所在，利润贡献过半。

公司非常重视对科技的投入，主要聚焦大数据、人工智能、区块链和云计算，并广泛应用于传统金融业务，渗透到涉及客户经营、渠道管理与销售、风险管控及客户服务等核心环节，从而提效降耗。

公司通过综合金融的一体化架构，依托本土化优势，践行国际化标准的公司治理，以及统一的品牌、多渠道分销网络，为客户提供保险、银行、投资、金融科技、医疗科技业务服务。

公司始终坚持以个人客户为中心，个人客户数持续提升，其中 36% 的客户同时持有多家子公司的合同。随着综合金融战略的深化，客户在各产品线中交叉渗透程度不断提高，从而使得客均合同数和产品线盈利能力稳健增长，驱动整体集团业绩增长。

请思考：保险行业在不断进行数字化创新，请举几个保险业务数字化场景的例子。

任务一 保险业数字化转型

一、传统保险业的数字化转型

（一）传统保险业数字化转型的特点

为积极应对数字化浪潮，传统保险基于不同的行业地位和资源禀赋，呈现出三种不同的数字化转型策略。大型保险公司由于其数字化转型起步早、投资大，已获利于各自数字化转型的初期成果，开始"扩建赛道，打造生态"，围绕自身业务优势，全面发展、构建保险生态，拓展业务边界；中型保险公司尚处于"选择赛道、科技赋能"阶段，聚焦业内成功实践，应用成熟技术，通过科技赋能"找长板、补短板"；小型保险公司受限于自身现状和能力，着重"赛道突围，探索细分市场突破"，主要聚焦于渠道，围绕业务模式和保险场景进行体验优化，且以完善现有 IT 能力为主。

具体而言，大型保险公司的数字化转型具备以下六个特点。

（1）内外部数字化体验并重。数字化驱动以外部客户为中心，向涵盖客户、员工、代理人、合作伙伴、管理人员等更广泛的范围延伸。

（2）中台化、云化。随着竞争加剧，对于快速扩展、敏捷响应前端需求变化的要求越来越高，因此整体数字化应用建设也逐渐由前向后，向纵深发展。构建专业化中台应用、共享技术平台、基础设施云化等成为热点。

（3）全方位新技术应用探索。关注重点包括以提高客户体验为目标的客户信息识别、共享经济、可视化技术；物联网领域的智能家居、可穿戴设备；人工智能领域的预测性分析、智能机器人；数据领域的网络安全、数字技术平台、应用程序编程接口（API 接口）和数据、区块链服务等。

（4）统筹建设和敏捷管理成为主流趋势。以统筹建设的方式，充分发挥集团优势，追求协同效应；注重整体交付机制的敏捷转型，双速、多态成为行业数字化建设的热点。

（5）组织与机制变革转型进度加速。创新组织方面，从组织架构入手，设置首席数字官并成立相关部门，将IT部门职能向主动创新引领转变；创新机制方面，构建数字化发展长效机制，立足长远布局。

（6）内外通力合作助力转型进程。通过建立外部合作，多渠道增加技术触点。对于实力雄厚的保险集团，借助企业风险投资及孵化器、加速器，在全球范围内进行产业布局。

（二）传统保险业面临的挑战

与大型保险公司相比，由于自身规模及资源劣势，大部分中小型保险公司的数字化转型发展面临以下挑战。

（1）数字化尚处于基础支撑阶段。整体数字化转型创新的引领者仍然是头部保险机构或大型保险集团，中小保险公司普遍处于吃力跟随状态，多将数字化转型视为"生存"所需，未能借助数字化实现差异化竞争。

（2）分散式建设，难统筹考虑。由于数字化起步晚，导致自身IT能力薄弱，数据基础较差，需要优先满足业务移动化、线上化的迫切需求，缺乏整体规划导致系统模块复用性差，技术应用零散化，未能实现统筹布局、降本增效的理想状态，业务智能化、生态化更是长期目标。

（3）数字化实施保障机制不完善。大部分中小保险公司缺少数字化转型的主要领导、专有机构和配套机制，导致转型方向无人引领，数字化文化尚未形成，创新激励机制缺乏。

（4）陷于数字化投入有限的窘境。人力、财力资源有限，原有IT部门员工疲于承担业务需求的基本工作，缺少精力投身于数字化转型建设和科技创新工作；资金投入多追求短期回报，短期逐利的商业本能有悖于数字化成果获益周期长的特点，使部分机构轻视这项战略投资。

二、互联网保险业的数字化转型

（一）互联网保险业的现状

以众安保险、泰康在线、易安保险和安心保险为代表的四家互联网保险公司，在产品设计、经营模式、客户体验等方面与传统保险公司有较大差别。互联网保险公司与传统保险公司的对比如表7-1所示。

表7-1 互联网保险公司与传统保险公司的对比

维度	互联网保险公司	传统保险公司
产品设计	基于纯线上产品销售形态营销，产品场景化、碎片化特征明显，部分产品获客性强于其本身的风险保障特性	相对于互联网保险公司，产品突出风险保障作用，较为同质化
经营模式	销售端：渠道以线上为主，支持7×24销售服务； 运营端：采用大量自动化工具和用户自主界面，通过数字化重塑定价、营销、理赔等各个环节，最大限度减少人力需求	销售端：线上线下相结合，以线下渠道和代理人推广为主。 运营端：各公司已采用数字化手段辅助运营；整体运营作业方面，车险标准化程度已非常高，自动化处理效率很高；寿险及非车险因为标准化程度相对较低，人工运营工作量大

续表

维度	互联网保险公司	传统保险公司
客户体验	投保门槛：投保门槛降低，使客户受众面外延，提高投保成功率，从而赢得客户； 办理时效：积极引入互联网产品思维，减少投保、核保、理赔等流程的处理环节及耗时，提升客户体验	纯线上体验不如互联网公司，但具有线下渠道优势，代理人面对面服务客户，提升客户体验

由于在成立初期便特别重视科技资源投入和科技创新能力建设，互联网保险业的数字化建设模式和应用更有互联网化的特征。

互联网保险保费规模也在逐年增长，以财产险为例，如图 7-1 所示。

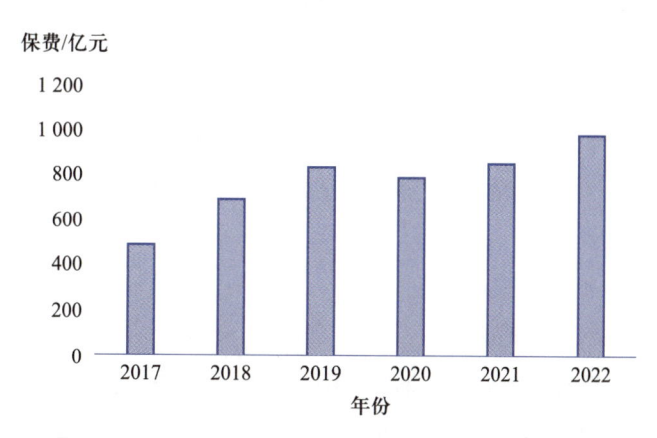

图 7-1　2017—2022 年中国互联网财产保险保费规模

互联网保险公司数字化转型具有以下四大优势。

（1）打造"以客户为中心"的极致体验。以客户体验为主，更加贴近用户需求，风控等业务流程及规则管控均围绕客户进行优化设计。

（2）场景化特征鲜明。基于业务场景进行数字化应用建设，实现场景连接，服务场景需求，提升获客能力并优化产品设计。

（3）拥有过硬的技术水平。凭借自身过硬的技术能力，满足互联网海量交易、众多合作伙伴的对接要求，以及基础设施和交易系统的云化需求。

（4）实现深层次的生态合作。以科技能力输出作为核心竞争力，支持嵌入合作伙伴场景，实现更深入的生态合作。

（二）互联网保险业面临的挑战

互联网保险公司面临如下四大挑战。

（1）市场层面。除同类型公司外，传统保险公司积极通过自有官网和中介网站销售产品，保险兼业代理机构以及电子商务渠道也分流了一些客户。

（2）信息层面。由于业务在相对开放的网络平台中完成，网络与信息安全的风险隐患成为很多投保人的关注焦点。

（3）运营层面。互联网保险产品件均保费普遍较低，导致客户平均服务成本较高，给企业运营造成较大负担，同时对客户体验提升形成制约。

（4）服务层面。区别于传统保险业务，由于互联网保险在营销环节与客户直接交流较少，因此容易产生由于保险合同条款解释说明不足、客户形成理解偏差等问题。

三、保险中介类公司的数字化转型

（一）保险中介类公司的现状

保险中介公司正在向依托场景与流量的新型数字化保险中介平台转型，即所谓的保险中介3.0时代。中介公司将通过互联网平台接入碎片化场景，搭建各类场景的保险渠道，延伸客户触达的同时反哺保险产品的研发与销售。

保险中介公司的发展趋势主要有以下两点：

（1）核心竞争已出现向"产品+服务"的模式转变。保险中介公司开始为保险公司提供产品研发、用户分析等服务，为客户提供风险管理咨询、保障方案定制等服务，为保险代理人提供移动展业工具等服务。

（2）行业内的多元主体更多地转变为竞合关系。以平台积累的客户数据为基础，与传统保险公司合作开展客户需求分析、保险产品开发等；数字化中介将在开放的生态平台中通过连接各合作伙伴的能力，提供综合解决方案。

（二）保险中介类公司面临的挑战

保险中介类公司正面临以下挑战。

（1）保险中介市场将迎来"全渠道"监管。有关部门高度重视保险中介行业的乱象问题，并已逐步通过监管手段，对运营管理活动提出新要求。

（2）互联网平台加码保险业务对传统保险专业中介机构形成冲击。一方面，互联网保险平台会引起保险的"脱媒化"，挤压中介机构的生存之本；另一方面，互联网具有"大数据"优势，挖掘客户更加精准。

（3）传统保险公司的"去中介化"趋势显现。保险中介在利用金融科技助力自身业务发展的同时，也为自身发展埋下隐患，如借助算法进行"智能保顾"，在提高用户转化率的同时，也加剧传统保险公司的"去中介化"趋势。

保险行业整体的数字化转型是一个漫长过程，需要多方参与者的共同协力。基于保险科技前景可期的市场预判，大量保险科技公司快速崛起，扩大与保险公司合作范围，提供软硬件平台、系统技术、数据分析等服务的技术服务商。这些企业在商业模式、业务模式方面各有布局，以解决保险链条上不同环节的痛点为目标，在保险流程的各个环节尝试创新，在提供快捷保险服务的同时，构建多元的保险科技生态圈。

数字中国

科技助推农业保险高质量发展

在推动农业农村现代化、全面推进乡村振兴的过程中，农业保险正扮演着越来越重要的角色，高质量发展的要求也愈显迫切。党的二十大报告强调"坚持尊重劳动、尊重知识、尊重人才、尊重创造"，科技创新既是农业保险高质量发展的重要组成部分，也是推动农业保险高质量发展的核心

动力。因此，更好地发挥科技的支撑作用，对于加快农业保险的高质量发展步伐尤为关键。

例如，科技应用能够显著降低农业保险的经营成本，提升农业保险的经营效率。从现实情况来看，我国种养业以小户和散户为主，各个生产地点之间的距离通常较远，承保对象比较分散，这使得保险公司开展农业保险的成本长期居高不下。同时，在过往粗放的经营模式下，农业保险采用的人工承保和理赔方式服务效率较低，造成农户投保体验不佳。而借助大数据、人工智能、区块链、物联网、卫星遥感技术等先进手段，保险公司可以极大地提升农业保险承保、理赔等环节的作业效率，从而促进提升农户的投保意愿以及保险公司自身开展农业保险业务的动力。

资料来源：金融时报

任务二 保险精准营销

在以数据为生产资料的保险业，保险公司只有通过深度挖掘海量数据，据此对客户实行差异化销售和管理，将以保单为中心的传统营销模式，慢慢转变成以客户为中心、以服务为核心的精准营销模式，才能有效提升保险公司的营销质效，对行业的发展起到有力的推动作用。

一、精准营销的概念

精准营销（Precision marketing）就是在精准定位的基础上，依托现代信息技术手段建立个性化的顾客沟通服务体系，实现企业可度量的低成本扩张之路。在充分了解顾客信息的基础上，根据顾客喜好有针对性地进行产品营销。通俗来说，精准营销就是把合适的产品，在合适的时间，用合适的方式，卖给合适的人。

二、保险精准营销策略

（一）市场细分

市场细分的目标是为了获得盈利性更高的客户群体。保险公司应该把所有的用户信息都录入大数据系统中，把用户的一些特性提炼出来，划分的准则可以是地理因素，如：地区、气候或城市规模；人口因素，如年收入或教育；心理因素，如社会阶层、生活习惯或个性；行为因素，如购买率、点赞或浏览习惯。在进行市场细分的时候要注意以下几个原则，第一是衡量性，要保证各细分市场的购买能力是可以被衡量的，否则无法做到细分。第二是差异性，即不同的细分市场之间是具有差异性的。第三是可进入性，要保证企业能够进入并且为之服务。第四是可盈利性，企业的目的就是为了盈利，所以细分市场一定要有一定的规模，保证企业目前或者将来是可以盈利的。

（二）目标市场

将市场细分以后，保险公司可以结合 SWOT[①] 分析来有选择地确定几个目标市场，要发挥企业自

---

① SWOT 分析法：基于内部优势、劣势和外部的机会和威胁进行分析。

身的优势，避免将市场定位到自己的短板上。例如某保险公司的用户数量增长是优势，可以在这部分增长用户中挖掘消费能力较高的、占比较多的用户，例如以年龄和受高等教育程度来选择目标市场。

（三）市场定位

市场定位就是依据营销产品在市场上所处的地位和顾客对产品的一些专有特性感兴趣的程度，进而传递产品形象的过程。市场定位要以市场为基本出发点，但市场定位的对象不能是产品，而是分析用户潜在需求，找到产品适合的定位。

在进行市场定位时要遵循以下依据：① 利用产品的特点和功能定位；② 利用用户的差异性来定位；③ 利用竞争者的位置定位；④ 利用产品的价格和质量定位。

因此，企业在进行市场定位的时候一定要明确企业本身的竞争优势，在定位的市场中显示出公司自身的竞争优势。例如某保险公司开发的 App 线上智能理赔业务是其产品的一大特色，也是企业本身的优势，企业就应该用这个优势来进行市场定位，将目标市场定位在习惯使用互联网办理业务的用户。

三、保险精准营销优势

（1）受众精准。在营销环节，大数据分析技术可以使保险公司能够将客户分为成百上千种类型，对不同需求的客户，在准确的时间和地点，通过最合理的途径，推销用户最能接受的保险产品，以实现精确营销而不是盲目营销。

（2）业务效果精细化。利用大数据分析技术对用户的需求进行分析过滤，使精准营销的业务层次得以进一步提高，就能实现更清晰的目标受众定向，更有效地划分消费群体，并开展有针对地个性化信息整合业务，进而大大提高推广的有效性。例如在不同的应用情境建立差异化的推广机制，让推广引擎由以往的综合性业务变为个性化营销整合业务。因此，保险产品导购功能变得更为智能，消费群体好感度增强，增加了产品营销率，进而大大提高了推广的有效性。

（3）新的广告营销方式。在大数据背景下，广告的推销方式为根据顾客的需求和偏好精准推送，这种广告投放方式效果直接，也能避免用户对产品产生抵触。这种精准投放方式彻底改变了以往大范围且无目的的广告投放方式，从而节约了宣传投入的成本。同时，精确的广告投放往往能够满足消费者的需要，更易于让其对商品和服务产生好感，也因此大大增加了广告宣传的转化率和收益，从而提高了品牌价值。

（4）在为客户承保价格环节，实行动态价格制度。根据客户以往的出险次数，以及客户行为和资产的风险评估，制定动态的保险价格。这样就可以有效地做到因人而异，对保险信誉良好的用户降低了用户成本；面对高风险用户，提高保费价格，避免了风险。

（5）有利于提升服务品质。运用大数据分析技术来挖掘和收集用户的需求，分析用户在服务过程中不满意的因素，然后利用这些分析数据对服务的过程进行优化与改善，从而做到服务品质的提升。

（6）智能投保。传统的保险营销员在营销过程中很难站在客观和公平的视角为用户进行咨询服务，因此传统的保险咨询业务也存在着很多挑战：一方面保险公司的专业性非常强，由于保险产品的类型复杂、数量众多，一个保险顾问公司很难全方位熟悉市场上的所有商品；另一方面消费者对服务的要求也越来越高，而用户最期待得到的是无时不在的咨询服务，然而营销员很难做到 24 小时的咨询服务，即便能做到成本也非常高。线上 App 平台和人工智能的结合给消费者带来了专业、客观、及时的投保咨询与服务。

知识拓展

中意人寿保险通过精准营销方案，销售额提升5%

中意人寿保险精准营销实施过程如下：

1. 建立大数据平台，建立集团的企业级数据中心

实现集团数据资源（结构化、半结构化和非结构化数据）的归集、整理、加工和分析，利用数据相关技术建立数据应用模型，为全网提供决策支持、产品创新等服务，如图7-2所示。

图7-2 大数据平台

2. 客户画像，提高营销行动效率

结合企业的保单数据、客户数据、营销数据，利用不同的模型和算法，生成客户多样化标签；根据客户不同偏好进行分组；帮助管理者和业务人员区分客户的重要程度和购买力。客户画像如图7-3所示。

图7-3 客户画像

项目七 大数据在保险业的应用

3. 精准产品推荐，提高销售转化率

根据企业的订单数据、客户数据、营销数据等特点，结合所有精准推荐算法，实现"千人千面"的个性化产品精准推荐，如图7-4所示。

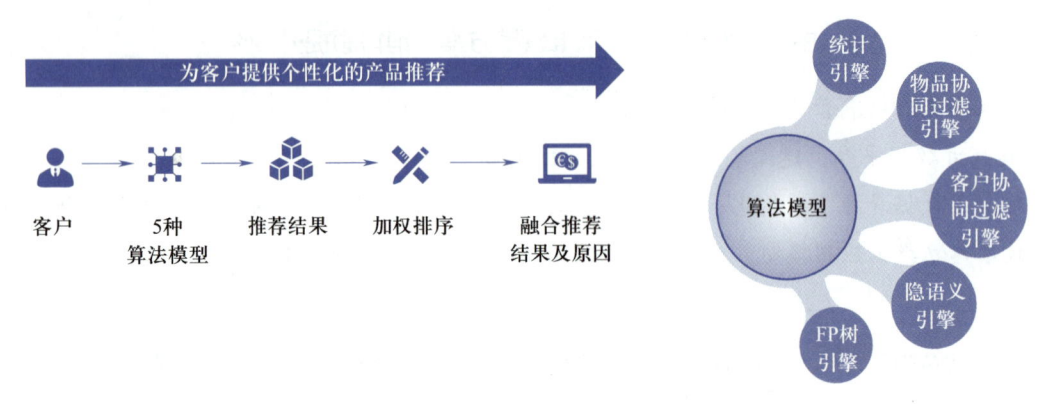

图7-4 产品精准营销

任务三 保险精准定价

保险定价能力是保险公司的核心竞争力。在互联网技术广泛应用的条件下，大数据、云计算、区块链技术赋能保险，对保险产品的定价精准性发挥着重要作用。保险产品定价与大数法则有关，而大数法则又与大数据密切相关。从精准定价实践上看，保险定价可以根据因果关系计算理赔概率。在对新研发的产品进行定价时，保险公司可利用强大的大数据管理系统，通过核保核赔的程序，借助大数据技术，提供给客户最合理的保险产品定价。

一、精准定价的概念

精准定价是指保险人能够在选用合适的方法的基础上，在合适的时间内，对不同的个体基于它们不同的特征计算出个人的最优价格。也就是说，它由六个要素组成：保险人（定价者）、合适的方法（手段）、合适的时间（约束条件）、个体（对象）、个体特征（依据）、个人最优价格（结果）。其中，合适的方法是指先进的技术手段，例如大数据技术等；合适的时间主要是限定精准定价的效率；个体在保险产品中则是指被保险人，因此个体特征即指被保险人相关的详细信息；个人最优价格则指针对这一被保险人而言，更公平合理的价格。

二、保险精准定价策略

（一）车险

UBI（Usage-based insurance，基于驾驶行为的车险），是一种基于使用量而定保险的保险。可通过车联网、智能手机和OBD（汽车故障诊断的检测系统）、行车记录仪等联网设备综合记录车主的驾驶习惯、驾驶时间、行驶地点、实时速度、急加速、急减速、急转弯、车辆信息、居住地区、违章、出险等各类信息。将上述数据标准化后，归结为计值类变量、平均值类变量、标准差类变量、极值类变量与比例类变量，采用 Logistic 回归对数据进行建模分析，通过极大似然估计对参数进行求解，之后对参数显著性进行检验。模型通过检验后，结合智能算法不断地提高模型的显著性，最终建立驾驶行为评分模型和 UBI 车辆定价模型，应用于车险保费的精准定价中，鼓励车主建立良好的驾驶习惯以获得更实惠的报价。以大数据作为数据支撑，使用 AI 机器人与真人相互配合，在前期审核、报价、自主批改等流程可以快速作出响应。保险公司可以主动选择低风险驾驶者，降低理赔赔付率并主动预防理赔事故的发生。另外，提供差异化的产品与服务，有助于保险公司打造特色服务，获取增值收益。

（二）健康险

保险公司通过人们的电子穿戴设备获取投保人的历史心跳、心率、血压、睡眠、运动、久坐、身高、体重、经常出没地区及周边空气质量，通过医院、体检中心等医疗机构获取投保人的身体健康报告、疾病治疗情况以及遗传病史，然后基于这些用户数据，构建用户画像，再利用数据挖掘及机器学习模型，形成投保人的健康评测模型，对其未来可能出现的健康问题进行预测和评估，以此计算投保健康险需要的保费。这样既能让投保人感受数据的真实性，又能让保险公司以数据为支撑有效降低运营成本。

（三）家财险

家财险一般指家庭财产保险，是个人和家庭投保的最主要险种。凡存放、坐落在保险单列明的地址，属于被保险人自有的家庭财产，都可以向保险人投保家庭财产保险。家财险的精准定价，利用房屋中的智能设备，获取用水、电、燃气等情况、电器使用年限、设备巡检记录，还可以利用网络收集所在地的历年天气记录、天气预报、治安、物业等数据。筛选有效的影响因子，并基于数据进行训练模拟得到房屋的安全测评模型，最终形成对应的房屋档案，每个房屋对应一个档案，实现精准预测，精准投保。只要投保人输入对应的房屋地址，就可以形成保费，提高效率的同时保证保费的差异性。

（四）航延险

航延险是指投保人（乘客）根据航班延误保险合同规定，向保险人（保险公司）支付保险费，当合同约定的航班延误情况发生时，保险人（保险公司）依约给付保险金的商业保险行为。该险种是由时间延迟而导致的经济损失，无法以具体的实物损失进行估计，因此航延险的保险定价也成了一个难题。航延险的精准定价可以基于大数据与机器学习技术实现。收集天气、流量、航空公司、机场、历史延误等海量数据，基于海量的历史航班数据，通过机器学习筛选因子并结合非线性回归、模式识别，构建多维度的预测模型。通过建立精准的航延险定价模型，可以有效地解决非物质损失险种航延险的定价难题。

三、保险精准定价优势

通过精准定价，保险更加注重对个体的针对性。以前许多保险公司是一张生命表、一张保单"保全国"，风险保障"交叉补贴"现象突出，一定程度上牺牲了公平性。但是现今通过大数据，可以针对个体的历史行为、经验、基础背景资料等得出保费，实现"千人千面"。此外，通过精准定价，保险更加注重多样性。现在不同客户群体、同一客户的不同生命旅程、不同销售渠道以及同一

渠道不同队伍的适配性不同,每个家庭、每个人,都有适合自己的好产品。

四、车险综合改革,从"车"到"人"的精准定价

2020 年,车险综合改革正式实施,75% 的预定赔付率,25% 的预定费用率。与此同时,大多数保险公司认为:车是由人来开的,在车险的风险因素中,人的因素影响更大。从人因素大于从车因素已成为共识。从人因素,主要指车辆驾驶人,对从人因素掌握越多,风险预估越精准,越来越多的保险公司已把从人因素的应用列入战略考量,未来是大势所趋。然而保险公司要提升自身自主定价能力,过去传统的 NCD(无赔款优待系数)、车型、年龄等因子并不足以充分支撑风险细化和解释差异原因,因此需要引入更多的从人因素。在美国、英国等发达国家的风险定价模型中,从人因子的权重远高于其他因子。从人因素可以划分成基本身份信息类、投保信息类、财务信息类、驾驶行为信息类和索赔信息类。因素数量足够多,才能真正实现精准定价。

蚂蚁保险在行业端持续发力,开放"车险分""定损宝"等,各种保险科技产品获得了业界认可。数据显示,"车险分"对于辅助保险公司提升风险识别能力的效果显著。在此之前,行业内车险定价更多考虑的是"从车"信息,比如车型、车龄、配置、车辆是否有出险等。而"车险分"将海量的"从人"信息通过人工智能等技术进行挖掘,对车主进行精准画像和风险分析,让车险的风险定价因素由"从车"(与车相关)信息到"人车结合"的转变,如图 7-5 所示。

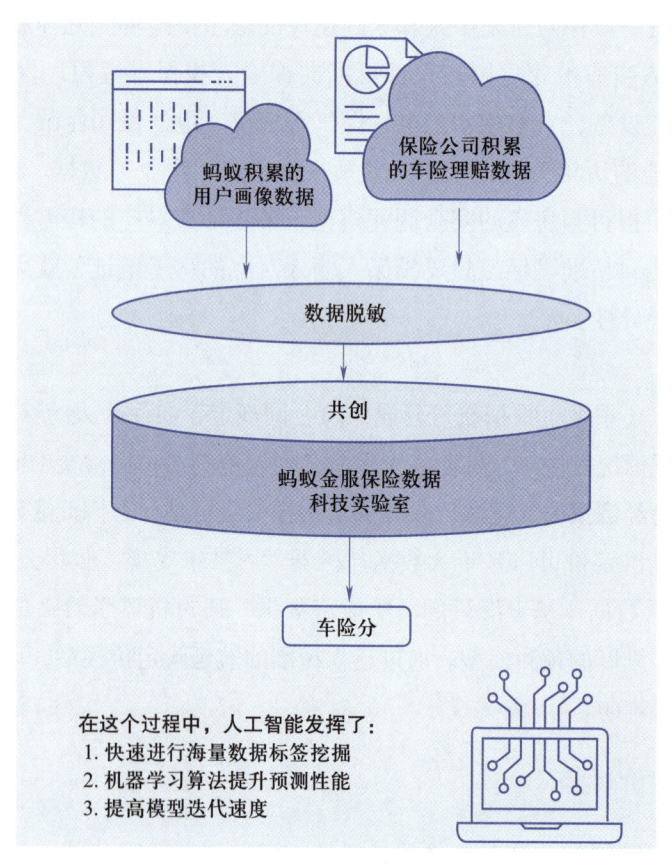

图 7-5 蚂蚁"车险分"流程

以往保险公司无法做更细的区分,实际上是低风险的用户或保险公司在帮高风险的用户承担额外的成本,这也造成了保险公司的大量亏损。举例来说,在过去的车险理赔当中,保险机构能够对

宝马车和捷达车进行差异化定价,但对不同的宝马车车主难以细分,而"车险分"辅助保险机构从人的纬度识别风险,将可实现不同宝马车车主的不同定价。

想一想

"车险分"与"信用分"之间的联系有哪些?

知识拓展

阳光财险:IRC理赔红黄蓝项目

阳光保险集团针对车险理赔风险采用一定的手段进行了管控,但依然存在诸多不足,具体表现为如下三点:① 标准缺失:人工经验对于理赔过程管理和风险管控的作用十分有限,标准不统一。② 自动化程度低:缺少自动化核赔的技术手段,理赔案件自动核赔率较低。③ 风险管理单一:风险管理主要考虑案件风险,未考虑人工操作风险。

为解决风险管控的不足,阳光保险集团在现有系统中,以"ABCD"(人工智能、区块链、云计算和大数据)为引擎,结合一键赔场景,升级车险理赔红黄蓝模型,建立以AI单证识别、大数据风险洞察组合的红黄蓝管理体系,从报案信息到人员行为、定损质量、单证收集等全流程实现管控,如图7-6所示。结合风险特征建立"机智阳"智慧审核机器人,实现蓝色案件零单、一环节结案,红色案件系统强制干预,黄色案件人工审核的分级处理通道。同时结合AI单证识别实现系统

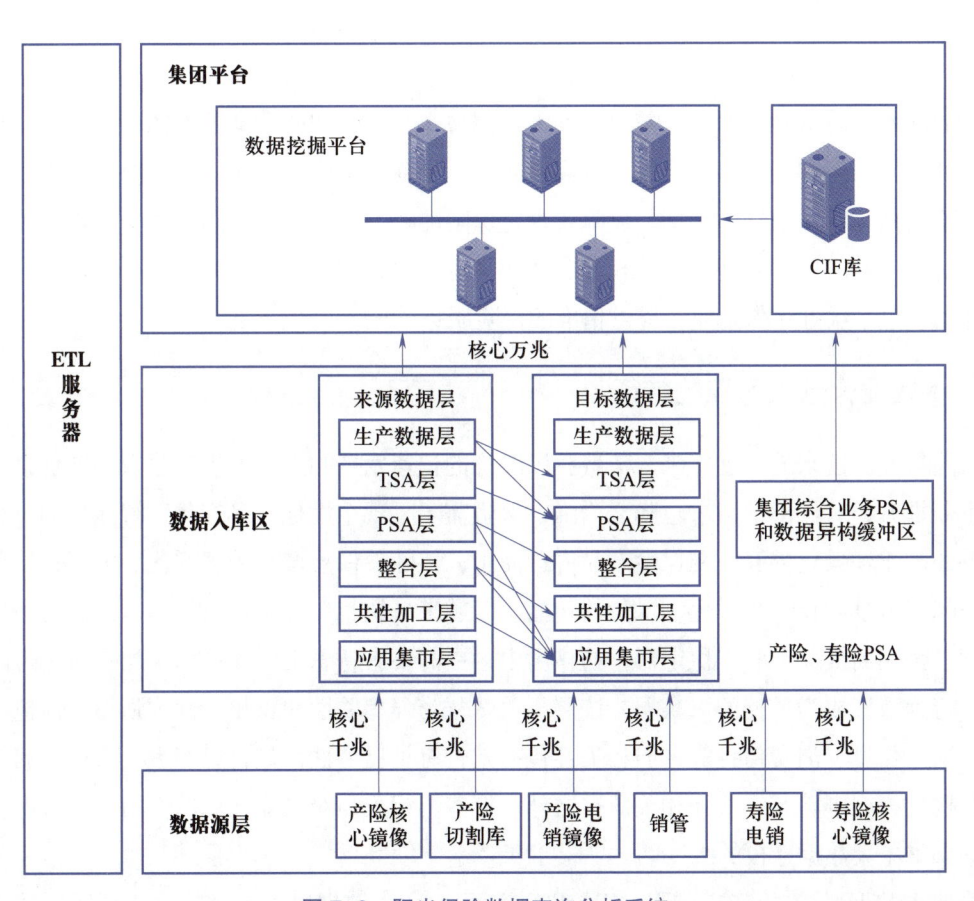

图7-6 阳光保险数据查询分析系统

自动录入与精细管理，对人员行为形成人员红黄蓝评价模型设计可有效监控、识别、立判欺诈及渗漏风险的理赔场景，保证高覆盖低误杀，从而达到风险的智能管理、减少赔款损耗、提高自动化比例、节约运营人力、降低运营成本的目的。

"机智阳"智慧审核机器人在理赔查勘、定损、核损环节引入AI图像识别技术和AI风控模型，通过两个AI工具的相互结合来识别出车损的渗漏风险和欺诈风险。实现无风险案件自动核赔，有风险案件人工核赔。借助AI技术和大数据技术提高案件审核效率以及反欺诈、防渗漏的降赔目标。

理赔案件红黄蓝模型是利用大数据XGboost算法，使用保单因子、事故因子、客户画像、历史沉睡数据来优化、训练案件红黄蓝模型，迭代出评分精确、反欺诈能力更高的案件红黄蓝模型。在理赔报案、查勘、定损、核损、核赔全流程植入升级版的红黄蓝模型，驱动大数据反欺诈流程，强化阳光的理赔反欺诈能力优势。

理赔人员红黄蓝模型基于理赔人员行为数据，充分利用理赔大数据，以规范动作执行和个人对公司价值贡献为标准，为理赔员画像，确定理赔人员红黄蓝分类，匹配相应的权限和激励措施，并与案件红黄蓝模型互相迭代进化，根据人员分级进行差异化的流程与权限配置。

任务四　保险业大数据风控

保险业向更高质量转型发展，需要借助大数据技术、人工智能等新技术的支持，走科技创新之路。保险的经营原理和经营特点与大数据高度吻合，保险公司经过多年经营，内部积累了海量客户数据，保险天然具有大数据的特征。风险管理是保险的核心，保险业运用大数据分析技术进行科学的风险定价、有效的风险管理和风险转移，从而降低风险管理成本。同时大量的风险管理信息经过大数据加工反过来服务于保险业，提供精准的保险服务。

一、保险业大数据风控的特征

从保险行业变迁来看，近年来，随着我国经济的快速发展和人们可支配收入的增加，人们的保险意识不断提升，对保险的需求也随之增强，保险需求呈现个性化、多样化、智能化的特征。而在此背景下，基于场景化的互联网保险产品应运而生，伴随着保险产品的多样化、定制化特征，保险风险特征越来越复杂化、多样化，风险的传播速度越来越快，风险防范也越来越具有隐蔽性。保险业在发挥经济"助推器"和"稳定器"的作用中，更需要有新思维、新技术来加强对风险的防范控制。客户行为数据成为风控的大数据，按照相关度分为强相关性和弱相关性，强相关性包括客户身份信息、财产信息、消费信息等；弱相关性包括是否有不良习性，是否患有重大心理疾病等，大数据风控在构建模型中除了一些强相关数据之外，那些弱相关性对风险评估的作用也不可低估，客户行为数据丰富了大数据建模的维度。

保险业大数据风控的特征表现在以下几个方面。① 大数据风控技术能够实现实时输入和实时计算，打破了传统风险模型评估滞后性的局限，引入大数据风险管理更为及时、有效，能够更好地应对互联网背景下日益复杂的金融风险，提高风险识别能力，有效控制风险。② 大数据风控重视多维度数据的采集能力，丰富不同颗粒度的小微数据，通过整合和打通各类型数据之间的关联性，使模型更加接近客户真实的风险水平。③ 基于大数据高维度稀疏性的特质，大数据风控更依赖于高新技术方法的支撑，更加注重方法论的革新，更为重视算法的不断迭代更新。

二、大数据风控在保险业中的应用

目前，大数据风控在保险业中的应用主要表现在反欺诈和信用评价两方面。反欺诈是辨别那些想违约、弄虚作假的用户，而信用评价是评价用户以前的资信行为，据此判断在未来是否有违约的可能性。大数据风控的应用不仅体现在保险业各业务环节中，还普遍应用于各险种产品线。

（一）应用于保险业各业务环节

大数据风控的应用在保险业各业务环节中，主要体现在投保前风险排查、承保中风险管控及理赔时风险识别和反欺诈。

① 投保环节，可以利用大数据搭建风险评估模型，筛查高风险客户，对保险公司产生负价值的客户，采用拒保或者提高保费的方式区别对待。

② 承保环节，相比较传统风控，大数据风控更加注重对保险客户的动态跟踪反馈，定期对承保中客户信息进行维护，更新客户风险指数。在加强客户信息安全管理，保护消费者隐私方面，保险公司需要借助大数据和人工智能等先进技术的支持，比如像设备指纹、IP画像、机器行为识别等专业工具加以防范，在回访环节，通过智能语音外呼的方式，根据客户的不同情况以及不同的手机在网状态选择拨打方式及话术，更有利于提高回访效率，提升客户体验。

③ 理赔环节，大数据风控首先通过构建模型的方式筛查出疑似欺诈的高风险案件，随后再人工介入进行重点审核和调查，减少人工现场查勘误差，提高查勘效率。

（二）应用于保险业各产品线

在保险业各产品线上，大数据风控的应用也较为普遍。主要表现在互联网场景下意外险、健康险存在逆选择或者道德风险，车险反欺诈及风险定价方面。

近年来，在互联网场景下的意外险、健康险比较火爆，这些险种不仅保费少，保障范围全面，而且投保手续也较为简单，很多产品都是免体检的，只需要填写投保人基本信息即可，这些业务中，很容易出现投保人因不诚实而隐瞒病情或者进行家庭收入造假的情况，存在逆选择甚至欺诈或者道德风险的可能性非常大。保险公司可以利用大数据分析技术，多维度筛查客户不良信息，及时发现高风险投保客户，避免欺诈行为的发生。

车险方面，主要应用于车险定价和车险反欺诈两方面，大数据风控在车险定价上增加从车、从人、从驾驶行为、从位置轨迹的定价因子，做更加精准的定价。而应对车险欺诈行为，保险公司在理赔端使用复杂的网络技术进行理赔反作弊分析，减少欺诈案件的发生。

动动手

请查阅相关资料，看看大数据如何识别保险欺诈行为？

三、国内保险公司在大数据风控方面的探索

（一）行业车险信息集中平台

中保协与各家保险公司以共同出资的方式成立行业车险信息集中平台。行业车险信息集中平台纵跨了保险公司、行业协会及其他相关系统，目前已实现全国上线。行业车险信息集中平台主要包括如下几个子系统：交强险核心子系统、商业险核心子系统、电子联系单子系统、查询统计子系统、数据维护子系统、公共服务子系统和运维管理系统。使保险业进入到一个透明的状态，把明显的不规范交易暴露出来，逐步使交易规范化、标准化，有利于防范保险消费欺诈，保护消费者的利益，平台也将彻底解决骗保顽疾。比如，有人恶意重复投保，将一辆车在多家保险公司投保，一旦出事，向多家保险公司申请赔偿，赚取多余保费。随着车险信息集中平台上线，一辆车的承保理赔信息一目了然。骗赔者无处藏身，原有的人为制造假赔记录也会随之消失。

（二）众安在线财险保险公司

阿里巴巴、中国平安和腾讯等公司共同组建了"众安在线财险保险公司"，其定位不只是通过互联网销售既有的保险产品，而是通过产品创新，为互联网的经营者、参与者和用户提供一系列整体解决方案，化解和管理互联网经济的各种风险，为互联网行业的顺畅、安全、高效运行提供保障和服务。阿里巴巴是中国最大的电子商务平台，拥有丰富的电商经验和企业客户基础，这些企业客户不但可以成为财产保险的购买者，其信用水平和交易记录亦可成为众安在线新险种的载体。中国平安最大的优势在于拥有全金融牌照，业务深入金融服务各个领域，旗下庞大的销售团队将成为众安在线理赔服务的强大保障；而腾讯拥有广泛的个人用户基础、媒体资源和营销渠道，为未来众安在线的发展和互联网金融的推广铺平了道路。

（三）定损宝

定损宝是阿里巴巴集团在2017年推出的，是第一次在车险行业应用图像定损技术。它的理论基础是深度学习图像技术，传统的人工作业流程被AI技术代替，对于人工难以判断的车损进行简单方便的自动定损。通过定损宝定损，方便高效，准确度可以达98%以上。相当于行业10年以上经验的定损专家，大大减轻了定损员的工作量，节约了人力成本。定损宝标准化了定损规则，为保险行业减少了10%以上因理赔规则不标准带来的理赔渗漏。

四、我国保险业建立大数据风控体系存在的问题

（一）行业内外数据连接存在困难，数据共享不够

首先，随着保险行业迅速发展，单个保险公司，尤其是像中国人保财险、中国平安等大型的保险公司经过多年的经营，自身积累了海量的内部交易数据，但是由于各系统内数据相对独立，数据孤岛现象严重。其次，保险行业内部各企业之间出于自身利益考虑，在激烈的市场竞争环境下，行业内数据之间很难完全共享。最后，保险行业与其他外部行业数据连线也存在困难，不同行业之间出于自身利益考虑，相互之间数据尚未打通，数据得不到共享，导致保险公司数据维度单一，缺乏动态实时数据。而大数据风控的前提条件是能够采集到海量多维度实时动态的数据，上述因素都不利于保险公司智能风控技术的发展。

（二）数据真实度有待验证，保险业数据采集的深度和广度不够

保险公司在与外部公司合作中获取的客户行为数据的真实性有待验证。主要是客户的社交信息和交易信息，但社交信息错误率较高。此外，目前很多保险公司采集数据的途径比较单一，数据收集工作仍然以手工输入为主，数据的广度和深度不够，难以收集大量多维度样本数据，不利于大数据风控的开展。

（三）大数据分析人才储备缺乏

建立大数据风控体系，需要从大量数据中提取有效信息，这需要大数据分析人才与数据处理工具密切配合。大数据技术发展日新月异，但技术人才培养时间较长，同时人才培养体系也未建立完善。在将大数据应用于保险业的过程中，需要精通数理统计、保险精算、计算机应用等技术的综合型人才，就目前情况而言，我国此类人才的储备不足，影响保险业的持续发展。

（四）法律保障尚不健全

开展大数据风控的基础是实现数据连接与数据共享，而实现数据共享，要先保障数据安全。为保障数据安全需要多方协作，尽管政府、监管机构就个人隐私信息保护出台了相关的政策文件，但真正做好客户数据安全保障，还需要加强相关法律法规文件。相关行业应完善安全预警机制，注重数据安全技术的改进，同时也要加强对客户的信息安全意识教育。

（五）跨界竞争压力增大

大数据背景下，一些互联网公司具有基础的数据信息，从而具有得天独厚的优势。而对于传统的保险行业，向大数据保险转型难度较大。保险公司的优势在于对业务的理解，如果能有效地利用已有信息发展业务才能使公司更上一层楼。

（六）监管界限不清晰，监管难度增加

随着数字技术与传统保险行业融合程度不断加深，保险产业逐渐转向数字化和智能化，形成以数字技术主导传统保险产业发展的新经济业态。大量新技术涌入传统保险行业，保险市场提供的服务不再单一，一种保险服务极有可能涉及多个领域，一对多的服务模式表明保险服务的边界逐渐被技术模糊，服务将各参与主体紧密地连接，整个保险市场逐渐向多元化和综合化经营趋势发展，导致保险监管界限不清晰，监管难度增加。

实战演练：大数据在保险业的应用

保险业务是某公司的核心业务之一，已经形成寿险、产险、养老险以及健康险四大子公司，提供全方位保险产品。通过经营银行业务，大力推进零售转型，持续进行产品、组织和服务创新。

任务目标：近两年来，受到宏观经济与车险综合改革的影响，车险保费作为产险保费收入的核心，呈下滑态势。同时根据数据发现，虽然车险在产险保费中占比在80%左右，但是成本率较高，因此利润贡献程度仅占50%左右。为了应对外部市场情况的变化，A集团专门成立综合开拓部，来解决部分业务因受到外部冲击所导致的增速放缓和业务占比下降等问题。

任务实现方式：Python语言、分析云工具、数据挖掘工具

任务流程：① 数据收集——完成调查问卷问题设置模板的补充。② 数据预处理——对获取到的健康险客户信息进行数据清洗。③ 数据分析与挖掘——对保险用户进行画像分析，分析保险公

项目七 大数据在保险业的应用

司用户购买车险的意向与哪些变量有关。④数据分析与挖掘——利用 Python 代码构建决策树模型，借助 Python 构建保险交叉营销决策树模型，并进行数据预测。⑤制定保险精准营销方案。

任务 1：数据收集

综合开拓部目前已有的数据信息为公司购买了健康险的用户信息，现在准备针对其中部分用户开展关于车险的相关调研，制定的精准营销策略流程如图 7-7 所示。

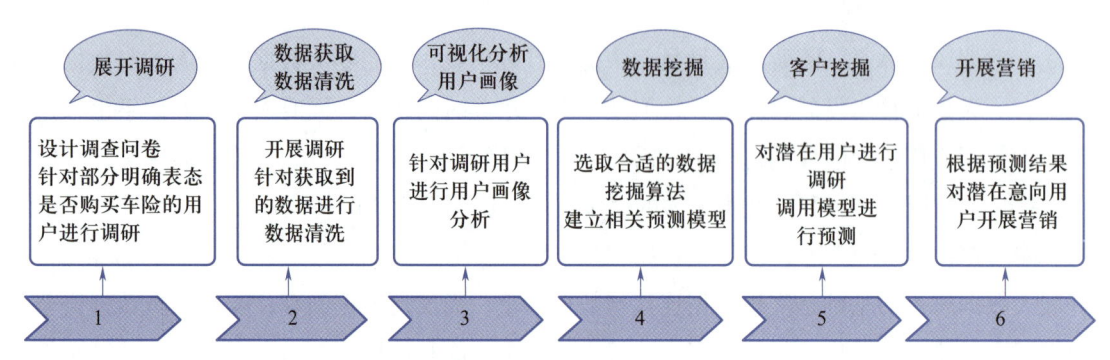

图 7-7 保险精准营销策略流程

操作步骤：

（1）确认调查问卷设计目的：本次调查问卷的目的是什么。

（2）确认调查问卷针对的人群：需要给人群做一个大致的用户画像，比如：年龄、性别、教育水平、收入水平、喜好等。

（3）设计调查问卷：制定详细周密的问卷，要求被调查者根据此问卷进行回答以收集资料。

（4）项目成果：完成调查问卷问题设置模板的补充。

理清问卷设计的目的和人群后，根据目标分解影响因素，对影响因子进行层层梳理，整个工作流程的脉络就会清晰地展现，如图 7-8 所示。调查问卷问题模板如表 7-2 所示。

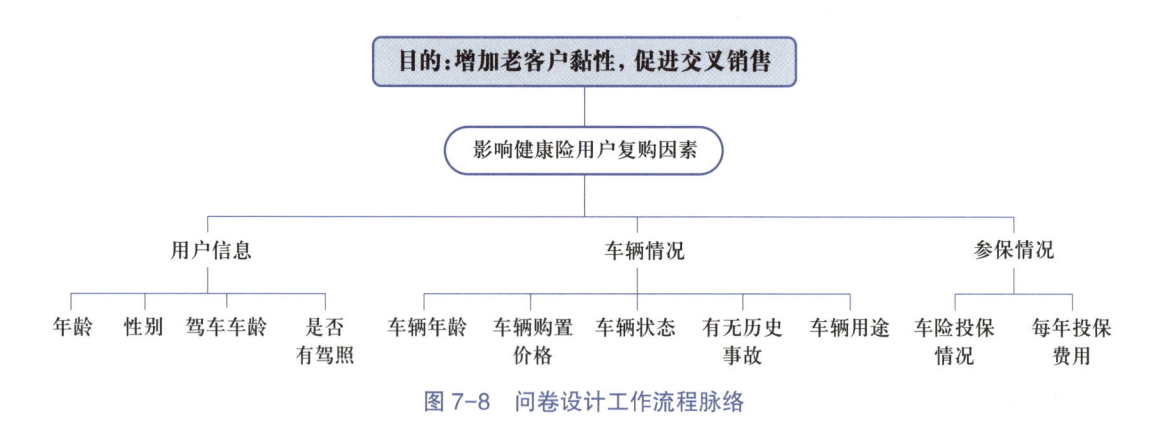

图 7-8 问卷设计工作流程脉络

表 7-2 调查问卷问题模板

哪些指标与用户购买意愿相关	相关指标	是否为用户基本信息	对应问卷调查问题
参保情况			

续表

哪些指标与用户购买意愿相关	相关指标	是否为用户基本信息	对应问卷调查问题
车辆情况			
用户信息			
其他信息			

任务 2：数据预处理

打开代码编译器，利用 Python 语言对原始数据进行相关的清洗及格式转换，资料见项目七资料包—训练数据文件。

操作步骤：

（1）导入相关 Python 库，代码如下：

```python
# 导入相关 Python 库
import pandas as pd
import numpy as np
# 设置显示数据全部展示
pd.set_option('display.max_columns', 1000)
pd.set_option('display.width', 1000)
```

（2）读取数据，代码如下：

```python
df = pd.read_excel(' 保险精准营销 / 训练数据.xlsx')
```

（3）将其他类型变量值转换为数值型；① gender 性别变量转换；② 车辆是否发生过事故变量转换；③ 车辆是否此前购买过保险变量转换；④ 车龄信息变量转换。代码如下：

```python
# 将其他类型变量值转换为数值型
#gender 性别变量转换
性别 _mapping = {" 男 ": 0, " 女 ": 1}
df[' 性别 '] = df[' 性别 '].map( 性别 _mapping)
# 车辆是否发生过事故变量转换
此前是否发生事故 _mapping = {" 是 ": 1, " 否 ": 0}
df[' 此前是否发生事故 '] = df[' 此前是否发生事故 '].map( 此前是否发生事故 _mapping)
# 车辆是否此前购买过保险变量转换
是否购买过车险 _mapping = {" 是 ": 1, " 否 ": 0}
df[' 是否购买过车险 '] = df[' 是否购买过车险 '].map( 是否购买过车险 _mapping)
# 车龄信息转换
车龄 _mapping = {"> 2 年 ": 2, "1-2 年 ": 1, "< 1 年 ": 0}
```

df[' 车龄 '] = df[' 车龄 '].map(车龄 _mapping)

（4）导出文件至"交叉营销数据.xlsx"，代码如下：

df.to_excel(' 保险精准营销 / 交叉营销数据.xlsx',index = False)

数据清洗实际上也是数据质量分析，检查原始数据中是否存在脏数据（不符合要求，或者不能直接进行分析的数据），并且处理脏数据，如缺失值、异常值、重复数据，代码运行如图 7-9 所示，运行结果见项目七资料包—交叉营销数据文件。

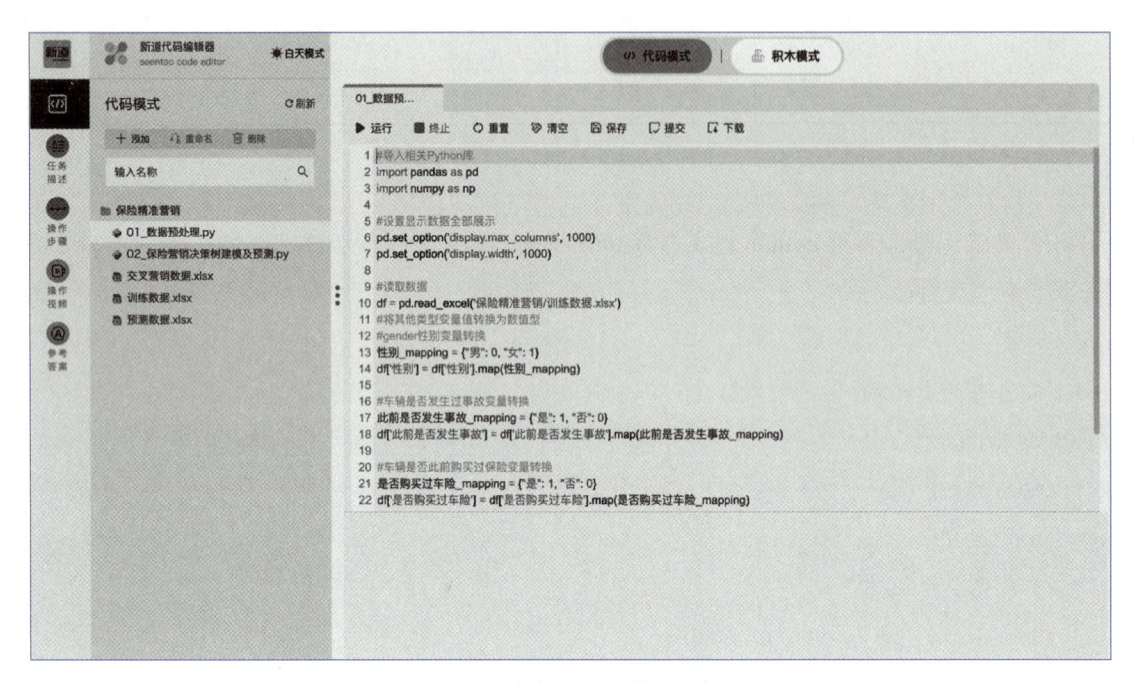

图 7-9　数据预处理代码运行

任务 3：数据分析与挖掘（用户画像分析）

操作步骤：

用户画像，即用户信息标签化，就是企业通过收集与分析消费者社会属性、生活习惯、消费行为等主要信息的数据之后，完美地抽象出一个用户的商业全貌，作为企业应用大数据技术的基本方式。用户画像为企业提供了足够的信息基础，能够帮助企业快速找到精准用户群体以及用户需求等更为广泛的反馈信息。

用户画像由很多的标签组成，每个标签都规定了观察、认识、描述用户的角度。标签根据企业业务的发展情况，或多或少，对外而言都是一个整体，这个整体称之为用户画像。

关联保险用户基本信息及车险调查信息，利用分析云对用户进行可视化分析，分析保险公司用户购买车险的意向与哪些变量有关，资料见项目七资料包—客户投保信息、客户基本信息、车险调查信息文件。

（1）数据准备关联数据。

① 登录分析云后，在"数据准备"当中单击"新建"。

② 在"创建数据集"当中选择"关联数据集"。

③ 在"基本信息"当中填写名称"健康险用户数据"（可编辑），文件夹选择"我的数据"，单

击"确定",如图 7-10 所示。

图 7-10 分析云数据准备新建

（2）分析设计：新建可视化。进入新建的用户画像故事板，单击"可视化"，单击"新建"，开始可视化，选择关联数据集，单击"确定"，如图 7-11 所示。

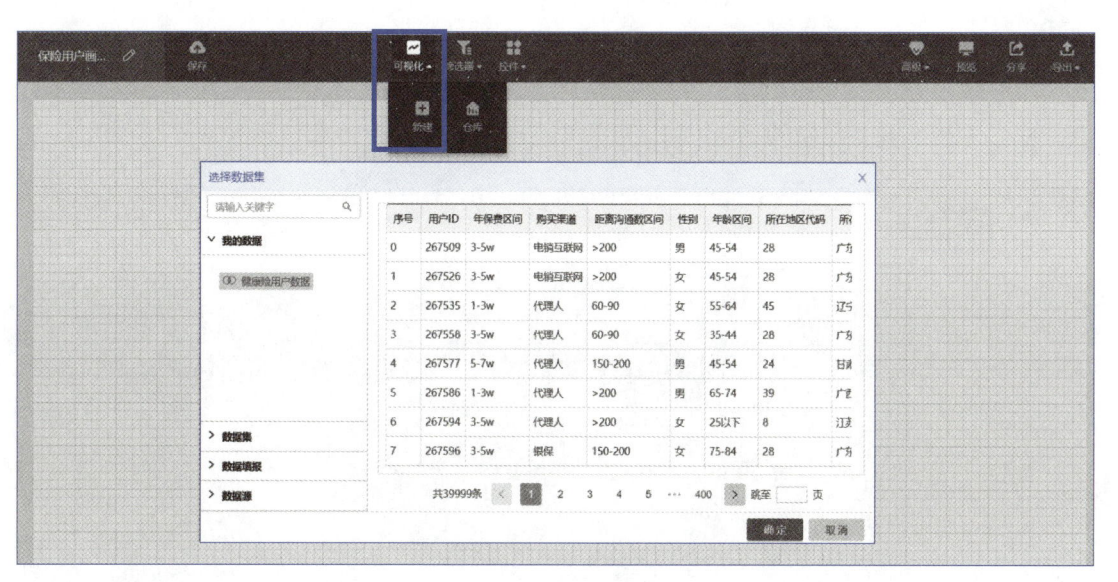

图 7-11 可视化新建

（3）用户画像分析：用户性别比例分析。维度和指标选择"性别"，选择玫瑰图（或者饼图等），可以发现调查用户男女比例相对均衡，男性占比偏多，如图 7-12 所示。

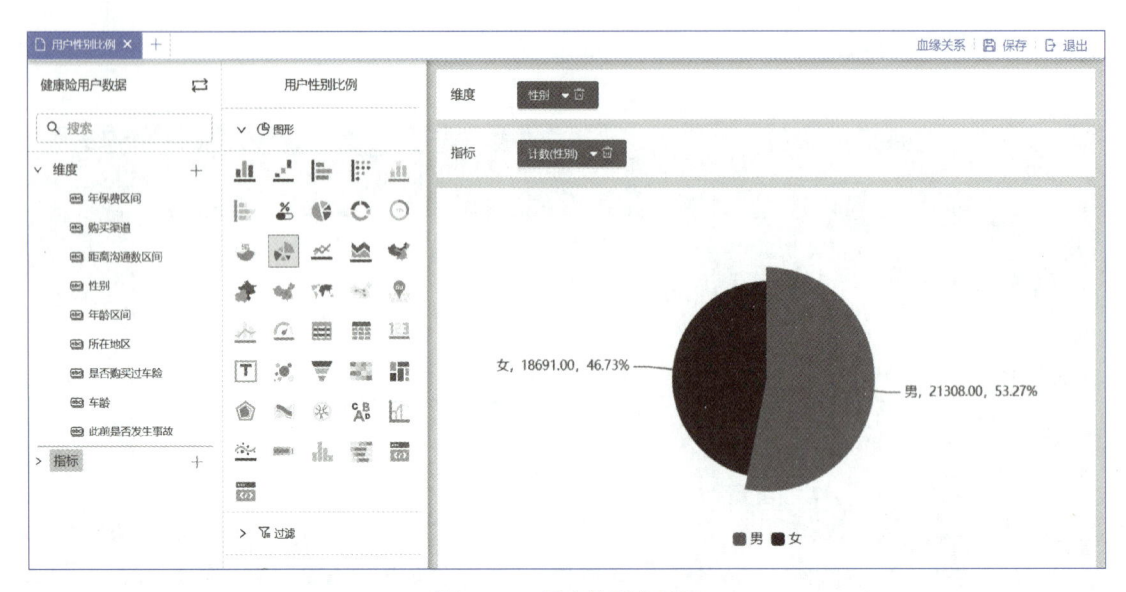

图 7-12　用户性别分析图

任务 4：数据分析与挖掘（构建保险交叉营销决策树模型）

利用数据挖掘工具和 python 工具构建保险交叉营销决策树模型，并进行数据预测。

操作步骤：

（1）数据挖掘工具。

① 打开数据挖掘工具，选择数据源"训练数据"，资料见项目七资料包—训练数据文件，如图 7-13 所示。

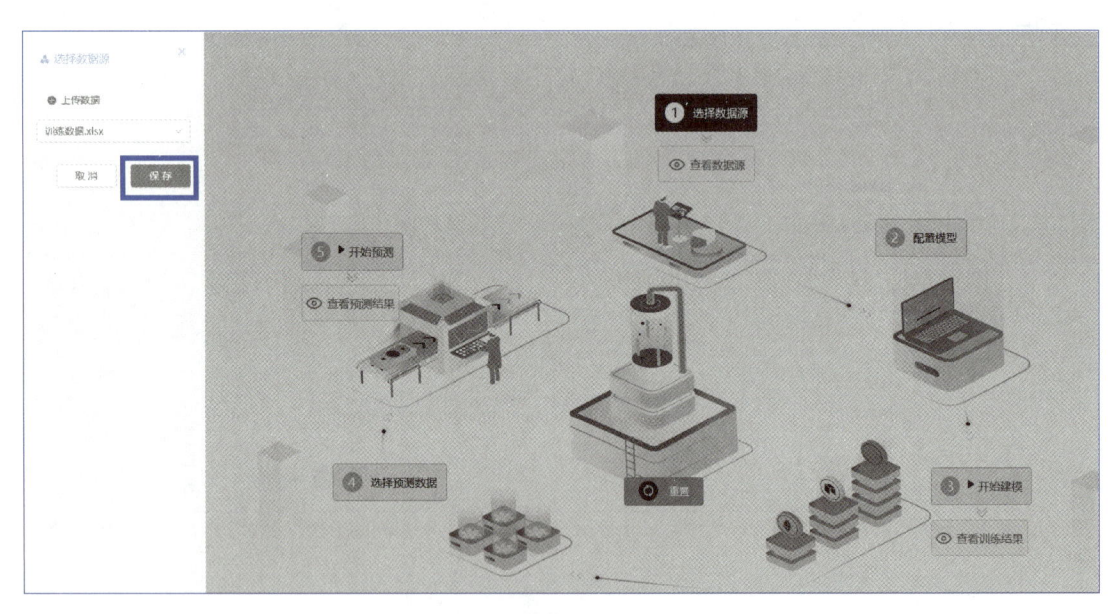

图 7-13　数据挖掘工具保存数据

② 配置模型选择"决策树"，选择自变量及因变量。自变量选择除"响应结果"和"用户 ID"的所有变量，因变量选择"响应结果"；测试集比例建议选取 0.2~0.3 区间；树深范围选择 1~5；最小叶子数可选择 1 或 2；函数选择 gini 系数。

③ 保存后单击“开始建模”，建模成功后可显示建模结果。

④ 选择“预测数据”。资料见项目七资料包—预测数据文件。

⑤ 单击“开始预测”，查看预测结果，如图 7-14 所示。

预测数据　　下载　加载行数：200　确 定

	性别	年龄	所在地区代码	此前是否发生事故	车龄	是否购买过车险	年保费	购买保险渠道	距离上次沟通时间	是否有驾照	预测值
0	0	25	11	0	0	1	35786	152	53	1	0
1	0	40	28	1	1	0	33762	7	111	1	1
2	0	47	28	1	1	0	40050	124	199	1	1
3	0	24	27	1	0	1	37356	152	187	1	0
4	0	27	28	0	0	1	59097	152	297	1	0
5	0	22	30	0	0	1	40207	152	266	1	0
6	1	51	37	0	1	1	40118	26	107	1	0
7	0	25	41	0	0	1	23375	152	232	1	0
8	0	42	41	1	1	0	2630	26	277	1	1
9	1	37	12	0	1	1	27124	124	133	1	0
10	0	40	7	0	1	1	2630	124	91	1	0
11	0	64	28	1	2	0	32051	124	254	1	0
12	1	23	46	0	0	1	27688	26	29	1	0
13	0	47	3	1	1	0	28739	124	22	1	1
14	1	55	48	1	1	0	2630	124	169	1	1
15	0	24	28	0	0	1	42261	26	270	1	0
16	0	25	24	1	0	0	42660	152	207	1	0
17	0	41	10	1	1	0	15006	124	141	1	1

图 7-14　数据挖掘工具预测结果

（2）Python 数据挖掘。

① 打开新道代码编译器编写代码，导入 Python 库，读取数据，并构建自变量与因变量。代码如下：

```
# 导入相关 Python 库
import pandas as pd
import numpy as np
# 设置显示数据全部展示
pd.set_option('display.max_columns', 1000)
pd.set_option('display.width', 1000)
# 读取数据
df=pd.read_excel(' 保险精准营销 / 交叉营销数据.xlsx')
column_names=df.columns.tolist( )
# 列名列表删除 "id" 和 "Response"
column_names.remove(' 用户 ID')
column_names.remove(' 是否响应 ')
# 构建自变量和因变量
x = df.drop(columns=[' 是否响应 ', ' 用户 ID'])
y = df[' 是否响应 ']
```

② 划分训练集和测试集，找到树的最佳深度，并将树深循环进行可视化，代码如下：

```
# 划分训练集和测试集
```

```python
from sklearn.model_selection import train_test_split
X_train, X_test, y_train, y_test = train_test_split(x, y, test_size = 0.2, random_state = 1 )
# 测试集比例为 8:2，每次运行代码随机数据固定
# 找到树的最佳深度
# 设定树的深度范围
depth_range = np.arange(1, 20)# 设置树身范围在 1~20 区间
true_score_list = [ ]
test_score_list = [ ]
# 调取相关 Python 库，并建立循环
from sklearn.tree import DecisionTreeClassifier
for d in depth_range:
    clf = DecisionTreeClassifier(max_depth=d).fit(X_train, y_train)
    true_score = clf.score(X_train, y_train)
    true_score_list.append(true_score)
    test_score = clf.score(X_test, y_test)
    test_score_list.append(test_score)
# 将树深循环结果进行可视化
import matplotlib.pyplot as plt # 调取可视化 Python 库
plt.figure(figsize=(6, 4), dpi=120 )
plt.grid( )
plt.xlabel('max tree deep')
plt.ylabel('score')
plt.plot(depth_range, test_score_list, label='test score')
plt.plot(depth_range, true_score_list, label='train score')
plt.legend( )
plt.show( )# 展示可视化结果
```

③ 搭建及训练决策树模型，代码如下：

```python
# 获取测试数据集评分最高的索引
te_best_index = int(np.argmax(test_score_list))
# 树的高度 = 测试数据集评分最高的索引 +1
tree_deep = te_best_index + 1
print(' 树的最佳深度：', tree_deep)
# 搭建及训练模型
# 调取决策树训练 Python 库
from sklearn.tree import DecisionTreeClassifier
clf = DecisionTreeClassifier(max_depth=tree_deep) # 设置最大树深为最佳树深
clf = clf.fit(X_train.values,y_train)
```

④ 模型预测及评估（查看准确度，查看预测效果，ROC 曲线绘制），代码如下：

```
# 模型预测及评估
# 直接预测是否违约
y_pred = clf.predict(X_test.values)
y_pred_proba = clf.predict_proba(X_test.values)
a = pd.DataFrame( )   # 新建
a[' 预测值 '] = list(y_pred)
a[' 实际值 '] = list(y_test)
# 预测响应的概率
y_pred_proba = clf.predict_proba(X_test.values)    # 计算响应结果为 0 和 1 时的概率
a[' 响应概率 '] = list(y_pred_proba[:,1])            # 截取相应结果为 1 的概率，即用户响应的概率
print(a)   # 查看真实值、预测值、响应概率
# 查看整体预测准确度
from sklearn.metrics import accuracy_score
score = accuracy_score(y_pred,y_test)
print(' 预测准确度 = ', score)
# 模型预测效果评估
from sklearn.metrics import roc_curve
fpr, tpr, thres = roc_curve(y_test.values,y_pred_proba[:,1])
b = pd.DataFrame( )
b[' 阈值 '] = list(thres)
b[' 假警报率 '] = list(fpr)
b[' 命中率 '] = list(tpr)
print(b)# 查看评估效果
# 绘制 ROC 曲线
plt.rcParams["font.sans-serif"] = [u"SimHei"]# 解决中文乱码
plt.rcParams["axes.unicode_minus"] = False # 解决负数显示
plt.figure(2)  # 新建画布
plt.plot(fpr,tpr, color='red', linewidth=3, linestyle='--')
plt.title('ROC 曲线 ')
plt.xlabel(' 假提示率 ')
plt.ylabel(' 准确率 ')
plt.show( )
```

⑤ 计算字段变量重要性，代码如下：

```
# 计算变量重要性
importances = pd.DataFrame({'feature': column_names, 'importance': clf.feature_importances_})
importances = importances.sort_values('importance', ascending=False)
```

importances.to_csv(' 变量重要性排序.csv', index=False, encoding='utf-8-sig')

print(importances)

⑥ 决策树可视化，代码如下：

决策树可视化

列出决策树的所有标签，是一个数组

class_names = clf.classes_

将标签类型转为 str

class_names = [str(i) for i in class_names]

dot_data = tree.export_graphviz(clf, feature_names=column_names, # 类别名称

class_names=class_names, # 特征名称

filled=True) # 给图形填充颜色

graph = pydotplus.graph_from_dot_data(dot_data)

graph.write_png(' 决策树.png') # 保存图像

⑦ 利用模型进行数据预测，代码如下：

获取预测数据

file_pre = ' 保险精准营销 / 预测数据.xlsx'

df_pre = pd.read_excel(file_pre)

df_pre = df_pre.drop(columns=[' 用户 ID'])

模型预测

y_predict = clf.predict(df_pre.values)

df_pre['label'] = y_predict

df_pre.to_csv(' 保险精准营销 / 预测结果.csv', index=False)

构建保险交叉营销决策树模型代码运行结果如图 7-15 所示，运行结果见项目七资料包—预测结果、决策树、变量重要性排序文件。

图 7-15 构建保险交叉营销决策树模型代码运行结果

任务 5：制定保险精准营销方案

数据分析与挖掘是指利用数学和计算机的手段，对收集来的数据进行适当的处理和开发，以求最大化地开发数据的功能，发挥数据的作用。首先划分训练集和测试集，找到树的最佳深度，并将树深循环进行可视化，再进行搭建及训练决策树模型，进行模型的预测、评估及决策树可视化。

操作步骤：

根据用户画像分析、决策树模型的训练及预测，完成一份保险精准营销方案。（略）

交互式测试题 >>>

请扫描下方二维码，进行本项目交互式测试。

项目七　交互式测试题

实训练习 >>>

登录新道云平台，进入项目实战—保险精准营销，在数据收集和数据预处理、数据分析与挖掘单元当中，学习了解相关数据集内容，之后在"数据分析与挖掘—用户画像分析、数据挖掘工具构建交叉营销决策树模型、Python 代码构建交叉营销决策树模型"单元当中（见图 7-16、图 7-17），单击"开始任务"，进入用友分析云、数据挖掘界面、新道代码编辑器，运行/编写相关 Python 代码，并进行分析，根据输出的结果，撰写保险精准营销方案报告并提交。

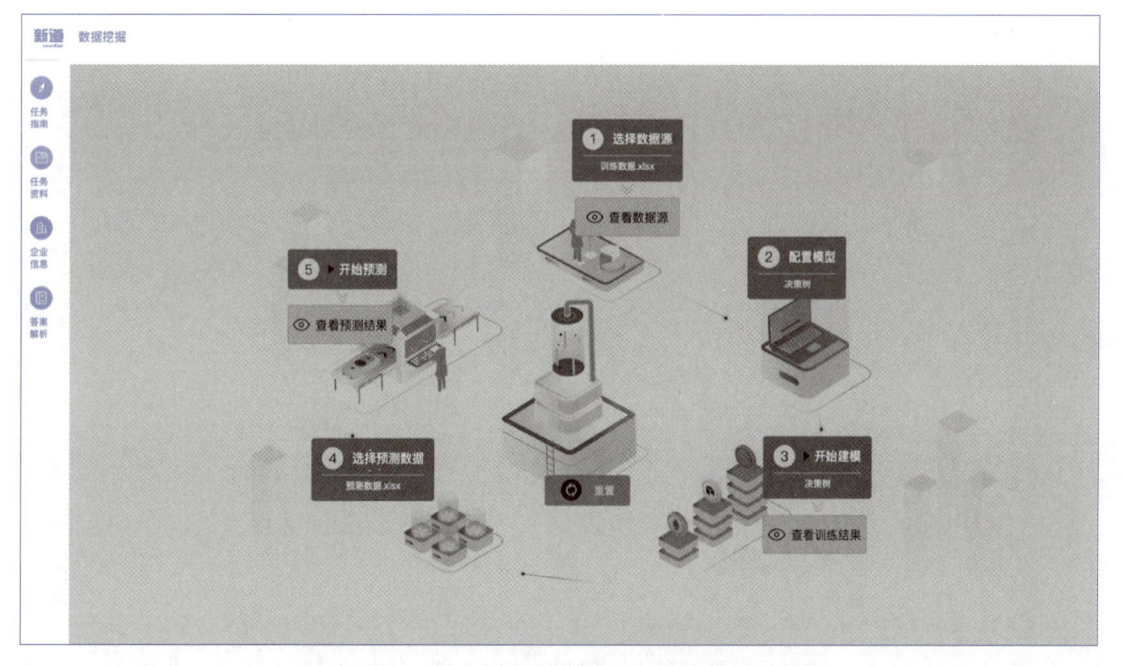

图 7-16　数据挖掘工具构建交叉营销决策树模型

项目七 大数据在保险业的应用

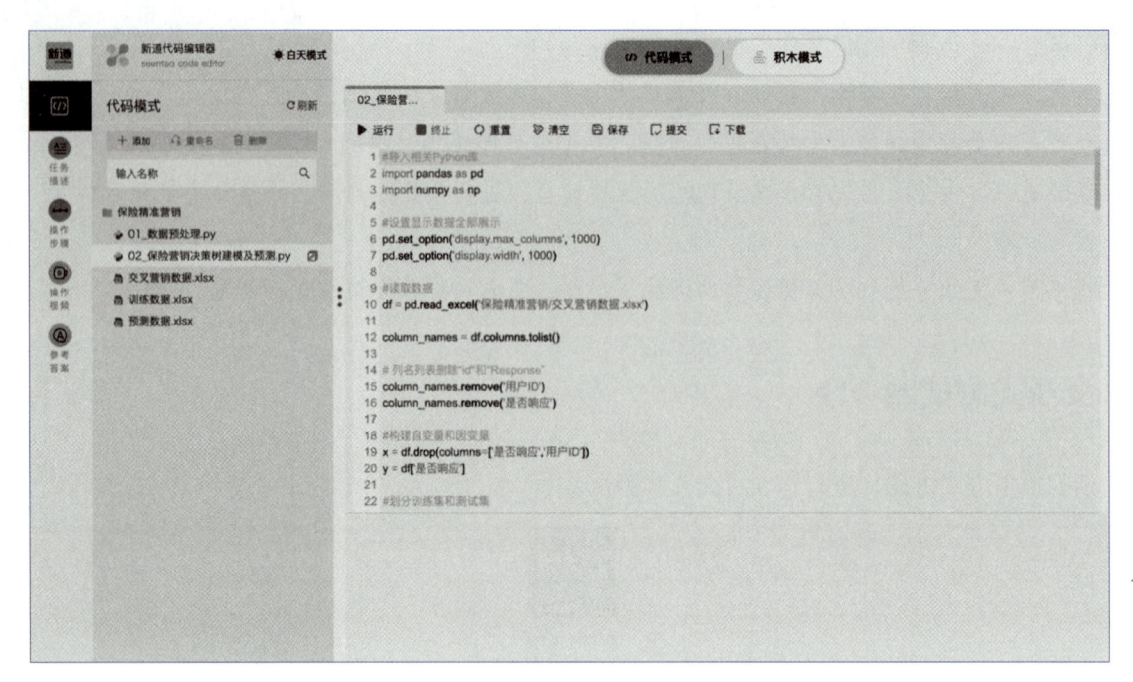

图 7-17 Python 代码构建交叉营销决策树模型

项目八 大数据在金融科技公司的应用

8

项目八　大数据在金融科技公司的应用

学习目标

素养目标
- 通过金融科技公司业务知识的学习，增强对中国特色社会主义市场经济的理解，培养形成正确的价值导向和高尚的精神品质
- 通过学习大数据技术赋能金融科技公司业务分析和决策，培养合规展业的职业素养并形成对金融职业道德的基本认识
- 激发对国家金融科技发展的兴趣，积极了解国家政策和行业前景，培养作为金融科技行业发展中坚力量的使命感和责任感

知识目标
- 了解大数据在金融科技公司的应用过程
- 了解大数据在第三方支付领域的应用内容
- 掌握大数据在消费金融信贷决策的应用流程

能力目标
- 能够识别大数据在金融科技公司中的应用创新
- 能够按照第三方支付风控的基本流程操作
- 能够应用大数据提升消费金融风控水平

思维导图

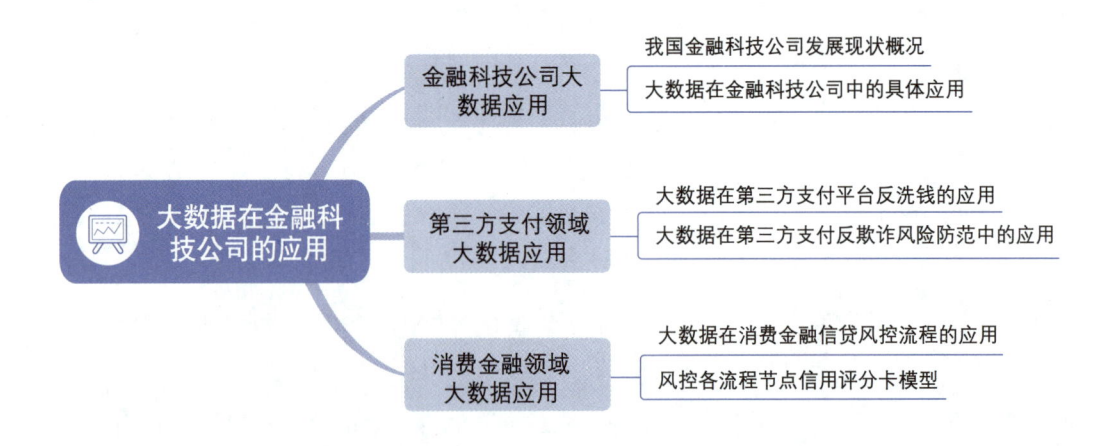

大数据在金融科技公司的应用
- 金融科技公司大数据应用
  - 我国金融科技公司发展现状概况
  - 大数据在金融科技公司中的具体应用
- 第三方支付领域大数据应用
  - 大数据在第三方支付平台反洗钱的应用
  - 大数据在第三方支付反欺诈风险防范中的应用
- 消费金融领域大数据应用
  - 大数据在消费金融信贷风控流程的应用
  - 风控各流程节点信用评分卡模型

案例导入

大数据技术能够帮助金融科技企业进行风险控制。举例来说，如果用户张某的手机收到诈骗

短信，张某在不知道此信息为诈骗信息的情况下输入了自己的身份证和银行卡信息，他的信息就被泄漏。盗取用户手机密码的人（王某）会登录张某的支付宝购买商品，但是王某无法支付成功，而且，这个账户很快就会被锁定。

这是因为，在用户每笔交易产生时，支付宝风控中心从账户、设备、位置、行为、关系、偏好六大维度，在用户无感知的情况下，判断此笔交易是否为本人操作。像上面案例中的诈骗行为，王某的消费习惯、位置、偏好与张某有很大的不同，在账户使用出现异常时，风控大脑会提高警觉，有可能让用户进行二次密码校验。如果风险还是过高，便会终止交易。

请思考：大数据在第三方支付中，还有哪些用途？

任务一　金融科技公司大数据应用

一、我国金融科技公司发展现状概况

自 2017 年金融科技元年之后，中国的金融科技公司经过多轮技术迭代和升级，发展出了平台技术赋能、财富科技、普惠科技、供应链科技、保险科技、支付科技、综合金融科技、监管科技等金融科技公司类别。其中平台技术赋能公司可进一步细分为综合技术赋能，大数据与 AI，区块链、隐私计算与安全，分布式、云计算与硬件加速四个子赛道。如图 8-1 所示，2022 年大数据与 AI，区块链、隐私计算与安全两个子赛道分列第一、第二位，企业占比 11% 和 10%。这一趋势表明大数据与 AI，区块链、隐私计算与安全仍然是金融科技底层技术中的主流应用核心技术。

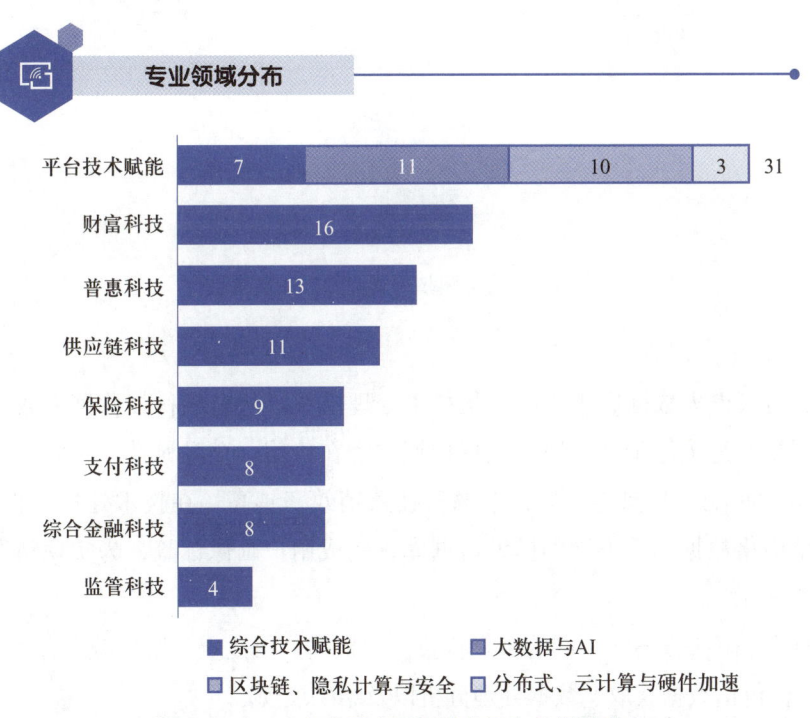

图 8-1　2022 年中国金融科技公司专业领域分布

资料来源：毕马威《2022 金融科技发展趋势》报告

项目八 大数据在金融科技公司的应用

据统计，我国金融科技公司的技术要素中，大数据、人工智能、云计算、知识图谱等要素排名靠前。

未来金融科技要行稳致远，就必须始终坚持科技向善，金融为本，制度为基，注重发挥制度对金融科技发展的激励约束作用，同时不断完善法律制度、监管规定、行业标准、自律规则等，加快形成多层次的金融科技制度规则体系。

二、大数据在金融科技公司中的具体应用

大数据在金融科技公司中的应用主要集中在营销、运营和风控三个方面。

（一）大数据在金融科技公司营销中的应用

大数据在金融科技营销企业应用的生态构成系统中，大数据通过六种渠道获得用户主动访问留存下来的信息，如图 8-2 所示。

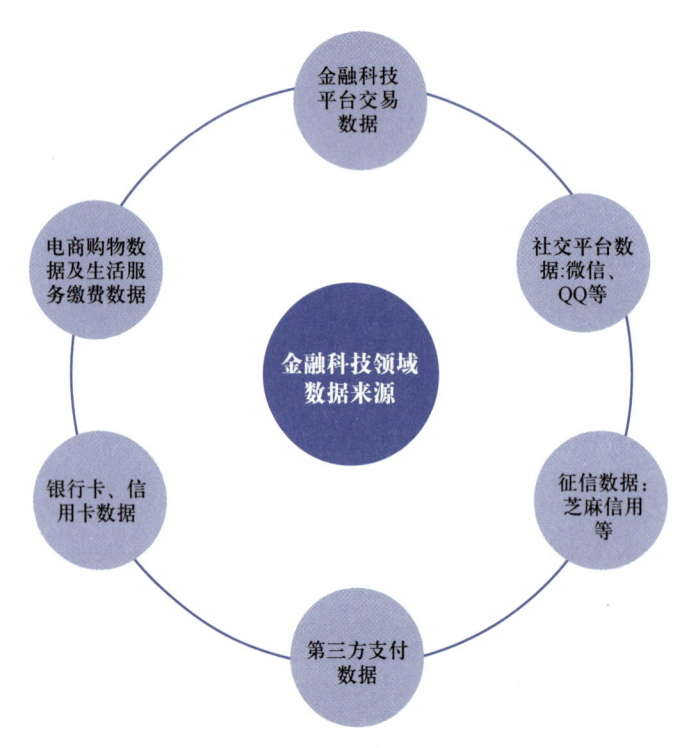

图 8-2 金融科技公司大数据主要来源

金融科技公司获得大数据后更重要的是技术处理模块，从金融科技营销大数据的生态构成可见，大数据处理技术是关键步骤，通过数据挖掘出潜在价值。金融科技公司完成用户画像后，实现营销要素的精准匹配。画像越准确，金融科技营销效率越高。在技术处理过程中，对结构化、半结构化和非结构化数据建立不同的模型数据库，完成用户画像标签，为实现精准营销提供客观依据，如图 8-3 所示。

对大数据的整体解决方案，不同的金融科技公司根据公司性质、用户需求有不同的要求，但基本流程是一致的，包括数据获取、数据处理分析以及结果展现。

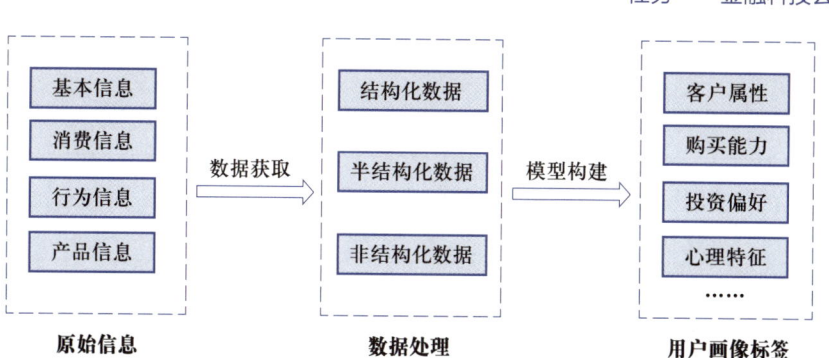

图 8-3 大数据在金融科技公司营销中的应用过程

传统金融营销获取客户的方式主要通过线下铺陈式地推和线上海量式广告投放的方式进行。大数据技术可以被用于金融科技营销的整个过程，首先通过整合多方数据，从多个维度实现对用户的深度刻画和精准定位，挖掘用户的潜在需求。在对用户数据进行整理和分析的基础上建立预测模型，通过模型预测客户的属性、购买能力、投资偏好等，对客户进行分级管理，进而采取有针对性的精准营销策略。

1. 用户画像的流程

金融科技公司越来越重视用户画像在营销中的运用，建立用户画像系统，并让用户画像系统处于公司大数据应用生态的核心位置。用户画像可以理解成将数据形象化的过程，产生结果之一是画像的标签化，在此基础上建立用户画像统一的指标体系。指标体系可以筛选用户，通过不断优化的分析方法对用户数据进行处理，最终形成用户全景视图，从而制订个性化和差异化的营销方案。建立用户画像系统时要注意，用户画像的过程是一个定量和定性相结合的过程，前期采用定量化调研，之后定性化画像直至完成匹配，如图 8-4 所示。

图 8-4 用户画像定量与定性结合

2. 动态用户画像分析模型构建

用户画像不应是静态的，更会动态实时变化，这就要求金融科技企业建立动态用户画像模型。其中关键指标之一是用户权重。金融科技公司在建立用户画像系统时，要充分考虑到用户产生的不同行为类型，不同类型的行为产生的营销效用不同，在实际的金融科技营销中，要考虑对用户推荐金融科技产品的优先度，权重的引入很有必要。不同行为类型有不同的权重。

本教材假设某金融科技公司设置用户画像的数据模型公式为：

$$Pw = r \times Bw \times Ww$$

其中，Pw 为金融科技用户权重，r 代表衰减因子，Bw 代表行为权重，Ww 代表网址权重。其中，衰减因子和时间成反比，时间越长权重越低，金融科技公司尤其注重时效性。衰减因子、行为

权重、网址权重如表 8-1~表 8-3 所示。

表 8-1 衰 减 因 子

时间	衰减因子 r
今日	1
昨日	0.9
前日	0.8
两日之前	0.5

表 8-2 行 为 权 重

行为	权重
发生购买行为	1
加入购物车	0.8
咨询客服	0.8
浏览、看评论	0.5
搜索产品	0.3

表 8-3 网 址 权 重

网址	权重
首页	0.8
内页	1

以下是一个金融科技公司动态用户画像及其权重的例子。

用户的完整行为描述：一个财富管理平台注册用户于昨日浏览网站内页并购买了为期 3 个月的理财产品。

即：$r = 0.9$，

$Bw = 1$，

$Ww = 1$，

$Pw = r \times Bw \times Ww = 0.9 \times 1 \times 1 = 0.9$

最终这位金融科技平台用户动态画像权重为 0.9。当金融科技平台获取到这位用户的用户画像权重后，财富管理平台就可进行匹配的金融科技营销，在产品推荐上、广告中给予对应的推荐，所有的营销手段都可基于个性化基础来完成。值得注意的是，上述模型权重值仅为参考，还需根据不同金融科技平台的业务需求二次建模。构建金融科技动态用户画像模型，更多是启发金融科技营销人员从金融科技营销大数据应用生态的角度构建用户画像模型，进而逐步细化模型。另外，用户画像使用时还须辅以其他的方法，如协同过滤推荐算法。

3. 利用大数据预测模型进行客户分级

想要实现每次营销活动都覆盖到每位潜在客户，并给每位客户提供完美的销售和服务是不现实的，对客户的分级是十分重要的。大数据分析中的预测模型是使用最广泛的预测分析模型之一，这个模型可以应用于任何有历史数值数据的地方，包括但不限于能较为准确地预测潜在客户的购买行为、每一个用户可能流失的概率等。根据模型的预测结果对潜在客户进行分级，在营销预算有限的情况下，将资源集中于高潜力的用户进行重点营销，能够帮助金融科技公司实现资源利用的最大化。

4. 利用大数据进行精准营销

在金融科技行业，金融科技公司为降低营销成本，减少对用户的打扰，提高营销转化率，必须利用大数据来实现精准营销。

互联网精准营销的应用目标主要为"获客""活客"和"留客"。获客是指寻找目标客户，精准定位营销对象；活客是指为客户提供精准化服务，使用户活络起来；留客则是深度挖掘客户需求，改进服务，增强客户黏性。金融科技公司精准营销技术流程如图8-5所示。

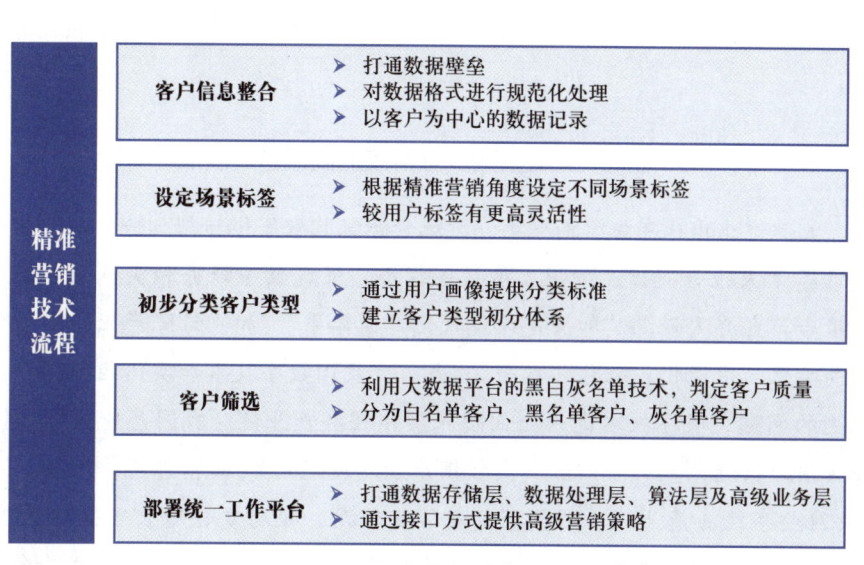

精准营销技术流程		
	客户信息整合	➢ 打通数据壁垒 ➢ 对数据格式进行规范化处理 ➢ 以客户为中心的数据记录
	设定场景标签	➢ 根据精准营销角度设定不同场景标签 ➢ 较用户标签有更高灵活性
	初步分类客户类型	➢ 通过用户画像提供分类标准 ➢ 建立客户类型初分体系
	客户筛选	➢ 利用大数据平台的黑白灰名单技术，判定客户质量 ➢ 分为白名单客户、黑名单客户、灰名单客户
	部署统一工作平台	➢ 打通数据存储层、数据处理层、算法层及高级业务层 ➢ 通过接口方式提供高级营销策略

图8-5 金融科技公司精准营销技术流程

金融科技公司可以通过大数据分析用户的来源渠道、媒体偏好等，进而对目标客户采取合适的线上营销渠道。客户对于不同的活动营销方式的敏感度也有差别，例如部分客户可能会更偏好返现、折扣券等方式，而部分客户可能更偏好购买产品所赠送的增值服务、服务体验感等，因此利用大数据分析用户对营销活动的偏好，对不同客户采取差异化的营销活动方式，能够提高营销活动的效果。

(二) 大数据在金融科技公司运营中的应用

1. 客户数据管理

大数据技术可以帮助金融机构更好地管理客户数据，通过对客户数据进行收集、整合、分析，金融机构可以更好地了解客户需求和行为，进而推出更加个性化的金融产品和服务。例如，大数据技术可帮助金融科技公司了解客户的消费习惯和偏好，并根据客户的需求和行为推出相应的金融产品，如消费贷款、投资和财富管理。

2. 业务效率提高

大数据技术可以帮助金融机构提高业务效率，通过对数据进行分析和挖掘，金融机构可以更好地了解业务流程和运营状况，进而优化业务流程、提高业务效率。例如，大数据技术可以帮助金融科技企业管理客户服务。通过分析客户服务数据，金融机构可以了解客户服务需求和满意度，优化客户服务流程，提高客户满意度和忠诚度。

3. 解决普惠金融痛点

真正持续的普惠和扶贫应该是授人以渔。依赖大数据等技术的数字普惠金融主要从以下两方面显现优势。① 通过大数据技术可以将全部社会成员的庞大信息纳入其中，例如芝麻信用、百行征信等征信企业在央行征信系统之外开辟了市场化的征信渠道，使得更多群体被纳入"普惠"范围，特别是乡村产业经营者能够获得相应的金融服务。② 数字普惠金融具备更便捷、成本更低等优势，能够有效缓解乡村产业发展面临的"融资难融资贵"问题。数字普惠金融不需要设置物理网点和雇佣大量员工，也不受限于固定的工作时间，因而极大地节省了供给和使用成本，为经营者降低资金成本、提高贷款效率、减少贷款风险，进一步支持乡村产业振兴。

🔍 数字中国

如何高效促进我国金融科技的健康普惠发展

纵观全球，金融行业正在发生深刻变革，传统金融机构数字化转型加快，新的业态、服务模式不断涌现。党的二十大报告提出，加快发展数字经济，促进数字经济和实体经济深度融合。2023年《政府工作报告》也再次强调"加快建设现代化产业体系""加快传统产业和中小企业数字化转型，着力提升高端化、智能化、绿色化水平"。当前，我国数字技术和实体经济融合存在发展不充分、分布不均衡的问题，数字技术尚未全面融入实体经济产业链。我国产业数字化技术服务和金融数字化服务必须迎头赶上。《"十四五"大数据产业发展规划》（工信部规〔2021〕179号）提出，到2025年，我国数字经济产业测算规模将突破3万亿元，年均复合增长率保持在25%左右。因此，围绕数字化转型发展的相关科技产业也必然迎来产业升级，数字金融有望成为金融科技行业最大的一片蓝海。

完善"数字中国"整体布局要夯实数字基础设施和数据资源体系，做强做大数字经济，构建全国一体化大数据中心体系，培育壮大人工智能、集成电路等数字产业，提升金融科技关键软硬件技术创新和供给能力，促进金融产业数字化转型，稳步推进开放银行、智慧城市、数字乡村建设，赋能实体经济发展。

资料来源：金融时报

（三）大数据在金融科技公司风控中的应用

大数据在金融科技公司风控中的应用主要是运用大数据相关技术在金融交易业务过程中和业务场景中进行风险控制，以及在营销获客等领域进行应用。具体有：在进行客户360度画像时如何采集企业外部数据；用户申请贷款环节时如何使用大数据进行风控反欺诈；放款后如何对存量客户进行管理、如何进行风险预警、贷后催收和不良资产处理等领域。

1. 当前金融科技公司运用大数据风控的痛点

（1）数据不完整、数据割裂导致业务受阻，制约业务发展。公司客户数据维度不齐全、需要借助外部第三方征信数据进行信息核实验证，并且国内当前现状是数据分别割裂地存储在银行、保险、教育部、公安部、司法部、检察院、工商、税务、社保等部门，金融机构的数据只有自身业务经营数据。数据质量不高和不完整导致在信贷过程中就会产生借贷双方信息不对称，作为贷款方的金融机构由于数据不对称原因导致对于拿捏不准的客户业务就不敢做，极大地制约了企业的业务发展。

（2）用户欺诈。金融科技公司的某些借款客户会在贷款过程中利用信息不对称，人为伪造虚假客户向金融科技平台借款。一旦借款申请人拿到贷款就立刻失去联系，或者在第一期还款就逾期不还，这种行为绝大概率是用户欺诈。有时候还会团伙作案，联合金融科技平台内部或者派卧底打入平台风控关键岗位，从而里应外合破解风控规则，然后根据金融科技平台放贷风控规则通过资料、客户证件，甚至是客户身份伪造进行欺诈借款。

2. 大数据技术在金融风控中的应用

大数据算法模型在金融科技信贷风控各流程环节中的应用，尤其在风险控制领域发挥重大作用。金融科技公司主营业务主要分为有抵押和无抵押贷款两种类型业务。无抵押主要是纯信用贷款，例如在贷款申请阶段可以选择若干特征变量结合历史样本数据开发A卡申请评分卡对申请客户进行信用评分，部分业务可以自动纯线上代替人工信审，实现机器智能决定客户贷款申请是否接受或拒绝、接受贷款的信用额度和贷款周期。有些业务例如汽车贷款或者大额无抵押信用贷款可以做到半线上半线下风控信审，从而解决传统的银行贷款信用审批"本人一定要到面签中心亲笔签字贷款申请材料并且对信审人员的访谈进行回答、对提供的资料真伪鉴别疑问点给予澄清"的要求，提升企业贷款市场份额、降低风险，并且可以优化企业风控流程和风控政策。

知识拓展

招联消费金融的"风云"风控系统

在2015年，招联消费金融股份有限公司（简称"招联"）推出"好期贷"产品之际，公司就开始深入挖掘内部和外部的相关数据资源，并通过大数据进行征信，利用云计算、大算法等先进技术，构建了自己的风险控制系统——风云。有了它，无论是贷前、贷中、贷后还是在催收、反欺诈方面都有了新的安全保障。风云系统能够让不同风险等级的用户在面临不同的消费场景时自动采取各种风险控制措施，如：按照风险程度进行智能分级，接着自动校验用户需求和场景的真伪，然后套入模型进行评分，利用人工智能、机器学习等技术，在极短的时间内描绘出客户的风险画像，快速有效地阻止欺诈、伪造、违法套现等行为，快的话能够达成实时数据源毫秒级的高效运算方式，甚至可以拥有一秒处理上万件事情的能力，这样就可以维持0.005 BP范围内的欺诈率。换句话来说，就是每1 000万个客户最多只会发生5起欺诈行为，低于行业平均水平。

在反欺诈领域，招联利用先进的金融科技水平，前瞻性地构建了机器学习模型、星图关联网络等一系列风险预警措施。此外，招联还将大数据挖掘与智能分析相结合，建立起精准高效的信用风险管理体系。从欺诈事件发生的频率来看，风险被控制在百万分之一左右，即0.01 BP，且招联历史上从未发生过重大欺诈案件，行业欺诈拒绝率平均值为10%，而招联仅有2%。

来源：招联消费金融股份有限公司官方网站

任务二　第三方支付领域大数据应用

中国人民银行于 2023 年 3 月发布的《2022 年支付体系运行总体情况》显示，2022 年非银行支付机构处理网络支付业务 10 241.81 亿笔。这也意味着，平均每天发生的网络支付高达 28 亿笔之多。移动支付深入人们日常生活、生产经营中的各个环节，每天都有海量交易产生，涉及广泛人群和大量资金。

一、大数据在第三方支付平台反洗钱的应用

第三方支付账号一般可以关联多家银行的账户信息，利用第三方支付账号"漂白"通过非法手段获取的赃款相对容易。例如犯罪分子以前以银行对银行的方式进行转账，易被发现也便于追查，现在犯罪分子先把钱转到第三方支付平台，然后分转至多个银行账户取现则隐蔽性更强。尤其一些网络支付平台在用户注册账户时对其注册身份没有尽到核查义务，导致账号非实名，有些账号甚至可以任意买卖，加剧了第三方支付沦为洗钱通道的风险。

在建立以数据为中心的金融科技反洗钱模型的过程中，必须以大数据技术为基础，建立海量关联交易数据库，包括数据的收集、整合、分析和应用。

（一）数据收集

数据收集可以通过网络爬虫系统，突破地理距离的限制，捕捉和整合相关信息，并通过校验规则的设立及其关联性分析得到有效数据。还可以考虑与金融科技机构建立合作机制，直接通过数据接口获取相关数据。

（二）数据整合

数据整合是保障分析结果可靠性、准确性必不可少的环节。从金融风险的定义出发，确定反洗钱需求，对数据进行重新整合，提取与之对应的分析数据。具体而言，一是数据类型转换，使不同的数据信息来源可以被量化分析，比如将字符型变量转换成数值型变量等；二是数据变量的非线性转换，使得转换后的变量能更好地适合模型算法；三是挖掘不同主题数据的关联关系，建立关联数据仓库。

（三）数据分析

数据分析是金融科技风险管理控制的实施手段。全面的数据分析应包括现行的指标体系、统计模型以及人工智能方法等。其中，聚类分析是指通过用户设备地址识别关联用户和关联账号，也可以从交易末端账号对应的银行卡卡号往前追踪识别关联账号，从正向的用户入口和反向的终端银行账户交叉验证来识别同一用户和用户群，发现关联交易。用户身份识别模型设计思路如图 8-6 所示。

分类分析是指从海量支付数据中找到能够反映洗钱行为、网络、模式、路径及地点等因素之间存在重要关系的数据，提高反洗钱行为分析的针对性。

图8-6 用户身份识别模型

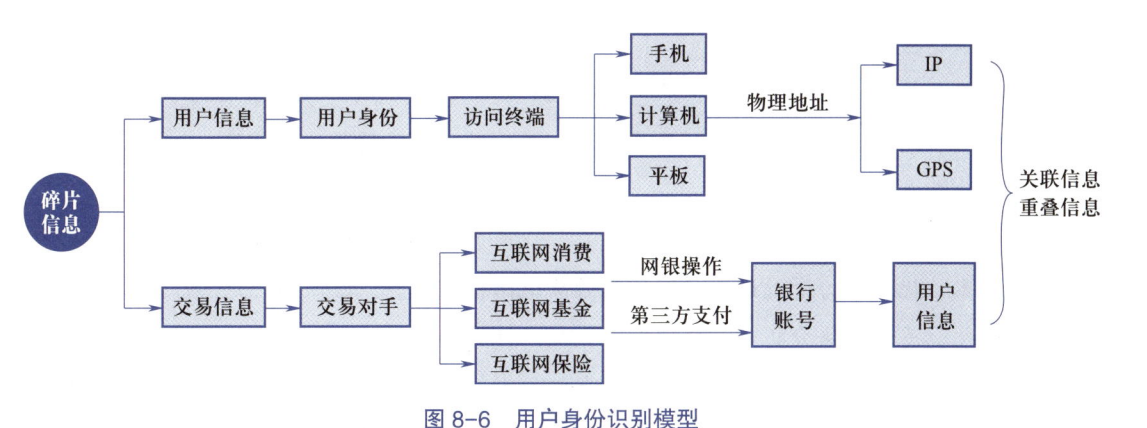

（四）数据应用

以数据分析层发现的关联交易群为基础，深化数据应用，具体功能包括风险识别、判断、预警、监控、自动上报。一是对网络资金账户设置交易限额。根据用户或用户群设定网络交易限额，对难以进行真实交易身份识别、难以判断真实交易是否存在的资金支付要限制在一定规模以内，如果超过某一阈值则预警。二是建立客户风险等级识别制度。根据用户等级设置支付单笔限额、单日限额和跨境支付限额，将资金流与信息流加以匹配和管控，通过规模控制实现对风险的有效防控。用户信息、交易信息和账户数据的关联分析模型如图8-7所示。

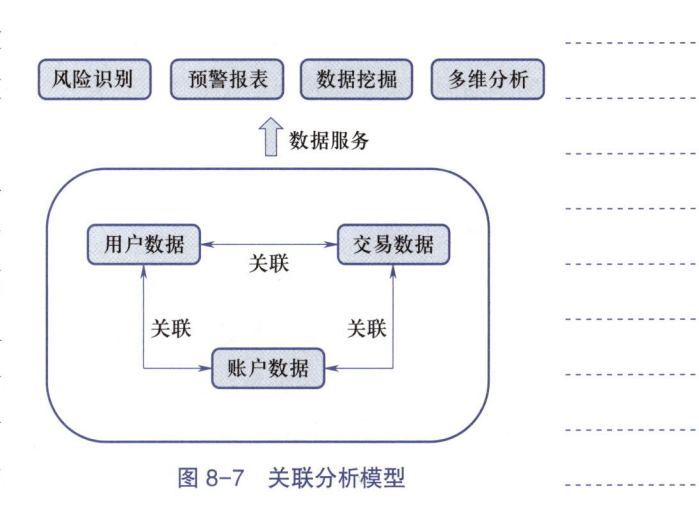

图8-7 关联分析模型

知识拓展

慧安金科——智能反洗钱系统

智能反洗钱是基于慧安金科自主知识产权的主动式机器学习技术为核心的人工智能解决方案，帮助金融机构更精准地进行客户洗钱风险评级、可疑交易监测、分析报告智能生成，进而提升金融机构反洗钱业务工作质量、工作效率并降低合规成本。慧安金科的方案目标为建设一个洗钱网络团伙识别模型，开发配套程序，使模型上线并与银行现有生产系统协同运行，通过批量方式对银行账户进行甄别，识别出洗钱网络团伙。慧安金科的反洗钱网络引擎借助于数据挖掘技术，首先对金融交易、账户群体数据进行分类分析、聚类分析、关联分析和时间序列分析等挖掘处理；接着结合复杂网络算法，输出最终认为可疑的洗钱团伙，同时对识别结果进行前端可视化展现，使团伙更加直观形象，解释性更强，从而提高审核效率。监控服务则对数据处理任务和网络检测引擎的运行过程进行监控，搜集输入数据指标及任务相关指标信息，当检测到指标发生异常时，通过提供的短信和邮件报警接口发出报警信号。整体架构主要分为数据处理、团伙识别、团伙展示。

慧安金科的洗钱网络引擎利用半监督自动学习技术，在我国金融反洗钱领域得到了较好的应用，优势主要体现在以下方面：

（1）低误报。最大可能地识别出不可疑交易，纠正人工审核的不一致性，提升审核效率及质量。

（2）扩召回。增补未触发规则系统洗钱客户，识别潜伏而狡猾的洗钱网络，切实提高金融机构识别洗钱交易的能力。

（3）前置化。在新开户环节，拦截洗钱客户，降低后续反洗钱监测的负担。

（4）降成本。优化人力资源配置，切实有效降低工作成本。

（5）可视化。基于图谱分析的可视化分析，交互性更强，案件排查更高效、更直观。

大数据在第三方支付平台反洗钱中采用适当的数据挖掘技术，可以有效预测用户身份信息是否真实、是否存在虚假交易、是否涉及洗钱等，对反洗钱防控具有重要作用。

二、大数据在第三方支付反欺诈风险防范中的应用

欺诈风险是第三方支付机构面临的主要外部风险。由于第三方支付依托于互联网和电子商务，网络漏洞现象会导致信息安全得不到有效保护，给不法分子带来犯罪的空间。

基于第三方支付的欺诈行为主要有以下两种方式：

（1）不法分子通过木马病毒等方式在消费者不知情的情况下，侵入消费者的第三方支付客户端盗取相关信息。

（2）不法分子的欺诈行为是利用消费者自身的防骗意识较弱得以实现。

大数据技术在第三方支付反欺诈风险防范中的应用，主要从以下4个场景展开。

（1）登录场景。分析注册者注册来源请求的IP地址是否是代理，同一个设备上发起的注册行为是否过于频繁；通过外部的或者自有虚假手机码数据库进行识别，并建立一个定期的清洗机制，确保数据的精准性。

（2）注册场景。运用的大数据模型对登录时间间隔和IP解析地址偏移进行测算，判断用户的登录行为异常；在登录页面布控人机识别检测程序，判断登录来源设备是否缺失、伪造，用户登录环境是否异常。

（3）用户绑卡场景。对卡进行卡、身份证、姓名、预留手机四要素进行验证。可以利用大数据技术对绑卡用户的信息、设备、IP等维度进行关联分析，对于中介或者团伙的批量绑卡行为特征进行快速甄别。

（4）支付场景。可以通过对一周或者一个月内的账户资金流入流出数据进行分析，如果资金的流动密集集中在一些账户，活跃的IP、设备是同一个或者相近的，可能存在着盗卡支付和洗钱套现的行为。

知识拓展

盗用账号支付

某大学生发现自己银行卡里的5万元"不翼而飞"。反复查询，他被通知自己在某电商平台注册了一个新账号，在商城购买了高达49 966元商品，实质上并非他本人的购买行为。其实，该电商平台风控部门利用其风控体系在支付的那一刻已触发预警。接到预警后，风控负责人快速安排对

这一订单的拦截，同时安排发货以进一步锁定嫌疑人，最终帮助挽回损失。

该案例是账号盗用的典例，其涉及四步具体操作，如图 8-8 所示。

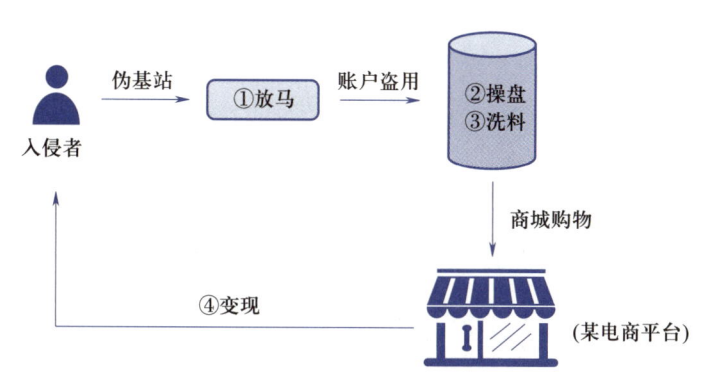

图 8-8 盗用账号支付——欺诈过程

① 放马。该团伙在大学城周边，通过伪基站发送带有木马病毒链接的伪装短信，该学生在单击链接后，用户名及密码均已泄露。② 操盘。由于直接盗刷银行卡难度较高、风险较大，骗子掌握各类信息之后，便想起通过商城购物的方式来进行变现。③ 洗料。注册完账户，绑定银行卡之后，就会通过网上商城购买高价值物品，比如黄金、手机等，并通过对来电进行拦截或者设置呼叫转移，使得商品到达欺诈团伙手中。④ 变现。通过地下黑色产业链销赃网络，将购买来的物品变现、分赃。

针对该案例，反欺诈过程主要运用了行为序列、生物探针和关系图谱技术对支付环节的前中后期进行了风险预判，如图 8-9 所示。

首先，行为序列技术发现了购买记录的异常。行为序列技术记录了该学生在平日购物时的购物金额、浏览时长、对比行为等因素，发现了购物金额不超过 1 000 元、平时要花时间进行同类对比、寻找优惠券的该学生，本次仅浏览了十分钟便下单购买昂贵的商品，马上触发了预警。其次，生物探针技术发现本次购买行为与往常不同。生物探针技术能够根据用户使用 App 的按压力度、手指触面、滑屏速度等 120 多个指标，判断用户的使用习惯，因此，检测出本次购物中的异常使用情况。最后，关系图谱技术通过用户关系估算用户的信用，同时周围与之相关人的信用影响到对该用户信用评估。关系图谱技术通过分析发现该学生对本商品的需求并不高，因此也触发了预警。

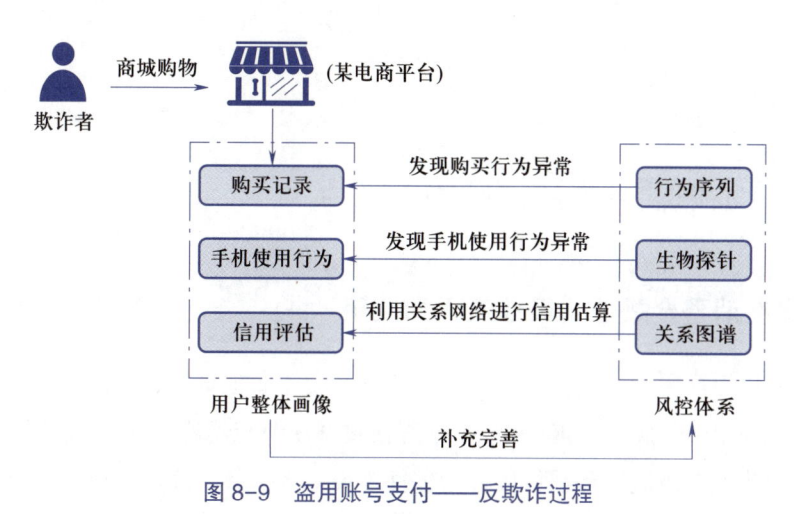

图 8-9 盗用账号支付——反欺诈过程

247

项目八　大数据在金融科技公司的应用

数据挖掘、支持向量机等方法也能发现欺诈行为。

1. 数据挖掘与欺诈发现

使用数据挖掘的基本步骤为：① 了解应用领域，获取先验知识，定义知识发现的目标；② 搜集数据，创建目标数据集；③ 数据清理和预处理，基本操作包括去除数据中的噪声、处理遗失的信息、归一化等；④ 数据降维和投影；⑤ 使用一种特定的数据挖掘模型达到知识发现的目标。

2. 支持向量机与信用卡欺诈发现

随着信息技术的快速发展和经济日益增长，信用卡具有方便、快捷、安全等特点，成为支付领域的主要媒介，同时信用卡欺诈交易以惊人的速度成长，欺诈手法不断翻新。信用卡发放机构、金融机构和商家已无法有效察觉欺诈交易，信用卡欺诈带来的损失日益增加，如何有效防范信用卡欺诈的风险，成为银行风险控制领域的研究热点。信用卡欺诈检测方法最初是基于统计分析和专家分析方法，该方法通过统计方法对数据进行分析，选择一定的指标，计算其信用评分。如果信用评分比较低，那么就有可能是欺诈行为，该方法的检测结果准确率与专家拥有知识的丰富程度有很大的关系，有主观性，得到的结果不科学，解释性较差，因此检测结果不可信。近几年来，支持向量机（Support Vector Machine，SVM）成为数据挖掘的一个新热点，其较好地解决了欠学习、过拟合、局部最优解等问题，且模型构造复杂性与样本规模不相关，能够直接应用于稀疏样本集，很好地克服决策树、贝叶斯网络和神经网络的缺陷，在众多的领域得到了很好的应用。

基于支持向量机（SVM）的欺诈发现模型的具体实施过程如图 8-10 所示。

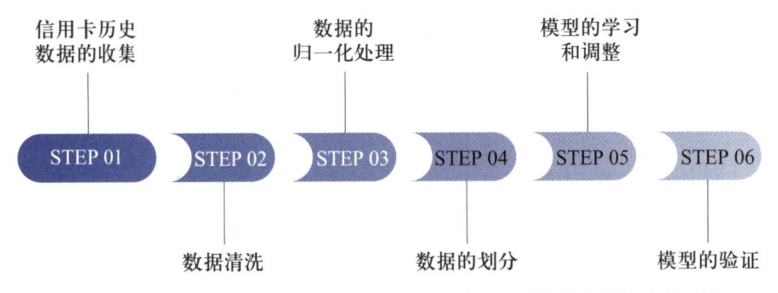

图 8-10　基于支持向量机（SVM）的欺诈发现模型的具体实施过程

想一想

大数据技术的应用为第三方支付风控方面带来了哪些积极影响？主要优势体现在哪里？

任务三　消费金融领域大数据应用

一、大数据在消费金融信贷风控流程的应用

消费金融产品包括房屋抵押贷款、汽车抵押贷款、企业业主贷款、信用贷款等，在进行作业中每一个环节都会出现相应的风险，在每个业务流程关键环节点都需要进行风险控制。将贷前、贷中、贷后三大流程节点二级流程环节可以分为进件、申请、审批、授信、放款、贷中客户管理、逾

期、催收、不良贷款处置环节如图 8-11 所示,其中贷款申请环节工作主要需要利用大数据技术针对客户的身份验真、黑名单排除、欺诈排除。如果贷款金额较大则还需要借款人本人到面签中心现场进行面谈,如无问题还需要在贷款服务合同上签字、确认客户对贷款合同里面的条款是本人同意。如果金额过大还需要去客户家庭、公司办公场所进行实地考察验证。小额贷款不需要进行"三亲"[①]操作,绝大部分通过大数据技术构建全自动授信审核。

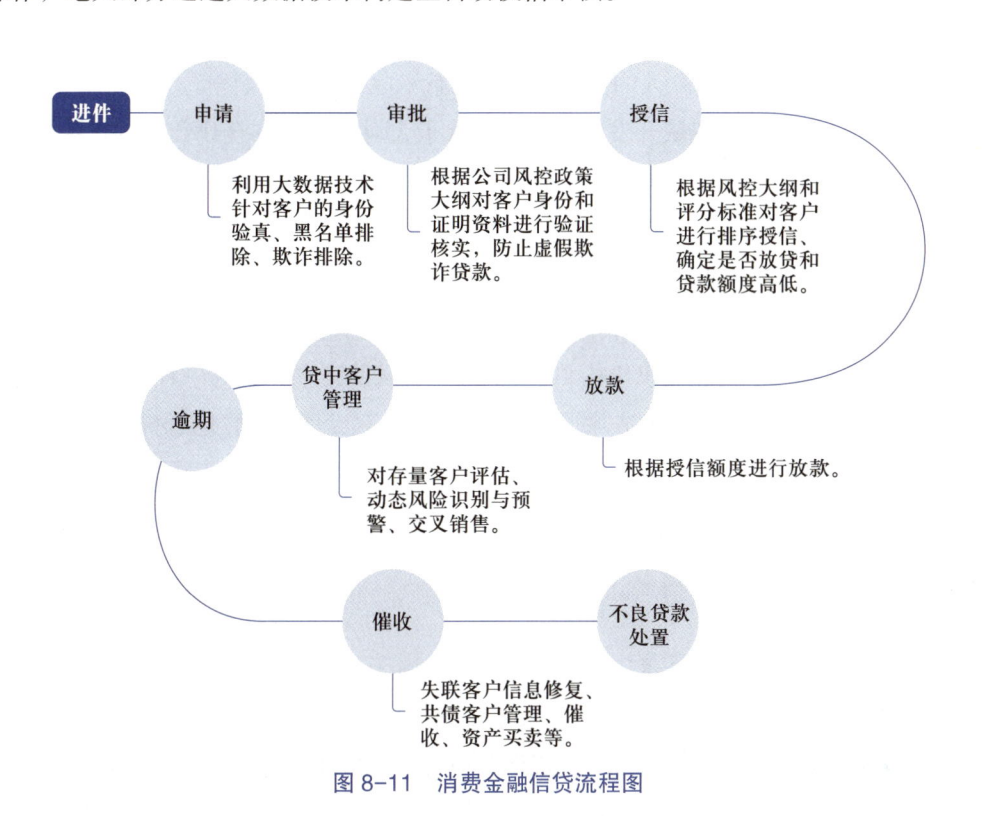

图 8-11 消费金融信贷流程图

(一)申请环节

随着互联网、金融和大数据技术广泛普及和应用,催生新的金融服务模式,而在金融科技客户贷款申请阶段,大数据技术应用主要集中在反欺诈、多头借贷和老赖甄别,从而解决信贷风险、杜绝网络欺诈,避免由于审批信息缺失导致风控能力不足。许多不良中介、借款客户利用信息不对称的漏洞进行恶意欺诈,一旦借款成功,则被借贷款是不可能归还的。因此大数据技术在贷款申请阶段一个重要应用就是反欺诈。

一些犯罪分子团伙作案,伪造客户身份信息骗过互联网贷款平台风控进行恶意欺诈,骗取贷款。大数据 OCR 活体识别技术、身份验证技术、电信运营商、银行卡四要素验证等大数据技术应用可以识别出申请人是不是借款人本人,从而拒绝该笔申请。

(二)审批环节

互联网消费金融平台是借助于大数据金融科技进行金融借贷交易,无抵押线上自动化操作较多,有部分业务不用见到借款人本人的信用贷款,中间几乎不掺杂人工因素。通常而言,消费金融公司会组建自己的大数据团队搭建数据平台,一方面支持企业经营管理,另一方面是收集客户信息

---

① 三亲原则:亲见客户本人、亲见身份证原件和证明资料原件、亲见客户签名。

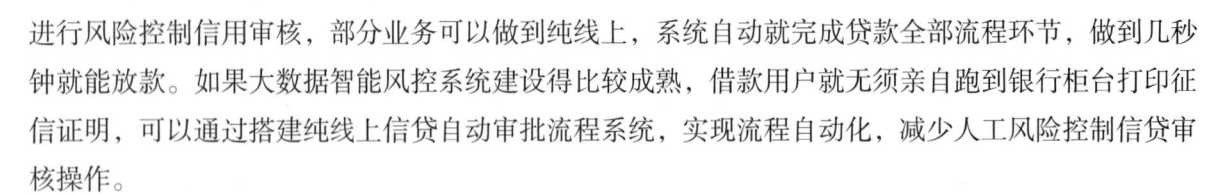

进行风险控制信用审核，部分业务可以做到纯线上，系统自动就完成贷款全部流程环节，做到几秒钟就能放款。如果大数据智能风控系统建设得比较成熟，借款用户就无须亲自跑到银行柜台打印征信证明，可以通过搭建纯线上信贷自动审批流程系统，实现流程自动化，减少人工风险控制信贷审核操作。

（三）授信环节

在排除了借款人是黑名单客户、老赖客户之后，企业会根据客户的偿还能力进行授信额度匹配。此时采用大数据技术选择借款人的身份信息、银行卡收入信息、消费行为信息、学历信息、社保信息、婚姻信息等作为特征变量开发申请评分卡 A 卡，对统计样本客户数据进行建模评分排序，每个客户样本信用评分得分区间不同、配置不同的信贷审核后的贷款额度。

（四）放款环节

客户申请贷款通过信用审批、资质验证等环节后，双方签订贷款合同确保双方知晓合同里面双方遵守的权利和义务，以及委托代扣款支付方式。第三方支付是放款环节客户体验很重要的一个环节。合法的、权威的第三方认证授权机构（CA 机构）签发的证书，就是一种包含公钥以及私钥拥有者信息的电子文档。在放款支付环节除了最重要的交易安全保证，通过支付衍生的金融消费和用户画像，从而开展具有针对性的信贷服务也同样重要。通过支付平台向贷款用户进行精准营销、给予其量身定做的金融产品，同时在支付过程中沉淀用户交易信息、经营状况、资金流向等数据提供征信服务。

（五）贷中客户管理环节

存量客户风险管理，有一部分客户在获得贷款之后由于各种原因会改变最初贷款目的，把贷款挪作他用。例如原本贷款是为购买房产风险系数较低的项目，却最终被部分借款客户拿去用作炒股、购买股指期货、债券、基金等高风险投资理财项目，一旦被贷款公司通过大数据技术监控到账户资金流向不是约定贷款资金用处时，则会立刻采取一切措施连本带息收回贷款资金，降低贷款机构资金风险。存量客户管理时外部的大数据舆情监控也是必要的举措，由于金融科技公司隶属于金融监管机构管辖，因此受外部政策、法律、法规、行政措施等影响非常大。例如房贷受银行的利率调整、各地区房管局的限购政策的影响相当之大，政府修建地铁、优质学校建立等都能影响周边房价，因此许多还没出台的对贷款产品影响重大的条款、措施、政府行为等都需要通过大数据技术爬取新媒体渠道的信息，给决策者提供及时可靠的风险预警信息。

（六）催收与不良贷款处置环节

通过在线贷款业务的客户出现逾期违约时，金融科技公司催收和处置这些不良资产时将非常困难。这些客户之所以产生逾期违约，主要是因为其自身道德观念不强、对自身偿还能力过于高估或者一开始就抱着不还贷款的念头，拿到钱之后就立刻失去联系。金融科技公司最大的困难就是对失联客户进行找回，在举国上下宣扬大数据、人工智能的时代，数据流通开放必将是未来的大趋势，原本孤立的、分散的信息孤岛会逐渐消失。金融科技公司可以通过集中的、流通的大数据中心，以家族族谱的方式获取到与借款人相关的朋友、亲戚或者旅行住宿信息，从而间接地修复失联客户信息，最后达到催收还款目的。例如，客户在借款填写申请材料所提供的手机号码失去联系，但是其绑定的身份证号是真实的，从而可以通过失联客户的身份证号、失联之前的手机号获取对方的微信号、QQ 号或者在其下载 App 申请贷款时获取对方的手机通讯录，以寻找失联人。

动动手

请查阅相关资料，谈一谈大数据如何助力降低消费金融不良率。

二、风控各流程节点信用评分卡模型

为了确保金融机构资金安全，业界专家对借款人借款资金权限设立一套标准体系，采集客户历史信用数据、利用统计学建模算法构建信用评分评级模型，从而得到该客户的信用评分再进行全样本数据排序，根据不同的得分区间来确定客户可借的资金限额，对客户准时还款、贷款风险进行预测，根据预警风险采取相应的防范措施降低贷款损失。

信用评分卡种类划分方式不一样，信用评分卡类型也不同。根据评分对象不同，可以分为个人信用评分卡、公司信用评分卡。根据应用场景不同，可以划分为申请评分卡、行为评分卡、催收评分卡、反欺诈评分卡、精准营销评分卡、偿还能力评分卡、客户忠诚度评分卡和审核评分卡等。不同应用场景问题需要设计不同的信用评分卡模型进行预测和预警。例如：偿还能力评分卡模型，主要是根据借款人的收入、资产等经济情况确定借款人的偿还能力，避免所借贷款超出其偿还能力导致不良逾期情况出现。同理客户忠诚度、催收、审核评分卡模型都是解决存量客户管理、降低客户流失率、不良资产处理、风险控制、信审反欺诈等风险控制流程的大数据技术应用。

知识拓展

M 公司大数据信贷风控模型

M公司是一家全国性业务的金融科技公司，主要专注于贷款服务端的银行助贷业务，是一家集大数据、人工智能、云计算和金融科技为一体的金融科技公司。M公司过去主营业务集中在线下门店业务较多，偏重于人工风控，这种风控模式流程复杂、效率低下、风控质量不高，极大地影响了企业业务的发展。集团计划在未来把公司的运营模式由门店运营模式转变为线上运营模式，对大数据、风控提出更高的要求。特别成立集团大数据中心，投资5 000多万元进行大数据建设，全面构建集团核心竞争力、提升同业竞争者的竞争壁垒。

M集团信贷风控流程为贷前、贷中、贷后三大风控流程环节，如图8-12所示。

1. 贷前风控流程

营销获客客户来源主要是通过 App 申请、SEM（Search Engine Marketing）和线下运营推广来拓展客户。

（1）在获客申请阶段需要进行初步筛选。

（2）借款申请材料准备需要收集整理客户资料。

（3）初审信审人员通过系统初审。

（4）电话审核完成提交材料的初步审核通过后还需要电话回访复审。

（5）实地考察有些信贷产品涉及金额较大，除了资料验真、电话交叉验证，还需要去借款人所在的单位、家庭住址进行实地考察，进行背景调查，确保客户前面所提供的材料、填写资料的真实性。

（6）第三方征信核查根据借款人提供的身份证件信息，查询对方征信记录。

（7）复审结合前面资料审核、实地考察、背景调查等综合审核结果形成报告，根据评估结果确

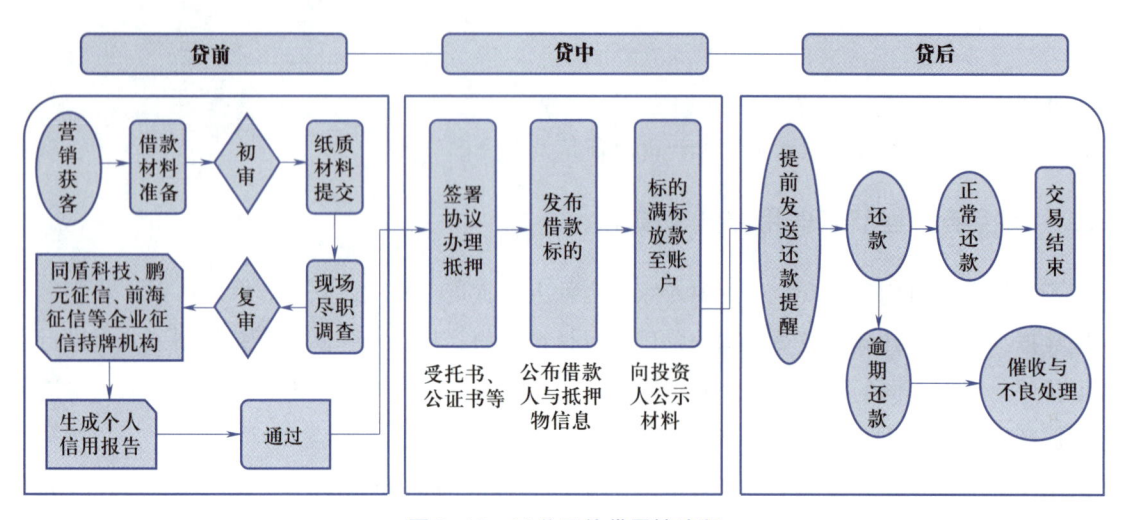

项目八 大数据在金融科技公司的应用

图 8-12 M 公司信贷风控流程

定授信额度,添加到信用评估报告中经由 CEO 批复完成终审。

2. 贷中风控流程

(1)抵押和无抵押贷款合同签署公司客服工作人员电话通知借款客户审批结果,确认借款人是否需要贷款,如需贷款则风控部门进行借款人信息匹配,告知客户合同签约时间。在进一步核查客户所提供的材料之后进行借款合同签订。

(2)发布借款标的,公布借款人与抵押物信息。

3. 贷后风控流程

贷后风控环节中首先会提前向客户发送还款提醒信息,客户收到信息后如正常还款,直到还完全部借款则交易结束;如果产生逾期,在 3 个月以内会采取短信、微信、邮件信函、电话等方式催收,如产生逾期在 3 个月以上,则启动催收流程和不良资产处理流程。

M 公司集团信用评分数据主要来源有三点,首先是集团及其各子公司经营的生产交易数据,其次是外部对接的第三方征信数据,另外是通过网络爬虫抓取的网上公开的司法数据、社保数据、公积金数据、电商平台数据、运营商等数据。总体上来说数据量不大,但样本数据覆盖面比较全,基本上可以满足信用评分卡模型建设的需要。

实战演练:第三方支付风控

第三方支付是指具备一定实力和信誉保障的独立机构,通过与银联或网联对接而促成交易双方进行交易的网络支付模式。在第三方支付模式,买方选购商品后,使用第三方平台提供的账户进行货款支付(支付给第三方),并由第三方通知卖家货款到账、要求发货;买方收到货物,检验货物,并且进行确认后,再通知第三方付款;第三方再将款项转至卖家账户。从发展阶段来看,由于国内第三方支付发展迅速,存在片面发展和安全风险等隐患。从 2014 年至今,第三方支付步入审慎发展期。

任务目标:了解第三方支付的基本概念,理解大数据为第三方支付带来的技术进步及风险问题,掌握第三方支付风控的基本操作流程,以团队为单位,利用风控决策系统进行第三方支付风控上岗实践操作。

任务实现方式： 在风控决策系统分岗实践操作。

任务准备： 登录新道云平台，进入项目实战—第三方支付风控—技术实现—风控决策系统实践操作，单击开始任务即可操作。如图 8-13 所示。

风控决策系统是一款将风控分析师经验与大数据相结合，实现数据、指标、规则、策略集及运营审核等模块的统一管理及灵活配置的第三方支付风险控制系统。风险决策系统构建了专业、强大、灵活的风控决策中台，如图 8-13 所示。

图 8-13 进入风控决策系统

支付风控决策系统主要功能介绍如下。

（1）系统业务内容：当可疑交易行为发生时，风控决策系统可基于入网审核人员及交易风控人员配置的风控策略集，结合当前交易设备信息、IP 地址、交易地点、账户开通信息、交易等数据，实时识别风险交易行为，并进行有效拦截，如图 8-14 所示。

图 8-14 支付风控决策系统首页

（2）风险大盘：针对风控系统中的事件情况进行图表展示，辅助风控经理及客户经理进行事件及商户查看，如图8-15所示。

（3）策略配置：内置多种规则策略模板，支持一键化灵活配置，如图8-16所示。

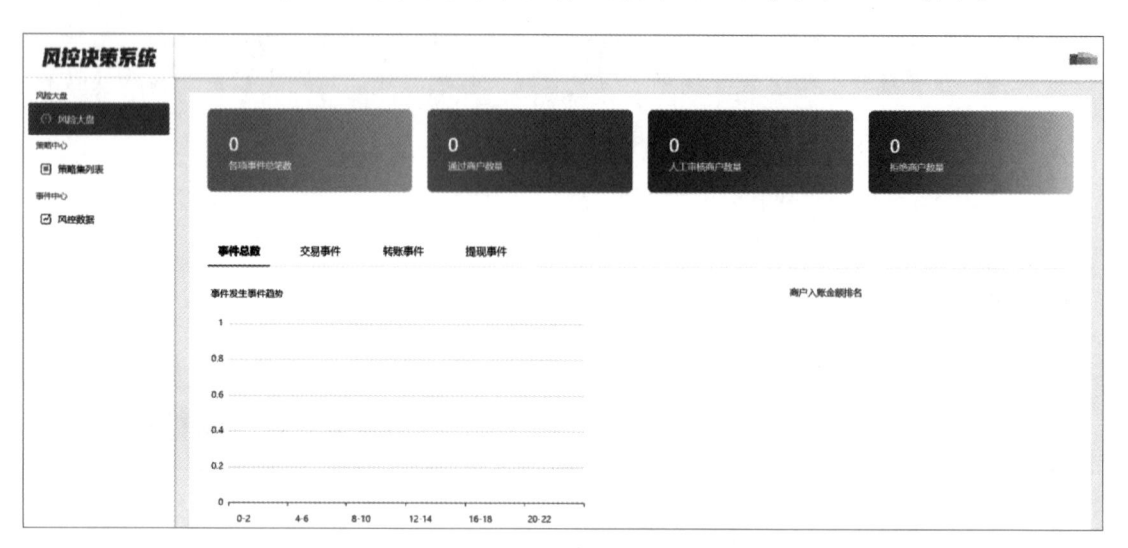

图 8-15　支付风控决策系统风控大盘

图 8-16　风控决策系统策略集列表

（4）风险核查：支持事后环节进行案件分析、事件核查，帮助运营人员核查风险。

任务流程：以小组为单位，分配小微商户、渠道商、客户经理、风控经理岗位，在风控决策系统当中进行从产品申请到风控处理全流程的任务。① 小微商户及服务商提交申请数据；② 客户经理配置入网策略集并运行；③ 小微商户及服务商收到通过消息提示后提交数据；④ 风控经理配置风控策略集并运行；⑤ 客户经理查看风控结果并处理人工审核。

任务1：小微商户岗位风控决策系统操作

选择小微商户岗位，通过风控决策系统进行从产品申请到风控处理全流程的任务。以小微商户进行餐饮行业商户开通并上传交易数据为例。

操作步骤：

1. 开通申请

进入产品中心界面后，需要根据要求，提供商户经营信息、店铺信息和联系人信息。

（1）填写经营信息，如图8-17所示。包括：上传营业执照、经营类目（餐饮）、费率（费率统一为0.6）

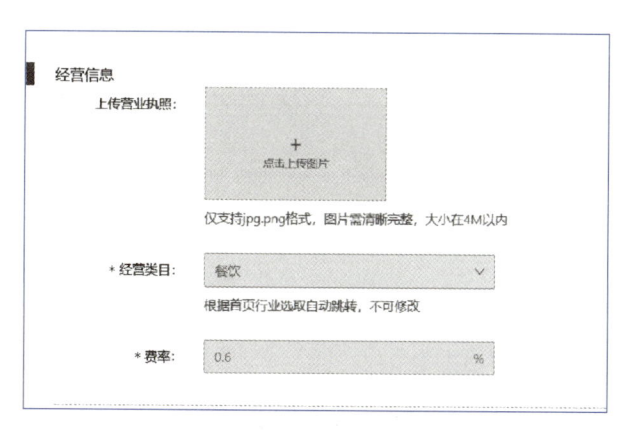

图8-17 填写经营信息

（2）填写店铺信息，如图8-18所示。包括：店铺/经营品牌名称、店铺招牌照片、店铺内景照片、店铺地址。

（3）填写联系人信息，如图8-19所示。包括：姓名、电子邮箱、手机号码。

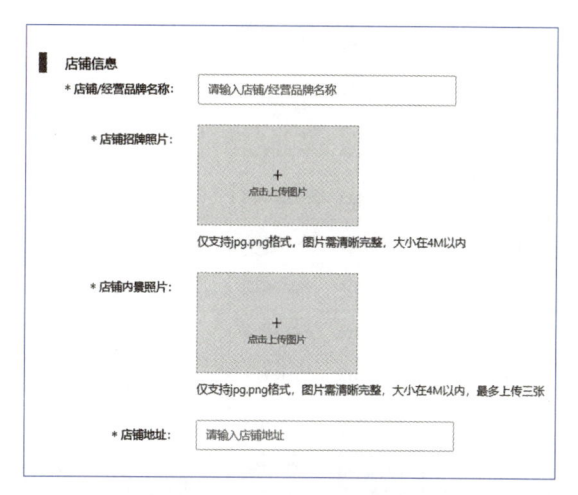

图8-18 填写店铺信息　　　　　　　　图8-19 填写联系人信息

（4）确认及提交，完成开通申请。

2. 消息通知

提交商户开通申请后，消息通知界面会显示小微商户的申请状态，包括通过、未通过两种情况。根据消息通知的内容，可了解商户开通申请成功与否，如图8-20所示。

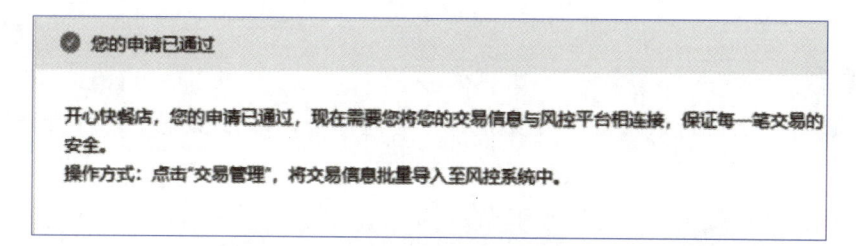

图8-20 商户开通申请成功

255

3. 交易管理

（1）在"上传数据"中添加自定义交易数据，如图8-21所示。

图 8-21　上传数据

（2）成功上传自定义数据后，将已有数据和上传数据一并接入风控系统，如图8-22所示。

图 8-22　已有数据

任务2：渠道商风控决策系统操作

选择渠道商岗位，通过风控决策系统进行从产品申请到风控处理全流程的任务。

操作步骤：

1. 商户管理

选择"渠道商"上岗进入任务，首页为商户管理界面，可根据需要进行商户筛选展示，如图8-23所示。

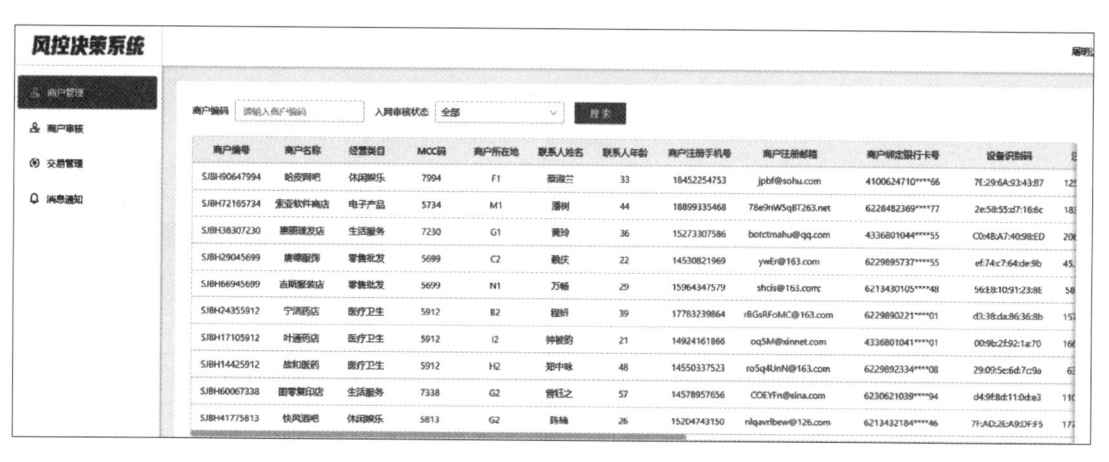

图 8-23　商户管理界面

2. 入网审核

入网审核状态包括：未提交、审核通过、审核不通过和全部。在渠道商将商户申请信息提交给客户经理前，所有商户的入网审核状态均为未提交。单击右下角可选择展示的表格页码数与每页展示条数，如图 8-24 所示。

图 8-24　入网审核

3. 商户审核

进入商户审核界面，显示全部商户申请信息，如图 8-25 所示。

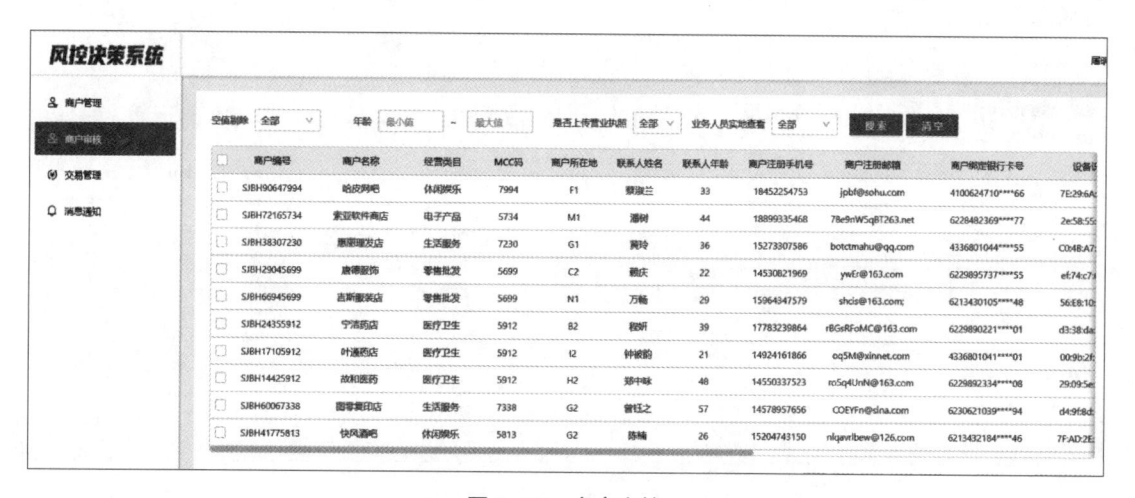

图 8-25　商户审核

项目八　大数据在金融科技公司的应用

其中，空值剔除筛选栏分为：无空值、有空值和全部；年龄筛选栏，右侧年龄必须大于左侧年龄，否则系统会认定年龄错误，无法进行搜索；是否上传营业执照筛选栏有：未上传、已上传和全部；业务人员实地查看筛选栏有：未查看、已查看和全部，如图8-26所示。

图 8-26　筛选栏

数据左侧方框可以用来勾选将要提交的商户申请信息，如图8-27所示。

图 8-27　商户数据

4. 交易管理

进入交易管理页面，单击"确认并接入风控"，即可将表中交易数据接入风控系统中，如图8-28所示。

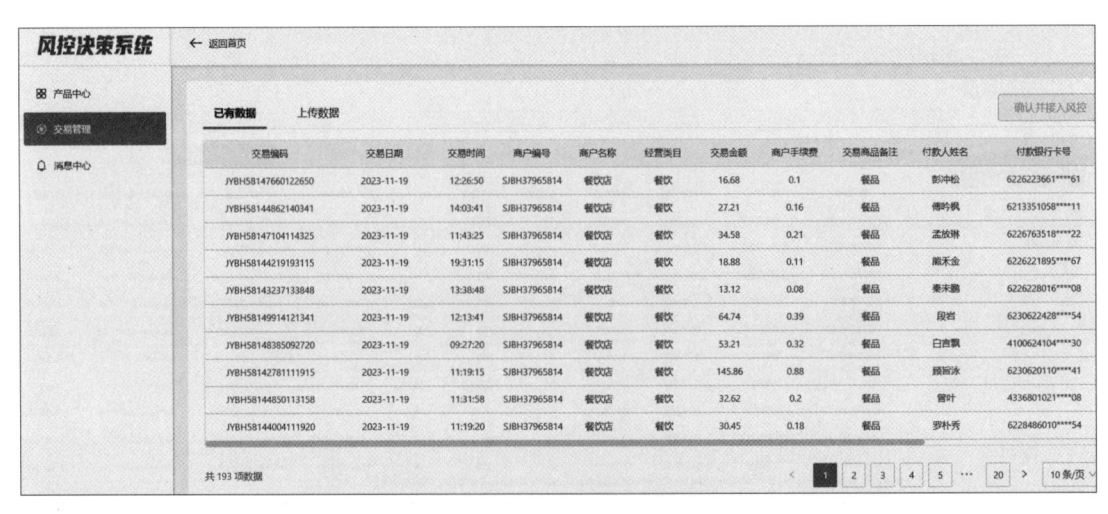

图 8-28　交易数据

5. 消息通知

进入消息通知页面，例如可以增加勾选数或尝试提高通过率，如图8-29所示。

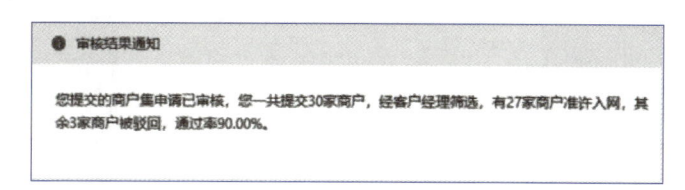

图8-29 审核结果通知

任务3：客户经理风控决策系统操作

选择客户经理岗位，通过风控决策系统进行从产品申请到风控处理全流程的任务。

操作步骤：

1. 风控大盘

选择"客户经理"，上岗进入任务，首页显示风控大盘界面。界面上方有4个展示栏，如图8-30所示。

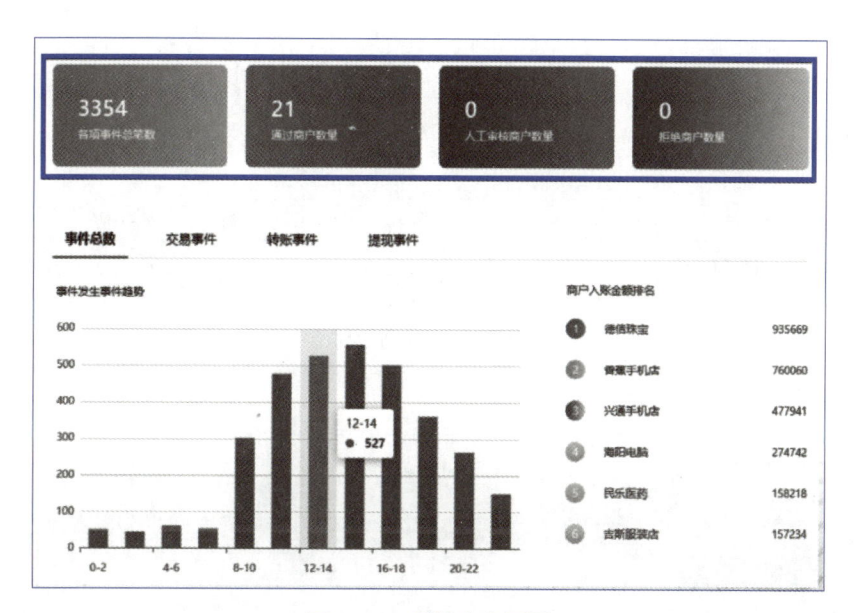

图8-30 风控大盘界面

界面左下方是事件按照发生时间进行汇总统计的柱状图，用以显示各类事件发生的时间趋势。

2. 策略重心——策略集列表

单击策略中心下的策略集列表。初始状态下策略集列表无任何策略，需要客户经理主动增添策略。

（1）添加策略，如图8-31所示。

（2）配置规则，如图8-32所示。

（3）运行策略集，如图8-33所示。

项目八　大数据在金融科技公司的应用

图 8-31　入网策略集

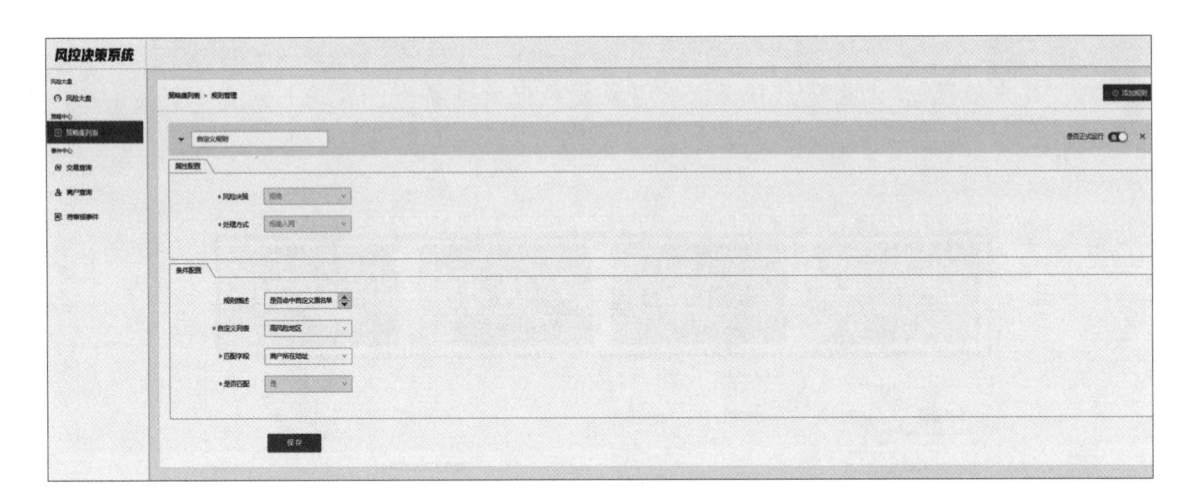

图 8-32　规则管理

图 8-33　入网策略集

3. 事件中心——交易查询

单击事件中心下的交易查询，可根据搜索框内容进行商户发生事件的筛选查询，如图 8-34 所示。

图 8-34　事件中心—交易查询

界面主体则为风控筛选的交易数据，主要信息包括：事件发生时间、策略集名称、评估结果、商户名称、交易金额、命中策略、交易方银行卡号。

4. 事件中心——商户查询

单击事件中心的商户查询，进入商户查询界面，单击右侧查询，方可根据搜索框里的内容进行商户的筛选查询，如图 8-35 所示。

图 8-35　事件中心—商户查询

5. 事件中心——待审核事件

单击事件中心的待审核事件，进入待审核事件界面，如图 8-36 所示。

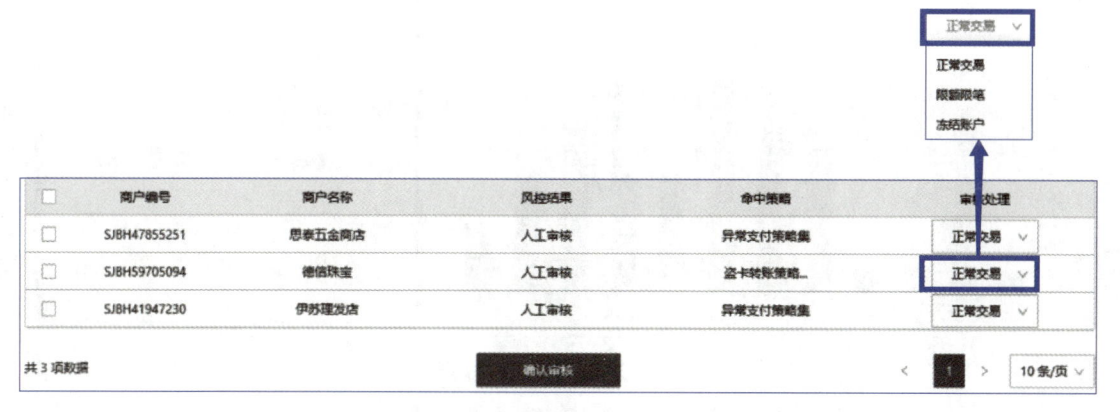

图 8-36　事件中心—待审核事件

在给出人工审核结果后，可单击数据左侧的方框进行勾选或单击左上角的方框进行本页全选。单击确认审核，相关已审核内容则会从待审核事件中剔除。在待审核事件界面将德信珠宝的审核处理选为限额限笔后，商户查询界面的处理结果由未处理转为限额限笔，如图 8-37 所示。

261

项目八　大数据在金融科技公司的应用

图 8-37　限额限笔审核

任务 4：风控经理风控决策系统操作

选择风控经理岗位，通过风控决策系统进行从产品申请到风控处理全流程的任务。

操作步骤：

1. 风控大盘

选择"风控经理"，上岗进入任务。首先显示的是风控大盘界面，界面上方有 4 个展示栏。风控大盘右下角展示商户入账金额排名，统计以商户为分组的全部交易事件中，交易状态为成功的金额总和，如图 8-38 所示。

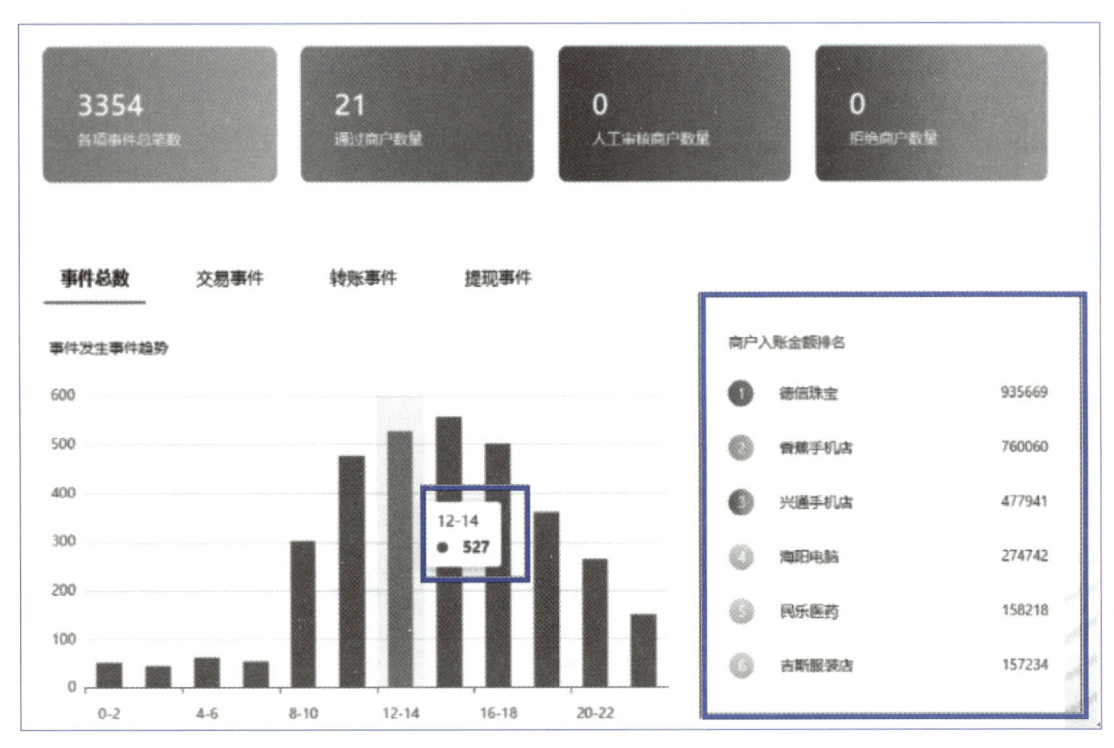

图 8-38　风控大盘界面

2. 策略中心——策略集列表

单击策略中心下的策略集列表。初始状态下策略集无任何列表，需要风控经理主动增添策略。

（1）添加策略。正确填写策略后，单击确认，也可单击编辑对策略集名称和描述进行二次编辑，如图 8-39 所示。

图 8-39 添加策略

（2）基本设置。单击新建策略集最右侧的规则设置，进入基本设置界面，如图 8-40 所示。

图 8-40 基本设置界面

（3）规则管理。单击上方的规则管理进入规则管理界面，如图 8-41 所示。单击添加规则模板，弹出规则类型选择框，可选择的规则类型包括：名单规则、时间规则、四则运算规则，如图 8-42 所示。

263

项目八 大数据在金融科技公司的应用

图 8-41 规则管理界面

图 8-42 规则管理

（4）条件配置设置，如图 8-43 所示。

① 单击"指标定义"，进入指标定义界面；单击右上角的添加指标，弹出自定义指标的填写框；填写、选择指标名称和指标类型，其中指标类型包括：求和统计、频次统计、四则运算、极值统计、求和指标，如图 8-44 所示。

实战演练：第三方支付风控

图 8-43 条件配置

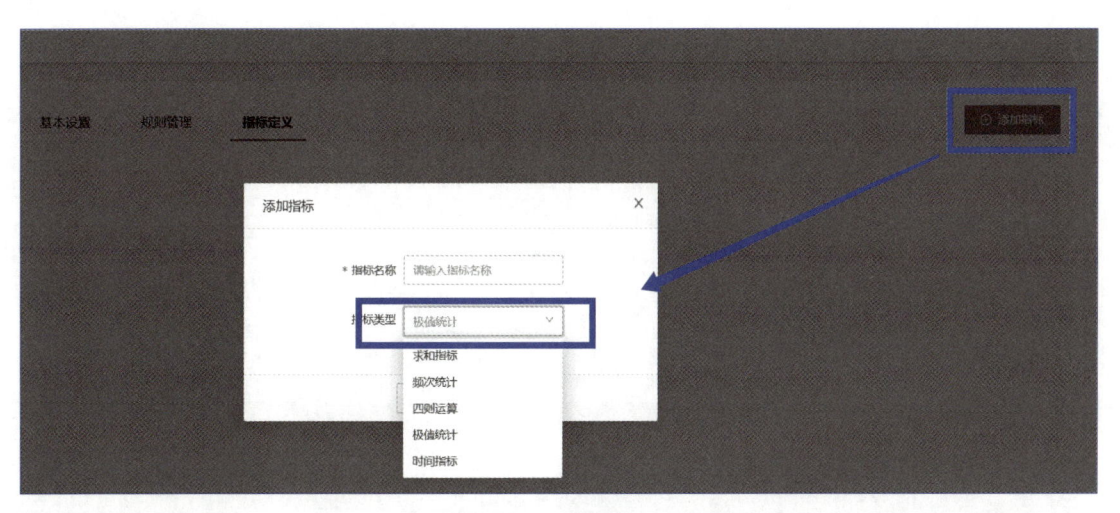

图 8-44 指标定义

② 单击条件配置界面中的"添加过滤条件"和右侧加号均可增加条件，单击"垃圾箱"图标删除文件。已经构建完成并且运行的指标，可以被规则调用，也可以被其他指标调用。即开启运行的指标会出现在后续指标和规则的条件字段的下拉菜单中。已经构建完成并运行的过去 3 天总交易次数指标，可以被过去 3 天平均交易次数这一指标作为左变量使用，四则运算除以 3，得到平均交易次数。而这指标，又可以被规则作为变量使用，如图 8-45 所示。

3. 事件中心——风控数据

进入风控数据界面，展示商户将交易信息接入风控经理所设定的策略后产生的风控结果。数据表包括全部事件、拒绝事件和人工审核事件。用数据左侧的方框勾选所要指派的商家，也可单击左上角方框进行本页全选。单击"指派"，即可将商户事件指派给客户经理，其中人工审核事件会由客户经理给出审核结果，如图 8-46 所示。

265

图 8-45 交易次数指标

图 8-46 事件中心—风控数据

交互式测试题 ▶▶▶

请扫描下方二维码，进行本项目交互式测试。

项目八 交互式测试题

实训练习 ▶▶▶

登录新道云平台，进入项目实战—第三方支付风控，在方案设计单元当中，分别学习系统介绍、系统操作说明—小微商户、系统操作说明—渠道商、系统操作说明—客户经理、系统操作说明—风控经理、风控策略说明与配置举例的课件内容，之后分别观看风控经理的 4 个操作视频。在技术实现单元—风控决策系统实践操作当中（见图 8-47、图 8-48），单击"开始任务"，选择角色上岗，分别登录小微商户、渠道商、客户经理、风控经理四个岗位，在风控决策系统当中进行从产品申请到风控处理全流程的任务。

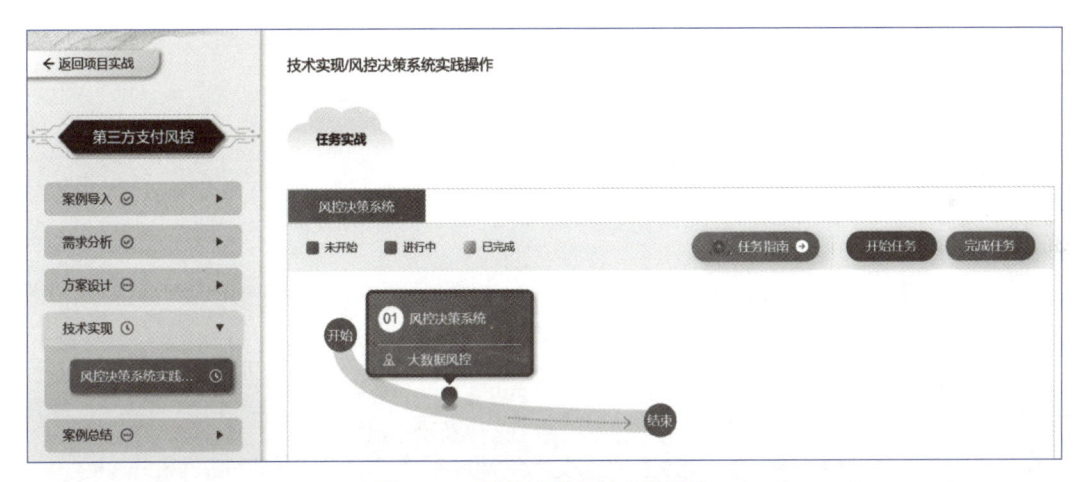

图 8-47　风控决策系统实践操作

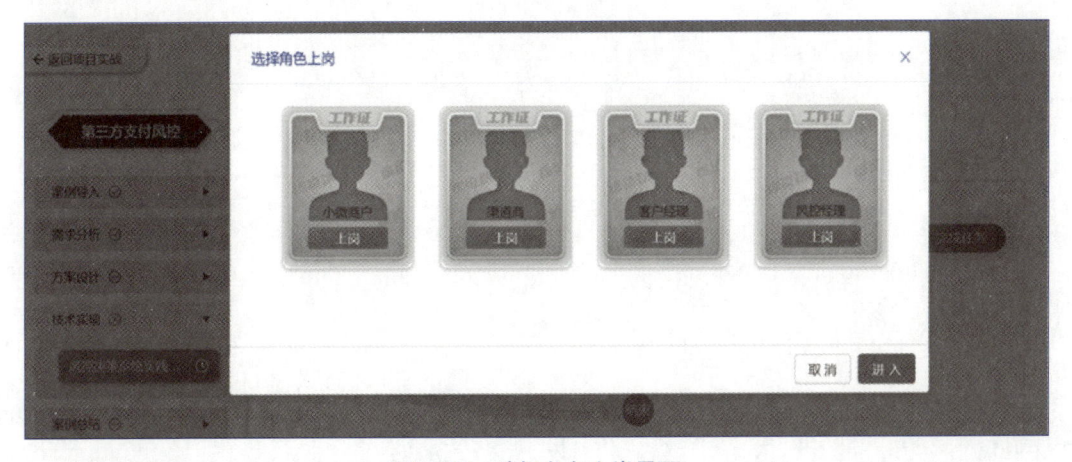

图 8-48　选择角色上岗界面

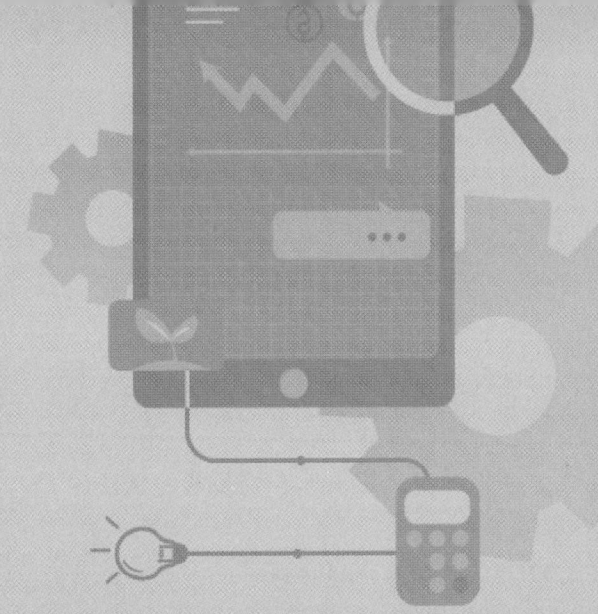

项目九
大数据在金融监管的应用

9

项目九　大数据在金融监管的应用

学习目标

素养目标
- 通过金融监管业务知识的学习,增强对依法治国的理解,培养对法律的敬畏之心
- 通过大数据技术对金融监管业务的分析和决策,培养合规展业的执业素养和形成对金融职业道德的基本意识
- 通过大数据在金融监管领域的应用,培养金融监管科技业务认知,形成防范风险意识

知识目标
- 掌握金融监管业务的基本知识
- 掌握大数据在金融监管中发挥的作用
- 了解大数据在金融监管的应用场景
- 了解金融监管创新

能力目标
- 能够分析大数据涉及金融监管的法律法规案例
- 能够运用大数据技术识别、分析金融监管中的风险

思维导图

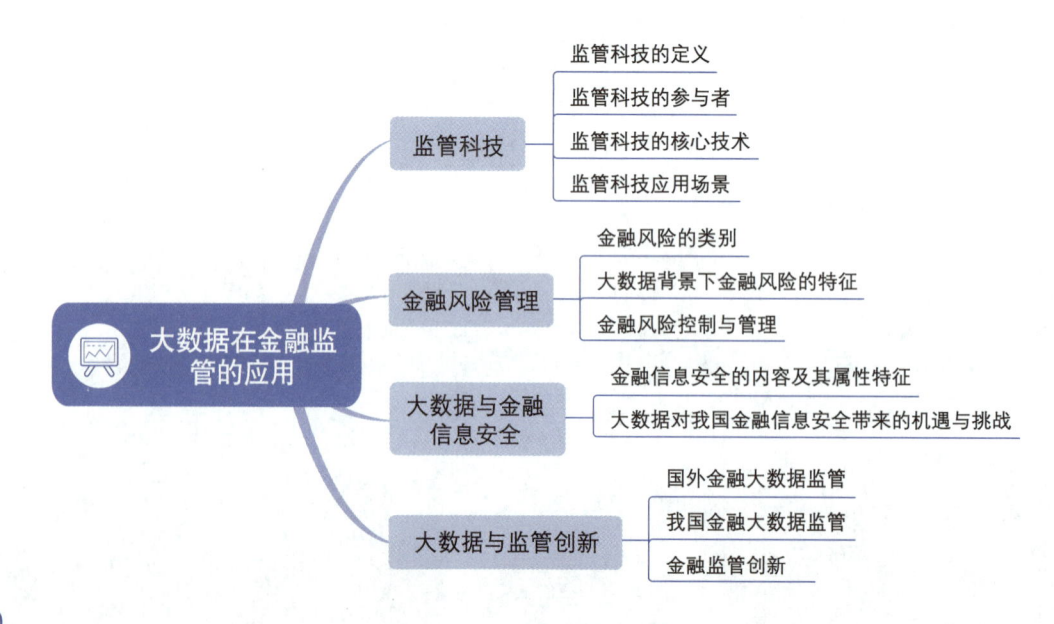

大数据在金融监管的应用
- 监管科技
  - 监管科技的定义
  - 监管科技的参与者
  - 监管科技的核心技术
  - 监管科技应用场景
- 金融风险管理
  - 金融风险的类别
  - 大数据背景下金融风险的特征
  - 金融风险控制与管理
- 大数据与金融信息安全
  - 金融信息安全的内容及其属性特征
  - 大数据对我国金融信息安全带来的机遇与挑战
- 大数据与监管创新
  - 国外金融大数据监管
  - 我国金融大数据监管
  - 金融监管创新

案例导入

随着"风险为本"反洗钱监管理念逐渐占据主导地位，整合反洗钱数据资源、运用大数据等新兴技术精准挖掘、监测洗钱风险，是实现以"风险"引导资源配置、开展全方位穿透式反洗钱监管的关键。

在此背景下，中国人民银行西安分行开发建设"陕西省洗钱风险监测管理智能化平台"，打通数据壁垒、精准评估风险、可视化分析决策，构建了以"风险"为主导的反洗钱智能化监管全流程，初步形成了"区域""机构""客户"三位一体穿透式智能监管模式，助力反洗钱履职绩效跨越式提升。

平台采用分布式架构体系，依托大数据技术和微服务架构实现了高聚合、低耦合的分层设计模式，形成了层次分明、结构合理、智能灵活的先进技术架构。

平台划分为数据服务层、数据处理层、BI 分析层、接入展示层，如图 9-1 所示。其中，数据服务层负责反洗钱数据统一采集和 ETL 转换，具备统一调度管控能力；数据处理层提供数据的存储、计算功能，支持离线计算和实时计算，同时根据数据规模、响应速度的不同要求，支持关系型和非关系型分布式数据库的多处理模式；BI 分析层提供常规查询、海量数据分析、多维数据分析、数据监控等功能；接入展示层包括业务报表、数据可视化、系统交互等功能。

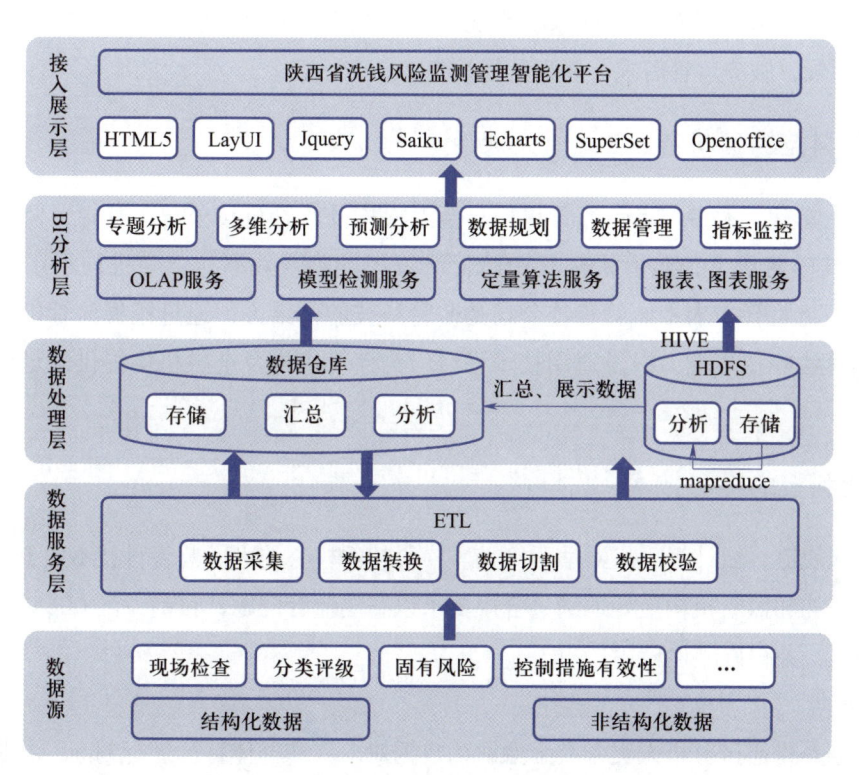

图 9-1 陕西省洗钱风险监测管理智能化平台
资料来源：金融电子化

平台结合"风险为本"的反洗钱理念和智能化监管科技，打造了区域风险评估、机构风险评估、洗钱风险核查、档案管理四大功能模块，有效指导和督促金融机构完善洗钱风险防控体系，防

范洗钱风险蔓延。

请思考：在反洗钱工作中有哪些地方可以应用大数据技术？应用大数据技术给反洗钱工作的开展带来了什么优势？有可能存在什么风险？

任务一　监管科技

一、监管科技的定义

随着金融科技的不断渗透，金融业务边界模糊、监管场景复杂、监管难度增加、数据获取难度增加等一系列问题提升了监管科技应用需求，监管科技未来将迎来蓬勃发展。

中国人民银行于2022年1月印发《金融科技发展规划（2022—2025年）》（简称《规划》）。《规划》第三章重点任务中指出加强金融科技审慎监管，包括加强监管科技全方位应用、加强数字化监管能力建设、筑牢金融与科技风险防火墙、强化金融科技创新行为监管。

监管科技的英文为RegTech，由监管的英文Regulatory和科技的英文Technology所组成。它是科技与金融监管全方位融合的产物，同时也是金融科技（FinTech）的一个分支。

虽然目前关于监管科技的定义尚未明确统一，但是不同机构对于监管科技的定义基本达成共识：运用科技手段，服务监管需求，提高监管效率。

二、监管科技的参与者

监管科技主要有三大参与者：监管机构、金融机构及监管科技公司。其中，监管机构与金融机构是监管科技的需求方，监管机构利用监管科技提升监管效率，金融机构利用监管科技更有效、更高效地满足监管需求；监管科技公司是监管科技的供给方，通过挖掘监管机构与金融机构的需求，构建算法等技术能力以及通用技术平台，为监管机构及金融机构提供满足监管合规的技术服务。

三、监管科技的核心技术

大数据、区块链、云计算、机器学习等是监管科技的核心技术。监管科技本质上是通过先进的技术帮助金融机构和监管机构更好地满足合规要求以解决监管问题，目前，已有多项技术和科技创新得到开发升级，并得以落地应用。

（一）大数据

金融大数据是指通过分析人类各类金融活动数据对个人和群体特征进行判断，并将判断的结果用于提升金融生产效率的技术。具体应用于金融监管领域，有个人与企业征信、风险控制与管理、金融产品精准化营销、资产与资金的精准匹配等。针对多源异构金融数据，特别是低质量数据，综合运用数据挖掘、模式规则算法、分析统计等手段进行多层清洗，可使获得的数据具有高精度、低重复、高可用优势，为风险态势分析等提供更为科学合理的数据支持。

（二）区块链

区块链的去中心化、不可篡改、实时动态在线等特性，使其天然地与金融高度契合，并且在金融监管、反洗钱、金融风险控制等细分领域有着突出的表现。

（三）云计算

云计算能够处理更复杂、更精细的数据，保证数据的准确性，提升数据的可视化效果。在机构运行方面，云计算可以创建标准化的共享工具，既能够服务于单个金融企业，又能运用于全行业的多个参与主体间。

（四）应用程序接口（API）

API 通过与其他软件程序进行连接，实现信息和数据的交互。将 API 应用于监管，监管机构可为金融企业提供一系列监管服务的程序接口，金融企业可通过 API 自动向监管机构提交监管报告，降低企业合规成本。

（五）机器学习

机器学习的数据挖掘算法可以分析大量的非结构化数据，如图像和语音等，也能分析来自金融付款系统的低质量数据。此外，机器学习可以成为金融压力测试的分析工具，解决传统分析工具难以解决的大规模数据处理难题。

（六）生物识别技术

指纹识别、声音识别、人脸识别等生物识别技术可以自动化识别客户身份，满足"客户身份识别"（Know Your Customer，KYC）的应用要求，从而提高工作效率和安全。

（七）加密及安全技术

加密及安全技术的改进，能够确保数据流通、共享的安全性和完整性，提升信息披露的有效性，使得被监管机构之间以及监管机构与被监管机构之间可以更加高效、便捷地进行数据流通和共享。

四、监管科技应用场景

监管科技的五大服务领域为：交易行为监控、合规数据报送、法律法规跟踪、客户身份识别、金融压力测试。

（一）交易行为监控

面对纷繁复杂的数字金融时代，为维护消费者利益和金融体系稳定，需要在交易过程中进行反洗钱、内部交易等可疑交易行为的监控。监管机构和金融机构可以借助大数据、云计算等技术进行实时监控，完整覆盖交易全过程，最后以可视化的呈现方式提供指导意见。

（二）合规数据报送

由于监管法律法规的合规性要求，合规数据的标准化和数字化成本较高，而大多数金融机构金融数据统计的维度和口径不一致。监管科技可被应用在合规数据的标准化流程中，利用多种新技术帮助金融机构清洗加工数据，自动生成合规报告。

（三）法律法规跟踪

随着监管法律法规增加，监管形势趋严，传统应用专业合规人员的成本上升。通过人工智能和大数据技术对海量的法律法规实现自然语言处理，帮助金融机构进行法律法规跟踪，改变传统的人

工合规方式，降低合规成本，提高合规效率。

（四）客户身份识别

客户身份识别是金融监管中识别风险、防控风险工作中重要的环节。传统的客户身份识别主要靠人工，借助机器学习、自然语言处理、生物识别技术等，可以提高客户识别效率，预警一切可疑客户与可疑交易行为。

（五）金融压力测试

跨界金融增加了金融风险，为了及时发现潜在风险并采用相应的应对措施，金融机构可以借助人工智能、大数据等手段，更加精准地模拟真实情境下的金融状况，对金融机构进行极端条件情况下的压力测试，在多元化的模拟环境中进行金融新模式、新产品的创新实验。

任务二 金融风险管理

一、金融风险的类别

金融风险按性质可以分为系统性风险和非系统性风险。

（一）系统性风险

系统性风险是指金融机构从事金融活动或交易所在的整个系统（机构系统或市场系统）因外部因素的冲击或内部因素的牵连而发生剧烈波动、危机或瘫痪，使单个金融机构不能幸免从而遭受经济损失的可能性。系统性风险包括政策风险、经济周期性波动风险、利率风险、购买力风险和汇率风险等。这种风险不能通过分散投资加以消除，因此又被称为不可分散风险。系统性风险可以用贝塔系数来衡量。

（二）非系统性风险

非系统性风险亦称"非市场风险""可分散风险"，与"系统性风险"相对，与股票市场、期货市场、外汇市场等相关金融投机市场波动无关的风险。非系统性风险是由特殊因素引起的，如企业的管理问题、上市公司的劳资问题等，是某一企业或行业特有的风险，只影响某些股票的收益。非系统性风险包括信用风险、流动性风险、资本风险、经营风险和衍生金融工具风险。非系统性风险可通过分散投资消除。

这些风险与大数据技术的发展相依相成，有些风险是大数据与生俱来的固有风险，如物理环境风险和技术风险等；有些风险受大数据技术的外部环境所影响，如法律风险等；有些风险伴随着社会进步慢慢将会得到有效控制，如信息泄密风险等。

二、大数据背景下金融风险的特征

大数据技术的不断发展为金融市场风险监控提供了有效的技术支撑，因而在大数据时代，金融风险有着比传统金融风险更为鲜明的特征，具有扩散性强、影响面广和风险评估难的特点。

（一）扩散性强

由于大数据具有获取及处理速度极快的特点，数据的获取是随时随地进行的，与此同时，数据的处理也是飞速的。在大数据的处理过程中，如果某个细微的环节出现错误，这种错误将会以极快的速度蔓延开，扩散能力极强。这是大数据技术与传统海量数据处理的重要区别之一。

（二）影响面广

金融领域对信息变化的反应极为敏感。由于大数据具有体量大、传播速度快等特征，金融市场上一些很细微的操作能被迅速放大并广泛传播，产生"蝴蝶效应"，可能会对资本市场产生很大的冲击，影响面极为广泛。大数据时代下金融风险的影响主要体现在以下两个方面。

（1）在金融领域，数据与信息的传递速度特别快，金融市场对外界信息的反应程度极大。

（2）大数据技术给金融机构带来技术革命，目前许多机构分析数据都依赖于大数据技术。

（三）风险评估难

风险评估是对金融资产所面临的威胁、存在的弱点、造成的影响，以及三者综合作用所带来风险的可能性的评估。风险评估的主要任务包括：① 识别评估对象面临的各种风险；② 评估风险概率和可能带来的负面影响；③ 确定组织承受风险的能力；④ 确定风险消减和控制的优先等级；⑤ 推荐风险消减对策。信息技术软硬件漏洞是全球各类信息安全问题的主要源头之一，对大数据技术带来的金融风险评估首先在技术上具有很大难度。另外，就目前而言，并没有一套完善的基于大数据技术带来的金融安全风险评估模型。

在大数据时代，金融市场自动化交易发展迅速，利用强大的计算机处理能力，根据交易模型发出算法指令，具有单笔报单小、报单总笔数高、时间间隔短、报单撤单比高等特点。自动化交易提高了市场流动性和价值发现效率，但也带来一系列风险，且由于交易量庞大，交易时间迅速，交易范围广，所带来的金融信息安全风险影响迅速扩大。由于自动化交易普遍采用止损策略，当市场出现大幅波动时，会自动触发一系列相关金融产品的连锁交易，从而引发市场多米诺效应。在大数据时代，由于金融信息安全风险的扩散性强、影响面广、风险评估难的特点，这种高频交易很有可能会迅速导致金融市场全线崩盘，引发资本市场剧烈波动。大数据在给金融市场带来前所未有的巨大发展的同时，还会带来金融信息安全风险，在大数据时代，这种风险由于具有扩散性强、影响面广而且风险评估难，给金融市场带来很大的挑战。

三、金融风险控制与管理

中国金融风险监管坚持依法监管、适度监管、分类监管、协同监管和创新监管的原则。然而，现行分业监管方式并不适用于混业经营的金融科技企业，表现出监管制度供给不足和监管立法滞后等问题，且各参与主体与风险的关系网络复杂，使得金融风险防范难、治理难、监管难。金融风险管理运用大数据技术，具体包括防范系统性风险、实施"双支柱"调控框架、非现场监管、区块链审计、大数据反洗钱等方面。

（一）防范系统性金融风险

1. 发挥政府调控管理作用

大数据时代变化较为迅速，金融行业的发展也会受到这种变化的冲击和影响，为此，政府应当充分发挥在金融市场中的调控管理作用，以合理防范系统性金融风险。2003年中国银行业监督管

理委员会正式成立，这也是中国金融风险治理和监管体系建设的里程碑事件，从此开启我国金融风险管理专业化监管和治理的历史进程。为贯彻落实党中央、国务院关于防范化解金融风险、健全金融法治的决策部署，建立维护金融稳定的长效机制，中国人民银行会同发展改革委、司法部、财政部、银保监会、证监会、外汇局积极推进金融稳定法立法工作，经过深入研究论证、多方听取意见、充分凝聚共识，起草了《中华人民共和国金融稳定法（草案征求意见稿）》，于2022年4月6日向社会公开征求意见。2023年3月，中共中央、国务院印发了《党和国家机构改革方案》，决定在中国银行保险监督管理委员会基础上组建国家金融监督管理总局，不再保留中国银行保险监督管理委员会。5月18日，国家金融监督管理总局揭牌。

大数据理念和技术的应用能够帮助政府发挥调控管理作用，具体方式如下：① 通过大数据技术统筹重要金融机构，并且对这些机构进行重点管理；② 通过大数据技术统计各种类型金融设施的运营信息，如支付信息、清算信息、交易信息等，并且让这些数据实现在金融市场内的共享；③ 通过大数据技术能够协调各个监管部门之间的关系和职责，实现信息共享后还能推动不同监管部门之间的合作；④ 通过大数据技术统筹中央监管部门和地方监管部门之间的关系，有利于中央监管部门下达各种指令和政策，避免两者在协调和分配上出现问题，进而形成多级监管的良好模式。

2. 加强对金融机构的监管

我国在2018年颁布的《关于完善系统重要性金融机构监管的指导意见》中，明确指出了加强金融机构监督管理对于系统性金融风险防范的重要性，并且提出了具体的金融机构监督管理要求。大数据理念和技术的应用则能进一步完善金融机构监管工作，基于大数据理念建立金融机构识别指标体系；通过大数据技术全面收集分析金融机构相关运营资料，准确识别关键金融机构；建立金融机构运营数据分析处理系统和监督管理系统，以此实现对关键金融机构的重点监督管理。

3. 主动管控系统性金融风险

只有准确识别和主动管控系统性金融风险，才能有效规避系统性金融风险的爆发。大数据理念和技术的应用则能进一步进行系统性金融风险主动管控，通过大数据技术建立资源分析平台，形成对系统性金融风险积累程度、扩散路径的深入分析及细致刻画，及时预判系统性金融风险的走向及变化趋势，进而采取针对性的防范对策；分析微观主体的系统性金融风险传导路径，实现对系统性金融风险的量化处理；建立系统性金融风险管理系统，为系统性金融风险管控工作的进行提供便利条件。

4. 进行系统性金融风险预警

目前的经济市场力量难以解决系统性金融风险造成的问题，为此，不能等到系统性金融风险发生之后再采取处理措施，而是需要尽早采取针对性防范措施。基于大数据理念形成系统性金融风险预警理念，主动加强对金融市场的监管和预警，准确识别并消减系统性金融风险；追踪经济部门的资产关系、负债关系、担保组合关系，在此基础上分析各个部门之间的风险转移情况；总结常态和非常态两种模式的变化趋势和差异指标，准确识别系统性金融风险的关键变化，及时发现系统性金融风险；建立系统性金融风险预警及处理机制，提高系统性金融风险处理的及时性。

（二）实施双支柱调控框架

"双支柱"包含货币政策和宏观审慎政策两个支柱，其中货币政策主要是"总量"政策，主要

用于调节总需求，侧重于维护物价稳定，平抑经济周期波动；宏观审慎政策主要是"结构性"政策，更多针对加杠杆行为，侧重于防范化解系统性风险、维护金融体系稳定，逆周期调节金融周期。

双支柱调控框架是对传统调控框架的补充和完善。传统调控框架以货币政策为核心，但是仅以货币政策为核心存在一定的局限性。因此，需要在货币政策之外引入宏观审慎政策，将更多金融活动纳入框架之内，同时通过逆周期调节维护经济和金融的稳定。

（三）非现场监管

非现场监管是按照风险为本的监管理念，全面、持续地收集、监测和分析被监管机构的风险信息，针对被监管机构的主要风险隐患制订监管计划，并结合被监管机构风险水平的高低和对金融体系稳定的影响程度，合理配置监管资源，实施一系列分类监管措施的周而复始的过程。

非现场监管程序如下：

1. 采集数据

银行业金融机构按国务院银行业监督管理机构统一规定的格式和口径报送基础报表和数据，形成银行业监管的基本数据库；监管部门从数据库中采集所需要的数据，以进行非现场分析。

2. 对有关数据进行核对、整理

监管部门在收到被监管对象报来的资料后，对其完整性、真实性、准确性进行审查，必要时还可到现场予以核实。其统计部门在对银行业金融机构所报送数据口径、连续性和准确性进行初步审查、核实的基础上，按照非现场监管指标及风险分析的要求，进行分类和归并。

3. 形成风险监管指标

将基础数据加以分类、归并后，按照事先已经设计出来的软件系统和一套风险监测、控制指标，自动生成资产质量、流动性、资本充足率、盈亏水平和市场风险水平等一系列指标值。根据这些指标值，进行风险监测与分析。

4. 风险监测分析和质询

对计算处理得出的结果进行分析，对被检查单位经营管理上存在和可能发生的问题，提出质询，被检查单位应按规定时间和方式对质询事项作出说明，并提供有关资料。

5. 风险初步评价与早期预警

监管部门要对历史分析、水平分析的结果、差异，以及导致上述结果与差异的原因进行综合分析，最后得出该金融机构风险水平及发展趋势的初步综合评价，及时向被监管对象发出早期预警信号。并按规定写出非现场监管报告，提出采取的措施、意见和建议，必要时可作出处理决定，监督被监管对象执行。同时应及时将非现场监管结论、处理决定和其他有关分析报告向本级机构负责人和上级机构监管部门报告，对非现场检查中发现的重大问题，要写出专题报告。

6. 指导现场检查

根据非现场监管发现的主要风险信号和存在的疑问，制订现场检查计划，确定现场检查的对象、时间、范围和重点，并合理分配监管力量，从而提高现场检查的效率和质量。

（四）区块链审计

区块链技术的出现为解决实时审计的弊端提供了新思路，其具有去中心化、透明性、信息不可篡改、匿名性、自治性等特征，可基于区块链构建审计系统。

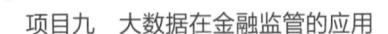

1. 利用区块链技术实现数据资料实时获取、处理和存储

随着信息技术的快速发展，被审计单位的信息化程度不断加强，区块链去中心化的分布式存储结构能够在网络环境下对被审计单位的数据资料进行实时获取。实时审计系统通过标准的数据传输接口，与被审计单位的财务处理系统互连，企业经营活动中发生的每一笔交易数据实时传输到区块链网络上，上传的交易数据经过全网节点的批准，存储到区块链上。去中心化的分布式存储结构使得审计人员实时掌握被审计单位经营活动的一举一动。利用区块链技术的信息不可篡改的特性，可防止被审计单位篡改会计资料，保证被审计单位的数据资料真实可靠。

2. 利用区块链应用平台在线实时进行经营风险评价和审计异常预警

实时审计针对企业经营活动的真实数据，通过数据的分析挖掘、审计模型的预测及知识库客观评价，从而及时发现审计疑点或审计线索。在企业日常的经营活动中，发生的每一项经营业务都需要满足商业规则，其中商业规则包括企业会计准则、企业内部控制应用指引、经济法、公司战略决策等。实时审计是通过把一些商业规则转变成计算机可识别的结构化数据，并通过 IT 编程技术人员的设计，使得实时审计可带有触发性质的预警。如果在经济活动发生过程中，企业发生违法或违规的行为，实时审计应用系统都会及时触发预警。

（五）大数据反洗钱

反洗钱可疑交易监测分析需要从海量数据中甄选出有效数据，通过定性和定量的分析，深入挖掘客户的多层次、多元化信息，确定客户洗钱可疑交易行为。如何利用好自身和外部数据信息，提高反洗钱工作的有效性和精准度，成为金融机构新的挑战和机遇。

业内普遍采取"模型筛查＋名单监控＋人工甄别"的可疑交易分析报告监测模式。因这种模式尚未引入大数据和人工智能概念，在数据使用和模型更新方面，主要呈现以下四个方面的局限性：数据处理时效性差、数据信息整合分析困难、可疑交易监测模型更新滞后、单一可疑交易监测标准精准度差。

大数据技术可以带来优势，它将积累并引入多渠道的海量客户信息，一旦账户交易情形与可疑交易监测模型匹配，依靠大数据建立起来的智能可疑交易监测系统会自动预警，而人工智能技术将根据客户以往轨迹分析其行为特征，从客户交易行为中找出异常交易，发现背后隐藏的违法犯罪行为，能够很好弥补"模型筛查＋名单监控＋人工甄别"监测模式的局限性，这将急速提高金融机构反洗钱工作的有效性。

1. 数据分析能力的飞速提高

随着数据量处理量的爆发式增长，集中式存储的传统数据库将由基于关系型的分布式数据库替代。CRISP-DM 分布式服务器实现联机实时扫描，数据处理过程相当于一台机器发布指令到多台机器里去执行，然后汇总数据。近 1P 的金融交易数据的单次扫描时间约在 50 分钟，且完全兼容客户现有业务逻辑，全量数据扫描时间实现从"天"到"分钟"的数量级跨越。

2. 多元化数据源的有效整合

2022 年 7 月 20 日，金融行动特别工作组（FATF）发布研究报告《联合打击金融犯罪：数据保护、技术和私营部门信息共享》，指导各国在遵守数据和隐私保护规则的前提下，负责任地加强设计和实施私营部门间信息共享计划，从而更好地打击金融犯罪。金融机构可考虑利用 API 技术，打破内外部信息壁垒，串联多方系统，或向第三方借力去调取数据，综合分析客户异常交易行为。这些数据来源不同、差异性大且互相印证，可将客户身份全息图景画像越描越细，分析结果更加真实并具有前瞻性。

3. 数据分析平台的优化

当前大额和可疑交易监测系统将转型为统一集中数据分析云平台。数据分析云平台可以整合客户有关内外部海量数据，对客户异常交易信息进行有效地深入分析和处理。相比人的判断和人力资本，这种技术变得更加可靠、更加高速、性价比更高。那些与反洗钱合规管理相关的数据将通过人性化的、一看就懂的"仪表盘"的方式予以展示，实现人机良好对话模式。

4. 数据监测的智能化

数据分析云平台势必将引入人工智能技术，人工智能将大大缩短监测模型更新滞后的局限性，对新型犯罪模式下的异常交易行为进行自我归纳总结，在系统中实施异常行为预警等工作，帮助人工及时定义新型洗钱犯罪。同时，人工智能还将完成最终受益所有人的识别、账户补录等日常反洗钱数据采集和识别工作。

任务三　大数据与金融信息安全

一、金融信息安全的内容及其属性特征

（一）金融信息安全的内容

金融信息安全是指利用信息通信技术或者金融数据信息，对金融领域实施的各类安全威胁和应对手段。金融信息安全主要内容包括数据安全、运行安全、软件安全和物理安全。

1. 数据安全

没有数据安全就没有信息安全，数据安全管理贯穿数据生命周期的全过程。数据安全有相互对立的两方面的含义：一是数据本身的安全，主要是指采用现代密码算法对数据进行主动保护，如数据保密、数据完整性、双向强身份认证等；二是数据防护的安全，主要是采用现代信息存储手段对数据进行主动防护，如通过磁盘阵列、数据备份、异地容灾等手段保证数据的安全。数据安全是一种主动的保护措施，数据本身的安全必须基于可靠的加密算法与安全体系，主要是有对称算法与公开密钥密码体系两种。

金融业务的一些数据要求绝对安全和保密。用户基本信息、用户支付信息、资金信息、业务处理信息、数据交换信息等的丢失、泄露和篡改都会使金融业遭受不可估量的损失。在互联网这样一个开放式的环境中，如何确保数据输入和传输的完整性、安全性和可靠性，如何防止对数据的非法篡改，如何实现对数据非法操作的监控与制止是金融科技业务系统需要重点解决的问题。

动动手

请查阅相关资料，找到黑客入侵银行数据库的案例，并思考银行如何保障客户信息安全。

目前，很多金融科技平台整体安全技术水平跟其业务的风险不匹配，加密系统和传输系统安全性并不完善，缺乏专业、核心的防范黑客攻击技术，一旦网络传输系统和环境被攻破，或者加密算法被黑客所破解，黑客就会乘虚而入，可能导致用户信息泄露、黑客冒充投资人进行提现以及来自黑客的勒索等。

2. 运行安全

运行安全主要是指金融各个信息系统能够正常工作，用户能够正常访问，系统之间的数据交换、调用等能够正常运行，避免出现运行不稳定、系统被攻击等现象。

3. 软件安全

软件安全主要是指金融科技系统软件以及各个主机、服务器、工作站等设备中运行软件的安全，避免软件的一些意外崩溃等。

4. 物理安全

物理安全是指各种硬件的安全，尽可能地减少一些不可抗力因素的影响。

（二）金融信息安全的属性特征

金融信息安全除了具备广义信息安全的通用定义和特性，还具有一些关键属性。根据 ISO/IEC 27001 信息安全管理体系要求，结合金融业对信息安全的主要需求，金融信息安全具有 9 个关键属性，关键属性及其属性特征如表 9-1 所示。

表 9-1 金融信息安全的关键属性及其属性特征

关键属性	属性特征
保密性	保障信息仅为那些被授权使用的人所获取。保证信息不被非授权访问，即使非授权用户得到信息也无法知晓信息内容或无法利用信息资源
完整性	保证数据从产生、传输到接收全过程的一致性，防止数据被非法篡改。保证信息在使用、传输、存储过程中不发生篡改、丢失和错误。信息处理方法正确，不会对原始信息造成破坏
可用性	保障授权使用人在需要时可以获取和使用信息。保证合法用户对信息和资源的使用，而不会被不正当地拒绝
真实性	对信息的来源进行判断，能对伪造来源的信息予以鉴别
不可抵赖性	不可抵赖性也称作不可否认性，通过建立有效的控制机制，防止相关方否认其行为，这一属性在金融信息安全中极其重要
可控制性	对信息的传播及内容具有控制能力。授权机构对信息的内容及传播具有控制能力，可以控制授权范围内的信息流向
可追溯性	对出现的安全问题提供调查的依据和手段。在信息交换过程结束后，相关方不能抵赖曾经做出的行为，也不能否认曾经发送或接收的信息
可靠性	信息系统在限定条件和限定时间内完成规定动作，可靠性是信息系统建设和运行的基本要求，也是金融信息安全的重要目标
连续性	具备应对风险进行自动调整和快速反应的能力，以保证关键业务的连续运转。金融业信息安全的连续性主要包括高可用性、连续性和灾难恢复

总的来说，金融信息安全研究的领域和范畴与一般信息安全有较多相似性，但从行业应用来看，更加注重涉及保密性、完整性、可用性、真实性、可追溯性、可靠性和连续性等方面的技术和理论。

数字中国

金融数据安全事关重大，如何守好数据安全底线是关键

党的二十大报告指出："建设现代化产业体系。坚持把发展经济的着力点放在实体经济上，推进新型工业化，加快建设制造强国、质量强国、航天强国、交通强国、网络强国、数字中国。"习近平总书记指出："加快数字中国建设，就是要适应我国发展新的历史方位，全面贯彻新发展理念，以信息化培育新动能，用新动能推动新发展，以新发展创造新辉煌。"2023年2月，中共中央、国务院印发了《数字中国建设整体布局规划》（以下简称"《规划》"），从党和国家事业发展全局和战略高度，提出了新时代数字中国建设的整体战略，明确了数字中国建设的指导思想、主要目标、重点任务和保障措施。建设数字中国是数字时代推进中国式现代化的重要引擎，是构筑国家竞争新优势的有力支撑。

随着金融业迈入数字化时代，数据安全、数据管理成为重要议题。《中华人民共和国数据安全法》的正式实行，为金融行业带来如何构建数据安全体系，如何防止数据泄露，如何满足监管合规要求等一系列数据安全方向的问题。

金融是产生和积累数据量最大、数据类型最丰富的领域之一，当前数据的作用也不断凸显，数据安全与个人信息保护在新时代也面临新的风险与挑战。根据《中国银行保险报》与亚信网络安全产业技术研究院发布的《金融行业网络安全白皮书（2020）》显示，金融隐私泄露事件大约以每年35%的数据在增长。

因此，在金融数据生命周期建设过程中，数据安全必然是其中的一块重要拼图。脱离了数据安全，只谈数据能力建设，就好像在寻找如何用充满裂纹的瓶子去装更多水的方法，稍有不慎，满盘皆输。

资料来源：同花顺财经

二、大数据对我国金融信息安全带来的机遇与挑战

任何事物的发展都具有两面性。大数据的快速发展在为金融信息安全带来发展机遇的同时，也带来了一些挑战。

（一）大数据给金融信息安全带来的机遇

大数据实现了对传统数据信息结构的解构，与传统数据结构相比成为一个具有流动性、信息共享与连接的数据池。

通过这种灵活的大数据技术，人们可以在最大程度上利用人们以为无法有效利用的数据信息形式来实现对金融企业的高效运营，为金融业的发展也带来了更大的机遇。大数据信息技术的提高也使得数据信息安全工具和技术有所发展，让金融信息安全的监督更加精细、高效与及时。

1. 对大数据的挖掘和应用将创造更多的价值

在大数据时代，大数据的发展重点已经从数据的存储与传输发展到了数据的挖掘和应用，这将引起金融企业发展的商业模式的变化，并且能为金融企业带来直接的利润，也可以通过积极的反馈来增强金融企业的竞争力。

2. 大数据的安全越发重要，为金融信息安全带来了发展机遇

随着科学技术网络的不断进步，大数据安全不仅是金融企业需要面对和维护的对象，也是个人消费者要面对的对象。大数据已然渗透到我们生活的方方面面，这一切使得金融信息安全越来越重要。

大数据提高了金融数据信息的价值，但是数据信息安全意识薄弱以及频发的金融信息安全事件，对信息安全技术和工具均提出了更高的要求。目前所使用的信息安全技术、工具、管理手段以及相关的不能解决这个问题的方法、方式都应该得到改进，而大数据的发展为这一改进提供了巨大的可能性。所有这些，都为金融信息安全提供了新的发展机遇。

3. 在大数据时代下，云技术将发挥巨大潜力

在大数据这条巨大的产业链中，参与者众多，领域也十分广泛。如果按照产品的基本形态来进行划分，可分为硬件、应用软件和基础软件三大领域。云技术和金融信息安全纵贯这三大领域。纵观各个领域的国内外的发展情况，信息安全和商业智能的发展速度最快，云技术则具有更大的发展潜能。这三者将成为大数据产业链的三大主要推动力。

（二）大数据给金融信息安全带来的挑战

由于大数据参与金融业发展起步较晚，目前还不成熟。金融行业应用大数据并不都意味着机遇或者商业上的无限潜力，当我们在了解大数据、管理大数据之时，还面临着巨大的风险。

1. 数据应用侵犯客户个人隐私

大数据技术的应用和隐私保护的价值的争议由来已久。目前，随着技术的高速发展，信息传递技术与超强的计算机系统使得数据高速分析成为可能。交叉检验技术和"块数据"技术的广泛应用，使得基于大数据的身份识别日益简单且难以察觉。近年来，大数据金融需要对客户信息进行全方位的分析与应用。但是，这些应用也容易跨越雷池，挖掘过多的私人信息，造成对客户隐私的侵犯。

2. 数据监听威胁国家金融安全

2013年"棱镜门"事件表明，"海量数据+数据挖掘"的大数据监听模式可以对他国重要机构进行精确监听，加强监管体制建设非常重要。

3. 虚假数据导致金融市场异常敏感

由于信用信息是金融的纽带，是驱动业务的核心因素，因此，基于信用信息数据的金融决策对信息非常敏感，从而导致金融市场敏感。如果数据不准确，就可能导致错误的交易行为，并进一步引发金融市场风险。

4. 法律监管缺失存在风险

由于中国大数据金融发展时间较短，金融市场内现有的证券法、银行法、保险法等都是在传统金融模式的运营下制定的，面对大数据金融相关的金融创新产品，约束力不强，不能有效地适用于这一新生事物，对大数据征信数据处理的各环节及个人隐私等问题未定义明确界限。目前，我国金

融信息安全的法律监管缺失风险主要包括两个方面：一是金融信息安全法律法规不够健全；二是金融信息安全立法相对滞后和界限模糊。

2016年11月7日，第十二届全国人民代表大会常务委员会通过《中华人民共和国网络安全法》（简称《网络安全法》），该法于2017年6月1日起施行。《网络安全法》对金融业的发展产生深远的影响。2021年9月1日起施行《中华人民共和国数据安全法》，保护数据安全已成为事关国家安全与经济社会发展的重大问题。随着我国信息化的不断推进，国家对信息安全工作的重视程度日益增加。2021年11月1日《中华人民共和国个人信息保护法》（简称《个人信息保护法》）实施。《个人信息保护法》是为了保护个人信息权益，规范个人信息处理活动，促进个人信息合理利用制定的法规。在行业标准方面，金融行业标准《证券期货业数据分类分级指引》（JR/T 0158-2018）、《金融数据安全 数据安全分级指南》（JR/T 0197-2020）、《金融数据安全 数据生命周期安全规范》（JR/T 0223-2021）、《金融数据安全 数据安全评估规范》（征求意见稿）、《个人金融信息保护技术规范》（JR/T 071-2020）相继实施。

5. 不断更新、层出不穷的互联网应用技术是当前金融信息安全面临的最大挑战

移动互联、云计算、下一代互联网、大数据等新兴技术的蓬勃发展，是催生互联网金融时代快速到来的主要推手。一方面，这些基于开放性网络的金融科技服务，使得以往金融信息安全技术防范已经不能全部适应新互联网技术的进步速度；另一方面，这些新兴互联网技术自身还在不断发展，其技术成熟度还不稳定，特别是大数据金融、区块链金融等金融新业态还处于起步阶段，其信息安全管理水平不高。如何尽快建立一套既符合金融行业特点，又能快速跟进金融科技发展需要的金融信息安全技术规范显得十分紧迫。

6. 网络安全防控是信息安全防范的难点

互联网遭到的网络攻击已经连续多年呈上升趋势，其中涉及客户信用卡信息、各种资金账户信息的非法网络攻击行为增速位居前列。由于互联网模糊了传统金融领域的界限，使得金融行为范畴借助互联网技术延伸到前所未有的新领域。

想一想

金融机构内部数据泄露事件如此频发，问题出在哪里？

任务四　大数据与监管创新

一、国外金融大数据监管

从20世纪90年代互联网的商业化大规模发展开始，世界各国纷纷探索建立与金融大数据安全相关的监管构架，尤其是个人数据保护与共享的监管。目前世界上不少国家拥有自己的金融大数据安全监管法律，各国金融大数据安全监管的法律规定遵循着许多相似的原则，但在监管模式或某些细节规定方面仍存在许多不同。

(一)欧盟金融大数据监管

2018年5月,欧盟发布实施了《通用数据保护条例》(General Data Protection Regulation,简称GDPR),号称史上最严的数据保护法案,内容主要针对近年来用户隐私被泄露造成的一系列问题,要求对欧盟所有成员国个人信息进行收集、存储、处理及转移等活动时,应按照要求采取技术和管理手段对个人敏感隐私数据进行保护。该法案的实施使得过去一些人们习以为常的隐私侵权做法不再合法,一些国际巨头公司如Face book(脸书)和Google(谷歌)等遭到了举报和投诉,成为GDPR法案的第一批被告。该法案规定,对违法企业的罚金最高可达2 000万欧元(约合1.5亿元人民币)或者其全球营业额的4%。GDPR的出台意味着人们对于数据安全的重视正在不断升级。

(二)美国个人数据监管

美国对个人数据安全监管的模式与欧盟存在明显差异,美国重视行业自律,同时,个人数据安全相关的单项法律的制定也紧随时代脚步。在大数据环境下,2012年2月美国颁布了《消费者隐私权法案》,以此约束企业,保护网络用户的个人数据安全。2021年10月27日美国联邦贸易委员会公布了《消费者信息保护准则》的修订规则。修订后的《消费者信息保护准则》旨在加强非银行金融机构个人金融信息的保护力度,要求金融机构以及其他收集敏感个人信息的实体应当承担其安全保障的义务,采取应对网络攻击和其他威胁的必要应对措施,以此回应技术发展所带来的新问题和新挑战。

2021年7月14日,美国统一法律委员会(ULC)宣布,其在2021年的委员会上批准了包括《统一个人数据保护法》(UPDPA)在内的七项法案。《统一个人数据保护法》为各州提供了一个统一的综合数据保护法,以便在没有任何法律的情况下将其纳入其中。

(三)日本金融大数据监管

在采取法律措施方面,日本金融大数据监管模式的特点是:国家立法、部门条例和地方规定三者结合。该模式与欧盟、美国均不相同。究其原因,在于日本的金融大数据立法起步较晚,立法之初已分别借鉴了欧美的立法方式和金融大数据安全监管模式,可以综合欧美的长处。

日本于2003年颁布了《个人信息保护法》(APPI),是亚洲最早的个人信息保护法律之一。后分别于2015年与2020年进行了两次修订,2020年修订案于2022年4月1日生效。2022年2月18日,日本个人信息保护委员会(日本于2016年专门设立一个确保正确处理个人信息的最高机构,简称"PPC")发布了《〈个人信息保护法〉合规要点》,以帮助中小企业应对《个人信息保护法》修订实施带来的合规压力。

二、我国金融大数据监管

近年来,我国高度重视对信息安全的监管,包括对金融大数据信息安全的监管。在采取法律措施方面,主要以制定相关的法律法规、根据国内金融大数据发展的需要修订现有法律法规、制定金融业规章等三种形式监管金融大数据的安全。我国与金融大数据相关的主要法律法规有以下几个。

(一)《中华人民共和国网络安全法》

《中华人民共和国网络安全法》(简称《网络安全法》)是网络安全管理的基础性法律。该法的施行在我国网络安全历史上具有里程碑意义,其具体作用主要表现在以下几方面。

1. 保护个人信息

随着信息处理和存储技术的不断发展，个人信息滥用问题日趋严重，社会对个人信息保护立法的需求越来越迫切。《网络安全法》以基础性法律的形式统一了个人信息的定义和范围、建立健全了个人信息保护制度。例如，鉴于目前非法获取的公民个人信息已使受侵害的人员涉及各行各业，《网络安全法》第四十四条规定："任何个人和组织不得窃取或者以其他非法方式获取个人信息，不得非法出售或者非法向他人提供个人信息。"鉴于目前各类网络诈骗的源头都是个人信息泄露，尤其是对于"精准诈骗"信息泄露或被窃取，骗子可以将骗局设计精准，因此该法第四十三条规定："个人发现网络运营者违反法律、行政法规的规定或者双方的约定收集、使用其个人信息的，有权要求网络运营者删除其个人信息；发现网络运营者收集、存储的其个人信息有错误的，有权要求网络运营者予以更正。网络运营者应当采取措施予以删除或者更正。"将个人数据保护纳入《网络安全法》中，可谓其一大亮点。

2. 保护关键基础设施数据安全

该法第三章第二节划定了关键信息基础设施的范围，分别从国家、行业、运营者三个维度划定了相关各方的职责与义务，国家网信部门负责总的统筹协调工作。2019年5月发布的《GB/T 22239—2019 信息安全技术 网络安全等级保护基本要求》为指导标准的网络安全等级保护办法，业内简称等保2.0，涉及所有对国家安全、社会秩序、公共利益以及公民、法人和其他组织的合法权益相关的信息系统，即覆盖全社会。

3. 监管数据跨境流动

大数据时代数据跨境流动蓬勃发展，给数据安全带来潜在威胁。受"监控门"以及其中"棱镜项目"的影响，数据本地化风潮席卷全球，我国也是如此。《网络安全法》第三十七条规定，关键信息基础设施的运营者在中华人民共和国境内运营收集和产生的个人信息和重要数据应当在境内存储。因业务需要，确需向境外提供，应当按照国家网信部门会同国务院有关部门制定的办法进行安全评估。可见，我国对数据跨境流动采取的是以境内存储为原则，安全评估后向境外传输为例外，还不至于像目前有的国家那样刚性禁止数据离境。

4. 建立和完善数据犯罪法律制度

《网络安全法》的立法架构是：防御、控制与惩治三位一体。大数据时代，数据犯罪频频发生，给国家、社会和个人造成了极大的威胁和伤害。该法在总则中开宗明义地强调要依法惩治网络违法犯罪活动，具体内容在该法第四十一条等处有规定。在分则中，明令任何个人和组织不得从事侵入他人网络、干扰他人网络正常功能、窃取网络数据等危害网络安全的行为以及为该行为提供程序、工具、技术支持等帮助；不得设立用于实施诈骗、传授犯罪方法等违法犯罪活动的网站、通信群组，不得利用网络发布涉及实施诈骗等违法犯罪活动的信息，并规定相应的法律责任；对攻击破坏我国关键信息基础设施的境外组织和个人亦制定相应的制裁措施。

（二）《最高人民法院、最高人民检察院关于办理侵犯公民个人信息刑事案件适用法律若干问题的解释》

近年来，侵犯公民个人信息的犯罪处于高发态势，不仅严重侵犯了公民个人信息安全，还往往与电信诈骗等其他犯罪活动密切关联，社会危害日益突出，同时也影响了大数据金融的发展，必须依法予以惩治。但是，在司法实践中，侵犯公民个人信息罪的具体定罪量刑标准尚不明确，一些法律适用问题存在争议，亟须通过司法解释予以明确。为依法惩治侵犯公民个人信息犯罪活动，保护公民个人信息安全和合法权益，最高人民法院和最高人民检察院联合公布了此司法解释，其中主要规定了以下三方面的内容：① 公民个人信息的范围；② 侵犯公民个人信息罪的定罪量刑标准；③ 侵犯公民个人信息犯罪所涉及的宽严相济、犯罪竞合（一个行为触犯了数个罪名）、单位犯罪等问题。

（三）其他监管法规

近年来，金融大数据为民众生活提供了便利，但随之而来的征信问题不可忽视。因此，国务院于 2013 年 1 月颁布了行业框架性规范法规《征信业管理条例》，2013 年 11 月中国人民银行颁布了《征信机构管理办法》，但两者均未包括针对个人征信平台业务的实施细则。2017 年 7 月举办的第五次全国金融工作会议明确提出"加强互联网金融监管"，进一步强调用行业自律、企业诚信、政府监管来保证金融科技、金融大数据行业有序发展。2021 年 1 月，《征信业务管理办法（征求意见稿）》发布。2021 年 9 月 17 日中国人民银行 2021 年第 9 次行务会议审议通过《征信业务管理办法》，自 2022 年 1 月 1 日起施行。《征信业务管理办法》以信用信息的采集、整理、保存、加工、提供、信息安全等全流程合规管理为主线，以明确征信业务边界、加强信息主体权益保护为重点，明确信用信息的定义及征信管理的边界、规范征信业务全流程、强调信用信息安全和依法合规跨境使用、提高征信业务公开透明度。《征信业务管理办法》将征信替代数据应用纳入监管，并强调从事征信业务需取得合法资质，可有效解决"无证驾驶"的问题，将原先游离于监管之外的新兴征信活动纳入法治监管的轨道，促进市场公平，维护国家金融稳定和金融安全。

我国征信体系的不断完善，势必会帮助金融科技、金融大数据企业在信息采集、核实上降低难度，从而降低行业征信的成本，进入健康、有序的发展路径。征信法律法规的制定和完善，促进了征信体系的健康发展及完善。

大数据时代个人信息保护面临新的挑战。《中华人民共和国个人信息保护法》于 2021 年 11 月 1 日施行。很多企业都更新了其个人信息处理和隐私保护协议，以符合法律的要求。而金融领域的个人信息，直接关系到用户财产安全，要求更严格的保护理所当然。但是，在金融大数据条件下个人信息保护的相关法律体系还不够健全，相关的法律规范散见于《中华人民共和国商业银行法》《中华人民共和国反洗钱法》《中华人民共和国证券法》《中华人民共和国消费者权益保护法》《中华人民共和国民法典》《侵害消费者权益行为处罚办法》《全国人民代表大会常务委员会关于加强网络信息保护的决定》《中华人民共和国网络安全法》《中华人民共和国反不正当竞争法》等多部法律法规中。

三、金融监管创新

（一）国外金融监管创新

尽管金融科技发展时间不长，但巴塞尔银行监管委员会（BCBS）、国际证监会组织（IOSCO）和国际保险监督官协会（IAIS）三大国际组织均给予了密切关注，目前国际上对金融科技有四种监管模式，分别为自由放任、特别许可、监管沙盒和新设框架。

1. 自由放任

自由放任模式的主要做法是不采取任何监管的措施，也包括不在官方层面上表达专门监管的态度。该监管方式属于宽松监管还是纵容式监管取决于金融科技有没有直接套用现有银行监管模式进行监管。

2. 特别许可

监管机构可以根据具体情况选择具体模式，这可以归类为基于宽容的谨慎的监管方法。事实上，许多监管机构以及立法机构，已经采取了一系列措施如公布负面清单，颁布限制性许可证、特殊章程，对部分创新公司进行豁免或对拥有新技术的成熟机构进行测试。采用该监管模式的国家有美国、卢森堡、德国等。

3. 监管沙盒

监管沙盒监管模式的主要做法是进行小规模小范围试点，试点成功后再在全国推广开来。监管沙盒的理念来源于科技产业软件的测试。试点时会采取统一准入标准，参与试点的企业具有较大的自由进行创新，同时被监管部门惩治的风险也很小。因为规模和范围有限，其风险完全是可控的。采用该模式的国家有英国、新加坡、澳大利亚等。目前该模式得到了很多国家和地区的认可，很多国家把监管沙盒提上了日程。

4. 新设框架

新设框架监管模式的主要做法是采取更正式的监管方法，通过设立专门的监管机构并搭建一个更适于金融创新监管的体系框架，对现有法规进行改革或制定新的法规，以便为新进入者和新活动提供更合适的监管。这种模式也被称为智能监管。智能监管的实施需要满足监管科技的发展、风险管理认知体系的进步等诸多要求，目前还没有国家完全采用该监管模式，美国在采用该模式的同时也采取了特别许可式监管。

总体来看，这四种监管模式均对现行监管体制进行了不同程度的调整优化。

具体来看，各国均十分重视金融科技应用，政府相关机构出台了一系列支持和推动金融科技产业发展的政策措施，并就金融科技逐渐形成了一些共识性原则，包括以科技创新为驱动，以消费者保护为前提，以发展普惠金融为重点，以风险防范为核心，以标准规范为基础，鼓励多元化的主体良性竞争。

国外关于金融科技的监管体系相对完善，国际货币基金组织金融稳定理事会、国际标准化组织等国际组织，纷纷成立了金融科技研究小组或委员会，探索建立针对金融科技的国际政策框架。多国明确提出"金融科技"概念，出台了促进金融科技发展的政策措施，并针对金融科技制定了"创新中心"或"监管沙盒"等包容性的监管举措。

（二）中国金融监管创新

在新一轮科技革命和产业革命背景下，科技与金融业务的结合也越来越广泛与深入，科技助力金融业高质量发展的态势显著。监管部门循序渐进地出台一系列"科技＋金融"的政策导向性文件，建立健全金融科技的监管制度，维护市场秩序。

1. 国家层面：鼓励技术创新，警惕金融科技风险

2016年是金融科技元年，标志性事件为科技金融被列入国务院《"十三五"国家科技创新规划》，随后，作为金融科技的两项重要底层技术，区块链纳入《"十三五"国家信息化规划》，人工智能发展规划出台，并上升至战略高度。2017年《政府工作报告》将"提升科技创新能力"与"抓好金融体制改革"列为当年的重点工作任务，科技与金融的融合成为焦点。但在互联网快速发展的

同时，国务院高度警惕金融科技等累积风险，对移动互联网信息服务实行分类管理，有效防范和化解风险。

2. 主管部门：相关部门密切配合，引导和规范并重

金融科技同时涉及金融和科技，主管部门既有主管金融的央行、银保监会等，也有主管科技的科技部、工信部等。2017年5月央行成立金融科技委员会，统筹金融科技工作，金融科技委员会定位为加强金融科技工作的研究、规划与统筹协调，由分管科技的行领导牵头，成员单位包括科技、货币政策、金融市场、金融稳定、支付清算、征信等相关司局。主要承载着四大使命：金融科技研究、开展金融科技应用试点、探索金融科技创新管理机制。可以看出，央行对于金融科技的管理思路已十分明晰，鼓励与监管并重，全方位引导金融科技在正确的轨道中前行。2017年7月，《新一代人工智能发展规划》发布，将智能金融发展上升到国家发展战略高度。2019年8月，《金融科技（FinTech）发展规划（2019—2021年）》落地，从创新金融产品、经营模式及业务流程等方面进一步肯定了金融科技的价值，确立了金融科技发展的指导思想、基本原则、发展目标、重点任务及保证措施，全视角统筹金融科技的未来发展，为金融科技的发展提供更高效、全面的保障。2020年4月，中国人民银行发布《关于开展金融科技应用风险专项摸排工作的通知》，强化了风险管理。2022年1月5日，中国人民银行编制发布《金融科技发展规划（2022—2025年）》，提出新时期金融科技发展指导意见，明确金融数字化转型的总体思路、发展目标、重点任务和实施保障。其中重点任务提出要充分释放数据要素潜能，强化数据能力建设，推动数据有序共享，深化数据综合应用，做好数据安全保护。

2022年1月10日《关于银行业保险业数字化转型的指导意见》（简称《意见》）发布。《意见》指出，到2025年，银行业保险业数字化转型取得明显成效。数字化金融产品和服务方式广泛普及，基于数据资产和数字化技术的金融创新有序实践，个性化、差异化、定制化产品和服务开发能力明显增强，金融服务质量和效率显著提高。数字化经营管理体系基本建成，数据治理更加健全，科技能力大幅提升，网络安全、数据安全和风险管理水平全面提升。

2022年2月8日，中国人民银行、市场监管总局、银保监会、证监会联合发布《金融标准化"十四五"发展规划》（银发〔2022〕18号），明确了强化金融网络安全标准防护、推进金融业信息化核心技术安全可控标准建设。

2023年3月3日，中国证监会发布《证券期货业网络和信息安全管理办法》（证监会令【第218号】）（简称《办法》）。《办法》全面覆盖了包括证券期货业关键信息基础设施运营者、核心机构、经营机构、信息技术系统服务机构等各类主体，以安全保障为基本原则，从网络和信息安全运行、投资者个人信息保护、网络和信息安全应急处置、关键信息基础设施安全保护、网络和信息安全促进与发展、监督管理和法律责任等方面提出要求。

3. 地方层面：把握历史机遇，首个专项政策出台

对于金融科技这一重要机遇，地方政府亦高度关注，2017年3月深圳福田区发布全国地方政府首个金融科技专项政策《关于促进福田区金融科技快速健康创新发展的若干意见》，在金融科技方面推出若干创新举措，力争5年内将福田打造成为有国际影响力的金融科技中心。2018年10月北京市发布《北京市促进金融科技发展规划（2018—2022年）》，推动北京金融科技发展。例如监管沙盒，它设计了一个"安全空间"，在这个安全空间内，金融科技企业可以测试其创新的金融产

品、服务、商业模式和营销方式，而不用在相关活动碰到问题时立即受到监管规则的约束。2017年5月23日，区块链金融沙盒计划启动仪式在贵阳举行，这是中国第一个由政府主导的沙盒计划。监管沙盒工作流程如图9-2所示。

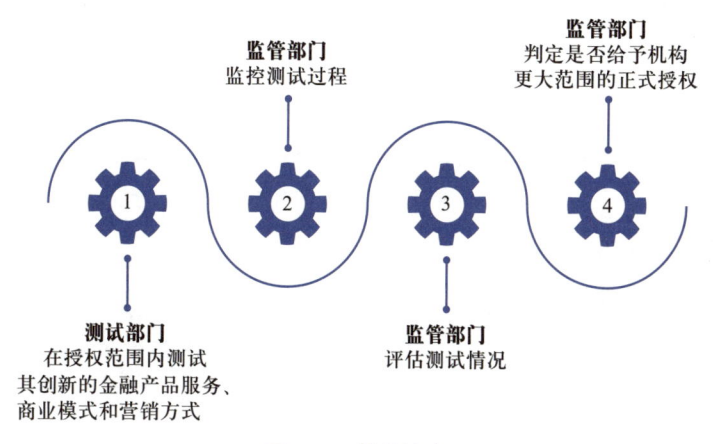

1. 测试部门 在授权范围内测试其创新的金融产品服务、商业模式和营销方式
2. 监管部门 监控测试过程
3. 监管部门 评估测试情况
4. 监管部门 判定是否给予机构更大范围的正式授权

图9-2 监管沙盒

知识拓展

《个人信息保护法》促金融机构规范数据共享

2021年11月，《中华人民共和国个人信息保护法》（简称《个人信息保护法》）正式施行，给银行等金融机构数据交流带来了新挑战。

"银行机构之间直接分享彼此用户数据联合建模，肯定是行不通的。"一位银行IT部门负责人直言。过去一年，隐私计算技术在银行机构之间迅速普及，金融机构在严格遵守《个人信息保护法》相关规定的前提下，不断通过脱敏数据的深度挖掘，持续完善自身的风控体系与精准营销模型。

所谓隐私计算，主要由差分隐私、同态加密、多方安全计算、零知识证明、可信执行环境、联邦学习等技术组成，即在相关个人数据不流出银行等金融机构端的情况下，由双方提供大量脱敏化、结构化数据，凭借各自的大数据分析能力进一步完善用户画像，从而助力彼此提升信贷风控与精准营销效率。

隐私计算技术的核心是银行、持牌消费金融机构等在不知道客户具体敏感信息的情况下，使用大数据分析等技术，对这些脱敏化、结构化数据进行比较验证，结合自身对客户消费行为、消费特征的数据积累与洞察，从而判断出脱敏化、结构化数据背后的客户是谁。目前，一些银行与某些持牌消费金融机构的隐私计算技术合作初见成效，尽管无法获取某些客户的敏感信息，但通过隐私计算技术，仍能精准掌握不同类型客群的消费行为、消费特征与风控重点，优化信贷风控模型，逾期率较上一年有明显下降。

资料来源：21世纪经济报道

项目九　大数据在金融监管的应用

实战演练：货币政策文本分析

近年来伴随着我国经济总量的不断扩大，宏观经济的研究体系也变得愈发纷繁复杂，关于货币政策的研究受到越来越高的关注。为了更好地进行货币政策分析，辅助决策，我们需要借助大数据手段进行分析工作。

任务目标： 了解大数据在宏观经济分析当中的应用，掌握货币政策相关文本内容框架及分析重点，理解自然语言处理的基本概念，学习使用自然语言处理工具进行文本的统计分析及可视化、文本快速对比、文本情感分析工作。

项目实现方式： Python 语言

任务准备： 项目数据为中国人民银行官网当中货币政策执行报告及货币政策季度例会文本内容。

任务流程： ① 数据收集：从中国人民银行官网当中获取货币政策执行报告及货币政策季度例会文本内容。② 数据预处理：完成"将 PDF 格式文本转换为 TXT 格式文本的转换流程"实战任务。③ 数据分析与挖掘：了解文本分词及可视化的相关操作方法，运用自然语言处理工具统计词频，进行文本清洗、词频统计及可视化。④ 项目成果：针对上述分析，选取 2022—2023 年任一季度进行相关文本分析，并提交分析报告。

任务 1：数据收集—货币政策例会

从中国人民银行官网当中获取货币政策季度例会文本内容。

操作步骤：

（1）登录中国人民银行官网，单击"货币政策司"。

（2）找到"货币政策委员会日常工作"，单击"工作信息"。

（3）获取相关例会内容信息，如图 9-3 所示。

工作信息	
中国人民银行货币政策委员会召开2023年第三季度例会	2023-09-27
中国人民银行货币政策委员会召开2023年第二季度例会	2023-06-30
中国人民银行货币政策委员会召开2023年第一季度例会	2023-04-14
中国人民银行货币政策委员会召开2022年第四季度例会	2022-12-30

图 9-3　货币政策委员会日常工作信息

任务 2：数据收集—货币政策执行报告

从中国人民银行官网当中获取货币政策执行报告文本内容。

操作步骤：

（1）登录中国人民银行官网，单击"报告下载"。

（2）在"报告下载"页面当中单击"货币政策执行报告"。

（3）单击相对应时间的素材，进行文本下载，如图 9-4 所示。

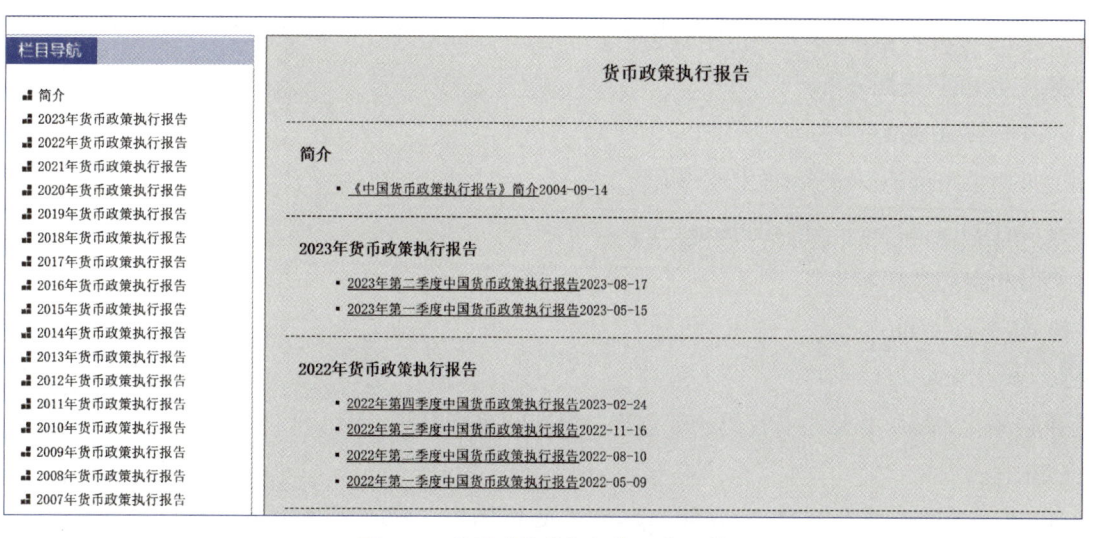

图 9-4　货币政策执行报告文本下载

任务 3：数据预处理

利用 Python，将 PDF 格式的文本数据转化为 Python 编辑器可读取的非结构化数据 txt 格式文本，同时对转换好的 txt 格式文本进行清洗。

任务资源：资料见项目九资料包——2023 年第一季度中国货币政策执行报告。

操作步骤：

（1）进行文本格式转换，将 PDF 格式转化为 txt 格式。

① 导入相关 Python 库，代码如下：

```
from pdfminer.pdfparser import PDFParser, PDFDocument
from pdfminer.pdfinterp import PDFResourceManager, PDFPageInterpreter
from pdfminer.converter import PDFPageAggregator
from pdfminer.layout import LTTextBoxHorizontal, LAParams
from pdfminer.pdfinterp import PDFTextExtractionNotAllowed
import logging
import re
# 不显示 warning
logging.propagate = False
logging.getLogger( ).setLevel(logging.ERROR)
```

② 设置读取文件及输出文件路径名称，代码如下：

```
pdf_filename = " 货币政策文本分析 /2023 年第一季度中国货币政策执行报告.pdf"
txt_filename = " 货币政策文本分析 /23Q1.txt"
```

③ 调取相关 PDF 文本转换所需功能，代码如下：

```
# 创建 PDF 资源管理器和 PDF 设备对象，并将资源管理器和设备对象聚合
device = PDFPageAggregator(PDFResourceManager( ), laparams=LAParams( ))
# 创建一个 PDF 解释器对象
```

```
interpreter = PDFPageInterpreter(PDFResourceManager( ), device)
# 创建一个 PDF 文档
doc = PDFDocument( )
# 用文件对象来创建一个 pdf 文档分析器
parser = PDFParser(open(pdf_filename, 'rb'))
# 连接分析器与文档对象
parser.set_document(doc)
doc.set_parser(parser)
# 提供初始化密码，如果没有密码，就创建一个空的字符串
doc.initialize( )
```

④ 检查文档是否能够进行 txt 转换并对能够转换的文档进行转换操作然后导出结果，代码如下：

```
if not doc.is_extractable:
        raise PDFTextExtractionNotAllowed
else:
        # 打开能够进行 txt 转换的文档，显示文档页数
        with open(txt_filename, 'w', encoding="utf-8") as fw:
                print("num page:{ }".format(len(list(doc.get_pages( )))))
                # 建立循环处理每一页的内容
                for page in doc.get_pages( ):
                        interpreter.process_page(page)
                        # 接受该页面的 LTPage 对象
                        layout = device.get_result( )
                        # 这里 layout 是一个 LTPage 对象，里面存放着这个 page 解析出的各种对象
                        for x in layout:
                                if isinstance(x, LTTextBoxHorizontal):
                                        results = x.get_text( )
                                        fw.write(results)
```

（2）进行数据清洗。

说明：由于文本是以原始页面作为分割节点，因此为了方便后续进行准确分词以及逐句分析，需要对转换后的非结构化文本数据进行数据清洗。

① 导入上一步骤转换好的 txt 文件，代码如下：

```
file = open(txt_filename, encoding='utf-8').read( )
```

② 判定需要断句的标志，逗号或者句号，代码如下：

```
pattern = r'[。]'
file_list = re.split(pattern, file)
```

③ 重新断句，导出结果，覆盖原文件，代码如下：

```
with open(txt_filename, 'w+', encoding='utf-8') as file_handle:
    for line in file_list:
        file_handle.write(line.replace("\n", ""))    # 按照 pattern 断句后，去除掉原本 txt 的换行符
        file_handle.write("\n")    # 写入新文档时的换行
```

通过 Pyhton 代码，读取数据，完成 PDF 文本格式转换。运行代码如图 9-5 所示，代码运行结果如图 9-6 所示。运行结果可见项目九资料包—23Q1。

图 9-5　运行代码

图 9-6　代码运行结果

任务 4：数据分析与挖掘—文本分词统计与可视化操作

利用 jieba 库对文本进行分词以及词频统计，完成对应的条形图绘制；利用 jieba 库和词云库，

293

进行分词统计及词云图绘制。

任务资源：资料见项目九资料包—23Q1，项目九资料包—dic，项目九资料包—stop。

操作步骤：

（1）调取分词、停用词库进行jieba分词。

① 导入相关Python第三方库，代码如下：

```
import jieba
import pandas as pd
import matplotlib.pyplot as plt
```

② 打开需要进行词频统计的文档，代码如下：

```
plt.rcParams['font.sans-serif']=['SimHei'] # 用来正常显示中文标签
plt.rcParams['axes.unicode_minus'] = False # 用来正常显示负号
txt = open(" 货币政策文本分析 /23Q1.txt",'r',encoding='utf-8').read( )
```

③ 调取专用的金融分词库"dic.txt"（此处也可自行上传统计的分词库），代码如下：

```
jieba.load_userdict(" 货币政策文本分析 /dic.txt")
```

④ 调取停用词词库"stop.txt"，代码如下：

```
count = jieba.cut(txt)
word_count={ }
```

⑤ 对文本进行分词操作，同时建立一个计数框架，代码如下：

```
stopwords = [line.strip( ) for line in open(" 货币政策文本分析 /stop.txt",'rb').readlines( )]
```

（2）对分词进行二次处理并计数。

① 建立计数循环，代码如下：

```
for word in count:
    if word.encode('utf-8') not in stopwords:
```

② 对停用词/单字分词进行剔除，代码如下：

```
# 不统计字数为一的词
if len(word) == 1:
    continue
```

③ 进行循环计数，代码如下：

```
else:
    word_count[word] = word_count.get(word, 0) + 1
```

④ 结果进行排序，提取高频词汇，代码如下：

```
# 将计数结果导入至 list，并按频率降序进行排序
items = list(word_count.items( ))
items.sort(key=lambda x: x[1], reverse=True)
items = items[0:15:1]# 截取出现频率最高的前 15 个词汇
print(items)
```

⑤ 导出结果至 csv 表格文件当中，代码如下：

```
def dic_to_csv(dic_data):
    pd.DataFrame(dic_data).to_csv(' 词频统计结果 _23Q1.csv', encoding='utf-8-sig', header = [' 词汇 ',' 出现频率 '],index = False)
dic_to_csv(items)
```

（3）对处理结果进行条形图展示。

① 读取 csv 文件数据，代码如下：

```
# 对结果进行可视化展示
data = pd.read_csv(r' 词频统计结果 _23Q1.csv', encoding = 'utf-8-sig')# 读取数据
```

② 设置绘图风格，处理中文显示，代码如下：

```
# 设置绘图风格
plt.style.use('ggplot')
```

③ 对 X、Y 轴进行相关设置，代码如下：

```
# 绘制条形图
plt.bar(x = range(data.shape[0]), # 指定条形图 x 轴的刻度值 ( 有的是用 left，有的要用 x)
        height = data. 出现频率 , # 指定条形图 y 轴的数值（ python3.7 不能用 y，而应该用 height ）
        tick_label = data. 词汇 , # 指定条形图 x 轴的刻度标签
        color = 'steelblue')# 指定条形图的填充色
# 添加 y 轴的标签
plt.ylabel(' 次数 ')
# 添加条形图的标题
plt.title(' 报告词频次数统计 ')
```

④ 添加数值标签，代码如下：

```
# 为每个条形图添加数值标签
for x,y in enumerate(data. 出现频率 ):
    plt.text(x,y+0.1,"%s"%round(y,1),ha='center')  #round(y,1) 是将 y 值四舍五入到一个小数位
plt.xticks(rotation=50)
```

⑤ 图片展示，代码如下：

```
# 显示图形
plt.show( )
```

代码运行结果如图 9-7 所示，可见项目九资料包—词频统计结果 _23Q1、报告词频次数统计。

现如今，运用大数据对宏观经济进行预测，指导货币政策效果分析、实施宏观审慎监管等已成趋势。未来，随着数字货币走进央行的货币供应量序列，在数据脱敏的情况下，如何运用大数据分析，从中观和宏观的视角精确分析货币政策实施、金融稳定等问题，将成为大数据分析的另一重要领域。

图 9-7 代码运行结果

交互式测试题

请扫描下方二维码，进行本项目交互式测试。

项目九 交互式测试题

实训练习

登录新道云平台，进入项目实战—货币政策文本分析，在数据收集和数据预处理单元当中，学习了解相关数据集内容。之后在"数据分析与挖掘"单元当中，单击"开始训练"，单击相应板块的"开始任务"，进入新道代码编辑器（见图 9-8），运行/编写相关 Python 脚本代码，并进行分析，根据输出的结果，对企业货币政策进行分析（见图 9-9），撰写相关方案，完成决策报告并提交。

图 9-8 新道代码编辑器界面

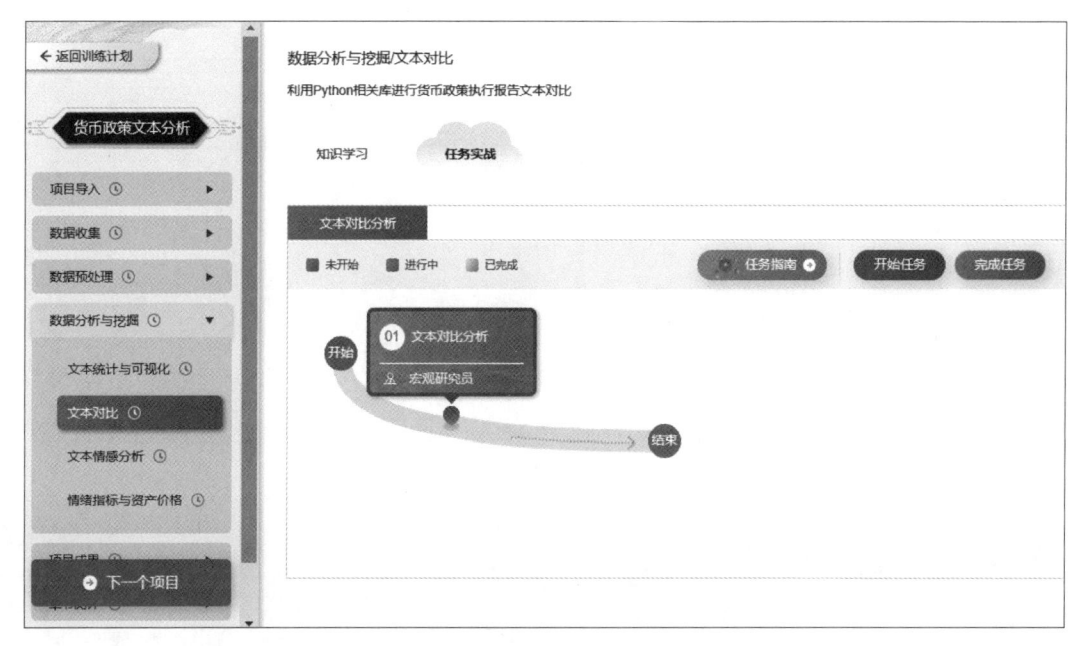

图 9-9 数据分析与挖掘单元开始任务

参考文献

[1] 李勇. 大数据金融 [M]. 北京：电子工业出版社，2016.

[2] 何国杰. 金融大数据处理 [M]. 广州：中山大学出版社，2021.

[3] 李东生. 经济大数据分析 [M]. 兰州：兰州大学出版社，2023.

[4] 陈云. 金融大数据 [M]. 上海：上海科学技术出版社，2015.

[5] 何大安. 金融大数据与大数据金融 [J]. 学术月刊，2019，51（12）：33-41.

[6] 杨龙如. 推进数据架构转型及智能化应用 [J]. 中国金融，2020（09）：54-56.

[7] 李芃达. 第六届数字中国建设峰会将办，5年来共签约项目563个 [N]. 经济日报，2023-04-04（2）.

[8] 薛国伟. 数据分析技术 [M]. 北京：高等教育出版社，2019.

[9] 高翠莲，乔冰琴，王建虹. 财务大数据基础 [M]. 北京：高等教育出版社，2021.

[10] 任彤庆. 以大数据提升银行金融统计能力 [J]. 中国外资，2021（15）：68-69.

[11] 韩志高. 大数据条件下金融统计模式创新之策 [J]. 中国统计，2018（11）：10-11.

[12] 张旭. 大数据技术在金融统计分析中的应用初探 [J]. 当代经济，2021（07）：26-29.

[13] 周雷，朱鹏垒，吴涵颖，金吉鸿. 数字征信服务小微企业融资特征、机理与对策研究——基于全国首个小微企业数字征信实验区的调查 [J]. 征信，2023（01）：70-78.

[14] 周雷，朱凌宇，韦相言，楼可心，金吉鸿. 大数据征信服务小微企业融资研究——以长三角征信链应用平台为例 [J]. 金融理论与实践，2022（05）：19-27.

[15] 李陶. 大数据驱动商业银行优化小微信贷风险管控的研究——以浙江网商银行为例 [D]. 江西财经大学，2022.06

[16] 李莉莎，林嘉琪. "双碳"目标下绿色保险的制度构建——基于粤港澳大湾区的视角 [J]. 金融理论与实践，2022（08）：92-100.

[17] 魏丽，魏平. 保险提升新市民金融服务水平 [J]. 中国金融，2022（11）：22-23.

[18] 欧阳红兵，吴欣珂. 绿色金融支持乡村振兴发展效应研究 [J]. 征信，2022，40（05）：86-92.

[19] 李涵，成春林. 保险科技研究进展：内涵、动因及效应 [J]. 金融发展研究，2021（11）：73-80.

[20] 石雨婷. 基于大数据的W金融科技公司助贷业务风险管理优化研究 [D]. 东北财经大学，2021.11.

[21] 栾江霞，王仁斌. 大数据技术在金融领域的实战应用 [J]. 信息技术与标准化 [J]. 2018,

8：13-15．

[22] 杨健．金融信息安全导论[M]．北京：清华大学出版社，2021．

[23] 景秀眉．互联网金融信息安全[M]．北京：中国水利水电出版社，2020．

主编简介

吴金旺，三级教授，博士研究生，浙江金融职业学院金融管理学院副院长，全国金融行指委金融科技专指委副主任委员兼秘书长，中国计量大学研究生导师。国家职业教育金融科技应用专业教学资源库项目执行负责人，教育部《高等职业学校金融科技应用专业教学标准》制订专家组组长，2022年职业教育国家在线精品课程"金融科技概论"课程负责人，首批浙江省职业教育教师教学创新团队负责人。担任主编、副主编的教材共10部，出版著作4部。担任第二主编的《金融基础》（第二版）荣获首届全国教材建设奖全国优秀教材一等奖。在《Expert Systems With Applications》《浙江学刊》《高等工程教育研究》等国内外期刊公开发表学术论文50余篇，人大复印资料全文转载3篇。

申睿，硕士研究生，浙江金融职业学院金融管理学院教师，全国金融行指委金融科技专指委委员。参与国家职业教育金融科技应用专业教学资源库建设、教育部《高等职业学校金融科技应用专业教学标准》制订、2022年职业教育国家在线精品课程"金融科技概论"课程建设，具有丰富的金融类专业领域教学经验。参编教材10余部，在《教育学术月刊》等期刊公开发表学术论文10余篇。

郑重声明

高等教育出版社依法对本书享有专有出版权。任何未经许可的复制、销售行为均违反《中华人民共和国著作权法》，其行为人将承担相应的民事责任和行政责任；构成犯罪的，将被依法追究刑事责任。为了维护市场秩序，保护读者的合法权益，避免读者误用盗版书造成不良后果，我社将配合行政执法部门和司法机关对违法犯罪的单位和个人进行严厉打击。社会各界人士如发现上述侵权行为，希望及时举报，我社将奖励举报有功人员。

反盗版举报电话　（010）58581999　58582371
反盗版举报邮箱　dd@hep.com.cn
通信地址　　　　北京市西城区德外大街4号
　　　　　　　　高等教育出版社法律事务部
邮政编码　　　　100120

读者意见反馈

为收集对教材的意见建议，进一步完善教材编写并做好服务工作，读者可将对本教材的意见建议通过如下渠道反馈至我社。

咨询电话　400-810-0598
反馈邮箱　gjdzfwb@pub.hep.cn
通信地址　北京市朝阳区惠新东街4号富盛大厦1座
　　　　　高等教育出版社总编辑办公室
邮政编码　100029

防伪查询说明

用户购书后刮开封底防伪涂层，使用手机微信等软件扫描二维码，会跳转至防伪查询网页，获得所购图书详细信息。

防伪客服电话　（010）58582300

资源服务提示

授课教师如需获取本书配套教辅资源，请登录"高等教育出版社产品信息检索系统"（http://xuanshu.hep.com.cn/），搜索本书并下载资源。首次使用本系统的用户，请先注册并进行教师资格认证。

高教社高职金融教师交流及资源服务QQ群：424666478